Ирина ПАНЧЕНКО
Ксения ГАМАРНИК

ВЛЮБЛЁННЫЕ В ТЕАТР

Монографии. Статьи.
Театральные рецензии.

Филадельфия 2014

Ирина Панченко
Ксения Гамарник

Влюблённые в театр.
Монографии. Статьи. Театральные рецензии.

In Love with Theater.
Monographs. Articles. Theater Reviews.
In Russian. Summary in English.

Copyright © 2014 by Irina Panchenko
Copyright © 2014 by Ksenia Gamarnik

Дорогому Юлию на память от автора Ksenii и в память об авторе Ирине. Апрель 2014г.

В оформлении обложки использована работа А. С. Балазовского.

Дизайн, макет © Ксения Гамарник
Design © by Ksenia Gamarnik

ISBN: 978-0-578-13739-1

Printed in U.S. by InstantPublisher.com

I
ПОРТРЕТ РЕЖИССЁРА

Ксения ГАМАРНИК

«МИР МЕНЯ ЛОВИЛ…»*

Какие изящные, красивые и одновременно страшные узоры плетёт судьба. Как необычно, в каких причудливых формах она осуществляет заветные стремления человека.

Фрагменты, предлагаемые вашему вниманию, это не столько интервью или рецензия на отдельный спектакль, сколько попытка рассказать про необыкновенную судьбу человека, бесконечно преданного театру.

Василий Васильевич Сечин приехал в Киев из Мюнхена и осуществил здесь в творческом объединении «Сузирья» постановку по повести Гоголя «Записки сумасшедшего» (перевод М. Рыльского). Какой мучительный и долгий путь довелось пройти Сечину до этого спектакля…

Василий Сечин родился в Мелитополе в 1926 году. Закончил восемь классов украинской школы, когда началась Отечественная война. Пятнадцатилетний Василий с сестрой и родителями оказался на оккупированной территории. Чтобы спастись от регистрации на бирже труда, на которую молодёжь обязана была являться с шестнадцати лет, а оттуда юношей и девушек вывозили на работу в Германию, отец увёз семью в село. Но и в селе немцы нашли брата и сестру и отправили их в концентрационный лагерь. Василия – рыть окопы, сестру – уборщицей.

---

* «Мир меня ловил» - перевод с украинского языка надписи, которую украинский писатель, философ и просветитель Г. Сковорода велел высечь на своей могиле: «Світ ловив мене, та не спіймав» - «Мир ловил меня, но не поймал».

Забрали подростков прозрачной золотой осенью, в лёгкой одежде и обуви. Но даже самая длинная осень когда-нибудь заканчивается. Наступили холода.

Какой-то парень предложил Василию, который немного знал немецкий язык, поговорить с комендантом лагеря. Обещал, если его отпустят на один день, принести тёплую одежду. Немцы – практичные люди. Комендант согласился, но с условием: если парень не вернётся, Василия расстреляют. Парень не вернулся...

Иногда страх пронизывает человека, пропитывает каждую клетку его тела. Страх может затуманить разум. Тогда человек мечтает об одном – забиться куда-нибудь, спрятаться от всего мира. Закрыть голову руками и не видеть, не знать, не слышать...

На следующий день к Василию привели сестру – попрощаться. Она плакала. Смерть подошла к Василию совсем близко. Немецкий офицер вынул пистолет из кобуры. Василия поставили лицом к стене, приказали закрыть глаза. Другой офицер, развлекаясь, на цыпочках подкрался к Василию и громко хлопнул в ладони возле его уха.

Довольные своей шуткой, немцы долго хохотали. А потом пообещали назавтра Василия расстрелять непременно, если парень снова не вернётся.

В финальной пантомиме спектакля «Записки сумасшедшего» смотритель сумасшедшего дома неторопливо снимает широкий кожаный пояс, аккуратно сворачивает его и медленно прицеливается туго свёрнутым ремнём в испуганного Поприщина. «Закрой глаза!», - грозно командует больному смотритель, бесшумно подкрадывается к титулярному советнику и громко бьёт в ладоши у него над ухом...

На следующий день началось наступление советских войск. В лагерной суматохе Василию удалось бежать. Несколько километров он полз по мёрзлой земле через линию фронта, не чувствуя, что ободрал колени до костей. Разыскал штаб советской армии... И тут смерть снова заинтересовалась Василием. Соответствующие органы быстро установили «истину»: Василий – немецкий шпион. Семнадцатилетнему юноше дали десять лет лагерей. Много лет спустя в книге Солженицына «Архипелаг ГУЛАГ» Василий прочитал, какие это были лагеря...

Врагов народа везли на север в товарных вагонах. Для Василия это был страшный путь из немецкого концлагеря в советский. Василий был уверен, что не выживет. И тогда он сбежал с поезда, только чтобы проститься с родными. Добрался домой, и тут его свалила желтуха. На этот раз смертный приговор юноше вынесли врачи.

Мать решила спасать сына сама. Лечила народным средством. Но что это было за средство! Больному нужно было есть... живых вшей. Каким-то чудом Василий всё-таки выздоровел.

В декабре 1943 года он вернулся к учёбе в школе. Пошёл сразу в десятый класс. Он мечтал стать режиссёром, но государство уже позаботилось о нём. В школу пришла разнарядка – срочно отправить трёх лучших учеников на философский факультет Киевского университета. Объяснения Василия о том, что что он уже выбрал себе профессию, никто не слушал.

Режиссёр помещает своих героев в замкнутое пространство-клетку сумасшедшего дома. Стены палаты-камеры очерчивает фантастический фриз, составленный из репродукций картин настоящих душевнобольных. Вероятно, любой художник-экспрессионист хотел бы добиться подобной живописной выразительности. Среди этой галереи чудовищно искажённых лиц с расширенными зрачками сосуществуют сумасшедший и смотритель.

Поприщин Богдана Ступки – доверчивый, беззащитный человек. Он испуганно прячется под одеяло, услышав страшные крики больных, старается быть как можно более незаметным, или наоборот, пытается отчаянно перепеть-перекричать страдальческие стоны других пациентов нелепой песенкой.

Необыкновенно серьёзно и старательно пробует Поприщин угадать, какого именно чиновника противная собака в своём письме называет «черепахой в мешке». А когда титулярный советник наконец понимает, что речь идёт о нём, на лице у него появляется выражение растерянности и горькой обиды на несправедливость.

Чувство Поприщина к Софи нежно и трепетно. Начинает звучать музыкальная тема барышни-красавицы и бедный сумасшедший замирает, вспоминая Софи. Он весь – немое обожание и молитвенное созерцание воображаемой возлюбленной, только губы оттопырены, как у сосредоточенного ребёнка.

Но за стеной опять слышатся тяжкие крики больных, и Поприщин снова пытается найти спасение под тонким серым больничным одеялом.

Страх пронизывает всё существо Поприщина. Страх, кажется, вошёл в его плоть и кровь.

Страх мучал Василия Сечина. Он ждал, ждал, ждал, что за ним придут и снова арестуют. Можно ли выдавить из себя страх по капле, когда он пропитал всё тело?

Три года учился Василий на философском факультете Киевского университета. Одновременно занимался в театральной студии у Юрия Шумского, Полины Нятко и в Доме учёных, в студии Юрия Лаврова.

А ещё – сдавал кровь. Даже удостоверение получил – «Почётный донор Украины». Одиннадцать с половиной литров крови для сограждан... За сдачу крови полагались дополнительные продуктовые карточки.

Желание стать режиссёром было у Василия настолько сильным, что он с зачёткой студента поехал в Москву поступать в ГИТИС. Но и тут хитроумная судьба только посмеялась над ним. Без аттестата зрелости принять не можем... Ну разве в виде исключения... На театроведение! Правда, конкурс – тринадцать человек на место. Василий поступил. Закончил вуз в 1952 году. Только в Москве страх стал понемногу отступать.

После ГИТИСа были преподавание эстетики в Казанской консерватории, потом, неожиданно, заведование спортивным отделом в «Комсомольской правде», позднее работа в журнале «Театр» и защита кандидатской диссертации по проблемам национальных театров СССР.

- *Василий Васильевич, вы в 1973 году попросили в ФРГ политического убежища. Вы решили это сделать уже там, за границей, или ещё на родине?*

- Я решил это сделать ещё в Москве.

- *Это была ваша первая поездка за рубеж?*

- Нет, конечно. Я начал ездить за границу, когда работал в «Комсомольской правде».

- *А почему вы не остались за границей раньше?*

- Была жива моя мама... А потом я ходил по Москве и повторял: я изжил Москву, я изжил Москву, я изжил Москву... Хотел оборвать все связи. Мой друг, который знал, что я решил остаться за границей, советовал мне купить какие-нибудь золотые украшения на первое время. Но я боялся. Вдруг за мной следили? За день до отлёта самолёта мне позвонили: можете внести деньги за поездку в Германию. Я снял ровно столько, сколько нужно было заплатить, ничего не купил с собой. Не хотел вызывать подозрений... Я жил в Москве в кооперативной квартире, в доме высшей категории. Моими соседями были драматурги Шатров и Арбузов, другие известные люди. Внизу сидела лифтёрша. Она всегда сладким голосом спрашивала: «Василий Васильевич, куда это вы едете?». Наверное, работала на КГБ. Я её боялся. Теперь еду, куда хочу. В ФРГ я отказался работать на радио «Свобода». Считаю это своим мужественным поступком. Я хотел быть свободным и боялся, что снова всё потеряю. В Германии я был совсем один. Это очень важно после нашей коммунальной кухни. Германия стала моей родиной, я думал, что умру там...

Иногда судьба устраивает забавно-печальные парадоксы – в Германии Василия Сечина два месяца проверяли тамошние спецслужбы. Предполагали, что он – советский шпион... Затем разрешили позвонить Генриху Бёллю. Он прислал Сечину двести марок. За пятьдесят марок Василий купил билет до Кельна, где жил писатель, а на все оставшиеся деньги – гитару. В Москве друзья любили слушать песни, которые Василий пел под гитару. Это были песни, родившиеся на волне «оттепели» 1960-х – песни Галича, Окуджавы, Высоцкого...

Генрих Бёлль помог Василию попасть в школу, где преподавали немецкий язык и даже платили стипендию. На первые же деньги Василий поехал на три дня в Венецию. Потом поехал туда уже на месяц. Теперь ездит в Италию каждый год. Путешествует по два-три месяца дважды в год. Объехал полмира...

Давнишняя мечта о режиссуре начала сбываться неожиданно. Летом Василий Васильевич преподавал на курсах русского языка. Студенты предложили устроить какой-нибудь спектакль. Сыграли «Цыган» Пушкина. А затем последовало приглашение из Мюнстерского университета ставить там со студентами спектакли на русском языке. Выбирали русскую классику. Сечин поставил в университете Гоголя и Чехова.

Потом отправился в Мюнхен, в театральный институт, предложил бесплатно вести дискуссионный клуб в споре с системой Станиславского. Снова студенты играли в пьесах русской классической драматургии.

Затем Василия Сечина пригласили поставить спектакль в профессиональном театре в Хельброне под Штутгартом. После успеха постановки посыпались приглашения из других немецких театров, а также из театров Швейцарии, Югославии.

Титулярный советник, который находился на одной из низших ступеней Табели о рангах, пал ещё ниже. Из безумного петербургского мира он попал в сумасшедший дом. Но помутившийся разум вознёс маленького чиновника на вершину власти. Поприщин решил, что именно он – наследник испанского престола. И если в повести Гоголя Поприщин сам приготовляет себе королевскую мантию, изрезав новый вицмундир, то в безысходном мире сумасшедшего дома, в котором живёт чиновник на сцене, королевская мантия совершает своё трагическое превращение в смирительную рубашку. Это блестящая находка режиссёра. Ведь, наверное, для любого монарха мантия становится и знаком абсолютной власти, и, одновременно, смирительной рубахой...

- Василий Васильевич, вы задумывались над своей жизнью?
- В сущности, я – счастливый человек. Я самореализовался. В Челябинске я поставил пьесу Ионеско «Какой грандиозный бардак». Это первая пьеса, поставленная мной здесь. Сложный спектакль, больше сорока ролей. Каждый актёр исполняет несколько персонажей. Всего занято восемнадцать актёров. Сейчас меня пригласили в Черновцы. Это один из моих любимых городов. Я знал его уютным, нарядным... Заключил договор на постановку пьесы Жана Жене «Служанки».

- Вы побывали в Мелитополе? Наверное, у вас там остались родные? Какие чувства вы испытали?
- Да, конечно, я ездил в Мелитополь. Там – могилы родных. Там живёт моя сестра. Но мы с ней совсем разные люди. А чувства... Я столько всего пережил, что всё воспринимаю достаточно спокойно. Однако сильное чувство я пережил в московском аэропорту. У меня был билет на конец августа 1991 года. Только что закончился путч. Это был мой первый приезд в Москву с 1973 года. И вот, проходя мимо советского таможенника, я вдруг на миг ощутил острое чувство страха...

Василий Васильевич Сечин – очень собранный, уверенный в себе, по-западному деловой человек, умеющий ценить своё время. Вместе с тем, открытый, откровенный, бескомпромиссный по отношению к самому себе, и легкоранимый. Мне было необыкновенно интересно общаться с ним. Я с благодарностью вспоминаю наши встречи.

Тесно переплелись судьбы смотрителя сумасшедшего дома и больного чиновника. Издевается ли смотритель над бедным сумасшедшим, в совершенстве изучив его записки и виртуозно разыгрывая разных персонажей безумных фантазий Поприщина, или это в больном воображении титулярного советника смотритель превращается то в собачку, то в лакея, то в начальника отделения департамента? В сущности, это не важно.

Смотритель в исполнении Остапа Ступки, сына Богдана Ступки, с весёлым, нахальным и, одновременно, презрительным взглядом, изощрённо развлекается в этом доме скорби. Ему доставляет огромное удовольствие возможность пугать больного чиновника, обряженного в полосатую больнично-концлагерную пижаму.

В финальной пантомиме примирения палача и жертвы смотритель снимает свой белый халат и тоже оказывается в полосатом арестантском наряде.

Это только иллюзия, что один из героев – в неволе, а другой – на свободе. Оба они существуют в одном мире. И уйти из него можно только в небытие. Звучит молитва, связующая всех страждущих, сирых и убогих с Богом и вечностью.

Ирина ПАНЧЕНКО

«МЕНЯ ДО БОЛИ МУЧАЕТ...»

> *«Из всех человеческих игрушек театр в своём целом, в своём механизме, в интимной стороне своего существования есть самая соблазнительная, самая дорогая и, конечно же, самая жестокая игрушка».*
>
> *А. Кугель*

Режиссёр для зрителей – человек-невидимка. Его не видят на сцене. Его личность, его труд растворены в театральном действе. Однако чем интереснее его спектакли, тем больше нам хочется узнать о нём, приблизиться к сцене его внутреннего мира, проникнуть за кулисы его режиссёрских замыслов и мыслей.

Борис Наумович Голубицкий, главный режиссёр Орловского драматического театра, на своих коллег не похож.

Если многие режиссёры, боясь попасть под власть чужой творческой индивидуальности, стараются не смотреть у театральных коллег те пьесы, которые ставят сами, Голубицкий любит смотреть подобные постановки. Он внутренне независим от влияния иной интерпретации. Он не теряет вкуса к сравнению.

Если многие режиссёры стремятся завоевать публику за счёт инсценировок, ставших в последние годы не только сверхактуальными, но и модными («Дети Арбата», «Дача Сталина»), на афишах Орловского театра стоят имена Лескова, Тургенева, Писарева, Чехова, Бунина... Из возрождённых (точнее, вновь дозволенных) – Эрдман, из современных – Шукшин.

Если многие режиссёры нередко испытывают постоянную усталость (пусть и творчески плодотворную) и на старте и на финише запущенного к постановке спектакля, Голубицкий говорит:

- *Нет, я не устал. Мне интересно работать. Я могу констатировать – это не хвастовство, это осознание, - что я правильно выбрал профессию.*

Если главные режиссёры областных театров жалуются на то, что вынуждены всё время решать задачи, ничего общего с творчеством не имеющие, главный режиссёр Орловского театра не стесняется признаться, что хозяйственно-административные заботы ему не мешают: *«Наоборот, скорее помогают. В театре всё так переплетено».*

Если иные режиссёры остаются приверженцами какой-либо одной художественной театральной системы, Голубицкий и здесь не похож на других:

- Любимая эстетика? Мне кажется, что *у меня нет предпочтения какой-либо одной. Сегодня художник свободен в выборе, в сочетании и дополнении друг другом разных эстетик.* В зависимости от задач, я прибегаю к приёмам не только реалистического театра, но и балагана, лубка, пантомимы, цирка, мюзикла, гротеска, кукольного театра.

...После окончания Ленинградского государственного института театра, музыки и кинематографии Борис Наумович, за исключением двух лет в Казахстане, семнадцать лет работал очередным режиссёром (*«актёром не хотелось быть никогда»*). Все годы работы наблюдал в театрах случайность репертуара, случайность приглашённых режиссёров, отсутствие единой творческой линии. Какие-то шараханья из одной крайности в другую.

- Станиславский говорил, что режиссёром становятся в тридцать семь лет. Я по себе ощутил, как справедливо это суждение. *Начал работать режиссёром в двадцать два года и весь период до тридцати семи лет был временем ученичества.*

Орёл помог Голубицкому, высоко ценящему культуру. Если Курск издревле был городом, где селились купцы, мастеровые, то орловская земля была по преимуществу местом «дворянских гнёзд». Борис Наумович в Орле сквозь патину времени ощутил культурную традицию, наследником которой хотел стать. Круг интеллигенции, преданной искусству (хотя после сталинско-лубянских чисток он не мог быть велик), образует в городе духовную среду, необходимую для творчества.

- На Западе, - размышляет режиссёр, который бывал в служебных командировках за рубежом, - театры резко разделяются на театры откровенно развлекательные и театры морализаторски поучительные. Эти последние даже скучноваты, но отторжения публики от них не происходит. У них есть свой зритель. *У нас театр – совесть эпохи, мерило духовности, глашатай мысли. Такова традиция, завещанная нам прошлым России. У них много актёрской техники, у нас – души.*

- Меня притягивает классика как кристаллизация общечеловеческого опыта, - продолжает режиссёр, - Классические произведения вырастают из истории и, перерастая её, прикасаются к границе вечного. Кладовая классики очень богата. В ней хранятся все те ценности, которые необходимы нам сегодня: любовь, нежность, благородство, изящество, порядочность. *Когда ищешь большие и вечные смыслы, то находишь их всегда в классике.*

Голубицкий умеет рассказать актёрам о своём замысле. Умеет на репетиции показать, *как* надо сыграть. («Без показа нет режиссёра. Эфрос всё показывал»). Актёры это качество режиссёра ценят больше всего. Для многих из них святым является режиссёр, который заранее точно знает, каким у него должен быть спектакль, у которого продумана до мелочей каждая мизансцена. Борис Наумович откровенно не хочет быть режиссёром такого типа:

- Нас учили в институте, что надо приходить к актёру с готовым замыслом («Вы должны быть готовы ответить на любой вопрос»). Я с годами понял, что совсем не всегда нужно поступать именно таким образом. Заранее продуманная до деталей концепция превращает спектакль в излишне рациональное зрелище. Он выглядит откровенно сделанным. *Чтобы спектакль рождался живым, надо оставлять место импровизации, додумыванию в процессе работы над спектаклем.*

Почерк Голубицкого отмечен несомненным профессионализмом, за которым, как известно, стоит выучка, высокое мастерство, но при этом режиссёр слушается и голоса интуиции.

Так до прихода Голубицкого в Орловский театр артист В. Фролов играл героев серьёзных и положительных. Именно режиссёрская интуиция помогла Борису Наумовичу увидеть в нём талант комического и фарсового актёра. И тот сумел замечательно выступить в своём новом амплуа в роли Гулячкина в «Мандате» Эрдмана.

Додумывая драму Н. Эрдмана, Борис Наумович ввёл в «Мандат» небольшой оркестр. Музыканты не просто исполняют музыку: подыгрывая действию, они сами становятся его участниками.

- В «Мандате» наш оркестр наполовину состоит из музыкантов, которые взяли в руки инструменты впервые. Да, *в театре без чудес не бывает.* Это – одно из чудес.

Музыка вообще нам очень помогает. В опере-фарсе «Хлопотун» А. Писарева наши актёры поют. Когда я им впервые предложил спеть, они запротестовали: «У нас нет слуха!». Я настоял: «Давайте попробуем, ребята». Они сначала робко запели, а потом им самим понравилось. *Для меня хороший актёр тот, кто умеет услышать, понять режиссёра.*

Голубицкий сокрушается, считает несправедливым, что при существующей у нас оплате актёрского труда, артиста должен привязывать к театру, главным образом, альтруизм и жертвенное служение искусству.

В спектаклях Бориса Наумовича – и строгих, и раскованных по форме – соблюдено чувство меры, присутствует ансамблевость. Комические и фарсовые положения актёры играют так, чтобы не исчезло у зрителей эстетическое чувство восприятия театрального действия. А ведь известно, что несоблюдение знаменитого, едва уловимого толстовского «чуть-чуть» ощущается во многих театральных постановках сплошь и рядом. Как же Голубицкому удаётся создать свой стиль, будто персонажи его спектаклей ожили и сошли со старинных пожелтевших фотографий из тяжёлого альбома в бархатном переплёте?

- Это трудно. Всё время «держу» актёров изо всех сил. Они, видимо, ощущают мой волевой напор.

Бориса Наумовича отличают в театральном мире. Спектакли его театра не раз занимали на многих фестивалях первые места. Недавно Голубицкий вернулся из поездки в США, где был в составе делегации театральных деятелей. Доволен ли он сегодняшней судьбой?

- При сдаче каждого спектакля в театре меня до боли мучает чувство, что всё можно было сделать совсем по другому...

Биографическая справка

Борис Наумович Голубицкий (род. в 1944 г.) – театральный режиссер, заслуженный деятель искусств России (1995), дважды Лауреат Тургеневской премии. Выпускник Ленинградского государственного института театра, музыки и кинематографии (1968). Работал режиссером в академических театрах Куйбышева, Ростова-на-Дону, Липецка, в московских театрах: имени Гоголя, на Малой Бронной, в Ленкоме. С 1987 г. художественный руководитель Орловского государственного академического театра имени Тургенева. Поставил более ста спектаклей в разных городах России и зарубежья, в основном по произведениям классической драматургии.

Ксения ГАМАРНИК

«Я ЛЮБЛЮ НЕЗАИГРАННЫЕ ПЬЕСЫ»

Посещение театра уже давно потеряло былую исключительность и торжественность. И всё-таки приходят ещё на премьеры спектаклей почитатели Мельпомены в вечерних нарядах... И рядовые поклонники театра, у которых нет одеяний от кутюрье и возможности достать билеты, спрашивают лишний билетик, хотя далеко не на всякий спектакль... И театр живёт, и чудо происходит – актёры перевоплощаются в героев, любят и умирают на глазах у зрителей. А значит, у театра есть будущее. Однако «жестокие игры» не всегда происходят только на театральных подмостках. Закулисные игры и интриги не менее захватывающи, чем перипетии иной пьесы, только осведомлён о них лишь узкий круг посвящённых.

Киевлянин Владимир Сергеевич Петров окончил Киевский театральный институт дважды – как актёр и как режиссёр. В Харьковском украинском театре им. Шевченко и Харьковском ТЮЗе ставил спектакли по пьесам Г. Квитки-Основьяненко («Шельменко-Денщик», «Сватанье на Гончаровке»), играл роль Голохвастова в комедии М.

Старицкого «За двумя зайцами». Работал режиссёром Рижского театра русской драмы, был главным режиссёром Севастопольской русской драмы, где инсценировал (одним из первых в стране) *«Собачье сердце» М. Булгакова.*

В 1989 году Петрова пригласили на должность главного режиссёра Киевского театра русской драмы им. Леси Украинки. Он блестяще поставил там спектакли: «Савва» Л. Андреева (1990), «Кандид» по Вольтеру (1991), «Метеор» Ф. Дюрренматта (1992). Однако режиссёр вынужден был уйти из театра, но не из театральной жизни.

- Владимир Сергеевич, что побуждает вас поставить ту или иную пьесу?

- Наверное, это можно сравнить только с любовью. Любишь, и не можешь объяснить почему. Так и с пьесой – видишь её недостатки, проигрышные места, и всё же хочешь разгадать её сокровенный смысл, увидеть в ней актёров.

- Как рождается замысел вашего спектакля?

- Это очень длительный процесс. Во время чтения пьесы у меня возникают фантазии, интуитивное ощущение того, как всё должно происходить. Мне всегда очень сложно выбрать, сложно начать репетировать. Необходимо, чтобы совпало несколько составляющих: время, я, драматургия и актёр, с которым я собираюсь репетировать. Когда всё это совпадёт, я с радостью начинаю работать.

- Ваши работы в театре русской драмы имени Леси Украинки, спектакли «Савва», «Кандид» и «Метеор» – это очень сложный и непохожий по характеру и стилю драматургический материал. Чем вы руководствовались, когда ставили их?

- После чёрного мрачного «Саввы» мне захотелось праздника, а после «Кандида» – снова трагедии, но уже в фарсово-комедийном звучании. У меня существует внутренняя потребность не повторяться, испробовать новые жанры, новые способы выражения. Словом жить, чтобы не было скучно.

- Чем вам интересна драматургия Дюрренматта? Не кажется ли она вам излишне рационально-сконструированной?

- Дюрренматт – парадоксалист, а в парадоксе изначально заложена схема. Такой истории, как у Дюрренматта, не может произойти в жизни. Кто даст миллион долларов, чтобы убить свою любовь? Это гипербола, ситуация, заострённая до предела, но, в то же время, она высвечивает подлинную сущность явлений реальной жизни. Для меня важна настоящая драматургия. Пьесы, воплощающие твою душевную боль, которые не несут никаких конъюнктурных начал и не обслуживают амбиции актёров.

В театре же имени Леси Украинки иные взаимоотношения режиссёра и труппы. Здесь роли должны быть розданы лишь определённым актёрам. Но тогда творческий путь режиссёра выхолащивается, не приносит удачи, и, в конечном счёте, порицается теми же актёрами.

- *Почему вы для постановки выбрали именно «Метеор», малоизвестную у нас пьесу Дюрренматта?*

- Я вообще люблю незаигранные пьесы. И мне показалось, что в этой пьесе есть размышления о жизни, созвучные нынешнему моему положению и нынешнему состоянию общества.

Есть такое понятие «фрустрация». Это психологический термин, который означает разочарование из-за неосуществлённости планов, синдром утраты смысла. Утрата смысла как явление, утрата смысла как трагедия. Подобная потеря, пережитая всеми нами вследствие распада страны, отражена в этой пьесе.

- *Какова концепция вашего спектакля?*

- Человек не может жить без понимания смысла. Смысл жизни героя в «Метеоре» – его смерть. И парадокс заключается в том, что обретя этот смысл, Швиттер никак не может умереть. Можно столько грехов наделать в этой жизни, что тебя даже земля не примет... Сам Швиттер – тот метеор, который губит всё на своём пути. Все люди, соприкоснувшиеся с ним, терпят жизненный крах и гибнут.

- *Однако у вас Швиттер получился довольно обаятельным...*

- Я сознательно стремился к этому. Дюрренматт – жёсткий человек, безжалостный к Швиттеру. Его герой холодный, слишком мёртвый. Мне нужен был катарсис, очищение в финале. Мне хотелось вдохнуть человечность в отношения, дофантазированные мной за Дюрренматта. Наверное, строгий критик мог бы мне возразить, что сюжет более отклонился в сторону мелодрамы. Вероятно, я действительно «ославянил» пьесу. Это наш менталитет, мы не можем без катарсиса, не можем не очеловечить всё...

- *Как вы работаете с художником?*

- Мне всегда интересно, что могут предложить люди, с которыми я работаю, которых эмоционально чувствую. Ничего не навязываю художнику, жду его вариантов эскизов, и чем они неожиданнее, тем лучше. Быть рыбой в собственном соку – одно дело, а быть фаршированной рыбой – совсем другой коленкор.

- *Любите ли вы актёров, с которыми работаете?*

- Да, конечно. Выше артиста ничего нет. Можно сколько угодно вертеть сценическим кругом, мигать светом, придумать тьму метафорических мизансцен, но если нет хорошего артиста, получится муляж, искусственный торт.

- *Какими методами вы осуществляете свой режиссёрский диктат?*

— Методами убеждения, доказательства. Диктата никакого нет, есть правота в споре.

— А как вы относитесь к малоодарённым актёрам?

— Наша профессия очень субъективна. Отсутствуют критерии. В балетном искусстве, в оперном они есть — нужно тридцать два раза крутить фуэте или брать си бемоль в третьей октаве. А в драматическом театре критерии «Мне нравится» или «Мне не нравится». Актёр никогда не будет жить с ощущением, что он неталантлив. Он найдёт очень много оправданий своей невостребованности: плох режиссёр, плоха публика. Человеку талантливому нетрудно будет найти себя в другой области, а малоталантливый обладает цепкостью лишайника... мха... омелы... его очень трудно отодрать. Почему, например, киевский театр украинской драмы богаче талантами? Потому что для украинского актёра вершина — театр имени Франко, а для актёров русских театров — театры Петербурга и Москвы. Так уехали многие... А в театре имени Леси Украинки оставшийся осадок слоится, выталкивая наверх более талантливых.

— Вы тоже вынуждены были уйти из этого театра...

— Это закономерная ситуация. Нельзя сердиться на артистов, они большие дети, а ведь я покушался на их жизнь, на их самолюбие. Они работают не ради денег, а ради успеха, и если я его не даю — они обижаются. У меня был конфликт не с артистами, а с дирекцией театра. Начавшееся брожение получило административную поддержку. Мне и сейчас больно вспоминать об этом. Больше не хочется работать в этом театре, хотя меня и приглашают.

У меня горькое ощущение ненужности Украине. Звонят из театров Москвы, Петербурга, Омска, Новосибирска... И ни одного звонка из театров Украины. Я привязываюсь к тому месту, где чувствую свою необходимость, ощущаю смысл жизни. Сейчас я потерял ощущение Родины. Мне кажется, что Киев стал чужим городом. Молчит телефон, друзья отошли.

— Что же дальше?

— Закончил постановку в киевском театре «Браво». Теперь еду в Россию. У меня там четыре контракта.

— Хотели бы вы иметь свой театр — театр единомышленников?

— Есть удачные примеры гастролирующих режиссёров, но мне, конечно, хотелось бы иметь свой театр. Есть опыт, есть актёры, которые хотели бы со мной работать. Имея свой театр, можно создать ансамбль. Спектакль на выезде — почти всегда подённая работа, а в своём театре есть возможность вырастить свой сад.

— А театр «Браво»?

— «Браво» — это не мой театр. Это способ выжить. Первый спектакль «Убийственный и неповторимый», который я там поставил, соответствовал моим желаниям, а вторая постановка – результат моих хороших отношений с артистами. Я понимаю, что это проигрышная ситуация – не на пользу моему авторитету.

- *Как вы относитесь к славе?*
- Театральное искусство очень жестоко. Оно живёт только в том времени, когда живёт режиссёр. Думаю, что если бы спектакли Курбаса или Мейерхольда были бы записаны на плёнку, они сейчас не воздействовали бы так, как в своё время. Если показать записи лучших спектаклей Любимова неискушённому зрителю, он спросит: «Ну и что?». Растаскивается самобытность, эстетика, новизна... Заснять спектакль на плёнку – значит, обречь его на демифологизацию. После спектакля остаётся только легенда, и слава Богу.

- *Пишете ли вы сами для театра?*
- У меня есть пьесы, стихи, песни, рассказы. Я рисовал, и довольно неплохо.

- *Почему вы не изменяете профессии режиссёра в наше трудное время?*
- Конечно, можно было бы уйти в бизнес. Но очень много лет отдано режиссуре. Я к этому долго шёл: техническое образование, два гуманитарных вуза. Я владею композицией, рисую. Чувствую музыку – получил музыкальное образование, знаю законы драмы. Иными словами, я владею многими компонентами своей профессии. Режиссура – единственное, кажется, что у меня получается. Возможно, это связано с внутренним эпикурейством, хочется получать удовольствие от того, что ты живёшь. Режиссура – это единственное, что я люблю делать.

Биографическая справка

Петров Владимир Сергеевич (род. в 1946 г.) – театральный режиссёр, актёр, заслуженный деятель искусств России. Окончил Киевский институт театрального искусства: актерский факультет (1972) и режиссёрский факультет (1979). Лауреат премии «Золотая Маска» (1997). Работал актёром и режиссёром в Харьковском драматическом театре и Рижском театре русской драмы. Ставил спектакли в московских театрах: в МХТ им. Чехова и в театре на Малой Бронной. Был главным режиссером Севастопольского драматического театра, Киевского театра русской драмы, Омского театра драмы. С 2010 г. стал художественным руководителем Воронежского театра драмы. Сыграл около тридцати ролей в театре и кино. Поставил более восьмидесяти спектаклей.

Ксения ГАМАРНИК

ТОТ, КТО СЛУШАЕТ ВРЕМЯ

*Что войны, что чума? Конец им виден скорый,
Их приговор почти произнесён.
Но как нам быть с тем ужасом, который
Был бегом времени когда-то наречён?*

Анна Ахматова

Помню, в школе мы постоянно составляли хронологические таблицы биографий выдающихся и не очень выдающихся писателей. Занятие это казалось мне достаточно скучным. Но сейчас я признаю, что иногда даже только биография может многое рассказать про художника. Как например, биография Сергея Маслобойщикова.

Он окончил киевскую художественную школу и художественный институт. График по специальности, оформлял спектакли режиссёра Виталия Малахова в киевском Театре на Подоле. А потом сам осуществил в этом театре постановку «Театрального романа» М. Булгакова.

На Высших режиссёрских курсах в Москве Сергею засчитали снятую уже на втором году обучения курсовую «Другой» как дипломную работу. Потом этот фильм побывал на Каннском фестивале и удостоился похвал в прессе.

Сейчас Маслобойщиков снимает фильм по новеллам Франца Кафки. Сценарий режиссёр написал сам. В фильме играют как профессиональные актёры, так и непрофессионалы. А ещё есть другие кино- и телефильмы, живопись и плакаты к спектаклям.

Вот такая достаточно нетривиальная биография.

Ещё хочу добавить, что в начале нашего разговора, когда супруга режиссёра актриса Алла Маслобойщикова принесла нам кофе в чудесных чашках, Сергей слегка взгрустнул и заметил:

- Мне фатально не везёт с интервью. Когда я разговариваю с журналистом, всё прекрасно. А когда интервью напечатано, я его перечитываю и чувствую, что мои слова звучат как-то элементарно...

Однако я всё-таки решилась взять у Сергея интервью.

- *Как возник замысел фильма «Певица Жозефина и мышиный народ»?*

- Кафка мне всегда очень нравился. У меня на Высших режиссёрских курсах первая курсовая работа была по Кафке – фильм по маленькому рассказику. Откровенно говоря, я не собирался снова возвращаться к Кафке. Но у меня был достаточно долгий период, когда я находился на раздорожьи, не знал, что снимать. Пытался что-то написать, но как-то всё было неудачно. Чувство будущего фильма всё время жило во мне, но очень трудно было воплотить его в конкретные формы – что именно должно происходить, где, каким образом, какая драматургия там нужна... И сценарий «Жозефины...» возник у меня сам по себе, без всякого принуждения. Просто в один прекрасный день я понял, что сценарий вдруг сложился.

- *Как вы выбирали актёров для своего фильма?*
- Мне не очень нравится актёрское кино, особенно с плохими актёрами. В современном кино обмануть очень сложно. Сейчас зритель образованный, всегда хорошо видит, где человек фальшивит, где играет, и кто он на самом деле. Возможно, за некоторым исключением суперталантливых актёров, у которых психофизика настолько развита, что они научились что-то маскировать. Но, как правило, такие актёры в жизни – люди, которые в общем как будто бы не имеют своего лица или живут с несколькими лицами одновременно.

- *Именно поэтому вы приглашаете непрофессионалов?*
- Для меня основным является внутреннее содержание человека. Например, моя монтажница, когда мы с ней монтировали отснятый материал, увидела на экране образ, который создал известный учёный Вадим Скуратовский. А потом познакомилась лично с ним. И говорит мне: «Серёжа, вы знаете, оказывается, он в жизни точно такой, как вот у вас в фильме». Я ей возразил: «Нет, это он в фильме у меня такой, потому что он такой в жизни». Поэтому когда жизнь делаешь союзником в своём деле, тогда для тебя не существует сюрпризов. Или сюрпризы приятные. В русле твоих интересов.

- *Почему одну из главных ролей в фильме вы доверили именно Олегу Исаеву, актёру Театра Романа Виктюка?*
- Исаев – актёр по своему онтологическому содержанию – человек с множеством лиц. Диапазон его превращений огромен. Именно такой актёр был мне нужен.

- *Как вы относитесь к режиссёрским советам актёрам?*
- Иногда я даю актёру даже фальшивые задания, которые для меня на самом деле означают что-то совсем другое. Потом, при монтаже, я вынимаю часть информации из сознания зрителя. Кино позволяет мне сделать отбор. Я могу отсечь лишнее. Вместе с тем такие эпизоды никогда не будут казаться «сымитированными», потому что обстоятельства, которые я создаю, тоже были реальными.

- *Вам нравится работать на съёмочной площадке?*
- Я знаю, что многие режиссёры этого не любят. А мне очень нравится эта работа, творчество, которое рождается из жизни, «заверченность» того, что может случиться в жизни. Меня упрекают в том, что я плёнку бессчётно трачу. А это же очень важно в кино – ожидание События. У нас были видеокассеты, и поэтому мы имели возможность

долго ждать. И у мальчика, который играет в нашем фильме, чудесные импровизации рождались. Конечно, я его всё время будто подталкивал, нацеливал к этому. К сожалению, лимит плёнки не позволял снять всё, что хотелось, и поэтому таких внезапных блестящих импровизаций, которые мальчик делал на пробах, в фильме нет. Только лишь что-то начинается, как вдруг он мигом импровизирует на репетиции, включают камеру – а эта импровизация, это событие уже состоялось. В жизни это уже произошло. Мы пропустили это...

Вообще мне очень нравится наблюдать за людьми во время съёмок. Мне интересны разные проявления людей во всей сумятице и разнообразии жизни. И моё искусство заключается в том, чтобы в потоке жизни на экране была определённая тема. У меня всегда есть вектор, определённое направление, в котором всё должно двигаться в эстетическом плане. Я не сторонник отсутствия руководства – того, что нередко декларируется в современной режиссуре.

Однако у меня возникают некоторые сложности. Например, то, что было на сегодняшний день снято в пластике, было придумано, сымпровизировано прямо во время съёмок. А когда рождается любая сцена, она как-то складывается. И достаточно часто бывает так, что складывается она немного иначе, чем ты себе представлял. И потом, в картине, этот эпизод займёт иное место, совсем не то, которое ему было предназначено по сценарию. Поэтому при монтаже ты практически начинаешь складывать новый фильм. Однако, как правило, это не далеко уходит от первоначального замысла.

Обидно только, что съёмки проходят в такой горячке, в условиях полного беспорядка. У меня такое чувство, что на сам творческий процесс тратится всего процентов пятнадцать моей энергии, даже меньше...

- *Работы каких режиссёров кино и театра привлекают ваше внимание?*

- Мне многое интересно, кроме имитации творчества. Любое настоящее творчество. Пусть это будет даже какой-то шальной авангард, любые живые формы меня интересуют.

- *Как вы относитесь к проблеме национального?*

- Национальность является, так сказать, атрибутом, данным каждому от рождения. Может быть, это самоощущение. И мне кажется, что вгонять себя в состояние национального экстаза достаточно неразумно. Ведь важно понять, что у каждого человека, каким бы «безродным космополитом» он себя не чувствовал, всегда есть корни, земля, с которыми он навеки связан.

- *Почему в ваши театральные плакаты, как правило, входит космос?*

- Я считаю, что в творчестве всегда должна быть тайна. А какое бы ни было творчество, если оно связано с тайной, связано также и с бесконечностью. Это не означает, что в творчестве всё должно быть непонятным, но для меня это всегда продвижение в каком-то неведомом тайном пространстве. Думаю, что человек всегда должен ощущать интерес к тайне своего существования. Если представить свою жизнь как путешествие, то хочется разгадать его пути. Когда ничего уже не интересно, то это смерть. Хотя и смерть интересна по-своему...

- *А как вы относитесь к смерти?*

- Я в детстве очень боялся смерти. Возможно, и сейчас боюсь, только далеко отогнал от себя мысль об этом. А, возможно, смерть стала для меня атрибутом культурологии и потому приобрела какое-то другое содержание... Кстати, наш фильм опирается, в том числе, и на отношение к смерти. Мне кажется, что страх смерти очень продуктивен для сознания.

- *Снятся ли вам цветные сюжетные сны?*

- Не всегда. Но иногда бывают очень интересные сны.

- *Вы их запоминаете или записываете? А, может быть, сны входят в ваши фильмы?*

- Это не новое допущение. И Тарковский, и Бергман, и Феллини, и Куросава – все выдающиеся режиссёры всегда утверждали, что снимают именно свои сны. Кажется, на уровне разного рода гениев это уже стало аксиомой. А свои сны я не записываю. Наиболее необычные я просто не могу забыть. Я только не согласен с механическим перенесением сна в кино. Возможно, само творчество является процессом сновидения, галлюцинации. Будто бы ты вспоминаешь свой сон наяву...

- *Вас не преследует ощущение времени, которое уходит, уходит, уходит без возврата?*

- Чувство исчезающего, уплывающего времени преследует меня всю жизнь. Иногда оно становится более слабым, но никогда не оставляет меня совсем. И поэтому я пытаюсь максимально наполнить своё существование. Я когда-то размышлял на эту тему... Ну как же так? Вот ты живёшь, живёшь, у тебя есть возможность быть, скажем, Гамлетом, Макбетом, кем-то ещё... В сущности, человеку дано ограниченное число предопределённых жизненных «ролей». Ощущение такое, что жизнь – бесконечна, а ты, всё время двигаясь в одном русле, проживаешь только её часть. Это и заставляет меня заниматься и кино, и театром, и живописью. Однако со временем я начал ценить и моменты будничной жизни.

- *Вы пытаетесь найти внутренний покой?*

- Да, и у меня это стало получаться после того, как я перестал бояться драматических ситуаций. Раньше, когда драматическая ситуация входила в мою жизнь, это была катастрофа. Сейчас я понял, что драматические ситуации являются основой нашей жизни, и страх исчез.

- *Иначе говоря, вы внутренне готовы к драме?*
- Именно так. А иногда бывает, что можно такую ситуацию обойти. Жизнь будто предлагает выбор. И у меня было несколько случаев, когда я сознательно выбирал вход в драматическую ситуацию, потому что для меня это было связано с моментом истинного духовного приобретения.

- *Что вы собираетесь делать, когда закончите свой фильм «Певица Жозефина...»?*
- К сожалению, возможно, «к сожалению», мне хотелось бы заниматься всем. Хотелось бы заниматься театром, не оставлять графику. Обязательно хотел бы начать новый проект в кино. Давно мечтаю написать оригинальный сценарий, чтобы потом снять по нему фильм. Надеюсь кое-что сделать в этом направлении...

...Во время интервью Сергей говорил медленно, стараясь подобрать наиболее точные слова, отражающие его мысли. Но меня не оставляло чувство, что эти слова, эти рассуждения вслух – только небольшая вершина айсберга, созданного миром его настроений, чувствований, эмоций, замыслов, из которых рождаются фильмы, спектакли и картины режиссёра и художника Сергея Маслобойщикова.

Биографическая справка

Маслобойщиков Сергей Владимирович (род. в 1957 г.) – кинорежиссер, сценарист, театральный режиссёр, театральный художник, дизайнер театральных костюмов, график, живописец. Окончил факультет графики Киевского художественного института (1981), Высшие курсы сценаристов и режиссёров (1989). Лауреат премий в области изобразительного искусства, театра, кинематографии. Снял два игровых кинофильма, несколько короткометражных и документальных лент. Как режиссёр и художник-постановщик, поставил и оформил свыше тридцати спектаклей в театрах Киева: Национальном театре им. Франко, в театре русской драмы им. Леси Украинки, Молодёжном театре, Театре на Подоле, Молодом театре и др., а также в театрах Будапешта и Дебрецена: в Национальном театре, театре Мадьяр синхаз, театре Уй синхаз и др.

II
СУДЬБЫ АРТИСТИЧЕСКИЕ

Ксения ГАМАРНИК

КВАРТИРА-МУЗЕЙ АМВРОСИЯ БУЧМЫ

В этой просторной уютной киевской квартире на ул. Владимирской сосуществуют два мира: жилые и мемориальные комнаты. В одних собраны вещи, принадлежавшие великому украинскому актёру театра и кино, народному артисту СССР, лауреату двух Сталинских премий Амвросию Максимилиановичу Бучме (1891-1957), развешаны афиши и фотографии прежних лет, в других – живут его родственники.

Гениальный Амвросий Бучма, наделённый мощным актёрским темпераментом, начал играть в театре с четырнадцати лет. В 1920-1930-е годы был одним из ведущих актёров театра Леся Курбаса «Березиль». Им справедливо гордится киевский Национальный академический драматический театр им. Ивана Франко, в коллективе которого Бучма бессменно пребывал с 1936 года. Дарование Бучмы было удивительно органично, многогранно. Ему по плечу были и трагедийные, и героические роли. Сочное чувство юмора делало его непревзойдённым в комедиях.

На фотографиях, украшающих стены мемориальных комнат, Бучма запечатлён в своей легендарной роли Миколы Задорожного в «Украденном счастье» И. Франко (1940) и во многих других ролях. Выразительны сцены из осуществлённых им постановок, таких, как «Наталка Полтавка» И. Котляревского (1942), кадры из кинофильмов «Ночной извозчик», «Непокорённые», в которых он снимался.

Актёрский талант Амвросия Бучмы был настолько велик, что его имя со временем обросло легендами и баснями, как это всегда бывает с неординарными личностями. Сегодня уже не различишь, где здесь правда, а где вымысел. Говорили, что в 1914 году, Бучма, не желая служить в австро-венгерской армии, симулировал сумасшествие. И ни один психиатр не смог его разоблачить. Ещё рассказывают, что уже в советское время Сталин, увидев Бучму в роли предателя, будто бы сказал: «Так правдиво сыграть невозможно. Его надо проверить». И Бучма долго колесил по стране, чтобы его не расстреляли как шпиона.

Пройдём же по комнатам, рассмотрим вещи, среди которых жил Амвросий Максимилианович. Предметы, молчаливо окружающие суетливое человеческое существование, живут и старятся вместе с людьми, становясь привычными, почти ручными. Переживая своих хозяев, вещи сиротеют, но хранят память о прежней жизни, об ушедших людях.

...В прихожей, у зеркала, лежит концертная бабочка актёра, коробочка лейхнеровской пудры и пушистая заячья лапка-пуховка. Лапка, между прочим, – охотничий трофей, ведь актёр был заядлым охотником. Сохранился и его ящик для патронов со множеством отделений.

Раньше вещи делались основательно. Им была уготована долгая жизнь. Печатная машинка «Эрика» и электроламповый приёмник Бучмы работают до сих пор.

Как новенькие выглядят и шляпная картонка Валентины Ефимовны Бжеской – жены Амвросия Максимовича, тоже выдающейся украинской актрисы, и коробка для воротничков (они крахмалились отдельно от рубашек рисовым крахмалом).

На стуле висит образчик летней мужской моды тех лет – крепдешиновая пижама в полоску – в которой Амвросий Максимилианович любил выходить на балкон и наблюдать за оживлённой жизнью улицы. Здесь в те времена продавали пиво из бочки, «пирующие» узнавали любимого актёра, приглашали составить компанию...

Ёлочная игрушка, сделанная из электрической лампочки, напоминает об эвакуации в годы войны. Театр им. И. Франко работал тогда в Ташкенте. Именно там домочадцы актёра украсили такими игрушкам на Новый год чайную розу.

Кукла в одном башмачке и в чепчике – игрушка внучки Амвросия Максимилиановича Валечки. Рядом – фотография: сам актёр с внучкой и её куклой, обе барышни с косичками...

Сегодня Валентина Игоревна Заболотная – известный в Украине театральный критик, кандидат искусствоведения, преподаватель Киевского национального университета театра, кино и телевидения им. И. Карпенко-Карого – мечтает превратить легендарную квартиру в мемориальный музей своего деда.

Однако возникает парадоксальная ситуация: родственники готовы оставить квартиру, идею создания в ней музея поддержали комиссия по культуре и духовному возрождению Верховного Совета Украины,

Союзы художников, кинематографистов, композиторов, театральных деятелей Украины, а решение до сих пор так и не принято...

Вещи переживают своих хозяев. Будильник, стоящий на стареньком телевизоре «Рембрандт», перестал отсчитывать секунды в то мгновение, когда замерло сердце великого актёра. Однако и онемевший, он, как и другие вещи, хранит воспоминания о гениальном артисте.

Ирина ПАНЧЕНКО

ОБНАЖЁННОСТЬ ИСПОВЕДАЛЬНОСТИ

1990-е годы были ознаменованы в России выходом в свет двух замечательных, неординарных книг: «Галина. История жизни»* Галины Вишневской (1992) и «Я, Майя Плисецкая...» Майи Плисецкой (1994).

Книги всемирно известных женщин – оперной певицы Вишневской и балерины Плисецкой – не мемуары в собственном смысле этого слова, как можно было бы предположить. Мемуары деятелей искусства – это, как правило, отстранённое раздумье, спокойное и взвешенное осмысление своего творческого опыта, этапов восхождения на Олимп. От первых шагов в профессии – к мастерству, от роли второго плана – к главной роли, от безвестности – к славе.

Подобные темы присутствуют и в этих книгах: авторы рассказывают о своих природных артистических данных, о близких, родных, учителях, круге друзей, цене успеха: невероятной требовательности к себе, неистовом вдохновении, изнурительном труде... Узнаёт читатель и о профессиональном вкладе артисток в традиции московского Большого театра, в само искусство вокала и танца.

Ценителям оперного театра интересно признание Галины Вишневской, что, работая над ролью, она всегда шла «от её музыкального содержания к драматическому, а не наоборот». Проникновение в мысли и чувства композитора является для неё основой сценического образа.

Майя Плисецкая видит тайну искусства танца не в абстрактной тех-

---

* *Впервые книга Галины Вишневской была опубликована в 1984 году на английском языке в США и в Австралии. Затем последовали её переводы в Швеции, Франции, Финляндии, Италии, Испании, Японии, Голландии, Южной Африке, Израиле, ФРГ, Югославии, Исландии. На русском языке книга вышла в 1985 году в Париже, в совместном издании журнала «Континент». И, наконец, была опубликована в России. В 1996 году по мотивам этой книги на музыку Марселя Ландовски была поставлена опера.*

нике, а в том, чтобы танцем «растрогать душу, заставить сопереживать, вызвать слёзы». Танцовщица своим исполнением стремится переключить внимание зрителей с техники «на душу и пластику». Однако Плисецкая справедливо считает, что «рассказать балет писчим пером – гиблое дело».

Профессиональные суждения и самохарактеристики даны в книгах как бы пунктиром. Смысловой стержень книг в другом: в авторском пафосе противостояния безжалостной государственной системе, которая наваливалась на художника, желая подчинить его, поработить, подмять, запугать, обезличить. Обе артистки стремятся выговорить, что у них наболело. Выговорить иронично, язвительно, резко. В этом своём сокровенном предназначении их книги типологически родственны.

Антон Чехов оставил завет выдавливать из себя раба по капле. Для наших артисток такая мера слишком мала. В исповедальном обвале тягостных воспоминаний они жаждут *сразу* выплеснуть, избыть своё вчерашнее государственное рабство, постыдное и унизительное.

«Стоишь, бывало, на сцене, - вспоминает Галина Вишневская правительственные концерты, - А кругом пьют, жуют, повернувшись к тебе спиной, гремят вилками и ножами, чокаются бокалами, курят. И в этом огромном кабаке (Георгиевском зале – *И. П.*) ты пой и ублажай их, как крепостная девка». Майя Плисецкая, освобождаясь от ощущения подневольной зависимости, прямо формулирует: «Мы были зачаты страхом, покорностью, молчанием, трусостью, послушанием, рабством. Мы вытянули свой жребий, родившись в тюрьме... не хочу быть рабыней... Ошейника не хочу на шее... Отверженной быть не желаю, прокажённой, меченой».

Свои книги Вишневская и Плисецкая писали подобно тому, как творил Борис Пастернак («Писать стихи, что жилы отворить»). Интонация исповедальности, душевной обнажённости авторов в каждой из этих единственных в своём роде книг потрясает.

Галине ощущение счастья приносит пение. Только в моменты выхода на сцену Большого театра она могла, наконец, внутренне «раскрепоститься, стать собой, дать волю воображению...». Галину ярко характеризует рассказанный ею в книге случай. В Вене от свечей на сцене во время исполнения партии Тоски прямо на глазах у зрителей у неё на голове загорелся нейлоновый шиньон. Дали занавес. К счастью, схватив горящий шиньон обеими руками, артистка быстро содрала его, не жалея собственных волос, не замечая того, что у неё обгорают ногти на руках. И хотя зрители уже не надеялись её услышать, Галина вновь вышла на сцену и допела арию с забинтованными руками. Она призналась в книге: «Для меня во время исполнения роли всё, что я делаю на сцене, так важно, как вопрос о жизни и смерти. Если бы мне отрезали голову, только тогда я не смогла бы допеть спектакля».

Майе полное ощущение счастья приносит танец: «Каждая дощечка, каждая щербинка была мной освоена, обтанцована. Сцена Большого вселяла в меня чувство защищённости, домашнего очага... Мышцы ног, рук, спины слышат музыку как бы сами по себе, вне моей воли». Майя обладает такой же силой воли и самоотверженностью, как и Галина. Премьеру «Чайки» во Флоренции она танцевала со сломанным пальцем левой ноги. Перед каждой репетицией, каждым спектаклем замораживала палец хлорэтилом.

Жизнь в искусстве требует каждую из артисток целиком. И тем ужаснее, что именно они оказываются вовлечёнными в идеологический конфликт Художника и Власти.

Травля Плисецкой началась ещё в конце 1940-х годов из-за непосещения ею политчасов, на которых артисты Большого в принудительном порядке обязаны были коллективно повышать знания основ марксизма-ленинизма. Позже из-за доносов кагебистов, обязательно сопровождавших на гастролях советских артистов, Майя на шесть долгих лет попадает в чёрные списки «невыездных», а после частной встречи в Москве со вторым секретарём английского посольства за ней по пятам стала следовать машина с сотрудниками КГБ. И, наконец, в 1956 году фабрикуется обвинение Плисецкой в работе на английскую разведку. Причём обвинение настолько нешуточное, что о нём специально докладывал генерал КГБ Серов на заседании Политбюро. «До того затравили, - рассказала Майя, - что я ни дня тогда без мысли о самоубийстве не жила. Какую только дорогу на тот свет предпочесть, раздумывала. Повеситься, выброситься из окна, под поезд лечь...». О сотрудниках КГБ, принимавших участие в преследовании, Плисецкая, не прибегая к эвфемизмам, не желая прятаться за интеллигентским слогом, так прямо и пишет: «Сволочи!».

Вишневская написала в книге, что открытый конфликт с властью настиг её, как и Майю, в зените отечественного и международного успеха. Почва для этого конфликта готовилась давно. Будучи принята в Большой в двадцать пять лет, Галина поняла, что артисты приписаны к месту работы, как на фабрике, и за месячную зарплату должны выполнять *норму* спектаклей. Позже она изо всех сил сопротивлялась вербовке КГБ в сексоты, в доносчицы. Преследование властью семьи Вишневской вылилось в круглосуточную слежку КГБ за их дачей в Жуковке, в бойкот прессы, доносы коллег, изгнание артистов с радио и телевидения, выживание их с мужем из концертных залов Москвы, из России, и в лишение гражданства в 1978 году. Всё это было расплатой за то, что супруги в течение четырёх лет давали на своей даче приют Александру Солженицыну. Это было расплатой и за то, что Мстислав

Ростропович при полном одобрении жены в 1970 году написал главным редакторам центральных московских газет Открытое письмо, в котором выступил в защиту Солженицына.

Жажда свободы личности, «термоядерный заряд» энергии, сила характера помогли Галине и Майе выстоять, выиграть войну за достойное место в жизни, отстоять свою «самость», своё «Я», о чём красноречиво говорят и заголовки их книг.

Даже свои женские наряды Вишневская и Плисецкая превратили в мирное, но «оружие». Ведь за их смелыми и оригинальными нарядами прочитывался откровенный идеологический замысел – вызов, эпатаж, противостояние уродливой морали, которая диктовала запрещение права кому бы то ни было выделяться, все в том отечестве (за пределами сцены) должны были быть одинаково безлики. Вишневская демонстративно нарушала это правило. Майя красовалась на общественных приёмах и в доме Катанянов-Брик в невероятных туалетах. Для обеих красивых и талантливых женщин это был способ почувствовать себя, хоть на час, безнаказанно свободными.

Однако знаменитые певица и балерина пишут в книгах не только о себе, выстоявших. Они с болью пишут и о тех талантливых деятелях искусства, которых режим сломал, чей творческий путь искалечил, кого до срока загнал в могилу. Долог этот список в каждой из книг. Всех не перечислить: Прокофьев, Шостакович, Хачатурян, Рихтер, Пастернак, Софроницкий, Мелик-Пашаев, Мясковский, Голейзовский, Якобсон, Богатырёв... Авторы книг бесконечно сочувствуют этим творческим личностям, но они стремятся внушить своим читателям мысль о необходимости сознательного сопротивления власти: «Дам вам совет, будущие поколения. Меня слушайте, - не пишет, а взывает Вишневская. - Не смиряйтесь, до самого конца не смиряйтесь. Не смиряйтесь даже тогда – воюйте, отстреливайтесь, в трубы трубите, в барабаны бейте, в телефоны звоните, телеграммы с почтамта шлите, не сдавайтесь, до последнего мига боритесь, воюйте. Даже тоталитарные режимы отступались, случалось, перед одержимостью, убеждённостью, настырностью. Мои победы только на том и держались. Ни на чём больше! Характер – это и есть судьба...».

Это пламенное обращение к читателю скорее напоминает не стиль мемуаров, а политическую прокламацию. Невольно вспоминается известная книга Лидии Гинзбург «Крутой маршрут». Помнится, когда впервые её читала в самиздате в 1960-е годы, меня не покидала мысль, что Гинзбург так описывает тюрьму и ссылку, словно даёт наставление будущим сидельцам: как вести себя на допросах, как перестукиваться с соседними камерами с помощью тюремной «морзянки», как растягивать, медленно жуя, тощую тюремную «пайку»... До чего же горьки судьбы российские, если лучшие из лучших, талантливейшие из талантливых женщин делятся с потомками не секретами женского обаяния и красоты, а способами противостояния полицейской силе!

Книги Майи и Галины были бы неизбывно грустны, если бы в них не присутствовал ещё один важный и трепетный мотив. Их книги не только о ненависти к насилию и лжи, их книги о преданности тем, кто смог по-настоящему понять и оценить их искусство, кто смог стать в их искусстве партнёром. Вишневская-Ростропович, Плисецкая-Щедрин – это союзы, талантливые счастливой взаимностью.

Замечателен рассказ Галины Вишневской о том, как влюблённый в неё с первого взгляда молодой Слава Ростропович ждал её на свидание в такси, которое он всё изнутри украсил букетиками ландышей, а вокруг машины собралась толпа любопытных, ибо такое в Москве не часто увидишь. Она стала женой Ростроповича через четыре дня после их знакомства и навсегда запомнила, как он, поразившись её красоте, опустился перед ней на колени. И ещё один трогательный момент жизни проходит перед нами. Когда Слава узнал, что Галина ждёт ребёнка, он схватил книгу сонетов Шекспира и с упоением стал их ей читать, чтобы она, не теряя ни минуты, начала создавать в себе необыкновенное и прекрасное дитя. И, наверное, одними из самых счастливых мгновений в их жизни были те, когда они вместе выходили на сцену. Разговаривая языком музыки, они с первых тактов сливались в нерасторжимое целое, составляя удивительный дуэт.

Майя рассказала, какая огромная привязанность соединяет её и прекрасного композитора Родиона Щедрина. Когда в 1959 году её наконец-то впервые выпустили с Большим театром на гастроли в Америку, Родион в Москве, в их квартире на Кутузовском, повесил таблицу из семидесяти трёх цифр – числом дней, которое должны были занять гастроли. Каждый день он перечёркивал одну цифру, приближая день их встречи. «Вот таблица Менделеева! – восклицает Майя. – Для нас она ценнее всех минералов мира».

Когда гастроли на время разлучают супругов, они подолгу, порой дважды на дню, разговаривают друг с другом, невзирая на астрономические счета, которые потом приходят. И конечно, самые сказочно щедрые подарки Щедрина Майе – это сочинённая им для неё музыка. Знаменитая «Кармен-сюита» Бизе-Щедрина, исполняемая сегодня во всех уголках планеты, музыка к балетам «Анна Каренина», «Чайка», «Дама с собачкой», в которых с новой силой проявился талант Майи не только как балерины, но и как хореографа.

Каждая из книг, о которых идёт речь, завершается счастливым концом. В 1990 году был аннулирован указ от 1978 года о лишении Вишневской и Ростроповича советского гражданства. В 1992 году, после восемнадцати лет отсутствия артистки в России, Большой театр устроил великолепный вечер Галины Вишневской в честь 45-летия её творческой деятельности. Вечер сопровождался прямой трёхчасовой трансляцией по телевизору. А в 1993 году также торжественно и с таким же размахом был отпразднован юбилейный вечер Майи Плисецкой в честь её 50-летнего служения сцене . «Да, - замечает по этому поводу Галина, - в России, если уж бьют – то до смерти, а если прославляют, то без всякого удержу и меры».

...Но если есть в этом мире любовь, сотворчество и покаяние, то, наверное, наступит и время книг о свободном от политики искусстве пения и танца.

Ирина ПАНЧЕНКО

УЧИТЕЛЬ МУЗЫКИ

По иерусалимскому радио объявили, что ученица Сарры Евсеевны Белкиной разыскивает своего педагога. Откликнулись сразу пять слушателей, подсказавших адрес: США, Филадельфия.

...Сарра эмигрировала в Америку из Петербурга, когда ей было семьдесят четыре. Она отрывала себя от бесконечно любимого города, который навсегда берёт в плен каждого, способного ощущать разлитую в нём красоту. Она оставляла консерваторию, которой была отдана вся её сознательная жизнь. Она покидала свежую могилу мужа, с которым прожила счастливых сорок пять лет и с которым они вместе собирались уезжать за океан. Она, наконец, оставляла в городе единственного сына.

Это происходило в 1993 году, и в России было очень тревожно. Её отъезд вслед за невесткой и внуками был необходим, чтобы сын Юрий, кандидат физико-математических наук (имевший в своё время допуск к секретным темам как сотрудник одного из НИИ Российской Академии наук), мог добиваться разрешения на выезд для воссоединения с семьёй. Юрий смог вырваться к семье девять месяцев спустя.

В Филадельфии Сарру встретила семья сына. Они приехали в Америку несколькими месяцами раньше. Для Сарры это были единственные родные души в большом чужом городе. Английского она никогда не изучала, значит, оказалась без языка. Для неё, человека общительного, всегда окружённого друзьями, коллегами и учениками, это грозило жестокой депрессией. Призвав всё своё мужество, Сарра сказала себе: «Я должна дождаться Юру, должна овладеть английским...».

Это было непросто, но она справилась. Сначала научилась понимать американку Глорию, которая сама происходила из семьи еврейских эмигрантов. Глория было одной из тех, кто, по поручению синагоги, подготовил для них жильё со всем необходимым: от мебели и постельного белья до кастрюль, ножниц, ниток, иголок, поразив петербуржцев своей щедростью и вниманием. Английским Сарра овладевала по жёсткой программе. Семь месяцев по пять часов в день за партой, а вечером – домашние задания. Занятия на курсах поглощали все силы, но были спасением от депрессии. На курсах она познакомилась с другими эмигрантами из Союза, обросла новыми знакомыми. Сарра так успешно вошла в роль ученицы, что к концу занятий сочинила на английском юмористическое четверостишие в замысловатом жанре лимерик. Когда пришло время, экзамен на американское гражданство Сарра сдала на английском языке.

Откуда у Сарры в её возрасте взялось такое удивительное терпение? Такая замечательная память?

Она всегда отличалась трудолюбием и всю жизнь любила учиться: когда была школьницей (в её матрикуле стоят одни пятёрки), когда была учащейся петроградского музыкального училища, а потом – студенткой консерватории им. Н.А. Римского-Корсакова.

Родители Сарры родом из глубокой белорусской провинции. Оба принадлежали к скромным мещанским семьям. Отец умер в 1920 году, когда ещё дотлевала гражданская война. Сарра его не помнит. Вместе с мамой – Ревеккой Ефимовной Белкиной – Сарру воспитывал отчим Михаил Яковлевич Волосов, служащий, очень добрый человек. Отчим перевёз семью в Петроград.

Когда Сарра, учившаяся с восьми лет музыке у известного педагога Ляховицкой, сказала, что хочет быть музыкантом, мама поняла это на свой провинциальный лад: «Ты хочешь быть клезмером?». И Ляховицкой пришлось долго беседовать с мамой, объясняя разницу между народными музыкантами-самоучками, умевшими играть на двух струнах, и профессионалами, которых готовят в музыкальных училищах и консерваториях. И всё-таки маме стало спокойнее лишь тогда, когда Сарра исполнительскому факультету консерватории предпочла историко-теоретический и в дальнейшем целиком посвятила себя педагогической деятельности.

Студенческие годы были для Сарры чрезвычайно плодотворными. В то время консерватория блистала именами замечательных профессоров, маститых учёных: Б.В. Асафьев, А.В. Оссовский, Р.И. Грубер, Ю.Н. Тюлин, Х.С. Кушнарёв, И.И. Соллертинский... А рядом с ними – молодые, талантливые, перспективные ассистенты: Н.Г. Привако, М.Г. Георгилевич, И.Я. Пустыльник, Г.М. Филенко и др. Сарра вспоминает, что на консерваторских занятиях «царила атмосфера приподнятости. Мы испытывали род музыкальной лихорадки, сожалея, что так много времени у музыки отнимают сон, еда. Думалось: а нельзя ли заменить трапезы простым приёмом таблеток на ходу? Очень ценным было то, что мы сами много играли в четыре руки на уроках, а, готовясь к ним, дома переиграли великое множество симфонической, камерной музыки, произведений классиков: Шуберта, Шумана, Мендельсона, Брамса, Чайковского, Бородина, Калинникова, Глазунова... Ведь в ту пору ещё не было засилья звукозаписи, мы знакомились и изучали каждую вещь, музицируя. И это было замечательно! Некоторые произведения стали для нас с тех пор заветными, принадлежащими к миру глубоко личному, интимному. И конечно, мы постоянно бывали в филармонии, чтобы услышать произведения в их оркестровой «плоти», в подлинной инструментально-тембровой полноте».

Но помнятся Сарре и совсем, совсем иные события, которые, поразив горечью, стыдом и возмущением, неослабно живут в её душе и памяти уже более полувека. Это было в 1948 году, через несколько лет после того, как Ленинградская консерватория вернулась из ташкентской эвакуации, куда её загнала Вторая мировая война.

...Переполненный Малый зал консерватории. Подчиняясь приказу о непреложной явке (отсутствие грозило серьёзными последствиями), в зале теснятся преподаватели и студенты. Открывает собрание ректор П.А. Серебряков. Его речь ошеломляет. Он говорит о консерватории как о «рассаднике космополитизма», так как здесь много лет работал «патриарх космополитизма» Иван Иванович Соллертинский (умерший в 1944 году). Он призывает «виновных» к самокритике, к признанию своих «ошибок и заблуждений», которые заключаются... в любви к западно-европейской музыке! И на сцену выходят уважаемые, любимые Саррой и всем студенчеством учителя и... каются! Так начиналась инсценированная компартией подлая идеологическая кампания «по борьбе с космополитизмом и низкопоклонством перед Западом». Эта кампания привела к увольнениям некоторых консерваторских преподавателей, а в отдельных случаях – даже к их трагическому уходу из жизни.

Сейчас, спустя много лет, хотя того стыда и унижения не забыть, Сарра понимает, что вынужденное «покаяние» любимых учителей перед тоталитарной властью было следствием опыта террора 1930-х; следствием страха, засевшего в сознании. Публичная демонстрация лояльности была неизбежным условием дальнейшего пребывания в сфере музыки, без которой они не могли бы жить. Это был горький компромисс. Сарра не могла не понять сути этого компромисса, потому что сама не смогла бы жить отлучённой от музыки.

В Сарре рано проснулся дар учительства. Сколько лет минуло с того дня, когда она провела свой первый урок! Сарра начала работать в музучилище, будучи ещё студенткой третьего курса консерватории. Она 52 года вела спецкурсы в средней специальной музыкальной школе Ленинградской консерватории и в музыкальном училище Ленинградской консерватории, где работала с композиторами и музыковедами: «Я вся растворилась в педагогике, я обожала свою работу, я жила ею, - рассказывает Сарра, - У меня было два крыла, на которых я летала в жизни: работа и семья. С любимой работы я летел в любимую семью, а из любимой семьи – на любимую работу».

Она была требовательна во всём, что касалось профессии, и в тоже время удивительно человечна с учениками, которые запомнили не только уроки Сарры, но и её тёплый дом в Петербурге, благодатную атмосферу этого дома, его прекрасную библиотеку, любовно собранную Сарриным мужем Александром Давидовичем, кандидатом технических наук и подлинным библиофилом, который даже во время Ленинградской блокады не сжёг и не продал ни одной (!) книги. Сарра и её муж не жалели для молодёжи книг из этой библиотеки. Они давали ученикам читать зарубежную классику даже в годы гонения на «космополитов». Не побоялась Сарра организовать прослушивание для учеников Восьмой симфонии опального тогда Шостаковича, за что подверглась грозному нагоняю парткома.

Ученики Сарры живут сегодня не только в России, но и в Германии, США, Израиле, Англии, Австралии... Бывшие ученики-друзья разыскивают её, пишут письма, делятся сокровенным, дарят свои сочинения с удивительно трогательными надписями. «Меня помнят. Я очень счастлива», - говорит Сарра.

Все годы эмиграции Сарра не расстаётся с музыкой. Будучи очень динамичным человеком, она успевает прослушать циклы концертов замечательного Филадельфийского оркестра, побывать на музыкальных фестивалях, посвящённых творчеству Бетховена, Брамса, Шуберта, Р. Штрауса, посетить сольные концерты известных пианистов. Сарру непременно встретишь и на концертах, которые устраивают музыканты русскоязычной общины. Она не только посещает концерты, она откликается на музыкальные события статьями в филадельфийской прессе.

И, конечно, Сарра играет. Синагога подарила Сарре фортепиано, чтобы она не так тосковала по своему петербургскому инструменту, и она пестует душу любимой музыкой. И не только свою. Сарра сама выступает с концертами, играя Брамса, Шопена, Рубинштейна...

...Когда я, желая уточнить для статьи какие-то факты, позвонила вечером Сарре Евсеевне Белкиной, наша беседа прерывалась буквально каждые пять-десять минут. Кто-то звонил Сарре по второй линии, желая выразить своё восхищение или попросить совета, поделиться, пригласить... Такова сила обаяния и притягательности этой незаурядной женщины.

Ирина ПАНЧЕНКО

СПЕТЬ ТО, ЧТО НЕДОПЕТО

В каждом доме хранится альбом семейных фотографий, который открывают нечасто, но бережно и трепетно. Есть такой альбом и у Анны Гинзбург. А стены её филадельфийской квартиры – словно продолжение альбомных страниц. Со стен её небольшого, но уютного жилища смотрят на гостей фотографии родителей, братьев, сестёр, дочерей, внуков. Но больше всего здесь фотографий самой Анны: в концертных платьях, облегающих стройную фигуру, в шляпах, боа из перьев. Вот Анна серьёзно глядит прямо в объектив, на другом снимке – лукаво улыбается. А рядом с фотографиями – афиши, афиши...

Кроме фотоальбома есть у Анны Борисовны ещё один альбом – с письмами, отзывами, статьями в прессе. Перелистывая страницы, читаешь поток восхищённых, проникновенных слов. Из них возникает образ артистки, её творческий портрет. Счастлив человек искусства, к которому обращены такие слова: «Талант певицы отмечен искренностью и самобытностью – бесценными качествами, которые в сочетании с прекрасным голосом и большим актёрским опытом неизменно приносят Анне Гинзбург успех... Когда я впервые увидел Анну Гинзбург, услышал её еврейские песни – а было это в 1989 году, на сцене кишинёвского Дома культуры, - мне показалось, что многие черты Розы Спивак, главной героини романа Шолом-Алейхема «Блуждающие звёзды» словно бы взяты из биографии моей новой знакомой» (Зиновий Столяр, заслуженный деятель искусств Молдовы).

«Ваши песни, Анна Борисовна, как тихая полузабытая мелодия, которую напевала ещё бабушка, и которая поднимает в душе что-то, что трудно облечь в слова. Гордость? Боль? Радость? Наверное, всё вместе» (Жанна Сундеева).

«Необыкновенное исполнение Анной Гинзбург прекрасных песен и юмористических рассказов помогло нам лучше понять, почему евреи выжили в самые трудные времена своей истории» (Джек Драйкер).

В альбоме Анны – её диплом лауреата Всеамериканского фестиваля еврейской песни (1991), программа концерта Общества памяти Шолом-Алейхема, письмо к Анне американской писательницы Бел Кауфман, внучки Шолом-Алейхема, присутствовавшей на этом концерте: «Мне было очень интересно слушать Вас на еврейском, и даже на французском языке. Я слушала до последнего «Браво!». Поздравляю Вас с успехом и желаю всего хорошего в будущем».

1991 год – год эмиграции Анны в Америку. Но большая часть жизни артистки прошла в Молдавии. Размеренный быт большой еврейской семьи в румынском местечке Чимишлия был разрушен в 1940 году после присоединения этой территории к СССР. Отец Анны и его братья в один миг лишились налаженного мануфактурного дела и всех средств, нажитых нелёгким трудом. Только случай помог отцу Анны избежать ареста. В ту ночь, когда за ним пришли, его не оказалось дома. Братьев отца эта чаша не миновала, как не миновала она и старшего брата Анны, арестованного за две недели до начала войны, насильно разлучённого с женой и шестимесячным ребёнком, так же, как и он, высланных в Сибирь. После возвращения из пятилетнего заключения он годами жил с клеймом полит-заключённого. Семья получила справку о реабилитации брата лишь в 1991 году, когда его самого уже не было в живых.

Анна Гинзбург. Фото Ирины Панченко

Младшая в семье, Анна выросла без опеки братьев. Её второй брат ушёл добровольцем на фронт и погиб под Сталинградом.

Фашистская оккупация обернулась новым кошмаром. В первые же дни фашисты повесили деда Анны на балконе его собственной квартиры. А потом было бегство семьи от немцев вглубь страны, вслед за отступающими частями Советской армии. На открытой платформе товарняка у спящей матери Анны ночью сняли единственные ботинки...

Потом был Ташкент, где Анна-подросток работает клепальщицей на эвакуированном из Подмосковья авиазаводе. Нередки дни, когда её, как и других рабочих, по условиям военного времени, сутками не выпускают из цеха. И тогда все спали вповалку, стараясь занять место поближе к генераторам отопления.

Можно было бы ещё рассказывать и рассказывать о тяготах судьбы Анны, но очевидно, что рано исстрадавшаяся душа молодой певуньи, чьё драматическое сопрано теплом отдавалось в сердцах родных и друзей, вобрала столько человеческой боли, что много лет спустя эта боль потерь, лишений и горя выплеснется в её концертных выступлениях: в честь победы над фашистской Германией, в ознаменование восстания Варшавского гетто, трагедии Бабьего Яра, Кишинёвского погрома...

Способность сострадать и сочувствовать продиктовала Анне необходимость взять на себя дела сектора милосердия в основанном в 1989 году кишинёвском Обществе еврейской взаимопомощи. Проявив организаторские способности, Анна Гинзбург в 1990 году стала одним из основателей Общества еврейской культуры Республики Молдова.

Хотела ли Анна в юности стать профессиональной певицей? «Да, я сначала запела, а потом роди-лась!», - шутит она. Певческий талант был у них в роду. Все родные обладали хорошими голосами. Но только в 1965 году, в годы хрущёвской «оттепели», Анна получила возможность выйти на профессиональную сцену. Это произошло в Кишинёве в только что открывшейся Еврейской музыкально-драматической студии. Руководил студией Рувим Левин, получивший образование в еврейском театральном училище при ГОСЕТЕ, где преподавали Михоэлс и Зускин. Анна исполняла комедийные и драматические роли, пела. Энтузиазм коллектива был велик. После ряда постановок студии было присвоено звание Кишинёвского еврейского народного театра. Но через семь лет, во время жестоких политических «заморозков», театр закрыли. Левин при «невыясненных обстоятельствах» так же, как Михоэлс, погиб под колесами автомобиля.

В годы, когда партийно-государственная политика Советского Союза заключалась в том, чтобы вытравить из сознания евреев интерес к истории и культуре своего народа, Анна Гинзбург с эстрады задорно исполняла песни и юмористические репризы, созданные еврейскими писателями и композиторами. Записанные на плёнку песни, шутки, юмористические миниатюры в исполнении Анны и сегодня звучат в радиопередачах.

Общественный темперамент Анны проявлялся там, где чувства гнева и справедливости не позволяли ей промолчать, остаться в стороне от драматических событий. В скорбные дни 1972 года, когда стало известно об убийстве израильских спортсменов в дни Олимпиады в Мюнхене, Анна на идиш страстно выступила с осуждением этого антисемитского зверства. Вопреки молдавскому национализму («Русских – за Днестр, евреев – в Днестр!»), заявившему себя в период перестройки, Анна была первой артисткой, выступившей на идиш по молдавскому радио, а затем стала постоянной участницей ежемесячной передачи «Идише лэбн» («Еврейская жизнь»). Когда в Кишинёве в 1990 году проводили фестиваль национальных меньшинств, на празднике со своими песнями не оказалось ни русских, ни украинцев, ни гагаузов, ни болгар, ни цыган, только бесстрашная Анна Гинзбург «представляла меньшинства, пела весело и задорно еврейские песни» («Вечерний Кишинёв», 1990).

Да, Анна Борисовна Гинзбург оказалась сильным и целеустремлённым человеком. Её песенный и драматический талант, её природный изящный артистизм заметили. Она состоялась как артистка, реализовала себя наперекор суровому ходу истории. Выступала сначала с музыкантами ансамбля «Лехаим», потом с собственным ансамблем «Вундер» (Чудо), снялась в трёх художественных кино- и телефильмах. О её творчестве был снят на видео фильм-концерт, прошла большая музыкальная передача по молдавскому ТВ, она приняла участие во всесоюзном празднике «Мэрцишор-91». И вот тут её заметила пресса. Вслед уезжающей за океан артистке в 1991 году появилась в «Вечернем Кишинёве» статья «Запоздалое признание в любви», в которой Анне искренне и тепло желали спеть далеко от Молдовы «то, что осталось недопетым и недосказанным здесь, у нас в Бессарабии».

И Анна поёт теперь для нас. В русскоязычной общине Филадельфии прекрасно знают и любят Анну. Её восторженно принимали во многих городах Северной и Южной Америки. Её концерты состоялись в Австралии и Германии. Поёт Анна на идиш, иврите, английском и французском языках. Поёт и шутит. И везде, где поёт Анна, улыбки и слёзы, овации и цветы. Зал аплодирует стоя. Начиная с последних рядов, ряд за рядом, как волна за волной, поднимаются зрители, не опуская аплодирующих рук...

Ксения ГАМАРНИК

НЕПОДРАЖАЕМАЯ ДИВА

*Нелепо, смешно, безрассудно, безумно, волшебно,
Ни толку, ни проку, не в лад, невпопад совершенно...*
          Юлий Ким

...Билеты на ее выступления раскупались задолго до тех дней, на которые были назначены концерты. Арии в ее исполнении выходили на грампластинках и продолжают выходить сегодня на компакт-дисках. Драматурги сочиняют про нее пьесы. В 1868 году в городе Уилкс-Барр, что в штате Пенсильвания, на свет появилась девочка, которая вошла в историю оперы как Флоренс Фостер Дженкинс...

Флоренс родилась в семье банкира Чарльза Дорранса Фостера. С раннего детства девочка брала уроки игры на фортепиано. Прислушиваясь к тому, как дочь старательно барабанит по клавишам, гордый отец склонился к мысли, что она настоящий вундеркинд. Первый фортепианный концерт Флоренс дала в Филадельфии в возрасте восьми лет.

В семнадцать лет Флоренс пожелала завершить свое музыкальное образование в Европе, по окончании чего планировала совершить международное концертное турне. Однако отец воспротивился этому замыслу и отказался финансировать амбициозные планы молоденькой музыкантши. Но Флоренс с юных лет отличалась упорством. В отместку родителям она сбежала из провинциального Уилкс-Барра в Филадельфию вместе с доктором Фрэнком Торнтоном Дженкинсом, который вскоре стал ее мужем. Впрочем, брак оказался неудачным и в 1902 году супруги развелись.

Разгневанный банкир отказался поддерживать своенравную дочь, и Флоренс пришлось кое-как зарабатывать себе на жизнь уроками музыки и игрой на фортепиано во время обедов, даваемых в дамских клубах. Зато в 1909 году Флоренс после смерти отца унаследовала значительное состояние. Теперь Флоренс Фостер Дженкинс могла делать все, что ее душе угодно. А ее душе было угодно перебраться в Нью-Йорк и стать знаменитой оперной певицей.

В Нью-Йорке богатая наследница познакомилась с английским актёром Клэром Бэйфильдом. У Бэйфильда была сомнительная репутация, к тому же, он был значительно моложе Флоренс. К тому времени Бэйфильд получил некоторую известность в театральном мире, но еще до того, как стать актёром, он успел побывать и солдатом, и моряком, и даже пытался разводить овец и рогатый скот в Новой Зеландии. Бэйфильд начал управлять делами восходящей звезды. После её смерти актёр уверял журналистов в том, что он был гражданским мужем певицы, и они вместе счастливо прожили тридцать шесть лет в его квартире на Манхеттене. Трудно сказать, как было на самом деле, поскольку сама певица подробностями личной жизни с прессой не делилась, и официально проживала в одиночестве в апартаментах отеля «Сеймур».

В 1912 году Флоренс основала общество любителей классической музыки «Клуб Верди», ежегодное содержание которого обходилось ей в огромную по тем временам сумму в две тысячи долларов, зато давало доступ в высший свет Нью-Йорка. Она брала уроки вокала у Карло Эдвардса, маэстро Метрополитен-оперы, и понемногу начала давать концерты для избранных. На её ежегодный концерт в отеле «Риц-Карлтон» собиралось до восьмисот человек. Кроме редких выступлений в Нью-Йорке время от времени случались выступления в городах, где проживали или куда съезжались в курортный сезон сливки общества – в Бостоне, Вашингтоне, Ньюпорте и Саратоге-Спрингс.

«В пантеоне незабвенных оперных див нет ни одной сопрано, которая смогла бы соперничать с легендарной Флоренс Фостер Дженкинс, - писал нью-йоркский автор Брукс Питерс, - Она настоящая rāra avis (лат. – нечто уникальное), она возвышалась над всеми, особенно, когда появлялась на сцене с огромными ангельскими крыльями, прилаженными к спине. На пике её популярности в 1940-е годы на концерты Леди Флоренс (ей нравилось, когда ее так называли) толпами стекалась элита в вечерних нарядах, драгоценностях и украшениях, платя внушительные суммы, чтобы послушать ее пение».

Уважаемым читателям, пришедшим в недоумение, почему они не могут припомнить имени Флоренс Фостер Дженскинс в ряду всемирно известных сопрано, не стоит волноваться. Действительно, Флоренс была неподражаема, потому что... она прославилась благодаря полному отсутствию музыкального слуха, чувства ритма и голоса. Она несравненна, потому что ни до, ни после неё не находилось человека, столь обделенного певческим талантом, которому бы вздумалось давать публичные выступления. Она вошла в историю оперы как уникальное явление, как единственный в своем роде пример безголосой певицы.

Несмотря на это, сама Флоренс искренне считала себя непревзойденной вокалисткой, и сдавленный смех публики в зале принимала за знаки одобрения, а громкий хохот за выходки людей, подкупленных другими певцами из профессиональной зависти.

Репертуар Флоренс Фостер Дженкинс состоял из произведений Моцарта, Верди, Штрауса, Брамса, а также песен, написанных ею самой и её аккомпаниатором Космэ МакМуном. Флоренс смело бралась за исполнение самых сложных партий, а критики наперебой исхищрялись в издевательских откликах. «Она кудахтала и вопила, трубила и вибрировала», - писал Дэниел Диксон. Другой критик обвинял ее в том, что после концерта у него начались «мигрень, головокружение и звон в ушах». Нью-йоркский автор Брук Питерс впервые услышал пение Леди Флоренс по радио. По его словам, он сначала решил, что радиоволну захватили инопланетяне, а затем сравнил ее пение с «пронзительным криком старой индюшки» и «воем раненой волчицы, попавшей в капкан».

Кроме слабого, дрожащего, срывающегося голоса певица славилась ужасающим акцентом, с которым она исполняла арии на иностранных языках. Достаточно послушать сохранившуюся запись «Бесов» на стихи Пушкина, положенных на Прелюд №16 Баха. От чудовищного насилия над музыкой и русским языком у слушателей, кажется, могут нестерпимо разболеться зубы. Понять, певица исполняет эту арию на русском языке, можно только благодаря надписи на компакт-диске.

А еще Леди Флоренс поражала воображение слушателей нелепыми вычурными сценическими костюмами, вроде уже упоминавшегося «крылатого» одеяния Ангела Вдохновения. Наряды эти, сшитые из драгоценных старинных тканей, она придумывала сама, и обычно дополняла их такими же нелепыми аксессуарами, вроде экстравагантных головных уборов и огромных вееров из страусовых перьев. Обычно во время концерта она меняла не менее трёх нарядов.

К Флоренс пришла пусть скандальная, но слава, о которой она так мечтала. На концертах слушатели, изнемогая от смеха, встречали ее беспомощные попытки одолеть ту или иную арию громом аплодисментов. Обладавшие всеми земными благами богачи, избалованные выступлениями лучших певцов, ходили на её выступления чтобы развлечься, пощекотать себе нервы, как ходят в паноптикум или как пробуют пищу с острым пряным вкусом.

Слушатели, присутствовавшие на концертах Леди Флоренс, вспоминают, что одним из её любимых номеров было исполнение народной испанской серенады (она не была записана на пленку и до нас не дошла). Певица появлялась на сцене, закутанная в шаль, волосы её, на манер Кармен, украшал высокий испанский гребень и красная роза, в руках она держала корзинку с цветами, которые во время пения разбрасывала по сцене. Серенаду обычно встречали овациями, и Леди Флоренс исполняла ее снова. Однако певица не желала петь серенаду на бис с пустой корзинкой. То, что происходило дальше, описывают по-разному. Кто-то пишет, что ползать на коленях по полу и собирать цветы в корзину приходилось аккомпаниатору Космэ МакМуну. Другой очевидец уверяет, что певица сама собирала цветы. Третий утверждает, что цветы с пола певица подбирала вдвоём с аккомпаниатором.

Но все очевидцы сходятся в одном – во время комической сцены сбора цветов зрители просто умирали со смеху.

Примерно в 1940 году Флоренс решила записать грампластинку, причем проявила весьма оригинальный подход к студийной работе. Все репетиции и настройки аппаратуры были ею отвергнуты. Она просто пришла и запела, диск записывался, и все дорожки были записаны с первого раза. После прослушивания записей она назвала их «превосходными» и потребовала, чтобы грампластинки были отпечатаны именно с них.

Рассказывают про певицу и такую историю. В 1943 году она ехала на такси, которое попало в автоаварию. После пережитого потрясения Флоренс якобы неожиданно обнаружила, что может взять ноту фа выше, чем прежде. И вместо того, чтобы подать на таксиста в суд, она послала ему в знак благодарности коробку дорогих сигар.

Осенью 1944 года 76-летняя Леди Флоренс дала концерт на самой престижной сцене Нью-Йорка – в Карнеги-Холле, который арендовала на собственные средства. Ажиотаж был таким, что билеты (в концертном зале три тысячи мест) были полностью распроданы за несколько недель до выступления. Еще двум тысячам людей, рвавшихся на ее концерт, билеты не достались. После концерта, как и следовало ожидать, критики не оставили от исполнения Флоренс камня на камне, разразившись серией издевательских рецензий.

Одни говорят, что дива никогда не обращала внимания на ядовитые отклики и умерла в блаженном неведении относительно своих талантов. Другие считают, что разгром в прессе, последовавший после концерта, все же чрезвычайно огорчил Флоренс. Как бы там ни было, но вскоре после знаменательного выступления она перенесла инфаркт и умерла через месяц после дебюта на сцене Карнеги-Холла.

После смерти певицы Клэр Бэйфильд уверял, что пытался отговорить ее от выступления в Карнеги-Холле. Впоследствии он долго судился с пятнадцатью дальними родственниками Флоренс, чтобы получить свою долю наследства.

Нельзя не воздать должное беззаветной самоотверженности и самоотдаче, с которой Флоренс Фостер Дженкинс следовала избранной ею стезе. Она не создала семьи, не имела детей, целиком раз и навсегда посвятив себя любимому поприщу. В качестве оперной певицы она выступала на сцене более тридцати лет.

В феномене Леди Флоренс можно усмотреть несколько существенных аспектов. Конечно, знатоки оперы, которые могли сравнить исполнительское мастерство знаменитых корифеев вокала с его бледной копией в исполнении Флоренс, воспринимали ее концерты как *пародию* на благородное искусство оперы. Однако невольное *гротескное пародирование* классики заставляло по контрасту особенно высоко ценить искусство серьезное и профессиональное.

И еще один важный момент имел место в феномене певицы. Она появилась на американской сцене в начале XX века, когда для умонастроений творцов Франции, Германии, Италии, России, США и других стран было характерно стремление к коренному обновлению художественной практики, поиску новых, необычных средств выражения и форм литературных, музыкальных, театральных и живописных произведений (примерами такого авангардного искусства были, например, в российском эгофутуризме Василий Гнедов, во французской живописи – Одилон Редон, в американской музыке – композитор Джон Кейдж и многие другие. Все они каждый на свой манер нарушали в своё время табу).

И хотя Флоренс *осознанно не стремилась* занять место в художественном движении авангарда, *объективно* ее выступления являлись *разрывом* с установившимися принципами и традициями в искусстве, что было характерной чертой авангардистских течений XX века. Неслучайно повторы записей девяти арий в исполнении певицы, записанных в 1940 году, продолжают выходить на компакт-дисках и сейчас, и их по-прежнему охотно раскупают. Некоторые музыкальные критики считают Флоренс Фостер Дженкинс одной из самых первых представительниц так называемой «аутсайдерской музыки». Существует даже теория относительно того, что певица знала настоящую цену своим талантам, а ее долгая певческая карьера была нескончаемым эпатажем, вызовом общественному вкусу, дерзким «перформансом», вроде выступлений футуристов или искусства сюрреалистов, хотя большинство исследователей эту теорию не поддерживает. Возможно, Леди Флоренс *интуитивно* ощущала свою связь со смелыми экспериментаторами в искусстве того времени.

Трагикомическая фигура Леди Флоренс дала материал трем драматургам. В 2001 году на театральном фестивале «Фриндж», проходящем в Эдинбурге, состоялся показ спектакля по пьесе Криса Бэлланса. В 2005 году на Бродвее можно было посмотреть спектакль «Сувенир» по пьесе Стефена Темперли. В том же году в Лондоне с успехом прошла пьеса «Великолепная!» Питера Квилтера, которая даже была номинирована на театральную премию Лоуренса Оливера как лучшая комедия года. По словам критиков, исполнительница главной роли порадовала зрителей «ужасающим пением». Пьеса Квилтера была переведена на тринадцать языков и ставилась в театрах более двадцати стран.

В конце жизни Флоренс проницательно заметила: «Некоторые люди могут сказать, что я не могла петь. Но никто не скажет, что я не пела».

III
АКТЁРЫ И РОЛИ

Ирина ПАНЧЕНКО

«ТАЙНА ПРИСУТСТВУЕТ В МОИХ СПЕКТАКЛЯХ»

Притчевый театр Славы Полунина

- Для чего на свете существуют клоуны? – на такой вопрос каждый, не задумываясь, ответит:
- Чтобы веселить и развлекать!

И это будет верно. Однако не всегда роль скомороха, шута, паяца, гистриона, «дурака», клоуна сводилась к тому, чтобы только развлекать публику. Происхождение этого персонажа чрезвычайно древнее. Корни нужно искать в мифологии.

Исследовательская мысль, проникая в основы человеческого бытия, видит глубокую внутреннюю связь между таким мифологическим персонажем, как *трикстер* (им мог быть человек в образе шакала, собаки...), и современным клоуном. Именно *трикстер* соединял в мифологические времена, казалось, несоединимое. Он лукавил, смешил, крал, обманывал, провоцировал... В зависимости от обстоятельств, он был ловок или неуклюж, добр или зол, умён или глуп, простодушен или хитёр. Он бывал подручным шамана, а иногда образы трикстера и шамана были неразделимы, совмещались в одном лице. Удивительно, что уже на заре своего существования человеческому сообществу понадобился такой типаж, который ради выживания племени, ради сохранения в нём психологического равновесия, соединял бы бытовое и магическое, комическое и трагическое.

С течением времени трикстер растворился, исчез. Магическое ушло в религию, шутовское – в театр, балаган, цирк, стало прерогативой другого персонажа. Однако скучно жить человечеству, когда оно теряет многогранность и многомерность. И вот в последние три десятилетия в России появился режиссёр-новатор (он же – философ, психолог, артист клоунады), поставивший перед собой дерзкую задачу – возродить древнюю традицию, соединив её с современной. В его театре встречается эпическое, магическое и грустно-комическое. Этого деятеля искусства, народного артиста России, родом с Орловщины, зовут Вячеслав Иванович Полунин (или Асисяй в образе жёлтого клоуна). Он был точен, когда сказал в одном из интервью:

«Клоун как идея находится внутри человечества. И я хочу вернуть эту идею. А чтобы вернуть, нужно найти новый язык, стиль, направление... Я их ищу, и, на мой взгляд, мне это удаётся».

Каким образом?

Полунин использует средства детского праздника (смешные красные носы и забавные головные уборы персонажей, их умение наслаждаться бумажным снегом, как настоящим, их вечное восхищение огромными надувными шарами). В других сценах Полунин прибегает к новейшим поэтикам XX-XXI веков: абсурду, сюрреализму, которые вносят в зрелище краски странные, необычные, загадочные. Тем более неожиданные, что речь идёт о «театре цирка».

...На сцену выходит клоун в жёлтом безразмерном балахоне и красных мохнатых тапках. Верёвка в его руках сворачивается то петлёй висельника, то чётками, поводком, рамкой для портрета, скакалкой, канатом альпиниста. Жёлтый клоун примеряет петлю, набрасывает её себе на шею. Мы видим человека, который решил свести счёты с жизнью, покончить с собой. Нас пронзает страх, ибо этот человек полон решимости совершить задуманное.

Жёлтый клоун начинает искать конец верёвки. Он долго с досадой перебирает бесконечно тянущийся её стебель, а верёвка всё не кончается. И вдруг, вместо пустого конца верёвки, жёлтый клоун, словно рыбку, выуживает на сцену человека, который тоже страдает от одиночества. Этот второй нелепый чудак держится за другой конец верёвки и тоже примеряет на себя петлю! И зрители уже не испытывают страх, они – смеются. Перед нами трагическая сцена преломилась в трагикомическую, жестокая – в нежную. Оба чудака – уже не самоубийцы, они – товарищи.

Этот этюд-пантомиму можно расшифровать как философскую притчу о человеке и его внутреннем «я», духовном двойнике. Состоявшаяся в экзистенциальной ситуации встреча оказалась неожиданна и желанна для обоих, спасая от отчаяния, от тоски, от себя, возвращая тепло и радость общения.

Эта миниатюра – часть спектакля Полунина «сНежное шоу».

Впервые обаятельный персонаж Полунина (которому впоследствии сами зрители дали имя Асисяй) появился в телепередаче «Голубой огонёк» в новогоднюю ночь 1981 года. Жёлтый клоун был придуман

Полуниным специально для этой передачи. До этого Вячеслав один или с другим артистом участвовал во многих телевизионных концертах, показывал десятки разных миниатюр, но его героев не замечали. А вот когда он появился в «Голубом огоньке» с огромным красным носом, с шеей, обмотанной алым шарфом, в комбинезоне цыплячье-жёлтого цвета и ярко-красных лохматых тапках – с этого момента он оказался любимцем публики. Этот клоунский наряд стал таким же приметным и запоминающимся, как котелок, тросточка и огромные ботинки Чарли Чаплина, которого Слава впервые, будучи третьеклассником, увидел в фильме «Малыш» и навсегда выбрал его себе в учителя. Полунин последовал совету французского мима Марселя Марсо, который во время своих гастролей в Ленинграде сказал юному коллеге: «Учитесь только у великих». Интересно, что у самого Марсо влечение к актёрскому искусству тоже пробудилось после знакомства с фильмами Чаплина.

Асисяй Полунина очень похож на главного героя повести Достоевского «Бедные люди». Такой же одинокий маленький человек, не очень приспособленный к жизни, добрый и трепетный. Искушённый в психологии Вячеслав Полунин создал такой типаж неслучайно. В одном из своих интервью он объяснял:

«Людям всегда хочется видеть рядом с собой кого-то более слабого, более неловкого, более нелепого и несчастного. Тогда они чувствуют, что у них в жизни всё не так плохо. Если хотите, клоун – это доктор, социальный доктор».

В спектакле Полунина кроме него самого участвует еще несколько комических персонажей в клоунских одеждах: топорщащиеся коробом зелёные пальто, неправдоподобно длинные и плоские ботинки-ласты, шапки-ушанки с утрированно громадными «ушами», торчащими в стороны, как пропеллеры. Вид клоунов с их красными носами и чернобелым гримом, таким же, как у Полунина, нелеп, загадочен, странен. Кто они? Откуда появляются? Из подсознания жёлтого клоуна? Из теней его фантазии?

Решение этой загадки автор оставляет на волю зрительского воображения, зрительских ассоциаций. Полунин сознательно стремится к тому, чтобы не всё было понятно. Именно эти клоуны-фантомы играют на маленьких игрушечных красных гармошках пронзительно-грустную мелодию "Blue Canary" - «Голубая канарейка». Песенка о том, что ушло детство, улетели голубые канарейки и «в общем, все умерли». Откуда ни возьмись, плывут в воздухе со сцены в зал невесомые сверкающие мыльные пузыри, создавая ауру ностальгии по детству.

...На сцене кровать. Она освещается тёплым солнечным светом. Асисяй видит, что эта кровать совершенно замечательная.

Ирина Панченко и Вячеслав Полунин. Нью-Йорк, 2006 год.

Она оснащена мачтой-шваброй и парусом. Не улечься в такую кровать просто невозможно, что Асисяй и делает, чувствует себя там великолепно.

Вдруг, неловко повернувшись, жёлтый клоун падает, однако оказывается не на полу, а в... воде. Асисяй барахтается, похоже, вот-вот захлебнётся. Начинается шторм, поднимается ветер. Со сцены в зал наползает густой туман.

На помощь Асисяю является друг в длинноухой ушанке. Он вылавливает жёлтого клоуна с помощью круга – и вот они уже вместе взбираются на кровать-корабль. Асисяй помогает кораблю плыть, изо всех сил гребя метлой в качестве весла. Детям в зале весело. Буря постепенно стихает...

Подтекст сюжета рождается из соединения детской игры и абсурда. Ведь именно дети мгновенно превращают зелёный коврик в травяную лужайку, а нарисованные горы – в настоящие. Предлагать такой ход мышления взрослым – абсурд. Но Полунин минималистскими средствами создаёт перед нами образ одновременно житейской и природной бури, тесно сплетённой житейской беды с надличностной, которая может грозить человеку гибелью. Помогают одолеть человеку житейскую беду и природную стихию у Полунина таинственные силы – персонажи-фантомы.

В спектаклях Полунина за внешне нехитрыми образами на сцене разворачивается особая, невиданная ранее «философско-поэтическая клоунада». В своих спектаклях Вячеслав запретил «мастерство». В традиционном цирковом спектакле главной является демонстрация физических сверхвозможностей натренированного человека: этот артист глотает шпаги, другой виртуозно жонглирует булавами, третий летает под куполом, а вот этот – и того более – идёт по канату, неся на плечах ещё двоих. У Полунина в его интернациональном театре актёры играют общечеловеческие чувства, грусть и нежность, понятные людям всех национальностей. Тонкая игра настроений заменила игру мускулов.

Как неизмеримо далеко ушла клоунада Полунина от советской бездумной «развлекаловки» прошлых лет!

Непревзойдённым мастером юмористических положений был Юрий Никулин. Актёр Лев Дуров интересно вспоминал об одном из первых номеров Никулина, показанном на общественном просмотре новой цирковой программы: «Отскакали наездники. «Ну, кто хочет быть артистом?» Вытаскивают из зала человека в замасленном бушлате, в замызганной ковбойке, из которой торчит тельняшка... Наездники его подсаживают на лошадь, он, конечно, переваливается, падает лицом в опилки. Как Никулин эти опилки вынимал, как складывал куда-то, как начинал долго рассматривать и жевал задумчиво...». Дуров запомнил, что реакцией зрительного зала был даже не дружный хохот, а коллективное хрюканье, перешедшее в «массовую истерику».

А бывало, что сюжеты для цирковых реприз добывали ещё проще: «Приезжая на гастроли в новый город, советский клоун шёл прямо в редакцию, - рассказывал знаменитый клоун Олег Попов, - Спрашивал: какие в городе проблемы? Например, мост никак не построят уже двадцать лет, нет свободных мест в вытрезвителе. И высмеивали. Этакое практическое комикование».

Маги и чародеи высокого класса внимательно и ревниво наблюдают друг за другом. Искусство фокусничества и клоунады – искусство удивлять, поражать – сродни друг другу. В США знаменит иллюзионист, выступающий под именем диккенсовского персонажа Дэвида Копперфильда (настоящее имя Дэвид Коткин). Он покорил публику разных стран своим мастерством, не только показывая классические фокусы, вроде распиливания живого человека пилой, но и более грандиозными трюками: исчезновением статуи Свободы, прохождением через Великую Китайскую стену, мгновенным исчезновением семидесятитонного вагона Восточного экспресса. Оказалось, что вагон исчезает сквозь особый люк в полу. Он был специально воссоздан в форме складывающейся конструкции одной французской фирмой. После подробного рассказа о сути трюка он немедленно исчез из репертуара Копперфильда. Все подобные фокусы – результат достижений техники, эффектно поданный фокусником во время представления.

Полунин не любит технику. Он прибегает к мимике, жесту, использует звук и свет, то есть задействует минималистические, истинно актёрские средства и трюки. В начале своей карьеры на Западе Вячеслав приобрёл опыт работы во всемирном известном канадском Цирке дю Солей, в представлении «Алегрия». Работа в «Цирке Солнца» напомнила ему работу на фабрике. Он заскучал и решил выступать самостоятельно. Ведь он так любит импровизировать.

И ещё он пишет книгу. Предположительно книга будет называться «Зя». Это слово-протест родилось у Полунина в советские времена, как антипод слову «низя», когда всё было подвержено цензуре, даже то, что было можно.

Очевидно, и жанр пантомимы пришёлся Вячеславу Полунину по душе не в последнюю очередь потому, что пантомима не так-то легко поддавалась расшифровке цензурой.

Сегодня Полунина называют «лучшим клоуном мира», «лучшим клоуном эпохи». Его заслуги в искусстве отмечены самыми престижными премиями, только простое перечисление которых заняло бы страницу. Рассказать ему есть о чём, ведь его спектакли вызывают бурю восторга не только в России, но и по всему миру. Полунин объехал около семидесяти стран разных континентов, не был только в Африке. Европейский зритель не похож на азиатского зрителя, английская аудитория на испанскую, финская – на итальянскую и т.д. Гибкость режиссёра безошибочно подсказывает ему каждый раз, как приспособиться к той или иной аудитории. Спектакль «сНежное шоу» установил рекорд долгожительства, не раз переименовываясь, дополняясь, совершенствуясь, трансформируясь. На Бродвее представление с постоянными аншлагами шло на протяжении четырёх лет.

...Наше внимание снова обращается на сцену. Здесь уже царит зимняя ночь. Одинокий фонарь качается под порывами ветра, отбрасывая подвижный колеблющийся круг света. Страшно выходить за его границы – пропадёшь. Старый, но ещё не обессилевший, Асисяй бредёт сквозь синий зимний пейзаж. Он медленно катит перед собой огромный шар из снега. Человек вместе с шаром тяжко сопротивляется стихии, беде, старости...

«...Тайна присутствует в моих спектаклях. И пока она присутствует, я люблю спектакли. Нельзя всё упрощать до уровня бытового существования», - признаётся Мастер.

Ксения ГАМАРНИК

ЧЕТЫРЕ РОЛИ БОРИСА РОМАНОВА

Наверное, если бы родился Борис Романов на несколько столетий раньше, стал бы непременно бродячим актёром. Путешествовал бы бесконечными путями-дорогами в полотняном фургоне, для того, чтобы остановиться в маленьком городке или деревне, сыграть в спектакле и снова двинуться в путь, любуясь окрестными пейзажами и тучками в небе...

Другое время – другая биография. Но и в XX веке судьба подарила заслуженному артисту Украины Борису Андреевичу Романову множество дорог. Театровед Аркадий Драк в 1981 году написал про Бориса Романова в журнале «Український театр»: «После средней школы был рабочим-верстальщиком одного из киевских заводов. В то же время увлекся театральным искусством, играл в народном театре. По путёвке самодеятельного коллектива поступил в Московский институт театрального искусства, после окончания работал на Камчатке. В армии служил матросом Тихоокеанского флота. Позднее в театрах Казахстана, Прибалтики, Белоруссии сыграл бесконечное число комедийных, драматических, разнохарактерных ролей... С радостью принял приглашение от новосозданного Театра драмы и комедии на левом берегу Днепра в родном городе».

Из интервью Бориса Романова:

– Сначала я не нашел общего языка с главным режиссером, а потом, после работы в спектакле «Мы, нижеподписавшиеся...» началось: то характерное, то Энгельс, то Дед из спектакля «Мне тридцать лет», то Клавдий, то Революционер. Такой шурум-бурум, который меня устраивал очень – чтобы меня из огня да в полымя бросали. А тут пошли съемки в кино, записи на радио... И начало складываться понимание того, как именно нужно играть. Понимание, которое подсознательно зрело все предыдущие годы моей работы».

Борис Романов создаёт на сцене глубокие многогранные характеры, сложные и интересные в своей противоречивости. Он всегда удивительно точно передает тонкие психологические нюансы той или иной роли. Типичный актёр школы переживания, Романов учился актёрскому мастерству у прекрасных учителей. Ему посчастливилось общаться с творцами, которые помнили уроки Станиславского. Поэтому в своей статье «Чайка на занавесе твоего театра» (журнал «Український театр» №6 за 1986 год) Романов обращался к молодым актерам:

Борис Романов. 1993 год. Фото Леонида Рыбакина.

«*Ты получил роль. С этой минуты ты погружаешься в мир другого человека, определяешь его суть. Тебе нужно знать про него всё. Что он любит? Что ненавидит? В какую погоду и в какое время года у него приподнятое настроение, а когда упадок сил? Где он родился? Кто его родители? Как он жил? С кем общался? Чем болел? Что читает? Кого любит? Вот так, очертив первый круг соприкосновения с героем, добираешься до его сути*».

Именно так работает над ролью сам Борис Романов. Трудится вдумчиво и серьёзно, старается разобраться в глубинных мотивах и настроениях, которые руководят поступками его героев. В разговоре Романов все время возвращается к рассуждениям про роль, над которой он сейчас работает, словно хочет, формулируя свои мысли вслух, уловить суть образа. Статьи, которые он публикует в театральной прессе, тоже помогают Романову в работе. Это, как правило, размышления о театре и о людях, которые связали с ним свою жизнь, портреты коллег, наблюдения за ними на репетициях и на спектаклях. В этих статьях Романов пытается обобщить опыт других актеров. Это помогает ему, когда он сам выходит на сцену.

Из интервью Бориса Романова:

- Какая роль из тех, которые вы сейчас играете в Театре драмы и комедии, нравится вам больше всего?

- Мне нравятся все четыре роли, которые я сейчас играю. Это Минаго в спектакле «Я всегда твоя невеста» Иоселиани, Стражник, он же Сократ, в «Последней ночи» Цанева, Жером Курвуазье в спектакле «Игра любви и смерти» по пьесе Ромена Роллана и Елиезер в спектакле «Жених из Иерусалима» Бар-Йосефа.

Таким образом, в Театре драмы и комедии на левом берегу Днепра Борис Романов играет в четырех, совершенно разных спектаклях. Каким он появляется на сцене, какие характеры создает?

БЫЛО У ОТЦА ТРИ СЫНА...

Было у отца три сына. Один за другим ушли они в 1941 году на фронт и погибли. Никого не осталось у Минаго и Марты, только Татия, невеста младшего сына Сисо, живет в их осиротевшем доме.

«Что же мне делать? Куда же вы подевались, черти окаянные?», - говорит Минаго, глядя в пустоту, и на лице его застыло отчаяние, а в глазах дрожат слезы.

Из интервью Бориса Романова:

- Вы играете Минаго замкнутым человеком, глубоко погруженным в самого себя, в свое горе. Трудно ли было создавать этот образ?

- Мы провели много репетиций. Режиссёр Эдуард Маркович Митницкий даже несколько раз хотел отказаться от постановки этой пьесы, но я настоял, чтобы она состоялась. Сначала я плохо играл Минаго, неточно. Только примерно через год я понял, как именно нужно играть. Если посмотреть со стороны, Минаго – просто сумасшедший дед, который никого не видит, никого не слышит. Он способен откликаться только на боль. И тогда выходит очень интересная система общения – Минаго слышит других только тогда, когда им больно. Чужая боль созвучна его собственной боли... Я даже один раз пробовал проанализировать, как нужно прожить целый день, чтобы подойти к этому спектаклю с необходимой готовностью. Рассердиться на всех, кричать, чтобы вся твоя злость прошла, или, наоборот, быть нежным? И так, и так пробовал сделать, и не пришел ни к какому выводу. По-моему, это невозможно объяснить...

«Уже бы умереть и не жить», - тихонько вздыхает Марта. «Но ведь живем!», - почти саркастически бросает Минаго, вкладывая в эти слова горькое презрение к человеческой природе. Смерть забирает молодых, исполненных сил, а другие живут, как раньше, как будто ничего не изменилось.

Романов создает образ человека, который уже не живет, а доживает свой век по инерции. Еще сохранились какие-то связи с миром, еще нужно исполнить последний долг перед Татией, но жизнь, с ее радостями, надеждами, ощущением счастья, закончилась в день получения последней похоронки. Горе раздавило Минаго Романова своей страшной тяжестью, страдание сожгло душу, иссушило ее, только боль продолжает бесконечно надрывать и рвать его сердце.

Вся жизнь Минаго прошла на земле, в гармонии с круговоротом природы. И вот теперь его натруженные тяжелой крестьянской работой руки бессильно и безвольно сложены на коленях. Романов сыграл человека, который потерпел жизненный крах. В жизни крестьянина случилось самое страшное – его род не будет иметь продолжения.

Неимоверным усилием воли Минаго пытается сдержать свою муку, но горе его невыносимо, лицо сводит судорогой боли: «А мне как быть? Ребенка на своем подворье не увидев!.. Так и исчезнуть, имени своего не оставив?.. Ведь я тоже живой...», - глухо, как будто выталкивая слова, застрявшие в горле, произносит Минаго.

Однако, несмотря на трагическое мироощущение, Минаго Романова остается человеком мудрым и неэгоистичным. Он знает, что сколько бы людей не погибло на войне, жизнь должна продолжаться, а главное предназначение женщины – рожать детей. Поэтому он решает выдать Татию замуж, несмотря на то, что она против.

...Свадьбы не получилось. Гости скоро разошлись с праздника, который больше напоминал поминки. И вот Минаго ласково упрашивает мужа Татии сразу же уехать в Тбилиси. Всем трудно в этой сцене, но труднее всех самому Минаго, ведь он отдаёт замуж невесту своего сына. С отъездом Татии жизнь утрачивает для Минаго всякий смысл.

Романов всегда превосходно работает на сцене с вещью, предметом. И в этом эпизоде проявляется его огромное мастерство. Минаго решительно, дрожащими от волнения руками, срывает со свадебного стола белоснежную праздничную скатерть, комкает ее в большой неудобный узел и начинает, не глядя, запихивать в него какие-то случайные вещи. Постепенно это занятие приковывает к себе все внимание Минаго, как будто в скатерти сконцентрировался весь смысл его существования. Теперь он пытается отобрать в дорогу молодым самое лучшее.

На наигранное веселье уходят последние душевные силы Минаго. Романов играет человека, который выполнил всё, как должно. Минаго не в чем укорить себя, но он страшно устал, и хочет только одного – чтобы всё поскорее закончилось.

Неожиданно в доме появляется незнакомец без имени. Он тот, кто прошел всю войну, побывал в немецком плену и в советском ГУЛАГе. «Ты... мёртвый?», - спрашивает у него побледневший Минаго. Романов задает вопрос тихим, нарочито спокойным, погасшим голосом, но кажется, что земля рушится у него под ногами, потому что его сердце уже распознало истину.

«Мёртвый...», - тихо отвечает сын Минаго Сисо. «И я мёртвый...», - говорит Минаго, и действительно, это отвечает человек, чувства которого давно умерли, скорее, тень человека.

Сможет ли Минаго возродиться для жизни, воскресить радость в своем сердце? На эти вопросы спектакль «Я всегда твоя невеста» ответа не дает. Это сюжет для другого спектакля...

ТОТ, КТО СТЕРЕЖЁТ СОКРАТА

Пьеса Стефана Цанева «Последняя ночь», постановку которой осуществил режиссёр А. Ротенштейн, – это парадоксальное исследование взаимоотношений Сократа и его Стражника, которые неожиданно поменялись местами. Драматург, а следом за ним и режиссёр, в острой гротесковой форме прослеживают психологические последствия этой метаморфозы.

...Итак, заканчивается последняя ночь в жизни Сократа. Он проводит её в тюрьме, а значит, в компании Стражника. Стражник старательно, с удовольствием размешивает цикуту – сейчас пропоют первые петухи и философу придется выпить отраву. Но петухи почему-то не спешат кукарекать...

Роль Стражника Романов решает в духе пародии. Он не жалеет красок, чтобы подчеркнуть самые смешные и самые непривлекательные черты характера своего героя – его глупость, нахальство и трусость, но делает это с большим вкусом и чувством меры.

Герой Романова – маленький человечек с редкой бородёнкой, который в разговоре смешно шепелявит. Собеседника Стражник слушает, приоткрыв рот и глядя исподлобья круглыми детскими глазами. Тогда на его лице появляется выражение такой невообразимой тупости, что в памяти немедленно всплывает образ неандертальца.

На сцене разворачивается весёлая игра. Актёры на глазах у зрителей набросили на себя полотняные хитоны и распределили роли – один обернулся усталым философом, другой – приглуповатым Стражником.

Условия игры заданы, и кажется, что Романов целиком придерживается их. Когда Ксантиппа искушает Стражника памятником, который соорудят ему благодарные потомки, если он спасёт философа, герой Романова впитывает каждое слово всем своим существом. От такой головокружительной перспективы у Стражника захватывает дух. «Бюст? Из бронзы?», - немного придя в себя, начинает выспрашивать он у Ксантиппы, одновременно боясь поверить в такое неимоверное счастье, и веря в него всем сердцем, и глаза его сияют от радостного возбуждения. Стражник вот-вот сорвется с места и начнет танцевать или прыгать на одной ножке от удовольствия.

Однако такая наивность, простодушие героя – только верхний слой роли, которую исполняет Романов. Вот в нём на мгновение словно промелькнула тень тирана: одна рука заложена за борт невидимого кителя, ладонь другой руки сложена лодочкой, как будто держит воображаемую трубку. Только секунда, и мгновенное видение отца народов исчезает. Стражник снова предстаёт смешным человечком. Кажется, это только тонкая пародия, исполненная с присущим Романову чувством меры, однако...

Стражник – слишком маленький человек, чтобы не иметь больших комплексов неполноценности. И потому смешной Стражник Романова, поменявшись местами с Сократом, становится страшным. Честолюбие, которое до этого момента дремало в душе Стражника, внезапно расцветает пышным цветом. Он как будто бы компенсирует долгие годы издевательства над собой.

Да, он становится Сократом, но каким!

Сократ-Стражник как будто растёт на глазах, расправляет плечи, фигура его увеличивается и увеличивается, и вот он уже гордо возвышается над крохотным настоящим Сократом.

Стражник бессовестно присваивает речи Сократа и даже его судьбу. Цикуту настоящий и поддельный Сократы выпивают вместе.

Эта история – только изысканная игра, которая не претендует на особую философскую глубину. Она не требует от актеров детальной психологической разработки образов, потому что до некоторой степени герои этой пьесы – только маски с заданными характерами. Однако в этой простоте кроются и некоторые трудности для исполнителей. Ведь необходимо в достаточно одноплановых ролях суметь найти психологические нюансы и оттенки характеров. Романов делает это замечательно. Его Стражник едва ли не самая интересная роль в спектакле.

Борис Романов погружается в атмосферу игры с наслаждением. Он получает огромное удовольствие от исполнения почти комедийной, острохарактерной роли Стражника. Но, кроме внешнего яркого рисунка роли, Романов сумел тонко раскрыть тёмные стороны искалеченной души тюремщика.

ЛЮБОВЬ И СМЕРТЬ ЖЕРОМА КУРВУАЗЬЕ

...Темнеет. На званом вечере у Софии Курвуазье гости говорят про длинные очереди за хлебом, голод и холод. В сумерках мягко вырисовываются обнаженные женские плечи, изысканные прически, дорогое кружево, постукивают высокие позолоченные каблуки.

За окном – 1794 год, продолжается французская революция. На уютной парижской площади Карусель неутомимо работает только что изобретенная машина. Устройство ее до гениального просто, а нежное название «Луизон» вызывает в воображении образ стройной парижанки с весенними цветами в тонких руках. Трудолюбивую машину создал доктор Гильотен, и со временем она сменит ласковое «Луизон» на имя своего изобретателя.

Гости пытаются веселиться, но тревога разлита вокруг. Дрожащие лунные тени временами пробегают по бледным лицам. Неотвратимо приближается нечто страшное.

«Что там?», - спрашивает кто-то. «Новая партия осужденных на гильотину...».

На сцене Театра драмы и комедии на левом берегу Днепра идет спектакль «Игра любви и смерти» по Ромену Роллану. Сценическую редакцию и постановку осуществил Алексей Лисовец.

Из интервью Бориса Романова:

- «Игра любви и смерти» Ромена Роллана – очень сложная пьеса. В эпоху обесценивания добрых чувств и поступков трудно играть благородного героя в высокой романтической драме.

Борис Романов создает образ учёного, глубоко погруженного в свои мысли. Он одет очень скромно, но с заботливой аккуратностью, в светло-серый костюм, носит очки в тонкой металлической оправе. Это наряд человека, который привык проводить долгие часы за письменным столом, а не следовать затеям капризной моды.

Хотя в пьесе Жером Курвуазье вдвое старше своей жены, Романов ничем не подчеркивает возраст своего героя, не пользуется гримом или седым париком. Только сгорбленные плечи и медленная походка выдают годы Жерома.

Курвуазье сначала кажется замкнутым и нелюдимым, даже флегматичным и равнодушным, но это впечатление обманчиво. Выведенный из состояния хмурой сосредоточенности вопросом жены, Жером мгновенно взрывается гневным монологом. Он пылко осуждает Конвент, который требует все новых и новых жертв.

Жерому не хватает достаточно сильных сравнений, но он не захлебывается словами, а обвиняет бывших единомышленников достойно, как страстный оратор. К сожалению, пыл его быстро угасает, весь он как-то стареет на глазах. Гордо поднятая голова бессильно опускается, лицо выражает горечь разочарования.

Светлые идеалы Жерома Курвуазье постигло крушение. Справедливая революция превратилась в кровавую мясорубку, уютный дом разграблен, жена отдала свое сердце другому...

Романову удалось передать тот сложный клубок чувств и болезненных переживаний, которые разрывают его героя. Как и каждый человек, Жером любит жизнь. Он хочет заниматься наукой, поскольку наука – это смысл его существования. Но он – человек бескомпромиссный, и трезво осознает, что не сможет спокойно заниматься научными исследованиями, когда каждый день гибнут сотни и тысячи невинных людей. После позорного бегства из Конвента он уже не сможет уважать себя, как раньше. Воспоминания про этот поступок будут всегда преследовать его.

И – самое главное. Годами Курвуазье преданно и без надежды на взаимность любил одну женщину – свою жену. И всё это время угнетало его тайное чувство вины перед Софи, из-за того, что полюбил её, и женился на ней, застил молоденькой девушке свет. Чувство вины сделало Жерома еще более одиноким. Но ещё не поздно развязать этот узел. Софи – самое дорогое, что есть в жизни Жерома-Романова, даже более дорогое, чем наука. Так пусть же Софи наконец обретёт счастье. Жером все равно не сможет жить с Софи, узнав, что она полюбила другого... Он никогда не проявлял своих чувств к жене, но эта любовь все время жила в глубине его души и согревала его жизнь. Теперь Жером не сможет жить без Софи. Он знает, что завтра его ждет смерть. И делает выбор...

Жером Курвуазье отдает Софи и ее возлюбленному паспорта, которые передали ему друзья для бегства. Романов играет эту сцену блестяще. Минимум жестов. Только голос, который мягко успокаивает Софи, и глаза, исполненные безмерной любви и затаённой боли. «Никто не виноват, - тихо говорит он жене и в отчаянии как-то неловко, беспомощно разводит руками, - Виновата жизнь...».

Он прилагает все мыслимые усилия, чтобы не показать, что он прощается с Софи навсегда. С трогательной нежностью Курвуазье обращается к жене: «Возьмите самое необходимое и оденьтесь потеплее».

Прощаясь с Софи, Жером прощается с жизнью. Но в его взгляде нет отчаяния. Романов играет человека, который словно очистился страданием. Благодаря спокойной уверенности в том, что всё сделано, как должно, ощущение жгучей душевной боли сменяется тихой скорбью и светлой печалью. Однако Софи догадалась о бескорыстной жертве мужа и бросила свой паспорт в огонь.

В финале романтическая драма Ромена Роллана поднимается до высот подлинного трагизма. Приближаются шаги. Шаги тех, кто идёт за супругами. Жером и Софи молча ждут. Курвуазье крепко сжимает руку жены. Актёр вкладывает в этот жест желание своего героя защитить любимую. И столько у мужа и жены сдержанного взаимоуважения и нежности друг к другу, столько решимости и уверенности в своих силах, что становится понятно: свой мученический венец они примут достойно, как это подобает людям с высокой душой.

ИЕРУСАЛИМСКАЯ МЕЛОДИЯ

...Эта история произошла в 1968 году. В английском портовом городе живёт одинокая женщина по имени Рахель-Лея Голд. В её комнате слышны беспокойные крики чаек, а за окном накрапывает однообразный дождь. У Рахели есть брат Саймон (это англизированный вариант его настоящего имени Шимон).

Каждые два года Саймон, человек без определенных занятий, едва собрав деньги, едет в Иерусалим, на выжженную солнцем землю праотцов. Что тянет туда человека, который уже давно ощущает себя европейцем? Наверное, желание прикоснуться к истокам, вспомнить о принадлежности к древнему народу, ощутить дыхание вечности... Из последней поездки он привёз из Иерусалима своей сестре... жениха.

Постановку пьесы «Жених из Иерусалима» осуществил режиссёр Григорий Боровик по пьесе Йосефа Бар-Йосефа «Трудные люди».

Элиэзер Вайнгартен появляется в гостях у Рахели в длиннополом чёрном пальто и чёрной шляпе, словом, именно в таком наряде, который принято носить в старых кварталах Иерусалима. Но дело не только и не столько в его костюме. Он сам насквозь пропитан духом Старого Города, духом его традиций и догм. И семейную жизнь он неизменно представляет себе такой, как в древних иерусалимских кварталах. Времена меняются, а взгляды Элиэзера остались прежними, и он страдает из-за несовпадения мечты и реальности. В Лондоне он трагически беззащитен и одинок в своей неадекватности окружающим.

Борис Романов воплощает образ человека глубоко несчастного, который во всем подозревает обман. Сложный и многогранный образ Элиэзера Вайнгартена в исполнении Романова – это образ, на котором держится весь спектакль.

Появившись на сцене впервые, Элиэзер не вызывает у зрителей никаких добрых чувств. Насупленный, хмурый, он держится напряженно, а в глазах затаилась обида на весь мир. Элиэзер смотрит перед собой, даже не поворачивая головы к своей предполагаемой невесте, и все время напоминает про свой подарок – коробку с шоколадными конфетами, что, разумеется, не может не навести на мысль о его скупости.

Но постепенно зрители целиком оказываются на стороне героя Романова. Интересно, что этот же психологический прием Борис Романов использует, когда играет роль Жерома Курвуазье. И Элиэзер, и Жером сначала кажутся достаточно неприятными личностями, но постепенно, шаг за шагом, совсем незаметно, завоёвывают зрительские симпатии.

Позднее становится понятно, что напоминание Элиэзера о конфетах – от его бедности, а напряженность – от стеснительности. Романов подчёркивает стеснительность своего героя, создавая интересный пластический рисунок роли. Движения Элиэзера медленные, как будто скованные. Сидит он самом краешке стула, держится, как будто аршин проглотил, судорожно стискивает свой саквояж двумя руками.

Есть в спектакле и ещё одно действующее лицо без слов. Это – пальто Элиэзера. Бережно и заботливо устраивает Элиэзер пальто на кушетке, в комнате Рахели. Как будто это не обычная одежда, а усталый больной человек. И вот что удивительно. Романов так обращается с пальто, что начинает казаться, что на кушетке и впрямь лежит живое существо.

С этим пальто, которое Элиэзер получил в наследство от отца, связаны дорогие ему воспоминания о детстве. «Отец укрывал меня этим пальто», - говорит Элиэзер Рахели, и напряженное лицо его на миг освещается внутренним светом, голос теплеет, а рука ласкает и гладит старую ткань.

А когда Рахель рассердилась и оставила Элиэзера одного, он становится на колени и утыкается головой в пальто, лежащее на кушетке: Романов делает это так, как будто просит совета и защиты у пальто, которое как будто сохраняет частичку души давно умершего отца. В этом движении отражается все одиночество Элиэзера, который оказался совсем один в чужом городе, залитом холодным дождём, в незнакомой негостеприимной стране.

Романов сыграл человека, который в каждом предмете видит труд мастеров, ремесленников, сделавших эту вещь. И пальто ему дорого не только как память об отце. Он уважает работу портного, который сумел сшить такую добротную одежду. Нежно гладит Элиэзер корзинку, наслаждаясь ощущением туго сплетённых лозин, или стискивает в ладонях полотняное накрахмаленное покрывало. Кажется, вещи для Элиэзера, каким играет его Романов, так же одухотворены, как и люди.

Из интервью Бориса Романова:

- Для вас большое значение имеет реквизит, вещь на сцене?

- Конечно! Только через два месяца после премьеры мне сшили пальто, в котором я играю. А до этого брали на прокат какое-то плохонькое в театральном институте. Но ведь пальто – это же действующее лицо!.. И вот еще чего я не понимаю. Актёр берёт кувшин, а потом грохает им об стол. Ой! Как же можно? Ведь каждая вещь, каждый предмет должен помогать актёру на сцене. Я придумал с сахарницей маленький эпизод. Сейчас нет сахара. Я говорю: «Хорошо, пусть в сахарнице будет соль, я все равно чай на сцене не пью. Но я не могу поворачивать сахарницу донцем к зрителю». Я хватаюсь за это – за пальто, за сахарницу, за полотняную простыню, за плетеную корзинку. Ведь это раскрывает человека в его сути....

Когда Элиэзер начинает рассказывать Рахели иерусалимские истории, это не становится скучным пересказом событий. Элиэзер влюблен во все мелочи иерусалимского быта, и потому камерный рассказ в исполнении Романова становится гимном Иерусалиму и его жителям.

Однако чудесные рассказы гостя вызывают у брата и сестры лишь смех. Вообще, есть в Элиэзере Романова есть что-то беспомощное, детское, беззащитное, что позволяет издеваться над ним. Но громкий смех Саймона и Рахели становится не поражением, а моральной победой Элиэзера. Когда он, обиженный, но гордый в своем одиночестве, смешной, старомодный и неуклюжий в стареньком пальто и мятой шляпе медленно покидает оказавшийся негостеприимным дом, остается только посочувствовать Рахели, которая не смогла оценить душу Элиэзера, и, может быть, упустила своё женское счастье.

Борис Романов создаёт образ впечатлительного и нежного человека со своим внутренним миром, наполняя его бесконечностью тонких психологических оттенков и нюансов. Он сумел создать поле высокого эмоционального напряжения, в котором существует Элиэзер. В исполнении Романова Элиэзер все время болезненно и трагически переживает мир. Романов играет Элиэзера так, что зритель начинает видеть великое в смешном. Бесспорно, роль Элиэзера Вайнгартена – свидетельство огромного мастерства Бориса Романова. Неслучайно, когда Гильдия театральных критиков «Терези» («Весы») Центра творческих инициатив СТД Украины назвала, среди других номинаций, три лучшие мужские роли 1992 года, в их число вошёл Элиэзер Романова.

…Много у Бориса Романова ролей на счету. Но сколько ролей еще не сыграно! Ролей, которые могли бы принести счастье самореализации актёру и наслаждение зрителю. Сколько накоплено опыта и мастерства!

Ни в коем случае Борис Романов не может пожаловаться на невнимание со стороны режиссёров. Он играет много и получает от этого удовольствие. Однако хотелось бы увидеть его в ролях классического репертуара.

Из интервью Бориса Романова:
- Какую роль вы бы хотели сыграть?
- Это не важно. Нет такой роли. Когда я пришёл в театр на левом берегу Днепра, мы как-то разговаривали с Эдуардом Марковичем Митницким про роль Фёдора Протасова. Может быть, со временем... Не знаю, как эта пьеса сегодня будет звучать. Но тут нужна режиссура. Вдумчивая, нежная режиссура. Просто какую-то ерунду делать, это можно было в юности, в молодости, а теперь уже нельзя. Ты же не знаешь, сколько тебе отпущено. Хоть я и не верующий, а

все мы под Богом ходим. А так, если вдуматься, жизнь проходит, но актёру необходимо что-то сделать, сыграть, он может, он должен...

Послесловие
Борис Романов (1940-1995) погиб через два года после выхода в свет этого интервью.

Ксения ГАМАРНИК

ТЕАТР ОДНОГО ВОЛЬТЕРА

Портрет актера в одной роли

В темноте слышится громкий тревожный ритм. Что это – музыка или удары больного сердца? Занавес начинает медленно подниматься, но вдруг неожиданно замирает, как будто сломался подъемный механизм. Сквозь узкую горизонтальную щель видна фигура человека в белом одеянии, который неподвижно лежит на авансцене. Бледное восковое лицо с закрытыми глазами, неловко вывернутая рука, неудобная поза небрежно брошенной тряпичной куклы – кажется, что этот человек мёртв.

Китаец в чёрном шёлковом балахоне, вероятно, слуга, суетится около хозяина, трогает лоб, вливает в рот какое-то снадобье. Движения слуги торопливы, однако привычны. Видимо, болезнь хозяина не стала для него неожиданностью.

С помощью слуги хозяину удается кое-как приподняться, и занавес, дрогнув, снова начинает идти вверх. Некоторое время человек в белом сидит на полу, преодолевая слабость. «Ничего, ничего, - говорит он, - Как бы там ни было, всё идет к лучшему... Всё идет к лучшему!».

Наступает мгновенная темнота, а когда свет вспыхивает снова, китаец выскальзывает из своего черного балахона как бабочка. Оставшись в костюме, который напоминает наряд пасторального фарфорового пастушка, он начинает танцевать под музыку увертюры, а хозяин, устроившись на верхней ступеньке библиотечной лестницы, с увлечением следит за танцем слуги и подпевает мелодии. Затем он усаживается за письменный стол, энергично засучивает широкие рукава ночной сорочки, хватает гусиное перо и торжественно опускает его в чернильницу...

***

Так начинается спектакль «Кандид», поставленный в Киевском театре русской драмы им. Леси Украинки режиссёром В. Петровым по мюзиклу Л. Бернстайна. Таким предстает перед зрителями заслуженный артист Украины Е. Смирнов в роли Вольтера, по мотивам философской повести которого «Кандид или Оптимизм» и был создан мюзикл.

Подзабытый французский философ на протяжении трех часов создает на сцене одну из своих прославленных повестей.

Казалось бы, что может быть скучнее?

Однако... Однако на протяжении всего спектакля на сцене – карнавальный вихрь перевоплощений и переодеваний, удивительных событий и головокружительных приключений.

Декорации ласкают взгляд зрителя, утомлённого сценическим аскетизмом «бедного театра». Место действия – уютная библиотека учёного с её классическими приметами – ряды книжных стеллажей, письменный стол с чернильницей и гусиными перьями, глобус, часы, напоминающие о необратимости времени. Библиотека становится то залом вестфальского замка, то гостиницей, то игорным домом. Модель корабля, подвешенная сверху – знак бесконечных путешествий героев, превращается в символ, наполненный глубокими семантическими смыслами. Корабль напоминает и о средневековых празднествах, когда по улицам с криками волокли «корабли дураков». Сценограф Н. Эпов блестяще справился со своей задачей.

Когда Кандид раскачивает малютку-корабль, невольно вспоминается иллюстрация из книги о путешествиях Гулливера. Злой философ Свифт играет масштабами, но высокие страсти и мелкие пороки не становятся меньше или огромнее у малышей из Лилипутии или великанов из Бробдингнега.

...Итак, Вольтер начинает свою повесть, почти мурлыкая от удовольствия. Он импровизирует: «В Вестфалии... в замке барона Тундер-тен-тронка...» - произносит он медленно, громоздя один труднопроизносимый слог на другой, как будто строит башню из кубиков. Останавливается, удивляясь и радуясь, как ребенок, что ему удалось придумать такое заковыристое имя. «...жили четверо молодых людей...».

По мере того, как Вольтер творит, герои его фантазии – Кандид, дети барона Максимилиан и Кунигунда и служанка Пакета – появляются в кабинете писателя и начинают существовать – громко и энергично.

И сам Вольтер, время от времени небрежно накинув на себя какое-то одеяние, скорее, не костюм, а знак временного перевоплощения, погружается в собственный рассказ, как пловец в воду.

Из роли Вольтера, как из матрёшки, Евгений Смирнов извлекает роли поменьше – похотливого оптимиста Панглоса и коварного губернатора Картахены, жадного Восточного хозяина и загадочного Дервиша, и, наконец, мудрого Крестьянина.

Таким образом, актер Смирнов играет роль философа Вольтера, а Вольтер примеряет на себя маски своих персонажей. Философ находит для каждого персонажа неповторимый рисунок роли, но во всех ипостасях просвечивает его саркастическая и лукавая улыбка.

Возможно, каждый герой повести, которым оборачивается Вольтер – это его двойник, отражающий ту или иную особенность характера фернейского мыслителя.

Метаморфозы происходят молниеносно: Вольтер надевает камзол и докторскую шапочку с кисточкой, которая повисает у него перед самым носом, и перед нами предстает доктор Панглос – бодрый оптимист лейбницевской ориентации, мудрый наставник молодежи и ценитель женских прелестей.

Преподав урок своим четырем подопечным и прыгнув в постель к Пакете, разумеется, только для того, чтобы заняться экспериментальной физикой, Панглос снова становится Вольтером и продолжает свой рассказ про судьбу Кандида.

Все складывается просто замечательно. Кандида выгнали из замка. Что с ним будет дальше? «А теперь начнётся история другая!», - обещает Вольтер, и глаза его сияют от удовольствия.

С таинственным видом он выпускает на сцену двух вояк-вербовщиков, которые начинают заманивать Кандида на военную службу. Чтобы лучше видеть, что происходит, Вольтер забирается на кресло с ногами, тянет шею, подпрыгивает от азарта и возбуждения и, увлекшись происходящим, даже машет из стороны в сторону подолом ночной рубашки, как дива, танцующая канкан.

К величайшему удовлетворению автора, события принимают всё более трагический оборот. Философ что-то выплескивает в камин и там вспыхивает зловещее багровое пламя. Сизый дым окутывает сцену.

То молитвенно складывая руки и поднимая очи горе, то хватаясь за голову, Вольтер описывает беды, которые выпали семье барона. И снова Вольтер становится доктором Панглосом. Прямо из руин разрушенного землетрясением Лиссабона Панглос попадает на аутодафе.

Уже у виселицы, с петлей на шее, неисправимый оптимист провозглашает с комическим пафосом речь во славу университетской науки. Произнося эту короткую тираду, Смирнов с блеском пародирует общепринятые каноны ораторской речи.

Наконец, верёвка затянута. На ней качается гипсовый бюстик Вольтера со сложенным в саркастическую усмешку ртом. Он смеется надо всем и надо всеми.

Однако существование в одновременно смешной и трагической стихии собственной повести не проходит для автора бесследно.

В Испании инквизиция казнила не только живых еретиков, но даже «казнила» останки умерших еретиков, не доживших до колесования или сожжения на костре. Казнила и проклинала души покойных. Буффонная казнь гипсового философа в спектакле предстаёт отражением подлинной биографии Вольтера. Всю жизнь его преследовали церковь и государство. Французский парламент постановил сжечь «Философские письма». Они и после смерти, как инквизиторы, не оставили Вольтера в покое. Церковь отказала скончавшемуся патриарху эпохи Просвещения в христианском погребении и его пришлось хоронить тайно... Лишь тринадцать лет спустя его останки торжественно перенесли в парижский Пантеон.

Карнавальная смерть Панглоса обернулась для Вольтера приступом слабости. Неожиданно выяснилось, что он мастерски играл не только своих персонажей, но и самого себя – блестящего философа с жалом скорпиона, человека с бесконечными переменами в выражении лица, которые отражают все мыслимые оттенки иронии и сарказма. Вольтер-Смирнов сбросил маску Вольтера, потому что у него больше не осталось сил играть. Исчезли все его комические гримасы и насмешливые интонации. На сцене – обессилевший, бесконечно больной человек. Он уже был таким в самом начале спектакля. Теперь смерть снова напомнила ему про то, что она всегда неподалеку.

«Зачем был создан этот свет?», - печально спрашивает Кандид. «Чтобы лишать людей разума», - устало бросает Вольтер, проводя рукой по лбу.

Через минуту, преодолев слабость, он стремительно поднимается и снова начинает энергично двигать сюжет своей повести. Опять он торопливо пересекает сцену в разных направлениях. Плечи горбятся, ночная рубашка соскальзывает с плеча, тапочки шлепают по полу. Философ вездесущ и отовсюду с неослабевающим интересом наблюдает за своими героями.

Во время встречи Кандида и Кунигунды Вольтер сперва стыдливо отворачивается, чтобы не мешать влюбленным, однако любопытство побеждает, и он начинает жадно следить за молодыми людьми сквозь перекладины лестницы. Затем с трудом отрывается от этого занятия, отворачивается, и, заложив руки за спину, идёт прочь с нарочито равнодушным видом.

Пока счастливый Кандид отплывает с Кунигундой в Новый Свет, Вольтер мысленно переносится в солнечную Картахену и некоторое время воинственно, как тореадор, потрясает костюмом губернатора. Затем, натянув зеленое одеяние и полосатый колпак, Вольтер-губернатор Картахены важно осматривает новых рабынь – ими по прихоти автора оказались Пакета и переодетый брат Кунигунды Максимилиан. Выбрав Максимилиана, губернатор кружит вокруг него, как ястреб, осторожно подкрадывается, похотливо покачивает бедрами, ощупывает грудь «девушки».

«А в это время...», - Вольтер как будто выпрыгнул из губернаторского наряда и начал рассказывать про новую разлуку влюбленных. Побывав в благословенной, но скучной в своей благословенности стране Эльдорадо, Кандид и Пакета оказываются в игорном доме, хозяин которого – сладострастный губернатор Картахены. Здесь идёт большая игра. «Не купить за деньги улыбку судьбы!», - весело поют игроки. Неожиданно гаснет свет. В темноте сверху на голом шнуре спускается электрическая лампочка. Ее ослепительный свет режет глаза. Костюм губернатора падает с плеч философа. Вольтер судорожно опирается на стол, потом без сил падает на пол. Слышны ритмичные глухие удары.

Наверное, именно такими услышали Дон Жуан и донна Анна шаги Командора. Это – шаги неумолимого Фатума. С его приближением становится видно то, что пряталось в самых потаённых уголках души.

Вероятно, перед глазами умирающего предстает то, что неведомо живым. Свет выворачивается наизнанку, выявляя свою ночную фантомную сторону. В ирреальности больного подсознания философа преданный Кандид, любящий и нежный, наотмашь бьет Кунигунду по лицу. Если на свету пламенеет любовь, то в тени притаилась ненависть.

Невидимая смерть медленно склоняется над Вольтером. Она уже напоминала о своем присутствии. Кажется, теперь наконец наступил её час. Но вдруг ещё можно получить отсрочку и завершить повесть? Вольтеру удаётся дотянуться до колокольчика и верный китаец спешит с лекарствами на помощь. Философ делает знак и Лю помогает ему снова облачиться в одеяние губернатора. Оживают замершие персонажи, кружится колесо фортуны, снова идет игра, снова Вольтер играет судьбами своих героев.

Продолжается существование Вольтера в двух измерениях – в реальности писательского кабинета и в стихии его повести. Потребность играть вошла в плоть и кровь философа. И даже то, что эта бесконечно напряженная игра может обернуться смертью, не останавливает его. Вольтер с наслаждением продолжает примерять маски Восточного хозяина, Дервиша и Крестьянина, постепенно подводя своих героев к простому и мудрому выводу: «Каждый должен растить свой сад».

Жанр мюзикла означает, что образы действующих лиц достаточно условны, это роли-маски. Кандид, как заявлено в повести и в программке – «простодушный юноша», а Кунигунда, соответственно, – «прелестная девушка». Доверчивый Кандид (В. Борисюк или Д. Лаленков), жизнерадостная Кунигунда (О. Сумская), самодовольный Максимилиан (О. Бондаренко), игривая Пакета (Н. Кудря), верный китаец Лю (Л. Сомов), энергичная и предусмотрительная рыжеволосая Дуэнья (Н. Кондратовская) – все они только химерные персонажи вольтеровских видений. И только Е. Смирнов создает неповторимый и многогранный образ, превращает роль Вольтера, автора, рассказчика, роль по сути своей резонерскую, в центральный образ спектакля, к которому постоянно приковано внимание зрителей.

Именно прекрасная игра Смирнова придаёт спектаклю ту глубину, которую задают мысли великого просветителя. Его блестящее исполнение словно искрится брызгами виртуозных импровизаций. В каждом спектакле его философ – немного другой. Мгновенные перевоплощения поражают и захватывают. Вольтер Смирнова – это человек тысячи лиц, бесконечно разнообразных интонаций, настоящий человек-театр. Можно сказать, что спектакль «Кандид» – это «театр одного Вальтера».

IV
КЛАССИКА НА СЦЕНЕ

Ксения ГАМАРНИК

ЛИЧНОСТЬ И ВЛАСТЬ

Грузинский театр на киевской сцене

В Киеве с аншлагом прошли гастроли Грузинского акаде-мического театра им. Шота Руставели, художественным руко-водителем которого является всемирно известный режиссёр Роберт Стуруа. Грузинские актёры выступали на сцене Театра им. Ивана Франко. Впрочем, сказать, что «гастроли прошли с аншлагом», – значит, ничего не сказать. Лишний билет даже на дневные спектакли начинали спрашивать уже на самых дальних подступах к театру. А те, кто отправился в театр в предпоследний вечер гастролей, могут засвидетельствовать, как тяжело было пробиться к входу обладателям заветных билетов и приглашений сквозь плотную массу жаждущих увидеть спектакль. После этого случилось удивительное событие – с истинно грузинским благородством в последний день гастролей труппа вместо запланированного одного представления сыграла два, причём новость о дополнительном утреннем показе молнией облетела город, и утром зал был также заполнен до предела, как и во все дни триумфальных гастролей.

Грузинский театр не впервые приезжает в Киев. Как отрадно, что творческие связи театра с Украиной не прервались и теперь, после обретения республиками независимости и сложных, трагических событий в жизни Грузии.

Роберт Стуруа всегда тяготел к театру остро политическому. Уже в своей давней программной постановке «Кваркваре» по пьесе П. Какабадзе режиссёр прочитал, а выдающийся грузинский артист Р. Чхивадзе интерпретировал на сцене судьбу ничтожного болтуна Кваркваре как восхождение тирана к вершинам власти и его крушение. Так грузинские реалии идейно смыкались с замыслом брехтовской «Карьеры Артуро Уи». Поэтому закономерным стало обращение режиссёра к драматургии Брехта.

В этот приезд киевляне увидели два спектакля по Брехту: «Кавказский меловой круг» и «Добрый человек из Сычуани» – великолепные режиссёрские работы Р. Стуруа, как и две другие гастрольные постановки. Первому спектаклю исполнилось в этом году двадцать лет, а основной творческий состав почти не изменился, и спектакль о «вечных проблемах» не утратил свежести звучания. Он пронизан, как почти все постановки Стуруа, дивной музыкой знаменитого грузинского композитора Г. Канчели. Зрелище ироничное и жёсткое, гротесковое и фарсовое, и, вместе с тем, проникнутое теплом и светом.

Рушатся правительства, одних лидеров казнят, другие позорно бегут, чтобы затем вернуться и самим казнить поверженных врагов. Отрубленные головы украшают городские ворота, и только тепло человеческих отношений, любовь и материнские чувства могут противостоять этому кровавому балагану. В то же время спектакль «Кавказский меловой круг» – не отвлечённая притча, сюжет которой для экзотичности перенесён Брехтом на Кавказ, а действо, выросшее на истинно грузинской почве. Вот возникают на медленно вращающемся круге герои спектакля, неподвижно застывшие в разнообразных позах. И кажется, что сошли они с чудесных полотен Нико Пиросмани. Именно в «Кавказском меловом круге» киевские зрители смогли увидеть игру неподражаемого Р. Чхиквадзе в роли судьи Аздака. Хотя какой же это судья? Полубезумный неряшливый старик, забулдыга и грубиян, волею случая оказавшийся в судейском кресле. И, тем не менее, именно он выносит справедливые приговоры, потому что сумел сохранить живую душу и доброе сердце.

Ещё один спектакль, показанный киевлянам, – «Евангелие от Якова» по мотивам «Дэда Эна», грузинского букваря, созданного в прошлом веке просветителем Я. Гогебашвили, и по которому до сих пор учатся грузинские дети. Пьеса написана самим Стуруа. И если в спектакле «Вариации на современную тему» (также по пьесе самого режиссёра), посвящённом сложной режиссёрской профессии, декорациями служили огромные страницы этого букваря, напоминая о том, что режиссёр всегда должен оставаться учителем и учеником, то теперь страницы букваря ожили на сцене, чтобы напомнить зрителям простые истины о добре и зле, о нежности и ненависти, о любви к родной земле.

Новая работа театра (в Грузии прошло лишь несколько премьерных показов) – «Макбет». Говоря о «Макбете», нельзя не вспомнить о том, что Р. Стуруа уже осуществил две грандиозные постановки шекспировских трагедий: «Ричард III» и «Король Лир» с Р. Чхиквадзе в заглавных ролях. Первую из них театралы помнят по прошлому визиту театра в Киев более десяти лет назад.

Роберт Стуруа прочитывает Шекспира как летопись нашего времени. Слова московского театроведа К. Рудницкого, сказанные о постановке «Ричарда III», в равной мере можно отнести и к «Макбету»: «Стуруа равнодушно отказывается от знакомых аксессуаров исторического спектакля. Ему не надобны замшелые каменные своды, сверкающие клинки. Художнику М. Швелидзе годятся грубая холстина и жесть». Такие декорации дают режиссёру простор для углублённого прочтения шекспировских трагедий, для постоянного осмысления проблемы личности и власти, для размышления о том, что абсолютная власть есть абсолютное зло. Она сеет смерть и, в конце концов, убивает самого властителя.

В постановке «Макбета» зло помолодело. Макбет (З. Папуашвили) молод. Леди Макбет (Н. Касрадзе) совсем юная. Они любят друг друга так, что как только остаются наедине, сливаются в страстном объятии, жадно ласкают друг друга, словно в первую брачную ночь. И всё же им мало их любви. Слишком угрюмы и скучны стены их дома, слишком жадно и хищно мечтает леди Макбет блистать в королевской короне. И цепь убийств, которая потянулась после первого кровавого злодеяния, выхолащивает чувства молодой четы. Макбет ещё пытается любить свою супругу, но уже не находит в этом утоления чувств, как бывало прежде. И когда леди Макбет, обезумев и обернувшись, по замыслу режиссёра, ведьмой, умирает, Макбет встречает эту весть равнодушно. Его лишь раздражает, что она ушла из мира не вовремя. Макбет возносится над сценой прямо на троне и кажется, что он всесилен и непобедим. Но пророчества ведьм (роли которых, как в японском театре «Но» и «Кабуки», исполняют мужчины) сбываются – и кровавый тиран повержен.

Зло у Стуруа обыденно и неприметно. В «Ричарде III» зло таится в современной жизни. Убийцы – это серые клерки в современных костюмах, плащах, с чёрными зонтами. В «Макбете» зло приняло иной облик. После того, как по телевидению недавно транслировали кадры, запечатлевшие горящий проспект Шота Руставели и убитого случайной пулей старика-тбилисца, из рук которого выпала старенькая сумка с выкатившимся из неё на окровавленный асфальт караваем хлеба, уже не удивляют двое элегантных убийц с брутально-пошлыми физиономиями, в полосатых костюмах, соломенных шляпах и с тросточками. Они отбивают чечётку под разухабистую мелодию, где отчётливо слышен удалой припевчик «Very well». И если чеховские герои страдали от пошлости обыденной жизни, то сегодня само зло стало обыденным и даже пошлым, но не стало от этого менее страшным.

Роберт Стуруа развенчивает зло во всех его обличьях, противопоставляя ему самое простое и самое дорогое, что есть на свете – любовь. Свет этой любви помогает жить и надеяться.

Ксения ГАМАРНИК

ИГРА ПРО БЕДНОГО СКУПОГО

Театр Мольера похож на огромный корабль, населённый разнообразными персонажами – добродетельными жёнами и бескорыстными влюблёнными, деспотичными отцами и наивными девушками, сметливыми служанками и ловкими слугами. Но главные пассажиры этого корабля, главные герои мольеровских комедий, как и пёстрая компания, которая населяет знаменитый «Корабль дураков» из поэмы Себастьяна Бранта, всегда носят уродливые маски какого-нибудь человеческого порока – лицемерия, скаредности, невежества, подозрительности...

Постановку комедии Мольера «Скупой» осуществил в Киевском театре драмы и комедии на левом берегу Днепра молодой режиссёр Евгений Курман, недавний выпускник Киевского национального университета театра, кино и телевидения имени И. Карпенко-Карого. Спектакль идёт под названием «Игра про влюблённого скупого». В театре уже стало традицией менять названия пьес на более заманчивые, привлекательные. В интервью Е. Курман рассказал: «Это был не тот момент, ради которого стоило упираться. Мне предложили изменить название, и я согласился. Дальше всё сводилось к тому, чтобы найти название, достойное Мольера. Так возникла средневековая формула «Игра про...».

Новое название отразило суть того, что происходит на сцене. Постановка, которая, благодаря особенностям поэтики классицизма, угрожала обернуться зрелищем поучительным, и, в конечном итоге, скучным, лишена у Курмана налёта музейности. Получилось в первую очередь зрелище смешное, как и положено настоящей комедии.

Время от времени в окнах декорации в живописных позах размещаются двое слуг с наивными лицами простаков и служанка. Они с увлечением следят за перипетиями взаимоотношений своих хозяев, и не пропускают случая украсть то, что плохо лежит. Служанка деловито семенит по сцене и «выплёскивает» ночные горшки прямо на головы зрителей. Кучер, он же и повар Гарпагона, Жак (блестяще сыгранный Ю. Комиссаровым), решив покончить жизнь самоубийством, набрасывает петлю на шею, делает шаг-другой, и вдруг оказывается, что верёвка всё тянется и тянется, и, в конце концов, вытянувшись на несколько метров, позволяет Жаку спокойно перемещаться по сцене.

Иногда на сцене слышно мычание коровы. Удачно найденная звуковая тема скотного двора проходит через весь спектакль. Режиссёр объяснил, что эта тема возникла в результате изучения им материальной культуры Парижа XVII века: «Кони, коровы, навоз на заднем дворе – всё это было тогда в Париже. А городить на сцене Версаль не хотелось». Поэтому настойчивое коровье мычание звучит ироничным комментарием к происходящему.

Выполненное в сдержанной цветовой гамме сценографическое решение художницы И. Горшковой лаконично и функционально. Одна из сцен разворачивается на фоне занавеса, на котором размещены объёмные аппликации – три кадки с комнатными растениями. Они перекликаются с чахлыми деревцами в ящиках, предназначенными украсить неуютное жилище Гарпагона. Однако кадки на занавесе расположены вниз головой: возникает скромная метафора мира, где человеческое существование перевёрнуто вверх ногами. Вырванные из реального бытового контекста простенькие предметы вызывают непокой, тревогу, желание перевернуть их, поставить «как следует», и это помогает создать соответствующее настроение.

Актёры стараются наполнить достаточно условные комические образы-маски живым содержанием. Элиза Т. Ильченко простовата, без претензий светской дамы, да и откуда им взяться? Разве станет Гарпагон тратиться на учителей музыки и танцев для своей дочки? Потому и движется Элиза без томной грации, присущей итальянке Марианне, движения её скорее резкие, порывистые и энергичные, характер у неё прямой и справедливый. Добросердечная любящая Элиза не умеет хитрить, всегда говорит то, что думает, не взвешивая слов и не подбирая осторожных формулировок.

Совсем не таков брат Элизы Клеант в исполнении Д. Лукьянова. Это человек утончённый, чуждый всему, что его окружает в отцовском доме. Скорее всего, Клеант сам «воспитал» себя, усовершенствовал манерные движения, которые подметил у дворян, стилизовал себя под кумира знати: пышный парик, бледность напудренного лица, и, разумеется, мушка – словом, Король-Солнце.

В Клеанте угадывается некая внутренняя безысходность, надломленность. Как будто отцовская страсть к деньгам опустошила и сердце его сына, что-то бесповоротно погубив в его душе.

Неслучайна страсть Клеанта к Марианне. Грациозная, изысканная, как фарфоровая статуэтка, Марианна Н. Цыганенко привлекает его своей непохожестью на женщин, которых он видит рядом – простушку-сестру или опытную, ловкую посредницу в любовных делах Фрозину Т. Кибальниковой. Для сына Гарпагона Марианна не только и не столько предмет глубокой любви, сколько повод сбежать из опостылевшего дома.

Образ Марианны подчёркнуто кукольный – тут и тонкий, как колокольчик, голосок, и пластика кокетливой добродетели, и платье «девичьего» розового цвета, но слишком уж яркого оттенка. Эта девушка – воплощённая мечта псевдомаркиза Клеанта. И только глазки Марианны светятся огнём настоящей страсти – когда она, как заворожённая, жадно смотрит на перстень с бриллиантом, не в силах оторваться. Эта хорошенькая головка очень практична, она прекрасно понимает, что другого пути, кроме удачного замужества, у неё нет.

Возлюбленный Элизы Валер в исполнении Ю. Литвина учтив без лести и высокомерен без непочтительности. Ходит он медленно, разговаривает негромко и рассудительно. Но это только внешний рисунок роли. Внутренние же мотивы его поступков так и остаются до конца непонятными. Чем объяснить отсутствие пылкости у юного влюблённого – его меланхолическим темпераментом или тем, что женитьба на Элизе для Валера только путь к деньгам Гарпагона? Хотя текст мольеровской комедии не даёт повода для таких допущений, всё же они возникают.

Простота и непритязательность манер Элизы и Валера позволяют ярче оттенить манерные претензии на аристократизм Марианны и Клеанта, внося разнообразные нюансы в сценический конфликт.

Есть такое понятие в живописи – гризайль. Это означает, что работа написана одним цветом, чаще всего, каким-либо оттенком серого или коричневого. Гарпагон В. Потапенко внешне словно написан гризайлью цвета горохового супа. Кажется, цвет его холодных стеклянных глаз, редких волос ничем не отличается от горохового цвета камзола. Весь Гарпагон словно обесцветился, выцвел, побледнел. Такая «одноцветность», «бесцветие» как будто зримо воплощает классицистскую заданность: скупой – скуп, и ничего больше. Однако актёру удаётся найти в этой гризайли бесконечное число оттенков – тревожную недоверчивость, подозрительность, привычку прислушиваться к чужим разговорам, тяжело упираться взглядом в лицо, пытаясь угадать потаённые мысли собеседника...

Актёр раздвигает рамки заданного образа скупца. Иногда кажется, что Гарпагон мучительно пытается осознать истину про свои отношения с миром. Вот сейчас, сейчас он ощутит всю пропасть своего одиночества, жалкую зависимость от сундука с золотом... Но нет, прозрения не наступает. Страсть к деньгам полностью завладела Гарпагоном. Дети кажутся ему чужими, он хочет избавиться от них как можно скорее и как можно выгоднее. Да и Марианна для скупца, скорее, не возможность на склоне лет хоть частично испытать упущенные удовольствия, а ещё одно экзотическое приобретение: всё на свете, а значит, и молодость, и красота имеют для Гарпагона свою цену.

Сцену пропажи драгоценного сундука режиссёр решил талантливо и предельно просто. В складках занавеса, которые веером расходятся во все стороны от центра, появляется лицо Гарпагона, даже не лицо, а трагическая маска античной трагедии, которая выражает отчаяние, страх, скорбь, а рот её рвётся в безмолвном крике.

История про жадного старика, остроумно рассказанная театром, наверное, так бы и осталась бы в памяти зрителей ощущением искристого веселья и ненавязчивых, хотя и серьезных размышлений, если бы... Если бы не было в этой истории ещё одного аспекта.

В «Игре про бедного влюблённого скупого» существует ещё одно измерение, которое иногда напоминает о себе «гулом вечности». В нём обычные бытовые разговоры утрачивают смысл, Гарпагон как будто упускает нить происходящего и остаётся один на один с почти экзистенциальным Ничто. Гул океана напоминает старику, что он только песчинка в этом мире, которую через миг поглотит тьма. Человеческое сознание отделяет от хаоса безумия только тонкая грань. Поэтому когда Гарпагон, после пережитого им похищения денег, как будто очистившись от всех земных пристрастий, тихо откидывает крышку нашедшегося сундука и вместо червонцев начинает медленно перебирать и пересыпать песок, уже невозможно понять, то ли это последний в цепочке обманов, с помощью которых добились успеха противники Гарпагона, то ли не выдержала пережитого потрясения голова бедного безумца, и ему только кажется, что деньги превратились в песок, то ли это сон бедного скупого про бедного скупого, у которого сквозь пальцы протекает вечность.

И когда над сундуком Гарпагона с жадным любопытством склоняются все домашние, он тихонько отступает прочь, никем незамеченный, и через проём в плоской стене фанерной декорации уходит в никуда... Так в ткань задорной «Игры про скупого» вплетается мотив трагизма человеческого существования.

Ирина ПАНЧЕНКО
Ксения ГАМАРНИК

«ВИШНЁВЫЙ САД» НА ОСЕННЕМ БРОДВЕЕ

Гастроли московского театра «Современник» в Нью-Йорке

...Накрапывал дождь. Машины с шуршанием проносились по влажному шоссе. Красный осенний лист прилип к лобовому стеклу автобуса. Филадельфийские зрители, влюблённые в иллюзорный мир сцены, ехали в Нью-Йорк на встречу с Театром.
Пассажиры автобуса негромко переговариваются:
- Люблю Чехова...
- Честно говоря, «Вишнёвый сад» для меня – не самая любимая чеховская пьеса...
- Читали на днях в «Мире» интервью с Волчек «Мой Чехов»? Она говорит, что это совершенно новая трактовка «Вишнёвого сада»...

Театр Мартина Бека на Бродвее. Взволнованные приятным ожиданием зрители собрались на гастрольную премьеру «Вишнёвого сада» в постановке главного режиссёра театра «Современник» Галины Волчек. Все с нетерпением ждут встречи с актёрами одного из самых любимых театров. К тому же в интервью, опубликованном в американской русскоязычной прессе, режиссёр пообещала новое прочтение пьесы Чехова.

Сюжет известен: имение продают за долги, надо землю поделить и сдать в аренду дачникам, а вишнёвый сад вырубить. Да, вырубить тот самый вишнёвый, «самый интересный, замечательный» сад, о котором даже в «энциклопедическом словаре упоминается». На сцене два с лишним часа ведутся разговоры о торгах, имении, деньгах, но суть чеховской пьесы не в том. Схватка за старинный сказочно прекрасный Вишнёвый Сад – не имущественный спор, и потому никакие торги его не решают. Режиссёр вместе с актёрским ансамблем вослед автору стремится раскрыть некий *высший смысл* происходящего, размышляет над смыслом существования.

Театру удалось воплотить *главный нерв чеховской драматургии, передать ощущение неизбывного трагизма человеческого бытия: люди пьют чай, только пьют чай, а в это время рушатся их судьбы.* В доме аристократки Раневской, приехавшей из Парижа, званый бал в разгаре, гремит музыка, проносятся танцевальные пары, а в это время за стенами дома прошли торги, принято решение, исход которого обездолил героиню и её родных. Вишнёвый сад уже рубят... Подспудная конфликтность бытия, диалог высоких чувств благородных, чистых, добрых людей с жестокой неизбежностью перемен нашли своё отражение в постановке.

Замечательная актриса Марина Неёлова в роли Любви Андреевны Раневской в течение всего спектакля находилась в центре зрительского внимания, она – несомненная примадонна. Её Раневская изнежена и ранима, эгоистична, легкомысленна и добра. Это она легко отдаёт едва ли не последний свой золотой встречному пьяному бродяге, ни на минуту не задумываясь о том, что в её имении нет денег даже на ведение домашнего хозяйства.

Изящная, элегантная Неёлова создаёт образ женщины хрупкой и поэтичной, желанной, обольстительной. «Порочность, - как говорит чеховскими словами её брат Леонид Андреевич Гаев, - чувствуется в её малейшем движении». Одна из лучших сцен Неёловой-Раневской в спектакле – это монолог, поток эмоций, обрушиваемый ею на бедного «вечного студента» Петю Трофимова, когда всё её существо «кричит» о любви к тому разорившему её мерзавцу в Париже, что теперь засыпает её телеграммами. Вместе с тем, Раневская сознаёт разрушительную силу своей любви, тоскует по чистоте юности, которая была так быстротечна, как мимолётны весенние розовые цветы, неслышно осыпающиеся в вишнёвых садах. Она испытывает потребность каяться: «О мои грехи...», - взывает к состраданию, но не в состоянии отказаться от новой поездки в Париж. Не случайно американская критика сравнила созданный Неёловой образ Раневской с раненой чайкой, ускользающей птицей.

Елена Яковлева, прогремевшая на всю страну прекрасным исполнением главной роли в кинофильме перестроечной поры «Интердевочка», сыграла в «Вишнёвом саде» Варю – приёмную дочь помещицы Раневской. У Вари, похожей на монашку, – золотая душа. Героиня Яковлевой незлобива и добра, но она – глубоко страдающее существо. Варя трудится без отдыха весь день, на ней одной держится хозяйство разрушающейся усадьбы, но её усилий и чувств никто не ценит и не замечает, она привыкла быть в тени, и только в глазах застыла неизбывная тоска несостоявшейся женской судьбы.

Глубокая духовность Вари особенно выразительно проявится в финале первого акта. Отправив всех отдыхать, сделав необходимые распоряжения по дому, Варя, почти в полной темноте, выйдет на середину сцены, упадёт на колени и начнёт истово креститься, читая «Отче наш». Такой мизансцены нет у Чехова, но она органично дополняет образ глубоко религиозной девушки, которая часто поминает Бога и говорит, что ушла бы в монастырь.

Варя влюблена в молодого купца Лопахина, но он равнодушен к ней. Их отношениям не дано состояться, хотя Раневская была бы этому рада, она искренне сочувствует Варе. Галина Волчек по-своему интерпретирует линию отношений Вари и Ермолая Алексеевича. В постановке «Современника» Лопахин давно связан с кокетливой, чувственной Дуняшей, уверенно сыгранной актрисой Дарьей Фроловой.

Когда Лопахин сообщает всем, что это именно он купил имение Раневской («Боже мой, Господи, вишнёвый сад теперь мой! Скажите мне, что я пьян, что я не в своём уме, что всё это мне представляется!»), Варя в глубоком отчаянии бросает на пол связку ключей, и вскоре откровенно торжествующая горничная Дуняша демонстративно пересекает сцену, деловито побрякивая этой связкой ключей.

И всё же, покидая усадьбу, прощаясь с Лопахиным, так и не дождавшись от него предложения, Варя простит его, перекрестит и поцелует в лоб.

В психологическую разработку образа Вари много режиссёрского уменья вложила режиссёр Волчек. Проход Дуняши также придуман режиссёром.

Галина Петрова играет весёлую француженку Шарлотту горемычным человеком. Истинное состояние её души проявляется редко, потому что она смирилась со своим одиночеством, научилась его скрывать, но иногда Шарлотту, умеющую веселить окружающих фокусами и чревовещанием, начинает терзать ощущение бессмысленности своего существования и даже – ещё один (удачный ли?) из режиссёрских ходов Волчек – мысли о самоубийстве.

Дочь Раневской Аня (Мария Аниканова) привлекает очарованием молодости и на наших глазах рождающимся обаянием покорительницы мужских сердец. А пока она со сверкающими глазами трепетно ловит каждое слово пламенных речей романтического Пети Трофимова (Александр Хованский).

Достойно и просто играет Гаева Игорь Кваша. Нельзя не упомянуть также старого лакея Фирса в прекрасном исполнении Рогволда Суховерко. Пожалуй, общий строй спектакля нарушает лишь грубоватая и слишком нарочитая игра Валерия Шальных в роли второго плана – пошляка лакея Яши.

Образ Лопахина Волчек постаралась наполнить новым содержанием в духе нашего времени, повернувшегося к капитализму, к свободному рынку. В постановках прежних лет в советских театрах Ермолай Лопахин традиционно трактовался отрицательно, как нувориш, новоявленный буржуа, рвущийся к обогащению. В своём интервью газете «Мир» режиссёр сказала: «Лопахины уже не кажутся злодеями, уничтожающими всё вокруг. Это сложные многомерные люди, а вовсе не только те, с кем ассоциируются представители русской мафии – тупые, короткостриженые молодцы с золотыми цепями на шее. Среди них есть люди, способные мечтать о «новой счастливой жизни для следующих поколений».

Молодой купец Лопахин Сергея Гармаша действительно больше походит на современного коммерсанта, чем на персонаж Чехова. А что до его целей, то они не изменились – он напористо прокладывает путь к всё большему богатству, энергичен и удачлив. Очевидно, режиссёр предполагает, что сегодня эти цели будут восприниматься зрителями с пониманием и одобрением.

Американская пресса отметила этот новый акцент в трактовке образа Лопахина. Более того, этот образ в спектакле Волчек даже вызвал у некоторых критиков Нового Света ассоциацию с личностью миллионера Дональда Трампа.

Особой похвалы в её спектакле достойны костюмы, иначе и быть не могло, потому что художником по костюмам стал знаменитый московский модельер Вячеслав Зайцев. Мужские костюмы очень хороши своей строгой цветовой гаммой. Но ещё более безупречны наряды женские. Они просто изумительны. Особенной изысканностью отличаются платья главной героини, ведь Раневская только что вернулась из Парижа. Воздушные кружева её платья ассоциируются с нежной кипенью цветущих вишнёвых деревьев. Отлично сшитые костюмы создают единый ансамбль – цветовой и фактурный.

Перед сценографами Павлом Каплевичем и Петром Кирилловым стояла нелёгкая художественная задача, как это всегда бывает, когда у пьесы существует богатая сценическая история: от хрестоматийно известных реалистических декораций В. Симова в классической мхатовской постановке 1904 года К. Станиславского и В. Немировича-Данченко до экстравагантного решения В. Левенталя в спектакле режиссёра А. Эфроса (Театр на Таганке, 1975), в котором события чеховской пьесы разворачивались среди могил родового кладбища...

Скупыми средствами сценографы «Современника» создали единое сценическое пространство, организовав его так, что перед нами одновременно и вишнёвый сад, и усадьба, и поле. Поэтическая среда в спектакле призвана служить спокойным благородным фоном для игры актёров, фоном, намеренно не отвлекающим зрительское внимание от психологических нюансов сложных взаимоотношений героев. На обобщённом фоне деревьев с пышными кронами на первом плане – верёвочные качели, садовая скамья, колодец, столы, стулья... Нет стен у этого дома. Неуютно, одиноко живётся ныне обитателям умирающей усадьбы, неуютно, одиноко у них на душе...

Галина Волчек сохранила текст последней чеховской пьесы, написанной в 1903 году, в неприкосновенности. Пронзительный лиризм, сознательная антипафосность – вот главные ориентиры режиссёра. Даже тогда, когда пафос прямо заложен в монологах и диалогах героев, как у Гаева, Пети, Ани, режиссёр предлагает героям не декламировать, а произнести свой текст в несколько иронической интонации и даже прокричать в колодец. Но и это не помогает. Зная трагическую историю России XX века, невозможно всерьёз воспринимать возвышенные монологи идеалиста Пети, слушать про его надежды на скорое светлое будущее. Сегодня ожидаешь более дерзкого режиссёрского обращения с текстом пьесы, бесстрашных купюр. Антикварное воспроизведение текста не всегда отвечает интеллектуальным запросам современного зрителя, ведь, как известно, верность духу творца намного важнее верности его букве.

И вряд ли можно сказать, что нас познакомили с новым прочтением чеховской пьесы. Хотя в спектакле, верном традициям русского психологического театра, благодаря режиссёру, появились в образах хорошо знакомых персонажей отдельные новые тонкие штрихи, ранее не раскрытые, хотя режиссёр и постаралась приблизить спектакль к реалиям современности.

***

Вместе с тем, читателю-театралу, конечно, интересно знать, существуют ли на современной сцене постановки чеховских спектаклей, к которым вполне приложимо понятие театральных новаций?

Проникновенный спектакль «Выстрел в осеннем саду» по чеховскому «Вишнёвому саду» играли актёры Киевского экспериментального театра в анфиладе комнат одного из старинных особняков на Подоле.

Работа украинского режиссёра Валерия Бильченко представляется истинно новаторской. Бильченко в соответствии со своей *переакцентировкой* чеховской пьесы дал ей название «Выстрел в осеннем саду». В 1995 году эта постановка была награждена театральной премией «Киевская пектораль» как лучший спектакль, а Бильченко был признан лучшим режиссёром года.

Метафорическое «чеховское ружьё» (Если в первом акте на сцене висит ружье, то в последнем оно должно выстрелить, писал Чехов) в спектакле Бильченко стреляет не метафорически, а по-настоящему. Драма не в только в том, что продан вишнёвый сад и больной Фирс нечаянно забыт бывшими хозяевами в заколоченном, оставленном ими доме. Драма умножена тем, что Ермолай Лопахин, казавшийся на протяжении всего действия самым хватким и сильным... кончает жизнь самоубийством. И психологически у Бильченко такой поворот событий в пьесе совершенно убедителен.

Лопахин с юных лет часто бывал в усадьбе, он всегда любил Раневскую. Она, добрая и красивая, была для него идеалом. Она и сегодня значит для него много. И он в день приезда Раневской из Парижа, фактически, сознаётся ей в своих чувствах: «Хотелось поглядеть на вас, поговорить... Вы всё такая же великолепная... Хотелось бы только, чтобы вы мне верили по-прежнему, чтобы ваши удивительные, трогательные глаза глядели на меня, как прежде... вы, собственно вы, сделали для меня так много, что я забыл всё и люблю вас, как родную... больше, чем родную». Этот страстный и нежный монолог произнесён Лопахиным на людях, но он замаскирован обыденной интонацией, словами о занятости, о необходимости уезжать... Никто из присутствующих, включая саму Раневскую, не услышал, не понял подлинного смысла слов Лопахина, их подтекста.

Подсказывая Любови Андреевне надёжный путь спасения от разорения и долгов, Лопахин начинает понимать, что такие чудесные, но непрактичные люди никогда не согласятся с продажей вишнёвого сада. Раневской неловко за Лопахина с его прозаическими расчётами. Раневская (её у Бильченко играла иностранная актриса с очаровательным акцентом, жена одного из зарубежных дипломатов в Украине) глядит на Ермолая встревоженно, словно ей предложили что-то недостойное, а затем произносит: «Дачи и дачники – это так пошло, простите».

Однако Лопахин в спектакле Валерия Бильченко вовсе не толстокожий мужик. Петя Трофимов не случайно говорит ему: «Как никак всё-таки я тебя люблю. У тебя тонкие, нежные пальцы, как у артиста, у тебя тонкая, нежная душа...». Такой Лопахин начинает догадываться, что хотя усадьба и вишнёвый сад им куплены, но остаётся в Раневской, этой аристократке духа, нечто, что деньгами не измеряется, что в деньги непереводимо. У Лопахина, купца с русской ментальностью, рождается искреннее чувство вины: «Отчего же, отчего вы меня не послушали? Бедная, хорошая, не вернёшь теперь. О, скорее бы всё это прошло, скорее бы изменилась как-нибудь наша нескладная, несчастливая жизнь».

Лопахин видит, как мучительно горько плачет Раневская, как долго они с братом прощаются со своим родовым гнездом, как они, сразу постаревшие, медленно бредут от дома в полумраке, поддерживая друг друга, словно уходя в небытие... Лопахин начинает остро осознавать, что он, хотя и не стремился к этому (обстоятельства так неумолимо сложились), всё же прямо причастен к обездоленности очень дорогого ему человека...

И тут вступает в силу закон драмы о ружье в последнем акте.

Такова авторская концепция Валерия Бильченко в спектакле «Выстрел в осеннем саду». К сожалению, талантливому режиссёру не нашлось места в киевских театрах. Он уехал искать работу в Германии.

***

Театр «Современник» приехал в Америку второй раз. Осенью 1996 года труппа показала на Бродвее чеховских «Трёх сестёр» и «Крутой маршрут» Е. Гинзбург, а также спектакль «Пигмалион» Б. Шоу в Атлантик-Сити. Если вдуматься в культурно-социологический аспект этих гастролей, он огромен.

Конечно, чтобы гастроли состоялись, потребовалась неуёмная энергия нью-йоркских продюсеров, но не только. Нужно было, чтобы судьбы театров перестали решать идеологические отделы КПСС, чтобы репертуар гастролирующих театров не подлежал жёсткому диктату Министерства культуры, чтобы КГБ перестало делить актёров на «выездных» и «невыездных», чтобы эстетические критерии наконец-то возобладали над политическими. Сами же российские актёры теперь могут подписывать контракты с зарубежными театрами и свободно гастролировать, как это было всегда свойственно их ремеслу.

Ксения ГАМАРНИК
Ирина ПАНЧЕНКО

СЦЕНИЧЕСКИЕ МЕТАМОРФОЗЫ ПРИТЧИ ВАЖИ ПШАВЕЛЫ

Как воплотить поэтические строки на сцене? Как найти сценический эквивалент чеканному ритму стихотворных строф? Превращение поэмы в театральный спектакль является сложнейшей задачей. Режиссёр, хореограф, сценограф и актеры театра «Синетик» (Synetic Theater, название которого составлено из соединения трех слов – «synergy», «cinema» и «kinetic») блестяще справляются с этой задачей.

Сезон 2003-2004 гг. в театре «Синетик» открылся притчей о бунтаре, восставшем против законов своего рода – спектаклем «Гость и хозяин» по мотивам поэмы великого грузинского поэта Важи Пшавелы.

...Двое воинов из враждующих племен целятся друг в друга из ружей. Оба они устали и измучены. Кажется, сейчас прогремят их выстрелы и оба воина падут. Но вот они медленно, не сводя друг с друга насторожённого взгляда, опускают ружья и припадают к ручью, чтобы утолить жажду. Это простое действие словно разряжает атмосферу напряжённости. Каждый из них уже более не желает смерти своего врага, они забыли об оружии и поглядывают друг на друга почти с сочувствием и пониманием. Но закон кровной вражды неумолим, он не допускает дружбы между врагами. С разных сторон

звучат два выстрела, и оба воина падают замертво. Только пугливый олень (эту роль грациозно исполняет Кэтрин Гаста) бродит в горах, окутанных густым туманом...

Так в сцене пролога режиссёр Паата Цикуришвили задает камертон спектакля – в величественных кавказских горах, с их природным миром удивительной красоты, из века в век продолжается кровавая распря между христианами и мусульманами, и несть ей конца и края.

Контраст между одухотворённой красотой природы и живущими в горах людьми, не внемлющими её молчаливой таинственной мудрости, составляет содержание творчества певца гор Пшавелы.

Важа Пшавела – литературный псевдоним грузинского поэта Луки Павловича Разикашвили (1861-1915). Перу Важи Пшавелы принадлежат прекрасные стихи и колоритные поэмы о жизни горцев Кавказа («Гость и хозяин», 1893; «Змееед», 1901; а также рассказы и драма «Отверженный», 1894). В своих произведениях автор философски переосмыслял образы грузинской мифологии и фольклора. Пшавеле принадлежит также ряд этнографических статей, рассказывающих о жизни древних кавказских народов: пшавов и хевсуров.

Сам Важа Пшавела так сформулировал своё писательское кредо: «Главную душу сынов земли, на мой взгляд, составляет сама жизнь, добро и зло в ней. А писатель, поскольку он отражает жизнь, обязательно должен вращаться в её гуще. Все его чувства и мысли, из самой жизни проистекающие, самой жизнью рождённые, должны кружиться вокруг этой жизни. Без этого литература – пустой, бесцельный, никому непонятный звук».

Важа Пшавела похоронен в Пантеоне грузинских писателей и общественных деятелей, который находится на полпути к священной горе Мтацминда, нависающей с запада над Тбилиси. Над его могилой установлена необработанная каменная глыба, привезённая из его родного селения. Имя поэта было присвоено одному из тбилисских проспектов.

Рождению мировой славы Важи Пшавелы содействовал знаменитый грузинский кинорежиссёр Тенгиз Абуладзе. В 1967 году он снял фильм «Мольба» по мотивам поэм Пшавелы. Этот фильм открыл эпическую трилогию режиссёра (вслед за «Мольбой» появились фильмы-притчи «Древо желания» и «Покаяние»). В фильме «Мольба» Абуладзе, используя сугубо национальные сюжеты поэм Пшавелы, вслед за поэтом перевёл разговор в русло общечеловеческих ценностей.

Русскоязычные читатели знают Пшавелу по прекрасным переводам лучших российских поэтов. Арсений Тарковский перевёл сотни стихотворений грузинского поэта, Николай Заболоцкий осуществил перевод его поэм, в том числе, поэмы «Гость и хозяин».

В театре «Синетик» спектакль «Гость и хозяин» поставлен по инсценировке доктора искусствоведения, профессора театральной кафедры Католического университета Роланда Рида.

...Два охотника встретились холодной ночью в горах. Время неспокойное, вражда между соседними племенами в разгаре, и все же мусульманин Джогола (Дэн Истрейт), следуя святому обычаю кавказского гостеприимства, даже не спрашивая имени второго охотника, приглашает его к себе в дом, обогреться у огня и разделить с ним трапезу. Пока охотники пробираются к жилищу Джоголы, гибкие тела безмолвной группы актеров и простые деревянные шесты у них в руках превращаются то в тревожно качающиеся под ветром стволы деревьев, то в ограды кистинского селения, то в крыши домов, и, наконец, становятся воротами дома, где охотников приветливо встречает Агхаза, жена Джоголы...

Зрителя ожидает не привычная психологическая драма, рождённая в недрах реалистической школы, а поэтическая притча. Творческая манера Пааты Цикуришвили своеобразна. Молодой 36-летний режиссёр руководствуется идеями синтетического театра, в котором образы создаются с помощью органичного сплава слова и музыки, пластики и движения, ритма и темпа. Мирное и грозное, лирическое и трагическое противостоят и схлёстываются друг с другом в соединении музыки и пантомимы.

Паата Цикуришвили закончил актёрское отделение Грузинского государственного Института театра и кино (бакалавр актёрского мастерства), получил звание магистра Тбилисского университета. Был ведущим актёром Грузинского государственного театра пантомимы. В 1986 году получил звание «Лучшего молодого мима страны». Играл на сценах театров России и Европы. Был одним из основателей театра «Мимодрама» в Саарбрюккене, Германия.

Цикуришвили приехал в США в 1996 году и стал со-основателем и сорежиссёром вашингтонского Театра-студии Станиславского. В качестве главного режиссера театра «Синетик» Цикуришвили осуществил постановку спектакля-пантомимы «Гамлет: дальнейшее – молчание...», награжденного тремя театральными премиями Хэлен Хайнс, и спектакля «Саломея» по Оскару Уайльду. Паата – требовательный режиссёр. Добиваясь идеальной слаженности актерского ансамбля, от себя и от актёров он требует полной отдачи сил.

Цикуришвили работает в творческом содружестве с женой Ириной, которая является хореографом и актрисой театра «Синетик». Ирина Цикуришвили окончила хореографическое училище им. В. Чабукиани, была ведущей актрисой Грузинского государственного театра пантомимы, в качестве хореографа работала в театре «Мимодрама» в Саарбрюккене и в Театре-студии Станиславского. Именно Ирина создала сложную хореографию спектакля «Гость и хозяин».

...Джогола и его гость проводят вечер за чаркой вина в дружеской беседе. То и дело они подносят воображаемые чаши к устам. Однако появление чужака не прошло в селении незамеченным. Дом Джоголы окружают тёмные тени, они заглядывают в окна. В маленьком замкнутом мире горного селения все живут на виду друг у друга. В госте узнают хевсура Звиадаури (Ираклий Кавсадзе), исповедующего христианство, который много раз принимал участие в битвах против кистинов...

Сценограф Георгий Алекси-Месхишвили оформил спектакль с предельным лаконизмом. С глубине сцены расположен условный силуэт жилища. Вход в дом Джоголы означен полупрозрачным пологом, то ласково впускающим гостя, то грубо отбрасываемым незваными соседями-воинами. Сценография обращена к зрительскому воображению, фантазии. Режиссёр и сценограф, используя грузинский материал, намеренно отказываются от этнографических деталей. Подобное решение диктуется задачами театра воплотить на сцене не бытовую историю, но притчу, актуальную и сегодня.

Начиная с 1975 года, Г. Алекси-Месхишвили является художником-постановщиком Грузинского академического театра им. Шота Руставели, а также сценографом Национального Оперного театра Грузии. На его счету – оформление более двухсот спектаклей в ведущих театрах разных стран мира.

Соседи Джоголы доносят о появлении Звиадаури старейшине кистинов Мусе. «Нет... Нет...», - звучит растерянный голос Мусы, приемного отца Джоголы. Глаза его горят, как угли, лицо страдальчески искажено и бледно от волнения. Муса не может поверить, что Джогола пригласил в свой дом врага, он всё ещё надеется, что это ошибка. (Роль Мусы исполняет замечательный грузинский актер Кахи Кавсадзе, исполнивший более 80 ролей на сцене Грузинского академического театра им. Шота Руставели и сыгравший около 100 ролей в кино). Однако мужчины селения жаждут крови, они потрясают оружием и кружатся в воинственном танце. Закон клана – «кровь за кровь» – превыше всего. Муса обрекает Звиадаури на гибель. Вооружённые воины врываются в дом к Джоголе и требуют, чтобы он убил своего гостя...

Смертельный конфликт раздирает душу Джоголы, он оказался перед необходимостью следовать святому обычаю гостеприимства и, в то же время, должен исполнять закон кровной мести. В эту страшную минуту Джогола делает благородный, но роковой выбор – он бросает вызов воинам своего клана, принимая сторону своего гостя. «Кровное», «родовое» сознание не оставляет отдельной личности права на поступок, противостоящий нормам, законам племени. Племенная правда, напоённая слепой местью, сталкивается с правдой высокой человечности. В этой драматической ситуации, когда происходит поединок между благородной волей индивидуальности и родовой общностью, между Жизнью и Смертью, побеждает насилие охранителей рода. Агхаза (Ирина Цикуришвили) предчувствует роковую развязку, но остается преданной мужу до конца.

...Ночью Агхаза, как Антигона из древнегреческой трагедии, тайком приходит на кладбище, где кистины лишили жизни Звиадаури, чтобы оплакать гостя. Недвижно застыли могильные надгробья, которые изображают круглые щиты в руках актеров. В этих круглых металлических щитах, напоминающих слепые глаза, чудится что-то враждебное. Женщина, тревожно оглядываясь, крадётся меж могил. Внезапно надгробья оживают, тени предков встают из могил, тянутся к Агхазе, чтобы помешать ей совершить задуманное. Они окружают Агхазу, не выпускают ее из круга, преследуют её. Охваченная смертельным ужасом, женщина бежит с кладбища...

Цепь Зла на этом не прерывается, ибо соплеменники Звиадаури тоже исповедуют закон кровной мести. Жены снаряжают их в поход. На прощанье они подносят мужьям воображаемые чаши с вином, оседлывают воображаемых коней. Хевсуры жаждут возмездия, они идут мстить кистинам за смерть Звиадаури. В этой битве гибнет бунтарь-одиночка Джогола, он один вышел сражаться с христианами, его соплеменники не приходят к нему на помощь. Смерть настигает и верную Агхазу. В интерпретации режиссёра храбры и отважны и хевсуры, и кистины. Напрасны лишь кровавые жестокие жертвы меж ними.

...Завершилась драма, в которую оказались вовлечены Джогола, Агхаза и Звиадаури. В эпилоге спектакля режиссер снова приводит зрителей в горы, в могучий лес, возникающий на сцене благодаря слаженным движениям актёров. Гармонична музыка мирозданья, тянутся вверх стройные стволы деревьев, качаются ветви, шелестит листва. Прекрасный олень бродит по горам, в которых на время установилось затишье. Но вот тишину снова разорвали выстрелы. Кровавая вражда продолжает пожинать все новые жертвы...

Идея поставить спектакль «Гость и хозяин» с его трагическими коллизиями пришла к Паата Цикуришвили после американской трагедии 11 сентября 2001 года. Таким образом режиссёр присоединил свой голос к тем, кто выступает за прекращение вражды между людьми разных национальностей, разного вероисповедания.

Ксения ГАМАРНИК

СМЕРТЬ, ГДЕ ТВОЁ ЖАЛО?*

Драматург Фридрих Дюрренматт и его пьеса «Метеор» в Киевском театре русской драмы

В 1994 году в Киевском театре русской драмы им. Леси Украинки режиссёр Владимир Петров поставил спектакль по пьесе Фридриха Дюрренматта «Метеор». Однако прежде чем писать о постановке этой чрезвычайно сложной пьесы, представляется необходимым предвосхитить её разговором о драматурге.

I

У швейцарского драматурга Фридриха Дюрренматта (1921-1990) не было ни малейших иллюзий относительно человеческой природы. Невероятные ситуации, в которые попадают его герои, гиперболизированы и заострены до предела, однако они высвечивают подоснову реальной жизни, потому что касаются самых главных аспектов человеческого существования. Человек у Дюрренматта слаб, грешен и легко оказывается в плену искушений.

Всё на свете продаётся. Можно купить даже души жителей города («Визит старой дамы», 1955). Судья, один из персонажей пьесы «Авария», говорит: «Ты совершил убийство, Альфредо Трапс, хотя в твоих руках и не было оружия, но весь механизм мира, в котором ты живёшь, способствовал твоему преступлению».

Современный мир предстаёт у Дюрренматта преступным, в людях больше плохого, чем доброго. И в своих пьесах драматург разоблачает этот непривлекательный мир.

«Математики и физики, - писал Дюрренматт, - всё чаще выдвигают сегодня рабочие гипотезы, которые потом отвергаются или подтверждаются экспериментально... Подобно математикам и физикам я создаю для себя модели возможных человеческих отношений».

Универсализм моделей драматурга возник под влиянием брехтовского театра. Но в отличие от Бертольда Брехта, Дюрренматт не декларирует в своих драматических произведениях никаких политических взглядов. Его интересуют социально-психологические измерения современного общества: индивидуализм и парадоксы массового, стадного сознания; конкуренция корысти и человечности, эгоизм и стремление к гуманизму.

---

* *«Смерть! где твое жало?» - Ветхий Завет. 13-я глава книги пророка Осии.*

Основой дюрренматтового мира является трагическая история западной цивилизации XX столетия. Поэтому, в каких бы экзотических странах и наиотдалённейших эпохах не совершается действие его комедий – в древнем Вавилоне («Ангел приходит в Вавилон», 1953), в Греции («Геркулес и Авгиевы конюшни», 1954) или в Римской империи («Ромул Великий», 1950) – они всегда являются аллегорическим комментарием современности.

В циничном мире, в котором господствует расчёт, порой встречаются и довольно симпатичные персонажи... Мифологический герой Геркулес, как ему и полагается, сражается со всякими фантастическими чудовищами – с немейским львом; с Лорнейской гидрой, со Стимфалийскими птицами и прочей нечистью.

Римский император Ромул ненавидит империю и жаждет её уничтожения. Он мудрец, лукавый балагур, фигура оригинальная своей единственной страстью – к курам.

Физик Мёбиус («Физики», 1961) не хочет, чтобы человечество вследствие его научного открытия превратилось в сумасшедший дом, а потому сам делает парадоксальный выбор: решает обосноваться в сумасшедшем доме.

Но, к сожалению, констатирует Дюрренматт, добрые поступки не способны ничего изменить в этом мире. Жизнь Геркулеса в нашей современности, куда его переносит автор, жалка. Могучий атлет Геркулес беспомощен перед буржуа, он так и не получил разрешения от современных бюрократов на очищение Авгиевых конюшен. Эта пьеса – откровенный гротеск, абсурд. Секретарь Геркулеса Полибий резюмирует: «Понимаю вас, господин. Вы не находите слов. Все ваши высокие представления о Древней Греции разрушены. И правда – зло пошутила с нами наша дорогая античность. В победители вышло дерьмо». И всё же Дюрренматт, вслед за Вольтером, призывает человека к стоицизму: «возделывай свой сад»; а также говорит: «... а ты, несмотря ни на что, делай своё дело». Здесь драматург близок к позиции Камю: жизнь абсурдна и бессмысленна, но ты живи достойно, не изменяя нравственным ценностям.

В комедии «Ромул Великий» империя распалась, и хотя на смену Ромулу пришёл незлобивый германец Одоакр, которого тоже гнетёт тяжесть власти, однако за его спиной уже вырисовывается страшный Теодорих, будущий кровавый диктатор.

А благородное решение Мёбиуса остаться в психиатрической клинике, и осуществлённое им ради светлого будущего убийство возлюбленной, и сожжение рукописей – всё это оказывается напрасным. Формулы Мёбиуса уже давно тайно переписаны, над воплощением его научных открытий в жизнь работает огромный концерн... Булгаковская формула «рукописи не горят» наполняется у Дюрренматта зловещим смыслом.

Возможно, мир не может измениться к лучшему, однако человек неизбежно отвечает за свои поступки, полагает Дюрренматт.

Композиции драматических произведений Дюрренматта отточены и безупречны. Не случайно в молодости он готовился стать художником-графиком. Вместе с тем, мир его парадоксальной драматургии – совсем не схематичное чёрно-белое изображение, не абстрактный психологический эксперимент, а наоборот, яркое насыщенное действие, выдержанное в трагикомических тонах, которое вобрало в себя традиции старинных народных фарсов, приковывающее внимание зрителя соединением неординарных характеров и напряжённой, почти детективной интригой.

«Мои герои – люди, а не марионетки, на сцене они действуют, а не разыгрывают аллегории... Я пытаюсь воссоздать реальный мир, а не демонстрировать публике абстрактные моральные категории», - писал Дюрренматт.

II

Для того, чтобы разобраться в сложностях комедии «Метеор» (1966), необходимо напомнить, что она была издана автором после многочисленных переделок и исправлений. Сам Дюрренматт говорил о «Метеоре»: «Пьеса напоминает мне огромную неотёсанную глыбу, которая ждёт обработки».

В 1956 году Дюрренматт написал радио пьесу «Вечер поздней осенью». Сюжет её, как обычно у этого драматурга, трагикомичен и зловещ одновременно. Это остроумный философский детектив, щедро сдобренный афористическими парадоксами.

К лауреату Нобелевской премии, известному писателю Максимилиану Фридриху Корбесу (заметим попутно, что второе имя Корбеса такое же, как у Дюрренматта), явился посетитель, скромный бухгалтер на пенсии, и обвинил сочинителя в том, что все убийства, описанные в его знаменитых детективных романах, произошли в действительности и совершены самим автором. Под давлением неопровержимых доказательств писатель признался самодеятельному Шерлоку Холмсу в том, что так оно и было на самом деле. А сейчас... Ему нужно новое убийство – свежий материал для будущей радио пьесы. От ужаса посетитель выпрыгнул из окна и погиб.

Эта небольшая пьеса Дюрренматта трагико-пародийно обыгрывает тезис автора о том, что события реальной жизни служат материалом для его произведений, что искусство требует жертв и в прямом, и в переносном смысле. Здесь можно провести аналогию с текстом чеховской пьесы «Чайка». Писатель Тригорин жалуется Нине Заречной: «О, что за дикая жизнь! Вот я с вами, я волнуюсь, а между тем каждое мгновение помню, что меня ждёт неоконченная повесть. Вижу вот облако, похожее на рояль. Думаю: надо будет упомянуть где-нибудь в рассказе, что плыло облако, похожее на рояль. Пахнет гелиотропом. Скорее мотаю себе на ус: приторный запах, вдовий цвет, упомянуть при описании летнего вечера. Ловлю себя и вас на каждой фразе, каждом слове и спешу скорее запереть все эти фразы и слова в свою литературную кладовую: авось пригодится!».

Аналогия с Чеховым не случайна. Европейская драматургия XX века во многом впитала чеховские открытия. В пьесе Дюрренматта «Физики» (1961) психиатрическая клиника носит название «Вишнёвый сад». Дюрренматт, как всегда, парадоксирует. Его «вишнёвый сад» – это сад атомного века. В тихой, на первый взгляд, клинике рушатся, по замыслу драматурга, судьбы не только отдельных людей, но и всего мира. Впрочем, жанр своей пьесы Дюрренматт обозначил так же, как и Чехов, – комедия.

III

Размышления Дюрренматта о действительности, переплавляемой в художественное произведение, об источниках писательского вдохновения, отражённые в достаточно прямолинейной коллизии «Вечера поздней осенью», нашли своё новое воплощение в «Метеоре». И хотя со времени написания «Вечера...» прошло десять лет, эти темы, видимо, продолжали волновать автора.

Главный герой комедии «Метеор» – Вольфган Швиттер. Он, как и Корбес, знаменитый писатель, лауреат Нобелевской премии.

В одном из интервью Дюрренматт говорил: «Естественно, что в пьесе всегда ищут элементы автобиографии. Для образа писателя Швиттера мне требовался прототип: зачем мне было описывать кого-то, когда я мог описать самого себя. Я сознательно сделал своего главного героя писателем, чтобы писать о себе».

Новый герой Дюрренматта не убивает людей, чтобы, зарядившись творческой энергией, написать прекрасный детектив. И всё же природа творчества жестока по своей сути. Свой лучший рассказ Швиттер написал, когда его покончившая с собой жена лежала в гробу...

Большим художникам свойственно задумываться о месте своих произведений в мировом общелитературном контексте. Уместно ещё раз вспомнить чеховского Тригорина, который так говорил об отношении читателей к его произведениям: «... и так до гробовой доски всё будет только мило и талантливо, мило и талантливо – больше ничего, а как умру, знакомые, проходя мимо могилы, будут говорить: «Здесь лежит Тригорин. Хороший был писатель, но он писал хуже Тургенева».

Вымысел долгие годы был для Швиттера способом бегства от реальности, и когда литература изменила ему, жизнь утратила смысл. В преддверии смерти прославленный Швиттер сжигает свою последнюю рукопись. Это его бунт против общества, которое наградило его премией. Дюрренматт в «Метеоре» даже иронически смоделировал речь, которую, наверное, какой-нибудь литературный критик мог бы произнести на его собственных похоронах. В пьесе драматург вложил эту речь в уста умного и злого завистника Швиттера – критика Георгена: «Его (*Швиттера – К. Г.*) творчество было выражением внутренней безысходности, а не образом реальной действительности, его пьесы несли не правду жизни, а уродливое её сгущение...».

В «Метеоре» Дюрренматт словно подводил итоги своей собственной жизни, хотя судьба после написания этой пьесы отпустила ему ещё долгие годы.

IV

В пьесе «Метеор», кроме темы творчества, есть ещё одна большая тема – тема смерти. Обе темы решаются по-дюрренматтовски парадоксально. Драматург мастерски использует в своей комедии древний мифологический мотив *мнимой смерти*, который восходит к обряду инициации и древнеегипетской церемонии хебседа (ритуальное убийство состарившегося вождя и замену его молодым здоровым вождём, как это происходило в первобытном доклассовом обществе, древние египтяне заменили хебседом фараона – особым магическим ритуалом). В этих обрядах смерть выступает как испытание, через которое проходит человек, чтобы воскреснуть для новой жизни: смерть становится новым рождением. В преобразованном виде мотив *мнимой смерти* прочно вошёл в мировую литературу и существует в ней по сей день (от «Ромео и Джульетты» Шекспира до «Белоснежки» братьев Гримм и «Сказки о мёртвой царевне и семи богатырях» Пушкина, от «Смерти Тарелкина» А. Сухово-Кобылина до «Самоубийцы» Н. Эрдмана, от «Живого трупа» Л. Толстого до «Утиной охоты» А. Вампилова, и мн. др.).

Ни один большой художник не может пройти мимо темы смерти. И режиссёр Петров размышляет о ней в своих спектаклях.

V

Действие спектакля «Метеор» разворачивается в мастерской художника, устроенной в мансарде. Стеклянная, наклонённая под углом и разделённая переплётами рам на квадраты стена занимает всю сцену. По замыслу режиссёра и сценографа (заслуженного деятеля искусств Украины М. Френкеля) мастерская напоминает скорее теплицу, в которой сосуществуют и губят друг друга диковинные, болезненно искривлённые и хищные растения. Здесь обитает Швиттер. Он занят тем, что старается умереть, а умереть он никак не может. Более того, своей неукротимой привязанностью к жизни он сводит в могилу всё новых и новых людей. Его спонтанное периодическое воскрешение – это абсурдная, скандальная, балаганная нелепость – составляет содержание длинной цепочки сцен спектакля.

Мир утратил свои сокровенные смыслы. Распались межличностные связи. Не нужно больше хранить супружескую верность, выполнять обязанности по отношению к детям, проявлять жалость и милосердие. Человеческое тело, мысли и чувства, повести и рассказы – всё на свете имеет свою цену, всё можно купить или продать. Этим миром правят магнат, которого почтительно называют Великий Мюгейм (С. Филимонов), и госпожа Номзен (А. Столярова). В нём, в этом мире, правда, ещё осталась наивная вера священника Лютца (Л. Бакштаев), любовь Ольги (Т. Назарова), семья Гуго и Августы (Г. Кишко и Н. Кудря). Но Швиттер (Н. Мажуга) все эти чувства и отношения испепеляет. Он знает о мерзостях этого мира, и сам является одновременно и палачом, и жертвой. И потому смерть воспринимается Швиттером как спасение, освобождение, путь к вечной свободе.

Возможным режиссёрским прочтениям образов Швиттера несть числа. Швиттеру можно было бы придать черты демонические, представить его как мрачного рокового вампира, высасывающего у своих жертв жизненные соки. Или превратить Швиттера в непримиримого обличителя, срывающего все и всяческие маски современного западного общества. Режиссёр Петров увидел в Швиттере обаятельного и непосредственного человека, сохранившего живое, по-детски яркое и свежее восприятие мира.

Швиттер актёра Н. Мажуги любит играть. Он с удовольствием играет самого себя. Швиттер играет Швиттера, своевольного, капризного, избалованного всемирной славой писателя, которому простительно делать всё, что угодно.

Он может позволить себе встать на четвереньки и, задрав повыше свой домашний балахон, старательно пятясь назад, подползать всё ближе и ближе к доктору Шлаттеру (Н. Рушковский), чтобы получить заветный укол. Эта мизансцена, непредусмотренная авторской ремаркой, несомненно, усиливает комический эффект.

Режиссёру удалось вылепить мощную фигуру раблезианского типа. Швиттер испытывает наслаждение от самой включённости своего ещё не старого тела в жизненный биологический круговорот. Всё доставляет ему радость: красивая женщина, вкусная еда и крепкие напитки, даже процесс отправления естественных надобностей. Режиссёр решается на то, что нередко выглядит на сцене отталкивающе и непристойно, однако в спектакле «Метеор» карнавальный жест Швиттера с тазиком лишь подчёркивает его вкус к жизни.

В мансарде появляется сын Швиттера Йохен (А. Кочубей) и режиссёр выстраивает блистательную мизансцену: Швиттер и приглашённая им девушка лёгкого поведения Ольга, сидящие рядом на постели, мгновенно застыли. Швиттер сочинил новую игру «в короля и королеву» и Ольга её сразу же подхватила. Оба сидят неподвижно в скульптурных складках белоснежных покрывал, словно высеченная из мрамора статуя. Выдержав паузу, Мажуга – царственный поворот головы – обращает свой взор к Йохену. А в глазах скачут весёлые чёртики – насолил, насолил, насолил сыночку – и поделом ему.

А вот Великий Мюгейм заговорил о своей жене – и Швиттер замер, как охотничья собака. Какие-то невидимые зубчатые колёсики повернулись, случайно задели друг за друга, щёлкнули и механизм заработал: Швиттер плотоядно хихикнул и тоже пустился вспоминать о жене Мюгейма. И неважно, что воспоминания оказались вымыслом, игрой ума пресыщенного писателя. Швиттер насладился процессом придумывания, а судьба Мюгейма оказалась сломленной. Она пошла на растопку воображения Нобелевского лауреата. Находится рядом с художником опасно: он сжигает всё, что попадается ему под руку, в огне своего вдохновения.

Но Швиттер устал. Бесконечно устал. Он не просто прожил свою жизнь. Он изжил её до конца, как вынашивают до дыр, до разлезающихся ниток любимые вещи. Близкая смерть даёт Швиттеру внутреннюю свободу. Он освободился от социума: от церкви, Нобелевского комитета, издателей и критики, он сжёг в печке своё состояние и выбросил прочь, как надоевшую куклу, свою последнюю жену. Он сбросил с себя оковы обязанностей и отдаётся напоследок чувственным наслаждениям.

Августа, жена художника Гуго, которому принадлежит мастерская-мансарда, сразу почувствовала в Швиттере властную мужскую силу, его истинную сущность вечного охотника и неутомимого любовника. И Августа оказывается в постели Швиттера. В двери неистово колотит бедняга-муж – грохот, стук, крик, напряжённый музыкальный ритм, а Швиттер, опьянённый ощущением рушащейся чужой судьбы, рушащихся устоев, рушащегося мира, танцует в трепещущих алых бликах какой-то сумасшедший танец дикарей и яростно дирижирует невидимым оркестром. А затем, разбежавшись, прыгает в постель к Августе.

Режиссёр Петров мастерски выстраивает темпоритм спектакля. Если первое действие заканчивается вспышкой страсти – эротическим экстазом Швиттера и Августы, разумеется, закулисным, то после антракта, ещё до поднятия занавеса, начинает звучать томительно-печальная музыка, создавая резкий перепад настроения. В этой музыке слышится душевная скорбь, тоска по ещё одной душе, оставившей этот мир. Приличествующая случаю заунывность подчёркивает рутинность похоронного обряда, разворачивающегося на сцене. Человек умер, но так уж принято, что прежде чем его опустят в землю, нужно произнести какие-то слова... Но постепенно ритм происходящего снова начинает нарастать и доходит до эмоционального взрыва – Швиттер хохочет над Мюгеймом, жертвой своего разыгравшегося воображения, хохочет и никаких не может остановиться, его смех словно заполняет всю сцену. А потом напряжение спадает, и во время воспоминаний Швиттера наступает умиротворение. Мелькают тени проплывающих облаков, а старая пластинка потрескивает, шипит и тянет. Звучит лирическая музыка, музыкальная тема Ольги.

Один из многих жестоких парадоксов Дюрренматта – чистоту и смиренную любовь воплощает у него «девушка на час». Режиссёр подхватывает и развивает эту тему: Ольга одета в белоснежное, почти подвенечное платье, знак невинности, вопреки ремарке Дюрренматта, предписывающей Ольге появиться в чёрном траурном наряде. Ольга ступает медленно, как во сне, голос её словно слабое эхо. Она сама – воплощение мелодии воспоминаний, зыбкое лунное сияние, современная Офелия, которая слишком хороша для нашей жизни.

Лирическая музыка, которая лейтмотивом проходит через весь спектакль, будит смутные чувства и образы – словно ностальгия по прекрасной жизни, уже прожитой когда-то.

Пусть Швиттер – отпетый циник, но он – художник, а значит, тонко чувствующий человек, и режиссёр в своём музыкальном решении спектакля даёт ключ к той стороне души Швиттера, где ещё сохранились нежность и способность к сопереживанию.

В одном интервью В. Петров пояснял: «...У Дюрренматта – другая пьеса. У него нет той любви, на которую у меня способен Швиттер. Я хотел сделать так, чтобы у Швиттера была своя боль. Он у меня более горький человек, чем у Дюрренматта. Он гонит свою жену, потому что любит её. Так в спектакле появились воспоминания о ней, пластинка, найденная Швиттером...».

Кроме того, режиссёр даёт ещё один толчок зрительским ассоциациям: Швиттер обряжен в плетённые сандалии и широкий белый балахон, собранный складками, более всего напоминающий древнеримскую тогу. А несколько обрюзгший, но очень выразительный профиль актёра Мажуги завершает ассоциацию с образом римского императора эпохи распада и гибели великой Империи. Такой наряд, несомненно, подчёркивает величие, масштаб личности героя.

В финале пьесы, по ремарке Дюрренматта, должны появиться солдаты Армии спасения и запеть гимн воскресшему вновь Швиттеру. Он слишком много грешил, с самого начала превратив свой талант в капитал. И теперь смерть насмехается над ним: то ненадолго принимает в свои объятия, то опять возвращает к жизни, оставаясь дразнящей недостижимой мечтой. В финале, предложенном Дюрренматтом, есть горькая насмешка и над поющими аллилуйю (поют закоренелому грешнику, не вознаграждённому, а наказанному воскрешением), и над Швиттером, который вместо предсмертных судорог наливается здоровьем и снова живёт опостылевшей ему жизнью.

Петров отказался от предложенного драматургом финала и предложил иное решение. Вот они все – вольные и невольные жертвы Швиттера – возникают наверху, отдалённые от мира живых прозрачной стеной. Их фигуры смутно виднеются за стёклами мансарды-теплицы. Но вдруг стена медленно начинает опускаться вниз, и теперь уже Швиттер оказывается запертым в непроницаемую стеклянную коробку, а ушедшие, наоборот, очутились в бездонной чёрной пустоте театрального космоса. Сверху они молча смотрят на Швиттера. По чердачной лесенке он пытается добраться до них, вырваться из стеклянного плена, обрести, наконец, вечную свободу и вечный покой.

Ирина ПАНЧЕНКО

СПЕКТАКЛЬ ОБ АКТЁРАХ, АКТЁРСТВЕ И ЛЮБВИ

Роман Виктюк – модный театральный режиссёр. Он – единственный в России режиссёр-звезда, который сознательно культивирует этот имидж в многочисленных интервью, выступлениях на телевидении, в документальных фильмах о своём театре. Отечественные критики назвали его «самым модным и популярным режиссёром Москвы» ещё в 1993 году, а сейчас Виктюка можно смело назвать модным режиссёром не только России, но и близкого и дальнего зарубежья. О таких, как он, говорят: «Слава впереди него бежит». И слава эта, добавим, вполне заслуженна.

Он чрезвычайно целенаправлен и продуктивен. У него множество творческих планов. Он говорит: «Надо торопиться. Неизвестно, что будет завтра». И он торопится. Ставит не менее шести спектаклей в год. Осуществил постановку около двухсот спектаклей, и у него зреют всё новые и новые замыслы.

В репертуаре Виктюка можно найти пьесы драматургов, совершенно несхожих между собой, представляющих различные национальные культуры и эпохи: Аристофан, Шекспир, Мериме, Уайльд, Пиранделло, Кокто, Жене, Лесков, Набоков, Цветаева, Рощин, Радзинский, Петрушевская, Коляда... Всеядность? Нет, широта худо-жественного диапазона и страстная жадность к неизведанному. Ему интересен эксперимент, он не чужд эпатажа. Порой он скользит по тонкой и опасной грани, разделяющей искусство и китч, однако в китч не соскальзывает. Хотя, что скрывать, такая опасность его может подстерегать...

Виктюк прекрасно образован и в совершенстве владеет партитурой приёмов театральной выразительности. В его спектаклях можно увидеть буйство игровой стихии комедии дель арте, знаковость спектаклей символистов, находки русского театрального авангарда 1920-1930 годов, тончайшие нюансы психологического театра и парадоксальность, алогизм театра абсурда. Он использует средства пантомимы, танца, балета, вокала, даже цирка. Театралы и сведущие зрители узнают в спектаклях Виктюка элементы различных стилистических систем, но умение их выбрать и совместить, определяющее оригинальность и дерзость авторской манеры, продиктовано режиссёрским мастерством Романа Виктюка.

В 1987 году в Киевском театре русской драмы им. Леси Украинки Виктюк поставил спектакль «Священные чудовища» Жана Кокто (позднее был спектакль «Дама без камелий» Т. М. Рэттигана, который вместе со «Священными чудовищами» составил как бы романтический диптих).

Режиссёр не случайно остановил свой выбор на драматургии Жана Кокто, чьё творчество было рождено богемной французской вольницей 1910-1920 годов, утверждающей примат триады: поэзия – свобода – любовь.

В «Священных чудовищах» перед нами классический любовный треугольник. Герои пьесы – актёры. Лицедеи на сцене, они продолжают играть и в частной жизни, маскируя свои подлинные чувства. Зритель видит, как это мучительно для них, и одаривает героев спектакля снисхождением, сочувствием и симпатией.

Действие разворачивается в некоем условном эстетическом пространстве, вынесенном за рамки скучной обыденности. Главная героиня (её сыграла замечательная актриса Ада Роговцева) – это романтическая и нежная, умная и тонкая натура, знающая силу женской красоты и обаяния, умеющая преображаться и перевоплощаться. В этой роли, словно созданной для неё, Ада Роговцева удивительно органична.

Все персонажи пьесы пребывают в атмосфере напряжённых эмоций: переживают близость и не-встречи, жертвенность и предательство. Отточены актёрские работы Е. Паперного, Л. Погореловой, Н. Шаролаповой, О. Онищенко. Маленьких ролей у Виктюка нет, каждый актёр важен в ансамблевом действе, и все они существуют в сценическом пространстве с победительной лёгкостью, которая является результатом режиссёрской выучки.

Один из постоянных «знаков» эстетики Виктюка – присутствие в спектаклях пластических двойников главных героев, додуманных и введённых в пьесы самим режиссёром. Непрерывен такой аккомпанемент полуобнажённых юношеских тел в спектакле «М. Баттерфляй» по пьесе Дэвида Генри Хуана. В озорно воплощённой на сцене пьесе Нино Манфреди «Путаны, или Люди лёгкого поведения» рядом с главными героями – группа их гротескных двойников, одетых в цирковые полосатые трико. В «Осенних скрипках» Ивана Сургучёва в роли двойников выступали традиционные Пьеро и Коломбина.

В мелодраме «Священные чудовища» тоже присутствует двойник, задающий лирический камертон спектакля. И это вновь Пьеро (актёр Олег Исаев).

В скульптурных мизансценах «Священных чудовищ», в музыкальной выверенности темпоритмической структуры спектакля проявляется безукоризненное знание сценических законов, благодаря которым на сцене возникает поле эмоционального напряжения, передающееся зрителям, завораживающее зал. А завершает спектакль счастливый конец, который всегда мил сердцу зрителя.

Постановка «Священных чудовищ» принадлежит к числу театральных побед режиссёра. Спектаклю присуща романтическая аура, изощрённый эстетизм, столь контрастирующий с прозой жизни.

Этот изысканный спектакль многослоен: знатоки театра найдут в нём интеллектуальную пищу для смакования тонкостей театрального искусства, а неискушённого театрала покорит его зрелищность и красота.

Ксения ГАМАРНИК

К НАМ ПРИЕХАЛ КОЗАКОВ!

> *«Актёр – не профессия. Актёр – это диагноз. Актёр зациклен на себе. Он, как женщина, которая беспрерывно смотрится в зеркало и примеряет платья... Ведь женщина хочет нравиться. Актёр тоже. Он должен нравиться публике, его должны полюбить».*
>
> *Михаил Козаков*

Те, кто читал детям или внукам книжку про смешного толстяка Карлсона с пропеллером на спине, наверняка помнят, как Карлсон, укутавшись в простыню, бесшумно и таинственно парил в ночном небе. «Я – маленькое привидение, - говорил Карлсон, - дикое, но симпатичное». А теперь представьте себе, что в тихом уютном доме действительно появилось привидение, симпатичное, но всё же таящее угрозу. Именно такое чрезвычайное происшествие случилось в комедии английского драматурга Ноэля Кауарда «Невероятный сеанс». Постановку этой комедии осуществил в своём театре «Русская антреприза Михаила Козакова» народный артист России Михаил Козаков. Тот самый Козаков, которого по его работам в театре, кино и на телевидении знает вся страна. Козаков выступил не только режиссёром-постановщиком «Невероятного сеанса», но и сыграл в спектакле одну из главных ролей.

Поклонники театра получили возможность увидеть этот спектакль в Филадельфии. В зале был аншлаг. Уже давно русскоязычная интеллигенция не была столь единодушна в выборе театрального зрелища, как в этот раз. И ожидания не были обмануты. Публика щедро аплодировала любимым актёрам и от души смеялась над комическими положениями пьесы.

Итак, налаженный быт элегантного жилища маститого английского писателя. Правда, как раз элегантность убранства зрителям пришлось додумывать самим, так как пьеса шла в сборных случайно подобранных декорациях. Впрочем, это обстоятельство публика, увлечённая необычными поворотами сюжета и прекрасной игрой актёров, великодушно простила прилетевшему из-за океана театру. Зато те, кто внимательно изучил фотографии сцен из спектакля, воспроизведённых в программке, убедились в том, что в Москве пьеса идёт в достойном декорационном обрамлении.

В последние годы, с появлением жены Рут, в жизни писателя Чарльза всё устоялось. Свою роль интеллектуала, эстета и скептика Козаков исполнил с мастерством и изяществом. От ироничных снисходительных интонаций до мягкой пластики движений – всё оказалось свидетельством замечательной классической российской театральной школы. Словом, это был всеми любимый, ничуть не изменившийся Козаков – до кончиков ногтей. Его писатель нервен и нежен. Где-то в глубине души, под спудом спокойной привязанности к Рут, дремлет воспоминание об умершей жене Эльвире. Да, она была "enfant terrible" – ужасным ребёнком, доставляла ему миллион неприятностей – и всё же он любил её. Впрочем, Чарльз даже сам себе не признаётся в этом. Он сосредоточен на работе. Именно в поисках пищи для нового романа он и затеял пригласить в гости медиума – мадам Аркати – для устройства спиритического сеанса.

И – ни слова о возрасте. Любимая зрителями Ольга Аросева – мадам Аркати даже не въехала, а скорее ворвалась на сцену на велосипеде. Её энергичная «медиумша» – как горный обвал, сметающий всё на своём пути. Она сразу же берёт бразды правления в свои руки, заставляет умолкнуть недоверчивых, поверить – насмешников.

Рут в исполнении Татьяны Кравченко деловита, педантична, подтянута, прямолинейна и... невыразительна. Хотя так уж ей положено по пьесе, всё же эту роль можно было бы заострить сильнее. Когда дело доходит до выяснения отношений с мужем, Рут становится даже грубоватой.

Словом, Чарльз и Рут, а также их гости – мало запомнившаяся чета Брэдманов – уверенные в подвохе и шарлатанстве, всё же приняли участие в таинственном общении с душами умерших.

Вот тут-то и появилась Она. Так уж случилось, что ключевым образом постановки стал образ умершей жены Чарльза Эльвиры, сыгранной Татьяной Догилевой. Неземное создание в ангельских белокурых локонах и соблазнительно прозрачных одеждах напоминает оживший персонаж изысканной графики Обри Бёрдслея. Эльвира покоряет инфантильным очарованием избалованной девочки-нимфетки. Она кокетничает, капризничает, дуется, ехидничает и издевается над Рут, пленяет, дразнит и обольщает Чарльза. Как и полагается привидению, Эльвира не ходит, а порхает по сцене как нежный мотылёк. Однако у этого кукольного существа коварная натура дьяволёнка. Она искренне забавляется расстройством Рут и беспомощностью мечущегося Чарльза, накалившейся атмосферой их прежде мирного дома.

Но главный замысел Эльвиры удалось разгадать не вновь очарованному и разнежившемуся от нахлынувших воспоминаний Чарльзу, а его проницательной супруге. Женщина всегда чувствует угрозу, исходящую от соперницы, даже если эта соперница – бестелесный дух. Эльвира задумала увлечь Чарльза в потусторонний мир, вот почему в доме внезапно стало происходить столько несчастных случаев. Но замыслу привидения не дано осуществиться. По чистой случайности вместо Чарльза на небеса отправляется Рут.

Вконец измученный и обессиленный противостоянием двух возлюбленных, Чарльз ликует. Вот тут-то ему бы и утешиться с юной горничной Эдит, озорно сыгранной Ириной Кулаковой, которая легко скользнула ему на колени, но... два женских призрака в саванах и венчиках из белых роз, туманные очертания Эльвиры и Рут, медленно склоняются над Чарльзом...

В программе спектакля дан репертуар «Русской антрепризы Михаила Козакова». Снова комедии, снова – звёздный актёрский состав. Да, изумительный исполнитель трагических и драматических ролей Козаков сосредоточил своё внимание на жанре комедии. Зрители, влюблённые в серьёзные роли мастера (Гамлет, Сирано, Дон Жуан, Тригорин, Шейлок, Лир, Фауст...), вздохнут по классическому репертуару, где сложнейшая роль Козакову по плечу. Но – радовать людей, поднимать им настроение в современном сложном мире, не в этом ли благородное предназначение комедии?..

V
СОХРАНЁННАЯ ПАМЯТЬ

Ксения ГАМАРНИК

СЛОВО ШОЛОМ-АЛЕЙХЕМА

Классик еврейской литературы Шолом-Алейхем был глубоко предан своему народу. Еврейский народ он назвал «великим в своих страданиях, которым нет равных в мире», нацией, «гордящейся своим прошлым и имеющей своё будущее воскресение».

Филадельфийские поклонники театра смогли прикоснуться к творчеству великого писателя, посмотрев одну из пьес Шолом-Алейхема. Постановку «Крупный выигрыш» осуществил Еврейский музыкально-драматический театр им. Соломона Михоэлса. Невероятно долгий срок работы над спектаклем (так долго и тщательно работал над своими постановками Станиславский) – репетиции длились год и семь месяцев, обеспечил редкий для любительских театров уровень постановочной культуры. Поставила пьесу художественный руководитель театра Ида Вайншток.

Патриархальное еврейское местечко с его страстями, горестями и радостями, милое сердцу Шолом-Алейхема, было воссоздано на сцене в характерных бытовых реалиях. Жизнь бедного портного Шимеле Сорокера беспросветна, но в глубине его души живёт почти детская вера в чудо. Именно таким, мягким и простодушным, наивным чудаком, сыграл Шимеле Борис Хейфец. Он пересказывает свой сон, широко раскрыв глаза, словно наяву видит пред собой чудесное дерево в червонцах. И так велика его убеждённость, что волнение охватывает домочадцев, они почти поверили в чудо. И чудо действительно происходит...

Сон обернулся крупным выигрышем в лотерее. Ах, как расцвела теперь жизнь вчерашних бедняков, как украсился их быт и наряды! Если раньше скромную жену маленького портного гнули заботы и нужда, то теперь в Эте проснулась царственная женщина, призванная покорять и властвовать, в ней появилась энергия и королевская стать. Это перевоплощение героини мастерски сыграла сама режиссёр-постановщик спектакля Ида Вайншток (после отечественной войны она училась в Московском государственном еврейском театральном училище у великого Соломона Михоэлса).

Только Бейлка, единственная дочь Эти и Шимеле, которая стала теперь в местечке завидной невестой, не рада новому буржуазному статусу своей семьи. Роль Бейлки исполняет Яна Чернова. Бейлка не рада тому, что её трудолюбивые родители изнемогают от безделья, вокруг них вьются сомнительные личности, а друзьями стали спесивые богачи. Бейлка Черновой – преданная любящая дочь, но это не мешает ей видеть слабости своих родителей, ощущать разрушительное влияние, которое оказывает внезапное богатство на их семью. Зато для самой Бейлки трогательная любовь бедного подмастерья Мотла, которого играет Алексей Ломов, по-прежнему дороже всех богатств на свете, так же, как и для Мотла, который относится к Бейлке с трепетной нежностью.

Не судьба простодушному Шимеле удержать в руках огромные деньги. Хитроумные жулики легко улавливают в свои сети осчастливленных фортуной простаков… Пережив крушение иллюзий, Шимеле снова превращается в бедного портного. Зато судьба увидеть Шимеле и его верной жене, как соединились влюблённые, как дочка выходит замуж за хорошего человека, как парят жених и невеста на крыльях любви, словно влюблённые на картинах Шагала.

Весёлый и грустный, ироничный и серьёзный, тёплый и добрый спектакль воплотил стиль Шолом-Алейхема на сцене, и в этом его несомненное обаяние. Добро противостоит в спектакле зависти и жадности.

В оформление спектакля органично вписался портрет Шолом-Алейхема, который словно наблюдал за своими персонажами. Звучали записи голоса Михоэлса, фрагменты диалогов и песен из его постановки «Крупного выигрыша». А вдохновительницей спектакля была Ида Вайншток, ученица Мастера. Всё это – звенья одной цепи. Так происходит преемственность культурной традиции, сохраняется Память, звучит Слово, живёт Театр.

Ксения ГАМАРНИК

ОДЕССА ЗАЖИГАЕТ ОГОНЬКИ

Зрители Филадельфии получили возможность посмотреть музыкальный спектакль «Молдаванка, Молдаванка» по мотивам пьесы И. Бабеля «Закат». Первое «Избранное» Бабеля, в котором после реабилитации автора была опубликована пьеса «Закат», увидело свет в 1957 году. Но о самом Бабеле и его творчестве ещё долго вспоминали скупо, писали осторожно.

Вот что написал об этой пьесе литературовед, профессор Женевского университета Симон Маркиш, сын известного еврейского поэта и писателя Переца Маркиша: «Закат» – первая пьеса Бабеля – играет исключительную роль в его литературной биографии. Написанная в 1926 году, она вышла на сцену и печать в канун 1929-го – года великого перелома, как справедливо назвал его Сталин... Извечная трагедия конфликта поколений разрабатывалась в русской еврейской прозе и драматургии уже Юшкевичем («Распад», «Евреи»). Шедевром, почти недосягаемой вершиной она становится под пером Бабеля, благодаря не столько профессиональному знанию и совершенному чувству среды, сколько извечно еврейскому углу зрения, еврейской древней мудрости...

Но пьеса названа «Закат» недаром. Она об уходящем, о разрушении и смерти. И ёмкий символ заката вмещает гораздо больше, чем крушение былого величия и запоздалых надежд биндюжника Менделя Крика, больше даже, чем упадок старой Одессы. Рушится весь старый уклад, прахом рассыпаются самые его устои...

«Восходит Солнце и заходит Солнце» (Экклезиаст 1,5). Каким будет восходящее Солнце, какой мир оно осветит, Бабель, трудясь над «Закатом», ещё не знал. Однако едва ли можно сомневаться, что скорбь и тревога решительно преобладают в «Закате».

И недаром: «Закат» оказался началом и бабелевского заката. Великий перелом сломал хребет и ему. Будут ещё взлёты, и высокие, но уверенного и последовательного подъёма больше уже не будет».

Сегодня ставшая классикой пьеса Бабеля «Закат» возрождена на сцене США выходцами из бывшего СССР.

Из Нью-Йорка приехал русско-американский музыкальный театр «Блуждающие звёзды». Собрал бывших актёров московских и петербургских театров, оказавшихся в Америке, и возглавил театр известный композитор Александр Журбин. Он же осуществил постановку спектакля «Молдаванка, Молдаванка» и написал к нему музыку.

Оформление сцены подчёркнуто аскетично (сценография Джозефа Юсупова). Чёрная ширма с изображенной на ней большой круглой луной, да десяток стульев, поставленных полукругом. Только тележное колесо и кнут в руке Менделя напоминают о его промысле. По ходу действия сцена преображается то в жилище семьи Менделя Крика, то в одесский трактир. А луна тем временем наливается тревожным алым светом...

Четверо музыкантов, и среди них сам Александр Журбин, не покидают сцену в течение всего спектакля. Их присутствие создаёт ощущение непринуждённой театральной игры, вводит зрителя в атмосферу Одессы начала двадцатого века. Спектакль разбит на отдельные музыкальные номера, и после каждого зрители подолгу аплодируют актёрам.

Объединяет сцены из жизни семейства Криков, сплетает в единое целое Арье-Лейб в исполнении народного артиста Грузии Бориса Козинца. Арье-Лейб – немолодой, умудрённый жизненным опытом человек. Он может быть и озорным, и едко-саркастичным, а его неожиданные реплики про Брайтон или современную Одессу вызывают в зале смех. Этому старику с печальными глазами и шаркающей походкой, в мятой шляпе и небрежно повязанном клетчатом шарфе, как нельзя лучше идёт амплуа трагического комика или комического трагика, призванного быть сторонним наблюдателем, но который, в силу своей природы, не может оставаться равнодушным «лицом от театра», он радуется и страдает вместе с другими героями пьесы.

Из века в век повторяется трагедия смены поколений, всегда мучительного перехода власти от родителей к детям. Так и Мендель Крик в исполнении Михаила Калиновского, в начале спектакля безраздельно правящий в своём доме, в финале предстаёт перед нами униженным своими детьми, сломленным стариком.

Даже тогда, когда Мендель ещё был полновластным хозяином своих домочадцев, тоска разъедала его душу. Мендель Калиновского непоправимо одинок, одинок в доме, полном людей. Его словно окружает невидимая черта, через которую никому не дано переступить.

Каким ключом била в Менделе жизненная энергия, как крепко обнимал он свою Марусю, в то же время как бы прося у неё защиты, будто предчувствуя жизненный крах. В этой прощальной мучительной любви было больше горечи, чем радости. «Марусечка...» - глухо, как загнанный, смертельно раненый зверь, только и может, нет, не сказать, а простонать Мендель в сцене своего унижения.

«Хороший у тебя был папа, Бенчик», - горько замечает Арье-Лейб.

Маруся в исполнении Натальи Науменко знает цену своей красоте и молодости, знает, как пройтись, взглянуть свысока и небрежно, как поправить волосы и улыбнуться маняще. Она выглядит искушённой и оттого ещё более соблазнительной в своих белых кружевах. А когда всё рушится, только и остаётся Марусе, как залить горе-горькое вином, объявить всему миру своим огненно-красным платьем, что ничего больше нет за душой, только тело – для продажи, и закутить с младшим сыном Менделя – Лёвкой Криком себе и Менделю назло. А Лёвка, его роль играет Алексей Трубецкой, пыжится, топорщит лихие гусарские усы, размахивает руками, не говорит, а выкрикивает фразы, и всё «простодушно» предлагает «зарезать папашу ко всем свиньям».

Совсем не таков Беня Крик в интерпретации Юрия Наумкина. Это красивый самодовольный парень, который очень нравится сам себе и постоянно позирует, уверенный в собственной мужской неотразимости. Он – представитель нового поколения, начисто лишённый уважения к патриархальному укладу жизни своих родителей. До поры до времени Беня придерживается приличий, но в глубине души слегка презирает романтическое увлечение отца, к матери относится снисходительно и с чувством собственного превосходства.

Ощутив вкус власти, Беня становится холодным безжалостным режиссёром унизительного фарса, в который превратилась свадьба его сестры.

У Елены Соловей (в прошлом одной из ведущих актрис Санкт-Петербургского театра им. Ленсовета) относительно небольшая роль. Она играет Нехаму – жену Менделя и мать Бени, Лёвки и Двойры. Её Нехама – покорная жена, нечто, давно ставшее частью домашнего обихода... Но в этой незаметности, постоянном желании держаться в тени, вошедшем в плоть и кровь её, проглядывает чувство собственного достоинства, основанное на всепрощающей любви и бесконечной жалости к мужу и детям.

Острокомедийного плана актёрские работы Иды Куренной – Двойры и Боярского – Давида Варера. С «королевским» величием Двойра, грудь при этом выпячена колесом, прохаживается по сцене, изредка решительным движением вскидывая непослушный накладной бюст вверх, а кофточку затем резко одёргивая вниз. А неторопливый выход, с целомудренно опущенными глазами, Двойры в невероятном, ядовито-свекольном с жёлто-зелёными разводами, платье, вызвал в зале восторг, так же, как и сцена сватовства Боярского и пародийный вальс жениха и невесты.

Режиссёру мягко, без карикатурного выпячивания удалось передать национальный колорит пьесы Бабеля. Музыкальная тема, посвящённая Молдаванке, плоти от плоти Одессы, проходит лейтмотивом через весь спектакль, и всё представление пронизывает нота лёгкой ностальгии по той романтической Одессе, которой уже давно нет и никогда не будет.

Ксения ГАМАРНИК

МЕЛОДИЯ ЗЕЛЁНОЙ СКРИПКИ

От одного литературоведа мне как-то довелось услышать следующий каламбур: «Шли многие, а Шагал – один». Действительно, Марк Шагал – неповторимый художник, оставивший нам в наследство целую вселенную удивительных образов.

В 1973 году Шагал, давно завоевавший всемирную известность, приехал в Москву на открытие своей выставки. В Третьяковской галерее Шагал поставил подпись под панно «Введение в национальный театр», созданное им в 1920 году для зрительного зала ГОСЕТа – государственного еврейского театра.

Именно с этого момента начинается музыкальный спектакль «Зеленая скрипка» филадельфийского Принс Мьюзик театра.

Постановку музыкального спектакля, посвященного Марку Шагалу и деятельности ГОСЕТа, осуществили драматург Элиза Торон, которая стала сорежиссером спектакля, режиссер Ребекка Тайхман, композитор Фрэнк Лондон, хореограф Дэвид Дорфман, сценограф и художник по костюмам Марина Драгичи и артистический директор и продюсер Марджори Самофф, талантливые единомышленники, искренне увлеченные историей ГОСЕТа. Они создали свой спектакль, предварительно проделав огромную исследовательскую работу и прикасаясь к историческому материалу необычайно бережно. Работая над пьесой, Элиза Торон ездила в Москву, трудилась в архивах, встречалась с одной из актрис ГОСЕТа. Торон сумела вложить в свою пьесу множество малоизвестных исторических сведений, которые, тем не менее, не сделали спектакль скучным перечнем дат и фактов. Драматург органично вплетает исторические сведения в музыкально-драматическую канву постановки.

...Итак, художник Марк Шагал прибыл в Москву и берет в руки кисть, чтобы поставить свою подпись на полотне, вернее, на сшитых простынях, ничего другого в то время у коллектива молодого театра не нашлось.

Внезапно кисть застывает в руках мастера – на него нахлынули воспоминания о тех необыкновенных годах. Перед внутренним взором Шагала возникают юные создатели ГОСЕТа, пламенные энтузиасты, мечтающие о создании еврейского театра будущего, – основатель театра режиссер Алексей Грановский, актеры Соломон Михоэлс, Вениамин Зускин и другие. Все они появляются в прямоугольнике «театра в театре», словно на старой фотографии в раме.

Но вот фотография ожила, и Шагала со всех сторон обступили соратники его юности. Шагал, его роль исполняет Хал Робинсон, стар. Режиссеры спектакля предпочли не заменять исполнителя роли художника, мысленно вернувшегося в 1920-е годы, более молодым актером. Подобное режиссерское решение оказалось необычайно удачным – возраст Шагала, который прожил долгую жизнь, всего двух лет не дожив до своего столетия, подчеркивает и юность основателей ГОСЕТа, большинство из которых ушло из жизни преждевременно, и то, что все происходящее разворачивается в воспоминаниях мастера.

Происходит знакомство Шагала с Алексеем Грановским. Грановский в нарочито шаржированном исполнении Брюса Тэрка получился трогательно порывистым. Актёр наградил своего героя угловатой пластикой ожившего персонажа с картин Шагала.

В 1919 году Алексей Грановский (1880-1937) организовал в Петрограде молодежную еврейскую студию. Актёры студии составили ядро ГОСЕТа, спектакли в котором игрались на идиш. В 1920 году театр переехал в Москву и получил зал на сотню мест в Чернышевском переулке. Этот зал и довелось оформлять Шагалу. Для ГОСЕТа художник создал огромное панно «Введение в национальный театр», которое словно действительно «подводило» зрителей к сцене, и четыре символические панно «Музыка», «Танец», «Литература» и «Театр». Позднее ГОСЕТ переехал в новое помещение на Малой Бронной с залом на 500 человек. Панно Шагала уцелели и сейчас хранятся в Третьяковской галерее.

Послереволюционные годы стали временем подъема и творческого горения, временем неутомимых поисков новых форм и дерзких экспериментов. Мейерхольд, Таиров, Вахтангов, на Украине Лесь Курбас – все они искали новые способы театральной выразительности, разрабатывали собственные системы воспитания актёров нового типа. Возможно, у Грановского не было чётко выраженной творческой программы, подобной программе Мейерхольда или Курбаса, однако он отвергал традиции Пурим-шпилей, поэтому для него важно было по-новому воспитать молодых актёров еврейского театра. Со дня основания студии такой актёр нашёлся – это был Соломон Михоэлс. Позже, когда ГОСЕТ переехал в Москву, появился и второй подобный актёр – Вениамин Зускин. На протяжении всей истории ГОСЕТа эти две фигуры определяли успех театра в России и в Западной Европе.

...Шагал с головой погружается в работу по оформлению театра, отметая мысли о хлебе насущном, о голодных дочери и жене. Роль Беллы Шагал, его ангела-хранителя, чей образ проходит через все творчество художника, исполнила Кэйт Сабер. Вернее, она исполнила две роли, поскольку в руках у Бэллы кукла, в которой зрители угадывают дочь художника Иду. Впрочем, куклы могло и не быть, вполне достаточно, что на переднике Беллы нарисован младенец, как на картине Шагала, который рисовал дитя в утробе матери. Белла в исполнении Сабер нежна и женственна. Своими мягкими движениями Белла словно создает вокруг художника ореол, защищая его силой своей любви.

Грановский между тем самозабвенно репетирует спектакль «Агенты» по пьесе Шолом-Алейхема, под метроном настойчиво отрабатывая с актёрами упражнения для тела и голоса, напоминающие элементы мейерхольдовской биомеханики.

На сцену опускается дуга, по которой взбирается крошечный паровоз – и зрители получают уникальную возможность воочию увидеть декорации Шагала, созданные для пьесы «Агенты», которая ставилась в ГОСЕТе. Шагал тем временем вдохновенно экспериментирует, расписывая костюмы и лица актеров.

Наконец, панно «Введение в национальный театр» готово. Радостно удивленные, актеры узнают на полотне сами себя. Но внутренние конфликты уже начали разъедать согласие, царившее между творцами. Грановский ревнует Шагала к еврейскому театру «Габима», также привлекшему художника к сотрудничеству. Нищета и конфликты в творческом цеху, в конце концов, вынуждают Шагала вместе с семьей покинуть Россию.

Вслед ему звучит пронзительно грустная мелодия, которую виртуозно исполняет Скрипач – Макс Зорин, словно сошедший с шагаловского панно «Музыка». Скрипач, один из излюбленных образов Шагала, то и дело появляется на сцене. В самые радостные и самые печальные мгновения чистый звук его скрипки сопровождает воспоминания мастера.

Словно пламя вспыхивает на сцене во втором действии. Это актеры театра ГОСЕТ в огненно-алых нарядах на фоне красных, пылающих как угли, декораций играют на гастролях в Париже в 1928 году спектакль «Путешествие Вениамина III» по пьесе М. Сфорима. Встреча Шагала и Беллы с актёрами проходит необычайно тепло.

В те годы Шагал уже завоевал известность во Франции, ГОСЕТ был в зените своей славы, его гастроли по Австрии, Германии и Франции проходили триумфально, театром восхищались режиссеры М. Рейнхардт и Б. Брехт, писатели Л. Фейхтвангер и Т. Манн, ученый З. Фрейд.

Но над театром уже начали сгущаться тучи. Время переменилось, и первым нависшую угрозу почувствовал Грановский. Он умоляет Михоэлса остаться на Западе. Однако все мечты актёра связаны с еврейским театром в России. Юркий человечек в пенсне приказывает труппе немедленно прервать гастроли и возвращаться в Москву.

После того, как гастроли по распоряжению советских властей были прерваны, Грановский предпочел остаться в Германии, и руководство ГОСЕТом перешло к Михоэлсу. Советская пресса заклеймила Грановского как «невозвращенца». Судьба Грановского в театре Рейнхардта не сложились, в то же время режиссёр тяжело переживал, что в России многие считали основателем ГОСЕТа Михоэлса. Когда Грановский скончался после тяжелой болезни, за его гробом шло всего три человека...

В 1943 году Шагал встречается с Михоэлсом в Нью-Йорке в последний раз. Михоэлс, избранный председателем Антифашистского еврейского комитета, прибыл в США для сбора средств на борьбу с фашизмом.

В этой сцене третьего действия с особенной силой проявился драматический талант Рауля Эспарзы, исполнителя роли Михоэлса. Молодой актер обладает голосом удивительной красоты, его исполнение песен на идиш затрагивает до глубины души. Тем не менее, в интервью Эспарза подчеркнул, что считает себя в первую очередь актёром, а не певцом. В сцене встречи с Шагалом Михоэлс-Эспарза предстает смертельно усталым и затравленным. Он боится возвращаться в Россию, боится своего спутника, все того же настойчивого безликого соглядатая в пенсне, предчувствует свою неотвратимую гибель. «Участие в этом спектакле стало для меня очень личным, поскольку моя семья, родом с Кубы, бежала в Америку от режима Кастро, - рассказал Эспарза, - Наш спектакль повествует про одного художника, который бежал от репрессивного режима, и второго, который остался и попытался изменить режим изнутри».

И наконец, Михоэлс-Эспарза исполняет свою звёздную роль – трагическую роль короля Лира. На сцене нет и следа ярких алых красок периода расцвета театра, только чёрное и тускло-серое. В спектакле Принс Мьюзик театра Михоэлс совершает деяние шекспировской силы – он поздравляет зрителей ГОСЕТа с основанием еврейского государства. Лир гибнет, и, как в шекспировской трагедии, гибнут Михоэлс и другие артисты театра.

Михоэлс погиб 13 января 1948 года в Минске, где находился по делам Комитета по государственным премиям. Уже тогда было ясно, что автомобильная катастрофа не была случайной, позже появились доказательства того, что убийство актёра было совершено по прямому указанию Сталина. После смерти Михоэлса начались репрессии против театра (в частности, театру было отказано в государственном финансировании) и аресты еврейской интеллигенции.

После гибели Михоэлса ГОСЕТ возглавил Вениамин Зускин (1899-1952) и оставался на этом посту до своего ареста. В декабре 1948 года Зускин был арестован. Известно, что на следствии его подверг-

ли пыткам. *Зускин был расстрелян 12 августа 1952 года в Москве вместе с группой еврейских писателей, проходивших по делу Антифашистского еврейского Комитета. Вскоре после ареста Зускина по распоряжению властей ГОСЕТ прекратил свое существование.*

Сегодня панно Шагала напоминают потомкам о периоде работы ГОСЕТа, великой и трагической странице в истории театра.

...Немного помедлив, Шагал вновь берётся за кисть и твердо выводит: «Марк Шагал», словно ставя подпись под спектаклем.

Ребекка Тайхман и Элиза Торон попытались воссоздать на сцене поэтику авангардных постановок ГОСЕТа и поэтику лирических полотен Шагала. Спектакль «Зелёная скрипка» стал данью памяти великим мастерам и живым напоминанием о преемственности в искусстве.

Ксения ГАМАРНИК

ВОЗВРАЩЕНИЕ ШАРЛОТТЫ

Трагедия Холокоста унесла миллионы человеческих жизней. Одной из песчинок, сгинувших в водовороте смерти, стала Шарлотта Саломон, оставившая после себя уникальное творческое наследие.

Исследователи характеризуют жанр творческого наследия Шарлотты как «мультимедия», то есть, синтез разных видов искусства. Это был удивительный по интенсивности эмоциональный выплеск талантливой натуры. В течение коротких двух-трёх лет Шарлотта создала цикл из более чем тысячи живописных работ, выполненных гуашью, сопровождаемых текстом и записями музыкальных фрагментов. Текст представляет собой историю семьи Канн, так названа семья автора. В центре повествования находится альтер-эго героини по имени Шарлотта Канн.

Шарлотта Саломон родилась в 1917 году, в состоятельной еврейской семье, жившей в Берлине. Её отец, Альберт Саломон, был преуспевающим врачом. Однако в жизни девочки с самого начала подспудно существовала трагедия. Женщинам этого рода было свойственно неудержимое, гибельное стремление к смерти. Сестра матери Шарлотты покончила жизнь самоубийством ещё до того, как Шарлотта появилась на свет. Девочке исполнилось девять лет, когда по своей воле ушла из жизни её мать. Чтобы хоть частично уберечь тонкую, впечатлительную Шарлотту от потрясения, ей сказали, что её мать умерла от гриппа. Много лет Шарлотта верила этому объяснению, пока ей не открыли истину. И хотя она уже не была ребёнком, правда о смерти матери настолько потрясла девушку, что она тоже попыталась свести счёты с жизнью...

Личная драма Шарлотты разворачивалась на фоне сгущающегося в Европе мрака. С захватом власти в стране фашистами оставаться евреям в Германии становилось всё более опасно. В 1939 году Шарлотту отсылают к бабушке и деду по материнской линии, на юг Франции, в Прованс. Девушка, подавленная происходящим, недавно узнавшая правду о смерти матери и тётки, вдали от отца и любимой мачехи, оказывается в совершенно новой обстановке. Именно там Шарлотта Саломон начинает создавать труд своей недолгой жизни, который она назвала «Жизнь? Или театр? (Трёхцветная пьеса с музыкой)».

...Чистые, яркие цвета, словно бы неумелой детской рукой нарисованные человеческие фигуры. Искусствоведы находят в работах Саломон безусловное влияние немецкого экспрессионизма, проводят параллели с графикой Марка Шагала. Сравнивают рисунки Шарлотты с работами другого еврейского художника, Людвига Бемелманса, бежавшего из фашистской Германии в США, где он создал один из любимых образов детской литературы, а теперь уже мультипликации и кино – он придумал историю и нарисовал Маделин, рыжеволосую девочку-озорницу, которая воспитывается в парижской католической школе. «Наследие Шарлотты Саломон – это «Маделин» для взрослых», - написал один из критиков.

Жизненные впечатления и фантазии Шарлотты выплескивались на небольшие по формату блокнотные листы. Берлинские сады, виды сельской Франции, семейные застолья, сцены из любимых кинофильмов, немногочисленные автопортретные изображения, например, «Шарлотта рисует»... Композиция, изображающая самоубийство бабушки, – у неё тоже сработали гены, запрограммированные на самоуничтожение, – лист пропитан алым, художница водила кистью по бумаге нервно, почти ударяла... Заключительные страницы цикла почти сплошь покрыты текстом. Последний лист изображает Шарлотту, уплывающую в море...

Наследие Шарлотты Саломон сложно для восприятия. Рассматривая её работы (они выставлялись в нью-йоркском Еврейском музее), не слышишь музыку, которая вдохновляла автора. Она напевала во время работы – и многие листы «положены» на определённую музыку, например, на одном из них указывается: «На мотив арии Тореадора». Именно поэтому филадельфийский Принс Мьюзик театр интерпретировал «трёхцветную пьесу» Саломон (иногда она называла свою работу «трёхцветная опера») в виде музыкального спектакля «Шарлотта: Жизнь? Или театр?». Композитор Гари Фэгин написал музыку, в которую включены музыкальные реминисценции из произведений Баха, Глюка, Бизе, тесно ассоциирующиеся с карьерой любимой мачехи

Шарлотты, оперной певицы Паулины Линдберг. Режиссёр Элиза Торон, она же явилась автором пьесы, и хореограф Сюзан Нэш нашли удачное решение – вместо показа слайдов персонажи работ Шарлотты в исполнении актёров словно оживают на сцене. Постановка Элизы Торон стала первой сценической интерпретацией труда художницы.

Творчество было для Шарлотты настоящим спасением. Её грандиозный труд стал для неё актом самоочищения. Выплескивая свои эмоции на бумагу, она освобождалась от горестных воспоминаний. С помощью двойника Шарлотты Канн художница нашла в себе силы взглянуть на свою жизнь со стороны. Иначе разве могла бы она назвать серию своих работ «Жизнь? Или театр?».

В то же время она будто предчувствовала скорую гибель. Нарочитая небрежность, неумелость, торопливость изображений Шарлотты, получившей художественное образование, не кажется случайной. Она действительно торопилась перелить свою жизнь в хрупкие блокнотные листки. И ей это удалось. Закончив свой труд, Шарлотта отдала его на хранение близкому другу: «Позаботься об этом. Здесь вся моя жизнь...», - попросила художница.

Шарлотте Саломон удалось дважды побороть смерть. В первый раз, когда она сумела вырваться из-под власти гибельного рока, призывающего женщин её рода прерывать свою жизнь. Смерть отступила, о ней напоминали только некоторые работы живописного цикла. Мысли о самоубийстве остались в прошлом.

Шарлотта не побоялась в разгар войны вернуться в Германию. Она полюбила и была любима. В июне 1943 года Шарлотта вышла замуж. Она уже ждала ребёнка, когда в сентябре того же года нацисты отправили её вместе с мужем в лагерь смерти. Спустя три недели Шарлотта Саломон погибла в Освенциме.

Но она победила смерть снова. «Жизнь? Или театр?», - спрашивала она. Жизнь, конечно. Её работы живут в музеях, в документальных фильмах, и вот теперь в театре.

Шарлотта возвращается.

Шарль Фоерберг в роли Януша Корчака

Ирина ПАНЧЕНКО

«КОГДА Я ВЫХОЖУ НА СЦЕНУ, У МЕНЯ СЕРДЦЕ РАЗРЫВАЕТСЯ...»

Моноспектакль о Януше Корчаке

Талантливый польский педагог, писатель и врач Януш Корчак написал книгу «Как любить ребёнка». Он творил педагогику любви. Видел в каждом маленьком человеке личность, неповторимую индивидуальность. Не случайно именно его перу принадлежит и книга «Право ребёнка на уважение».

Корчак уважал в ребёнке раннюю жажду независимости и самоосуществления. Он сочинил для ребёнка сказку о государстве детей «Король Матиуш».

Слово педагога Корчака было единым с его делом. Он самоотверженно служил сиротам Детских домов, которым посвятил свою жизнь.

Корчак был мужественным человеком. Он принял на себя руководство Детским домом в варшавском гетто во время гитлеровской оккупации Польши и героически боролся за каждый день жизни еврейских детей. Миру известен его нравственный подвиг: Корчак не оставил своих воспитанников и тогда, когда фашисты обрекли их на гибель в печи лагеря смерти Треблинки. Корчак выбрал смерть, хотя немцы гарантировали ему, известному писателю, жизнь.

Саму свою смерть Корчак превратил в урок высокой нравственной педагогики.

Как создать благородный образ Януша Корчака минимальными средствами на сцене? Как донести *в кукольном театре* до современного зрителя значительность и обаяние личности этого Человека?

Именно к такой чрезвычайно сложной задаче стремились авторы пьесы «Всё будет хорошо...» заслуженный артист Украины, директор Киевского городского театра кукол Сергей Ефремов и московский искусствовед и художник-кукольник Ирина Уварова. Своей пьесе они дали подзаголовок: «Театральная фантазия по дневнику Януша Корчака».

Моноспектакль в постановке С. Ефремова по этой пьесе был впервые сыгран заслуженным артистом Украины Шарлем Фоербергом в Киеве, а потом – на гастролях в Европе. Полиглот Фоерберг в Украине играет спектакль на украинском языке, в Польше – на польском, в Германии – на немецком.

И всюду – полный успех.

...Этот спектакль оригинален и неожидан для кукольного театра. По сути, в нём играют не столько куклы, сколько один актёр Шарль Фоерберг, который находится не за ширмой (как это происходит обычно), а прямо перед нами на сцене. Мера театральной условности в спектакле очень велика, актёр не отлучается со сцены ни на минуту. Он играет Януша Корчака. Действие разворачивается в польском гетто, где мы видим Корчака и его маленьких воспитанников (это Агнешка, Регина, Матек, Юлек, Владек, Янек...). Воспитанники – куклы. Их на наших глазах создаёт Шарль как бы «из ничего»: из носовых платочков и палочек. Эти возникшие прямо на наших глазах импровизированные куклы-дети оказываются (как и те дети, что сидят в театральном зале) зрителями спектакля о маленьком Иисусе и царе Ироде, который разыгрывает одновременно перед теми и другими педагог Корчак, встревоженный судьбой детей, за которых он в ответе. Корни мудрого, символического спектакля из нескольких старинных притч, которые, как сказку, пересказывает для детей Корчак, уходят в глубину веков.

«*Театр в театре*» – приём известный, давний. Вспомним, хотя бы, пьесу бродячих актёров «Мышеловка» в шекспировском «Гамлете». Время от времени этот приём используется в драматических и оперных спектаклях, балетах, но *в театре кукольном?* Я не могу припомнить такого случая. Да ещё в сочетании с «*театром одного актёра»?* Это истинно новаторский спектакль. Представляете, какими разнообразными талантами и умениями должен обладать актёр, который играет роль Корчака?

Он должен быть пластичным, искушённым в драматическом искусстве, быть умелым кукловодом, легко перевоплощаться в каждую новую куклу, появляющуюся по сюжету (Марии, Ангела, Ирода, Звездочёта...), говорить то мужскими, то женскими голосами... а главное, памятуя о высокой своей нравственной миссии, всё время держать зал во внутреннем напряжении.

Именно таким незаурядным артистом является Шарль Фоерберг.

Не случайно он приезжает в театр за полтора-два часа до спектакля, чтобы настроиться на ту особую лирическую волну, на то щемящее душу состояние, которое потом эмоционально пронзает зрителей в зале, заставляя их тайком вытирать слёзы.

Реквизит спектакля тоже необычен. Знаток истории кукольного театра Ирина Уварова (она в этом спектакле предстаёт не только как один из авторов текста, но и как художник) опиралась на традиции народного вертепного театра – разновидности кукольного театра. Вертепный театр зародился в XVII веке в Польше и на Украине на основе западноевропейской рождественской драмы марионеток.

Напомню, традиционный вертеп представляет собой деревянный ящик с двумя ярусами-этажами, в полу которых были проделаны прорези. Вертепщик приводил в движение стержневых кукол, прикреплённых к проволоке, через эти щели. Так как одна из стен ящика, повёрнутая к зрителю, в вертепе отсутствовала, он фактически являл собой переносной миниатюрный театр.

Спектакль «Всё будет хорошо...» начинается с того, что Корчак-Фоерберг выходит на сцену с большим дорожным чемоданом, ставит его торцом на стол, открывает, как шкаф, а в чемодане оказываются два яруса, прикрытые лёгкими занавесочками, за которыми скрыты куклы. Открывая и закрывая миниатюрные занавеси, кукловод сосредотачивает внимание зрителей на декорации, необходимой по сюжету. И хотя в ярусах чемодана нет прорезей (это позволяет актёру брать любую куклу в руки, непосредственно передвигая её куда нужно), можно догадаться, что перед зрителями – осовремененный вариант старинного вертепа.

Импровизированный вертеп помогает Корчаку-Фоербергу разыграть перед своими воспитанниками новозаветный сюжет о рождении младенца Иисуса, о приветствии его тремя волхвами, а далее – о чудесном спасении маленького Иисуса от свирепого царя Ирода.

Интересно, что именно этот сюжет разыгрывался на рождественские праздники в традиционных вертепных драмах в Польше и на Украине в XVII-XIX веках. Этот же сюжет лёг в основу устной русской народной драмы «Царь Ирод», которая несла следы влияния украинской вертепной драмы.

...Корчак показывает свой спектакль. Младенец лежит в яслях, Мария поёт над ним колыбельную. Слова колыбельной, которые за Марию поёт тоненьким голосом Шарль, когда-то пела ему мать по имени Регина (помните, так же зовут в спектакле одну из маленьких воспитанниц Корчака-Фоерберга). Эти эмоционально значащие детали очень важны для артиста, который говорит о спектакле: *«Для меня это – исповедь»*.

...Спектакль продолжается. Со второго яруса своего чемодана-вертепа (это уже «дворец» кровожадного тирана Ирода), Шарль извлекает самого Ирода-куклу в короне. Царь отдаёт приказ убить младенца Иисуса. Педагог Корчак в лице Шарля комментирует событие: *«Убить ребёнка – это крайнее проявление мирового зла»*. Однако он тут же успокаивает детей словами прилетевшего Ангела: «Всё будет хорошо...». И действительно, Ангел предупреждает святое семейство об угрозе Ирода.

Из чемодана появляется Иосиф. Он ведёт забавного ослика, на котором едет Мария с младенцем на руках. Все они спасаются бегством в Египет.

Сказка Корчака не только поучительна, она ещё содержит юмористические положения. Поэтому у кукловода Фоерберга разгневанный бегством семьи Иисуса Ирод забавно бегает на нитке по столу и кричит в злобе и досаде, веселя детей: «Ах-ах-ха!». Как предсказал Звездочёт, тирана вскоре настигает возмездие. Сатана отправляет царя Ирода в ад. Прохожий случайно находит вещи Ирода и возвращает его жене брюки, корону и большой современный мужской галстук. Эти весёлые дополнения к новозаветной классике напоминают зрителям, что Корчак Фоерберга адресует свой спектакль детям Варшавского гетто 1942 года, чтобы подарить им немного радости. Когда Корчак-Фоерберг рассказывает об «эвакуированном в ад» Ироде, в нём просыпается местечковый балагур, он увлекается, заразительно смеётся – и это единственный момент, когда внутреннее напряжение, в котором держит актёр зрителей в зале, на миг отступает...

После рассказа об Ироде в спектакль вплетается ветхозаветный сюжет «о другом царе» Навуходоносоре (его имя не звучит со сцены), который жил в Вавилоне (глава третья «Книги пророка Даниила»). Большущую голову нового персонажа Фоерберг надевает на палец и показывает зрителям. Туловище у этого царя отсутствует, ведь спектакль импровизируется из тех кукол, которые нашлись в чемодане.

По библейской легенде этот царь за неуважение к языческой золотой статуе приказал швырнуть трёх отроков в полыхающую огненную печь. Однако произошло чудо спасения: отроки Анания, Азария и Мисаил не сгорели. «Даже не опалился волос их головы, и их плащи не изменились и запах огня не вошёл в них», - читаем в Библии.

Этот сюжет был содержанием древнего русского церковного обряда, так называемого «Пещного действа». Действо разыгрывалось перед Рождеством в Успенском соборе в Москве, а также в Новгороде и других кафедральных городах. Энциклопедический словарь Брокгауза и Эфрона рассказывает, как именно шло действо: «Изображавшие халдеев вводили в печь трёх отроков, подставляли под печь горн с горящими угольями, ходили вокруг нея с зажжёнными свечами и из особых трубок метали под печи и на печь воспламенённую траву; затем в печь спускали ангела «в трусе велице зело с громом»; халдеи падали ниц, а диаконы опаляли их вместо ангельского паления; халдеи вставали с земли и высказывали друг другу удивление о случившемся... Ангел оставался до конца действа как бы парящим над печью».

Важно помнить, что подобные церковные действа были зачатками русского театра и русской драмы. Не случайно знаменитый поэт и воспитанник Киево-Могилянской Академии Симеон Полоцкий, который вобрал в себя интеллектуальные достижения Киева, считавшегося в ту пору восточнославянскими Афинами, сочинил для придворного театра свою первую пьесу «Трагедия о Навходоносоре царе, о теле злате и о трех отроцех в пещи не сожжённых» (1673-1674). Драма С. Полоцкого, написанная силлабическим стихом, являла собой литературную обработку церковного обряда «Пещного действа».

Зрители спектакля «Всё будет хорошо...» могли ранее видеть впечатляющее воспроизведение «Пещного действа» в киноленте С. Эйзенштейна «Иван Грозный» (1946), которая была выпущена на отечественные экраны лишь в оттепельном 1958 году.

Разумеется, в исполнении кукольного театра этот сюжет не мог воплотиться так выразительно, как когда-то в соборах или, тем более, в кино. Однако мотив «полыхающей печи огненной» совсем не случайно появляется в рассказе Корчака-Фоерберга, а библейские отроки также не случайно превращаются у него в трёх обычных современных мальчиков. Педагог внушает своим маленьким воспитанникам, что мальчики не остались в печи одни. Ангел вошёл к ним в печь и мальчики не сгорели. Ангел помог им.

Так Корчак в этот последний мирный вечер в гетто исподволь психологически готовит детей к той трагедии, приближение которой он предчувствует. Он не хочет, чтобы дети испытывали страх.

Внезапно в комнате, где находится Корчак со своими воспитанниками, раздаётся телефонный звонок.

Корчак-Фоенберг медленно поднимает трубку. Его гложет тревога. Сцена погружается в полутьму.

- Хайль Гитлер! - громко и энергично несётся из трубки. Жёсткий властный голос передаёт приказ: завтра утром дети должны быть выстроены в колонну и с оптимистическим маршем двинуться строем из гетто. «Обязательно с маршем!» - кричит трубка.

С мгновенно постаревшим, осунувшимся лицом Корчак-Фоерберг обнимает воспитанников, прижимает их к сердцу, охватывает их жестом любви. Он не слушает продолжающий звучать в трубке голос: «Освобождаем вас! Освобождаем вас!». Он наклоняется, чтобы собрать детские рисунки, и медленно-медленно, под музыку «Аве Мария», уходит со сцены, подняв голову.

Зал замирает. Несколько мгновений абсолютной тишины. Никто не пытается уйти.

Все встают.

Взрыв аплодисментов.

Шарль Фоерберг во время интервью рассказал мне, как волновался, когда играл спектакль «Всё будет хорошо...» в Германии: будут ли воспринимать спектакль немцы? Во Франкфурте услышал, сходя со сцены, как женский голос выкрикнул из зала: «Это не должно повториться!». То же самое сказал ему и немец-инвалид, который во время Второй мировой войны лишился ноги под Львовом. Этот спектакль Фоерберг играл неподалёку от Бухенвальда, играл в Детском доме в Австрии на фоне стенда с рисунками и письмами Януша Корчака...

- Как могу коротко сформулировать своё понимание спектакля? Корчак – человек всего мира. Для Корчака и для меня, мы все – божьи дети. Спектакль не только про судьбу еврейства, он – общечеловеческий.

По содержанию – это общемировая классика. Если наши сердца едины в восприятии всего, что было показано сегодня на сцене, то слава Богу. Чтобы человечество выжило, надо, чтобы Корчак был с нами. Сегодня в восьмидесяти странах света существуют Товарищества Корчака.

Трудно ли мне играть этот спектакль?

Неужели вы думаете, что легко?

Этот спектакль играть НЕ – ВОЗ – МОЖ – НО. Он требует всей моей души, всех нервов... Я просто не могу его играть «отмороженным» зрителям. Когда я выхожу на сцену, У МЕНЯ СЕРДЦЕ РАЗРЫВАЕТСЯ ОТ БОЛИ И ТОСКИ, Я УМИРАЮ...

VI
В КОНТЕКСТЕ СОВРЕМЕННОСТИ

Ирина ПАНЧЕНКО

О ЛЮБВИ

«Героев своих надо любить, иначе рискуешь получить большую неудачу».

Михаил Булгаков

Новосибирский драматический театр «Красный факел» привёз на гастроли в числе многих других спектаклей «Татуированную розу» Т. Уильямса (режиссёр Л. Остропольский) и «Я стою у ресторана...» Э. Радзинского (режиссёр Ю. Спицын). Автором первой пьесы является известный американский драматург, второй – современный российский. И оба художника – каждый по-своему – повествуют нам о главном женском предназначении: любви и материнстве.

«Татуированную розу» можно отнести к жанру романтической мелодрамы. Её действие разворачивается в итальянской семье, глава которой был контрабандистом, возлюбленный дочери – моряк.

Через всю пьесу проходит символический образ розы. Мужа главной героини Серафины делла Розы звали Розарио. На груди у него была вытатуирована роза. Дочь Розарио и Серафины зовут Роза делла Роза. Татуировку розы, как у Розарио, делают у себя на груди его возлюбленная Эстелла и молодой Альваро. Герои пьесы дарят друг другу букеты роз и умащают волосы розовым маслом. Символ назойливо обилен. После знакомства с этаким «розарием» кажется, что драматургу несколько изменило чувство меры.

В пьесе густо рассыпаны фантастические элементы: таинственные знаки, которые подаёт статуя мадонны; изображение розы, силой любви возникающее на груди Серафины; вестница беды – ведьма с чёрным козлом; старуха Ассунта, которая слышит ход звёзд.

Возвышенно-романтический стиль пьесы диктует её сценический рисунок: стремительность действия, бурные сцены, темпераментность монологов, усиленную жестикуляцию, возвышенную речь, пересыпанную итальянскими фразами. Актёрскому ансамблю удаётся передать романтический колорит пьесы. Особенно убедительна исполнительница главной роли Светлана Сергеева.

Напомню, что одно из условий цельности спектакля – ощущение его жанра. Жанр спектакля диктует способ сценического бытия актёра, характеристику образов, декорационное оформление. В спектакле «Татуированная роза» сценография (художник П. Сапегин) далеко не всегда под стать характеру драмы Т. Уильямса. Если с духом пьесы согласуется оформление финальной сцены и фигуры соседок Серафины, выполненные в виде зловещих кукол, появляющихся в окне, то как отнестись к шине грузовика, лежащей в комнате Серафины почти у пьедестала мадонны? Да, муж героини работал шофёром, но разве это необходимо подчёркивать с помощью сценографии?

В финале спектакля над головами героинь открывается простор голубого неба, суля им возрождение надежды.

...Пьеса Э. Радзинского «Я стою у ресторана» – третья по счёту в ряду его бенефисных пьес. Она написана вслед за драмами «Приятная женщина с цветком и окнами на север» и «Старая актриса на роль жены Достоевского». Пьеса «Я стою у ресторана» по своей жанровой природе противоположна «Татуированной розе».

Если героини «Татуированной розы» любят и ведают счастье взаимности, радости семейного очага, материнства (Серафина), то героиня Радзинского Нина страдает от невостребованности её любви, от одиночества. Нина в воплощении Татьяны Дороховой – богатая натура. Актриса мастерски обнажает смятённый духовный мир Нины. Здесь и накопившийся груз тяжёлых обид, и непрощение, и желание задеть Сашу, помучить его, сделать ему больно, и жажда освободиться от «собачьей преданности» ему, и, вместе с тем, стремление удержать его и объяснить ему всю себя.

Нина давно видит Сашу (его роль исполнил Сергей Грановесов) насквозь со всеми его достоинствами и несовершенствами, с его безжалостным цинизмом и житейской компромиссностью, но продолжает любить. А чтобы не обнаружить своей душевной боли, Нина (недаром же она актриса!) мистифицирует преуспевающего актёра и драматурга Сашу, вовлекает его в розыгрыш, меняет одну за другой маски – она и феминистка, и Фортинбрас, и машинистка Мариша, и актриса домашнего театра, жаждущая зрителей... Татьяна Дорохова великолепно играет внешнюю весёлость, браваду, под маской которой трагизм, тоска по романтически светлому ответному чувству.

Конечно, в пьесе доминирует женская роль, но и роль Саши открывает актёру немалые возможности. В игре партнёра Дороховой Сергея Грановесова хотелось бы видеть не прямолинейную однозначность отрицательного характера, а больше обаяния, артистичности, тонкости, наконец. В настоящий же момент в их дуэте лучшие краски актёрского мастерства принадлежат Татьяне Дороховой.

Она играет трагедию талантливой, неординарной личности, не нашедшей понимания в профессиональной среде – в театре, на телевидении, на радио. Неслучайно Саша много раз называет её сумасшедшей. И правда, какой нормальный человек будет играть в два часа ночи в домашнем театре? Нина – «сумасшедшая» в том высоком смысле, в каком обыватели нарекли сумасшедшими Чацкого и князя Мышкина. Личная трагедия героини осложняется и трагедией социальной.

Художник С. Левин предпочёл графическое оформление. Доминируют два цвета: чёрный и белый. Ковёр в комнате Нины из чёрных и белых пятен, люстра и кресло – чёрно-белые. В том же цвете выполнены фотографии на стене – единственное украшение комнаты. На героине – белый спортивный костюм с чёрной вставкой, на герое – чёрные рубашка и брюки, белый галстук. Расшифровывать цветовую символику, по мысли художника, очевидно, надлежит традиционно: белое – свет, чёрное – тьма, зло, бездна. Стало быть, пространство квартиры героини, как и души героев – это пространство борьбы двух кардинально противоположных начал.

Чисто визуально декорации, если не соотносить их со смыслом пьесы Э. Радзинского «Я стою у ресторана...», тешат эстетическое чувство зрителя: стерильно строги, красивы, элегантны. Но вот соответствуют ли они принципиальной психологической глубине пьесы? Её многозначности? Не упрощает ли такое сценографическое решение авторский замысел?

И очень хорошо, что актриса Т. Дорохова своей игрой преодолевает двуцветность палитры театрального художника. Она переживает, а вернее, проживает перед нами, вместе с нами и для нас богатейшую и противоречивую гамму чувств и их оттенков.

- Я люблю роль Нины, - рассказывает Татьяна Дорохова, - за то, что в ней по крупице есть от каждой из женских ролей, мной ранее сыгранных. Эта роль как бы вбирает и синтезирует мой прежний актёрский опыт. Пьеса, где нет привычного сюжета, нет развития действия, где играется динамика внутренних чувств и эмоций, требует от меня полной собранности и самоотдачи. Только при этом условии можно эмоционально заразить зрительный зал. К этой роли я готовлюсь, мобилизую перед спектаклем всю себя. Роль Нины требует больших сил не только нравственных, но и физических.

Мы рассказали о двух спектаклях новосибирского театра «Красный факел». О спектаклях, согретых человечностью, где ярко проявили себя женские актёрские индивидуальности. Постановки «Татуированная роза» и «Я стою у ресторана...» свидетельствуют о художественном поиске театра, о его желании раздвинуть репертуарные рамки, о жажде ставить спектакли, раскрывающие смысл человеческого существования.

Ирина ПАНЧЕНКО

ДРАМЫ В ПУСТОМ ДОМЕ

Мы устали от неправды, от лицемерия, от приблизительности в искусстве. От сладкой патоки сентиментальных зрелищ и надуманных конфликтов.

Вспоминаю то горькое недоумение, которое было написано на лицах рабочих домны №1 одного из кременчугских заводов, когда я несколько лет назад читала им по линии общества «Знание» лекцию о современной драматургии.

В одной пьес, о которых мне пришлось рассказывать рабочим, слесарь-сборщик, «уникальная голова», мыкался с семьёй без квартиры, безуспешно оббивал пороги кабинетов начальства. Но вот в ответственейший день, когда в цеху были установлены кинокамеры, когда с конвейера должен был сойти юбилейный по счёту автомобиль, конвейер останавливается. Запустить его может только тот самый, единственный в своём роде специалист. И он это делает. Престиж завода спасён. Директор предприятия награждает «умную голову» долгожданным ордером на квартиру. Но не тут-то было. С «истинно» рабочей гордостью герой пьесы отказывается(!) от квартиры.

В другой пьесе талантливый молодой рационализатор шёл жаловаться директору завода на то, что его изобретение вместе с премией присвоил себе мастер, но в приёмной директора, в процессе ожидания, его озаряло новое техническое открытие, и он, окрылённый, уходил, так и не переступив порога начальственного кабинета.

В третьей пьесе сталевары дружно «скидывались», собирая сумму на покрытие долгов своего нахулиганившего бригадира, которого не любили, который был резок с ними и несправедлив. Так они «наказывали» его своей рабочей солидарностью. «Ты нас не уважал, а мы во-о-от какие! Знай своих!»

Молодые наши драматурги и сценаристы решительно отталкиваются от недавних сюжетных штампов. Если во времена, окрещённые застойными, были расхожими драматические вариации на производственные темы с благостными «хэппи-эндами», то сейчас молодые авторы бросились столбить новые, ещё неизведанные просторы «чернухи». Они бесстрашно обнажают на сцене и экране те аспекты нашей жизни, о которых раньше принято было умалчивать.

В стиле жёсткого, даже «жестокого» реализма написана и пьеса молодого мордовского драматурга А. Пудина «В пустом доме люди», постановку которой осуществил режиссёр С. Арцыбашев в Мордовском драматическом русском театре.

О справедливости такого суждения судите сами. На протяжении спектакля нам показывают угрозу преднамеренного убийства, измену мужу, страдания раковой больной, пьяные скандалы, истерики, три жестоких избиения, две смерти... Всё это происходит в одной деревенской семье. Избегая безоблачных сюжетов, не шарахается ли автор в другую крайность?

Бытовую драму Пудин пытается углубить за счёт вкрапления социальных примет. В доме, в котором разворачивается действие, висит портрет недавнего политического лидера с очень густыми бровями и четырьмя звёздами Героя на груди. Фотографию пристраивает на стене хозяин дома Андрей, в память о том, как генсек награждал его орденами и медалями.

Семью Андрея Кураева разрушают изнутри отчуждение, неприязнь, обиды, стыд друг за друга. Орденоносный глава семьи Андрей, колхозный шофёр, состоит, кроме того, в народном контроле и обществе трезвости, и ежевечерне напивается дома, не брезгуя ни дихлофосом, ни духами жены. Кроме того, он тащит в дом из колхоза всё, что плохо лежит. Однако новый дом, машина и мотоцикл никого не делают счастливее.

Лиза, жена Андрея, выскочила за него замуж после восьмого класса. Она ненавидит свекровь, презирает мужа, далека от сына. Теперь она пытается наверстать упущенное, догнать ускользающее женское счастье, встречаясь с другим.

Две пожилые женщины, мать Андрея и мать Лизы, тоже враждуют.

За плечами Дмитрия, сына Лизы и Андрея, жестокий жизненный опыт. В армии ему пришлось охранять заключённых. «Ведь в зоне лучше живут!», - бросает он упрёк родителям. Семейная атмосфера вызывает в Мите чувство одиночества и озлобленности. В истерике он кричит: «Один я на свете! Нет у меня никого! Лучше б я в Афгане погиб...». В зоне Митя убил человека. «Так не человека же, заключённого», - замечает бабушка. Но и она отшатнулась от внука, боится его. Некому пожалеть этого парня с оловянным крестиком на шее.

Актёр А. Пулов играет Митьку как человека агрессивного, надломленного, утратившего представление о нормальных человеческих отношениях. Актёр убедителен в такой трактовке роли. Никто не научил Дмитрия любви. В зоне он прошёл совсем другую «школу». «Смотреть в глаза!», «Шаг влево, шаг вправо – стреляю без предупреждения!». Поэтому и вершит он суд над родителями своими средствами – избивает отца, угрожает матери. Дальше силой вынуждает родителей встать перед ним на колени, просить прощения друг у друга, и обещать жить честно. Страшная сцена насильственно вырванного родительского покаяния становится кульминацией спектакля.

Митя догадывается, что вынужденные клятвы стоят немногого, поэтому внезапно у него появляется почти детская, трогательная интонация: «Только чтобы всё это было правдой...».

Драматические коллизии на сцене всегда трудны для исполнителей. Нужно сыграть сильно и выразительно. Однако якобы пьяные, плаксивые интонации Андрея (В. Пудомников) и грубые выкрики Лизы (С. Вельмакина) вызывают скорее чувство недоумения и досады. И без того сгущённые до черноты обстоятельства пьесы Пудина акцентируются, подчёркиваются бесконечно. Актёры словно настойчиво повторяют: смотрите, ужасайтесь, какая чёрная-чёрная «чернуха», какая чёрная жизнь, просвета нет и надежды не будет...

Похвалы заслуживает только сдержанная манера игры актрисы Л. Куделькиной, исполняющей роль Поли. Но возникает некоторое противоречие: все герои пьесы говорят о ней как о «язве», которая всех вокруг точит, а зрители видят благообразную старушку-страдалицу, которую хоть к ране прикладывай. Что это, недосмотр режиссёра или автора?

Чистенькие ситцевые неменяющиеся декорации «работают» мало, предметы на сцене не помогают актёрам. Очевидно, поэтому всё действие пьесы переносится... на пол. На протяжении двух действий актёры, впадая в жгучие страсти, дерутся, ползают и катаются по полу. Это не только наводит на мысль о бедности средств выразительности актёров, но и говорит о театральной безвкусице. Дважды повторённый приём перестаёт быть художественным, начинает казаться назойливым. А если его повторять неоднократно?

Развязку пьесы можно было предугадать. Всё, что показали нам до неё, было чревато драмой. На протяжении всего спектакля зрителя не оставляет ощущение, что смерть в этом доме неизбежна. И вот приходит страшная весть о том, что Митя после объяснения с родителями разбился на мотоцикле. Разбился, не узнав о том, что его отец нарушил клятву – совершил в колхозе очередную кражу.

А вслед за смертью Мити новая драма. Сердце Андрея не выдержало скорбного известия. Дважды осиротела его мать, старая Поля. И невестка уходит от неё к своей матери. В новом большом доме, построенном для счастья, осталась только неизлечимо больная старуха с кошкой. Осенние сухие листья сыплются в окна, кружатся в тревожных порывах ветра...

Финал спектакля образно найден, но сама по себе физическая смерть героев, неся мысль о неизбежном возмездии, ещё не рождает в зрителе катарсиса, то есть той силы душевного просветления, после которой неизбежно новое светлое видение мира, вера в него.

Ирина ПАНЧЕНКО

ПРИТЧА О ЧЕЛОВЕКЕ

«Спектакль, о котором спорят» по пьесе М. Гиндина и В. Синакевича «Зверь»

Есть нечто неуловимо завораживающее в подлинной театральности. Особенно когда эта театральность создаётся скупыми средствами. Казалось бы, «из ничего».

Открывается занавес, и мы видим, как по сцене бредут трое усталых людей, странно и нелепо одетых. Их головы небрежно обвязаны тряпками. Люди пугливы, насторожены. Когда они снимают повязки, оказывается, что их головы напоминают бильярдные шары, на них нет ни единого волоса.

И мир вокруг тоже странен. Он пустынен, в нём узнаем лишь корпус старого брошенного автобуса – знак погибшей цивилизации.

Атмосферу необычности создаёт и тревожный, постепенно усиливающийся гул, и нежный шёпот, повторяющий прекрасные стихотворные строки о мире безмолвия и тишины, «в котором нет меня». И тихо звучит музыкальная гармония колыбельной Мендельсона, контрастирующая с тревожным, странным, сдвинутым миром на сцене.

Первое действие спектакля «Зверь» разворачивается замедленно, как экспозиции в фильмах Андрея Тарковского. Смысл тут в том, чтобы создать определённое настроение, пока не обнажая, а лишь пунктирно намечая суть художественного замысла спектакля.

Предвестием будущих конфликтов становится появление на сцене четвёртого персонажа. Он внешне во всём похож на первых троих. Только одно его отличает – густые волосы на голове и лице. Из-за этого трое и примут его за зверя. Они так до конца пьесы и не поймут, что перед ними такой же, как они, человек, только у него сохранились волосы и борода. И если до появления на сцене Зверя казалось, что авторы пьесы, подобно Михаилу Булгакову в «Адаме и Еве» или режиссёру Константину Лопушанскому в кинофильме «Письма мёртвого человека», хотят показать нам ещё одну художественную модель трагической судьбы цивилизации, то теперь зрительские мысли начинают идти в другом направлении. Очевидно, авторы драмы и спектакля ставят проблему поисков границы между зверем и человеком? Задаются вопросом, что можно считать собственно человеческим?

И лишь досмотрев спектакль до конца, начинаешь понимать, что создатели этой необычной постановки ставили иные задачи.

На сцене разыгрывается философская притча. С фантастическим, условным временем и местом действия, с персонажами-обобщениями (не случайно у них нет имён), с персонажами-идеями. Перед нами пьеса-предостережение.

Пьесу-притчу «Зверь» написали Михаил Гиндин и Владимир Синакевич. Из двоих особенно популярен Гиндин как автор пьес и программ для Аркадия Райкина. Ленинградские драматурги (недавно ушедшие из жизни) не случайно избрали для своего художественного замысла жанр притчи.

1970-1980-е годы в советской литературе стали временем *массового* обращения писателей и поэтов к мифу, сказке, легенде, притче... *Новые* литературные обработки и вариации древних мифо-фольклорных сюжетов возникали друг за другом наряду *с оригинальными авторскими* произведениями в жанре романа-легенды, повести-сказки, драмы-притчи, поэмы-мифа... Причин появления этого самостоятельного *стилевого течения* в советской литературе много, но, очевидно, главные из них – желание извлечь из стремительно меняющихся, быстротекущих событий жизни, из их потока некие общие философские, социально-нравственные смыслы и знаменатели, желание сбежать от обрыдлой нормативной поэтики социалистического реализма.

Имея в виду наиболее выдающиеся образцы современной притчи («И дольше века длится день» («Буранный полустанок») Ч. Айтматова, «Царь-рыба» В. Астафьева, «Прощание с Матёрой» В. Распутина...), нельзя забывать о реальной иерархии талантов, в которой имена авторов драмы «Зверь» стоят не столь высоко. Вместе с тем, в вышеназванном течении они, несомненно, занимают скромное, но достойное место.

Пензенский драмтеатр может гордиться тем, что он первым осуществил постановку пьесы-притчи «Зверь» на профессиональной сцене.

Притча изначально условна. Она часто оперирует родовыми понятиями. В пьесе «Зверь» действуют персонажи: Отец (В. Петухов), Мать (Г. Репная), Дочь (Т. Городецкая). Семья заботится о своём пропитании, потомстве, памятует о продолжении рода, то есть, о вещах основоположных, чудом сохранившихся в сознании переживших катастрофу. Беспокоит ли членов семьи странность окружающего их «послеатомного» мира? Нет. Они об этом не думают, они к нему приспособились. Ведь другого состояния мира они не помнят, не знают. Для них мир, в котором они обитают, – обычен.

От Матери к Дочери переходят те знания, которые сохраняет старшая в роду:

«Мать: Мужчине всегда нравится женщина... Мужчина так устроен, что ему нужна женщина.

Дочь: Ты отца очень любишь, да?.. А я своего Мужчину тоже буду так любить?

Мать: Обязательно. Так мы, женщины, устроены».

Речь, как видим, идёт о некоторых свойствах вообще всех мужчин и вообще всех женщин. Неутомимо странствуя с места на место, перемещаясь в пространстве некоей разрушенной человеческой цивилизации, семья ищет Дочери Мужчину, чтобы она могла продлить их род, увеличить количество людей на обезлюдевшей земле.

Необычный сюжет? Непривычный текст?

Очень.

Актёрам играть нелегко. Попробуй тут, вживись в предлагаемые обстоятельства! Ведь не пьеса, а логический каркас. Не герои, а схемы. Попробуй надели их характерами, эмоциями. А ведь сумели это сделать пензенские актёры!

В. Петухов играет воплощение мужской силы и храбрости. Отец в его исполнении прям, бесхитростен и... недалёк. Своё предназначение видит в охране Матери и юной Дочери. Он не размышляет, а действует.

Г. Репная играет Мать, любящую и опекающую Отца и Дочь. Это обычная женщина без претензий, наделённая здравым смыслом. Благодаря её спокойному нраву сохраняется то равновесие в семье, которое, было, покачнулось, когда они встретили Зверя.

Трепетна, чувствительна, добра Дочь в исполнении Т. Городецкой. Она играет послушную дочь своих родителей, но в отличие от них она, как и Зверь, пытается осознать себя.

Однако самая большая смысловая нагрузка притчи ложится на образ Зверя. В откровенном контрасте его имени (Зверь) и сущности, скрывающейся за именем (доброта, терпимость, жажда познания) таится смысл драмы, которая разыгрывается перед нами.

Игра А. Нехороших отличается благородным рисунком, сдержанностью. Он нигде «не пережимает» интонаций. Именно Зверь раздобывает для Семьи вкусную пищу, спасает их от взрыва мины, постигает их язык (он говорил на другом языке). Наконец, именно он находит книги – память исчезнувшего человечества.

Казалось бы, у членов Семьи, чьи странствия теперь разделяет Зверь, должно было бы появиться ощущение лидерства нового члена сообщества. Но нет! Отец никак не хочет поверить в то, что это существо равноправно с ним, человеком.

После долгих поисков Семья в конце концов находит ещё одного уцелевшего. Его члены семьи именуют Другом. Они находят его в пустом городе, где сохранились витрины магазинов с манекенами, где члены Семьи попадают в уютный красивый мир кем-то когда-то оставленной квартиры.

Усилиями талантливого сценографа М. Демьяновой во втором действии спектакля воссоздаётся интерьер любовно обжитого человеком-эстетом пространства: голубой платяной шкаф, голубое кресло-качалка, круглый стол, ящик с детскими игрушками, скрипка, ваза с цветами, высохшими, но сохранившими свою хрупкую прелесть. Всё это, как и звуки детского смеха, шёпот стихов, создаёт иллюзию недавнего присутствия человека и поэтической ауры, его окружавшей, которая сродни настроениям лучших новелл Рэя Брэдбери.

Члены Семьи опрокидывают ящик с игрушками, ломают цветы, сдирают со стола скатерть. Они бездумно разрушают то, назначение чего не понимают, ибо ими давно утерян подлинный смысл вещей, неведома эстетика жилья и одежды. В этом ряду интересна и смысловая режиссёрская находка: мы видим, как Мать пытается оторвать волосы на голове куклы...

Друг в отличие от Зверя принимается в Семью безоговорочно только потому, что он также без волос, как и они, а на глазах ещё носит «стёкла». Ведь прямолинейное мышление Отца знает только один высший авторитет – Человека со стёклами на глазах, единственного из людей, которого Отец видел в своей жизни, кроме членов Семьи.

В спектакле Друга в чёрных очках играет актёр А. Наумов. Чёрные очки символичны. Это внешний знак нравственной слепоты его героя.

Нового представителя маленького человеческого коллектива А. Наумов играет как личность агрессивную, отталкивающую, жадную и похотливую (может быть, актёр даже слишком гротескно-грубовато подчёркивает эти качества своего персонажа). В своей ограниченности Друг превзошёл Отца. Его глухота к доводам разума поразительна. Друг примитивен, ничего не хочет знать, ни о чём не хочет думать.

Конфликт между Зверем и Другом (на чьей стороне Семья) неизбежен. Их борьба за Дочь – это драма столкновения двух типов мышления: диалектического, творческого и косного, консервативного. Главный смысл спектакля в осуждении косности мышления, в разоблачении догматизма, который является тормозом в понимании друг другом людей различных рас и национальностей, говорящих на разных языках, имеющих разный цвет кожи и разрез глаз. Эта концепция спектакля чрезвычайно актуальна, ибо своевременно возродилась в эпоху утверждения нового общественного мышления в нашей стране в эпоху перестройки.

Новизна авторского замысла потребовала и новизны режиссёрского решения. Очень смело поставлены в спектакле интимные сцены, вызывающие у зрителя столько споров. Язык притчи непрост. За кажущейся простотой таятся непростые смыслы. Зрителю надо научиться их понимать. Легче всего бросить обвинение в якобы заземлённости, натуралистичности спектакля, не заметив его философского содержания, его гражданского звучания.

Свободен ли спектакль от недостатков? Нет, не свободен. В какие-то моменты, вопреки общему смыслу драмы, актёры неуместно стремятся к комическому эффекту. Не найдены выразительные трагические краски для финала. Хотелось бы видеть финал более впечатляющим. И всё же в основном, в главном, этот необычный и ни на какой другой в репертуаре непохожий спектакль – большая удача Пензенского драматического театра. Он отвечает духовным запросам нашего времени, утверждает новые формы театральной поэтики. Пензенский театр им. А. В. Луначарского, прославившийся постановками русской, советской и зарубежной классики, стремится к поискам новых путей, стремится к обновлению. Он совершенно закономерно пришёл к интеллектуальной драматургии.

Успех постановки драмы-притчи «Зверь» М. Гиндина и В. Синакевича во многом был предопределён тонкой талантливой режиссурой Олега Хейфица. Он сумел сплотить исполнителей, сумел превратить их в единомышленников. Олег Михайлович был внимателен буквально к каждой детали. Это он придумал записать на плёнку нежные и прозрачные стихи А. Тарковского, Д. Самойлова, Н. Заболоцкого, А. Соколова. Он сам и начитал отобранные стихи. Это его проникновенный голос мы слышим, когда смотрим спектакль. А сколько раз, добиваясь нужного психологического эффекта, он просил бутафоров перекрасить шкаф для декорации второго действия, пока не остановился на голубом цвете!

Как подлинно творческий человек, Олег Михайлович до сих пор внутренне не ушёл от спектакля. Не остыл к той работе, в которую вложил столько ума и души. И сегодня звонит он из Москвы в Пензу на квартиру А. Нехороших, чтобы подсказать новый штрих, который необходимо внести в исполнение роли Зверя...

Ксения ГАМАРНИК

ШЕСТЬ ТЕАТРАЛЬНЫХ ВЕЧЕРОВ

Много воды утекло с тех пор, как я последний раз проходила по улицам города, где родилась и выросла. Я не была в Киеве тринадцать лет. И когда возникла необходимость поездки в Киев, поначалу меня эта перспектива не слишком обрадовала. Было как-то боязно. Насколько там все изменилось за эти годы? Может быть, я уже совсем отвыкла от тамошней жизни? Однако шли дни, и постепенно нежелание ехать сменялось предвкушением встречи с родным городом и стремлением поскорее приблизить этот день.

Особенно хотелось попасть в киевские театры, поэтому я отправилась на просторы Интернета и изучила репертуар столичных театров, включая небольшие театры-студии, с тем, чтобы выяснить, что можно посмотреть во время пребывания в городе моего детства и юности. Поскольку я не была в Киеве так давно, и не знала, что стоит посмотреть в первую очередь, то решила обратить внимание на «пекторальные» спектакли.

Театральная премия «Киевская пектораль» была учреждена в 1992 году, на два года раньше, чем московская «Золотая маска», созданная уже по украинскому образцу. Соучредителями «Пекторали» стали Союз театральных деятелей Украины и Главное управление культуры и искусств. «Киевская пектораль» была первой театральной премией на просторах прежнего Советского Союза. Она до сих пор остается единственной театральной премией в городе Киеве, и по масштабу, престижности и авторитету в профессиональной театральной среде ей нет равных во всей Украине.

Для определения лучших спектаклей, режиссёров, актёров и сценографов года экспертная группа в составе двадцати театроведов на протяжении театрального сезона смотрит премьеры во всех двадцати шести киевских театрах. Победителей оглашают в День театра на торжественной церемонии в Театре им. Ивана Франко.

Благодаря засеянным информацией просторам Интернета я составила для себя расписание, в котором на каждый день моего пребывания отметила заинтересовавшие меня спектакли, в некоторые дни — даже два-три спектакля, на случай, если я не смогу купить билеты на один из них, чтобы у меня были запасные варианты.

Скажу сразу, что программу-максимум — ходить в театры каждый день — мне выполнить не удалось, но шесть спектаклей за две недели я все-таки посмотрела.

АКТУАЛЬНАЯ КЛАССИКА

Пять из увиденных мною спектаклей объединяет тема любви.

«Я люблю», - этими восторженными словами открывается спектакль «Доходное место» по пьесе А. Н. Островского в Театре русской драмы им. Леси Украинки. В любви к юной Полине признается исполненный благородных помыслов Жадов. «Я люблю», - скучно вторит ему Белогубов, признаваясь в любви к расчётливой Юлиньке. «Я люблю», - тягостное признание в безответной любви к жене даётся влиятельному чиновнику Вышневскому нелегко. Акценты расставлены. Отныне весь сюжет вращается вокруг любви, именно ею продиктованы поступки главных героев. Из-за любви к жёнам нарушают закон Вышневский и Белогубов. Из-за любви к жене сломлена гордость Жадова. Ну а вдова Кукушкина, которая слишком многое повидала на своём веку, чтобы самой испытывать это чувство, прекрасно знает, как использовать любовь как средство для достижения своих целей.

Постановку пьесы «Доходное место» осуществил режиссёр старшего поколения, народный артист Латвии и народный артист Украины Аркадий Кац. В 1963 году он стал главным режиссером Рижского театра русской драмы, где прослужил четверть века. После распада СССР переехал в Москву и стал режиссером Театра имени Евгения Вахтангова. С 2002 года – режиссёр Театра у Никитских ворот

Поначалу у меня было опасение, что пьеса Островского из жизни чиновников может показаться архаичной, присыпанной нафталином и вгоняющей в скуку. К счастью, этого не произошло. Написанная полтораста лет назад, сегодня комедия звучит на удивление свежо и современно, и каждую меткую фразу благодарные зрители встречают взрывами смеха. В самом деле, можно ли без улыбки слышать такие реплики: «А ты, Полинька, как ты живёшь? Ужасно! Нынче совсем не такой тон. Нынче у всех принято жить в роскоши», - поучает Юлия свою сестрицу. Неиссякаемым источником житейской мудрости оказывается Кукушкина: «Обрадовалась, что замуж вышла, дождалась. А нет, чтобы об жизни подумать. Бесстыдница! И в кого это ты такая уродилась! У нас в роду все решительно холодны к мужьям: больше всё думают об нарядах, как одеться приличнее, блеснуть перед другими. Отчего и не приласкать мужа, да надобно, чтобы он чувствовал, за что его ласкают».

Татьяна Назарова исполняет роль Кукушкиной с блеском. Она царит на сцене. Это настоящий генерал в юбке, всегда готовый броситься в бой. Она энергично расхаживает по своему дому как по командному пункту, руководит, муштрует и без устали обучает дочерей искусству обольщения женихов («Юлинька, спусти немного мантилью с правого плеча»), но если нужно, может и вкрадчиво подольститься, и умело пустить в ход свои женские чары.

Аркадию Кацу удалось создать яркую, полную жизни интерпретацию пьесы Островского. С одной стороны, режиссёр бережно сохранил хрестоматийный текст комедии, с другой стороны, ввёл мизансцены, не вступающие в противоречие с замыслом драматурга. Так, сцена пляски чиновника Юсова в трактире под аплодисменты Белогубова и двух писарей превращается у Каца в победительный танец хозяев жизни – взяточников Юсова, Белогубова и их коллег-чиновников. Сбросив тёмно-зелёные сюртуки, чиновники с наслаждением поют и отплясывают в форменных брюках и ослепительно-белых жилетах.

Благодаря тому, что темп ни на минуту не замедляется, спектакль (его премьера состоялась в апреле 2007 года) длиной в три часа смотрится на одном дыхании.

ПОД ЗНАКОМ КИНО

Свою версию непростой истории любви, вернее, любви-ненависти, предлагает зрителям Театр им. Ивана Франко. Пьесу «Маленькие супружеские преступления» современного французского драматурга Эрика-Эммануила Шмитта поставил легендарный польский кинорежиссёр Кшиштоф Занусси, отметивший в этом году свое семидесятилетие. На творческом счету Занусси киноленты, которые стали классикой мирового кинематографа: «Смерть провинциала», «Семейная жизнь», «Контракт», «Год спокойного солнца», «Персона нон грата» и многие другие. Его фильмы отмечены многочисленными международными наградами.

В спектакле принимают участие два актёра. Действие разворачивается в квартире героев. Жена Лиза (Ирина Дорошенко) привезла мужа Жиля (Алексей Богданович) домой из больницы. После странного инцидента Жиль страдает от амнезии, и не в состоянии вспомнить, кто эта женщина, которая его сопровождает. Лиза, строгая сдержанная дама, пытается восстановить память мужа, рассказывая о том, каким он был прекрасным семьянином. Однако постепенно становится понятно, что амнезия была для обаятельного, но уставшего от жизни сердцееда Жиля только способом побольше узнать о своей жене, а образ любящего мужа, который изо всех сил рисует Лиза, далёк от действительности.

В течение двух часов зрителям доводится прожить совместную жизнь Жиля и Лизы, начиная от их знакомства и заканчивая крахом отношений, после которого герои всё-таки находят в себе силы возродится для нового этапа жизни вдвоём. Этот спектакль – для зрителей, которые наслаждаются филигранно отточенным мастерством актёров

(«Гениально, просто гениально, я смотрю этот спектакль уже в третий или четвёртый раз», - говорила одна зрительница после спектакля). Но меня не покидало чувство, которое я иногда испытываю, глядя на живописные работы архитекторов. В них сквозь живость мазков явственно проступают чёткие, слишком правильные контуры чертежей. Так и в этой постановке, наперекор природе театрального спектакля, словно нарочито сдерживая бесконечное разнообразие театральных приемов, проступают чёткие контуры фильма. Строгость декораций, минимум музыки, простота мизансцен, всё внимание обращено на игру актёров – я легко могу представить себе психологическую драму «Маленькие супружеские преступления» на экране, с широким использованием крупных планов. И даже могу допустить, что фильм Занусси с таким названием доставил бы мне больше удовольствия, чем спектакль.

КОНЕЦ ЛЕТА

В спектакле «Так закончилось лето» Театра драмы и комедии на левом берегу Днепра (премьера состоялась в апреле 1999 года) любовь оказывается той силой, которая по нелепой случайности разрушает налаженное течение жизни одной семьи, и задевает рикошетом другие судьбы.

Постановку спектакля осуществил основатель и бессменный художественный руководитель театра, народный артист Украины и России Эдуард Митницкий по пьесе известного украинского драматурга Ярослава Стельмаха, написанной по мотивам романа «Люси Краун» американского писателя Ирвинга Шоу. Спектакль выдвигался на «Киевскую пектораль» в номинации «За лучшую режиссерскую работу».

Действие спектакля начинается в Париже 1957 года, чтобы затем вернуться в прошлое, в Америку 1937 года, затем метнуться в 1944 год, и снова показать сцены из 1937 и 1957 годов. Перемена эпохи и места в спектакле решена просто – на заднике высвечивается надпись с названием города и годом происходящего, помогая зрителям сориентироваться во времени и пространстве. Но непросто приходится Ксении Николаевой, исполнительнице главной роли Люси Краун, ведь ей на протяжении действия необходимо «постареть» и «помолодеть» не один раз. Однако актриса справляется с этой задачей безукоризненно. Впервые мы видим Люси в глухом длинном плаще, безрадостные глаза скрываются за стеклами немодных очков. Она предстаёт бесконечно усталой, опустошенной, неудовлетворенной жизнью.

Но вот действие возвращается на два десятилетия назад – на сцене снова возникает Люси, заботливая жена и нежная мать, бесконечно любящая своего сына (роль наивного восторженного подростка Тони удачно исполняет Кирилл Майкут). Люси, окутывающей своих близких аурой тепла и ласки, присуще мягкое обаяние неброской, но чарующей женственности, которое так нравится многим мужчинам, но которое ее муж Оливер (Анатолий Ященко) давно перестал замечать и ценить. Зато обаяние Люси не остается незамеченным студентом Джефом (Андрей Саминин), приглашённым на лето в компаньоны к взрослеющему Тони.

Истосковавшаяся по ласке Люси откликается на чувство Джефа, относясь к нему скорее как ко второму сыну. Случается так, что эта связь, которая могла бы остаться для Люси обычным летним романом, светлым воспоминанием, внезапно становится смерчем, который разрушил и разметал по свету семью Краунов, и навсегда оставил горький след в душе Тони. Двадцать лет спустя мать и сын (роль взрослого Тони играет Николай Боклан) встречаются в Париже, чтобы понять, можно ли залечить старые раны, сможет ли для них когда-нибудь наступить новое лето?

СКВОЗЬ ПРИЗМУ ЧЁРНОЙ КОМЕДИИ

Программа спектакля «Четвёртая сестра» начинается с шокирующей цитаты из воспоминаний польского драматурга Януша Гловацкого: «Зимой 1996 года я приехал в Москву... Я зашёл в общественный туалет, грязный и запущенный. Там жили дети, может быть, семи-, может быть, десятилетние. Эти дети выглядели старше своего возраста, часто не имели зубов, зато умели стрелять. По заказу мафии они убивали людей, которых до этого никогда не видели. Ну а поскольку они были всего лишь детьми, то иногда ошибались и убивали не тех, кого было нужно. Тогда им не давали обещанной в качестве гонорара пачки «Мальборо». После этого, во время переездов по Москве, я подумал, что моя следующая пьеса должна быть о России».

Под впечатлением поездки у Гловацкого родился замысел пьесы «Четвёртая сестра». Однако пьеса не стала «чернухой», в которой драматург безжалостно нажимал бы на болевые точки, подчёркивая грязь, беспросветность и ужас окружающей действительности. Вернее, он делает именно это, но с помощью гротеска, превращая происходящее в чёрную комедию. Природу его драматического замысла блестяще воплотил на сцене художественный руководитель театра, народный артист Украины Станислав Моисеев, отметивший в этом году своё пятидесятилетие.

Распался Советский Союз, и на его обломках семье спивающегося Генерала (Станислав Боклан) и его трёх дочерей живётся несладко. Три сестры (откровенная пародия на чеховских «Трёх сестёр») живут в Москве, но теперь они уже мечтают о Нью-Йорке.

На сцене Молодого театра – калейдоскоп происшествий. Тут и киносъёмки, и вручение «Оскара», и наёмные киллеры, и покушения на убийство, и убийства по ошибке. У каждой из сестёр – своя любовная драма, своя сердечная боль. Жгучая красавица Вера (Наталья Васько) отдала свое сердце женатому чиновнику. Грубоватая энергичная Катя (Елена Узлюк) крутит роман с американцем. Но больше всех своей почти детской непосредственностью и какой-то чистой, наивной интонацией Джульетты Мазины запоминается Таня (Римма Зюбина), маленькая, хрупкая, и подвижная, как волчок. Есть в спектакле и четвёртая сестра, которая оказывается вовсе не сестрой, а… братом.

Спектакль идёт под живую музыку, которую написал и исполняет джазмен Владимир Соляник. Декорации сценографа Владимира Карашевского представляют собой нищее убранство квартиры пьянчуги-генерала на фоне «железного занавеса» – ряда узких металлических дверей, напоминающих клавиатуру, которые то гремят, задевая друг о друга, то одну-две двери снимают, и тогда «клавиатура» становится похожа на щербатый рот.

Сцены сменяют друг друга с головокружительной быстротой, так что под конец нагромождение событий кажется даже несколько избыточным. Тем не менее, это замечательный спектакль, и его по достоинству оценило жюри «Киевской пекторали», в 2008 году назвав его «Лучшим драматическим спектаклем». Также «Пекторали» получили художник-постановщик В. Карашевский, автор музыкальной концепции В. Соляник и, за «Лучшее исполнение женской роли», Р. Зюбина.

КАРМЕН НА ТЕЛЕЭКРАНЕ

Трудно отыскать больше любви и страсти, чем в опере Бизе «Кармен». Театр «Киев модерн-балет» предложил свою версию классики – балет под названием «Кармен.ТВ». в постановке балетмейстера и режиссёра Раду Поклитару (он же стал автором либретто), восходящей звезды на небосводе современного танца.

Несколько слов о балетмейстере. Раду Поклитару, которому ещё нет и сорока лет, родился в Кишинёве в семье артистов балета. После окончания Пермского хореографического училища десять лет прослужил артистом балета Национального академического театра республики Беларусь. Окончил Белорусскую академию музыки по специальности «балетмейстер». Начиная с 2002 года Раду Поклитару приобрел статус хореографа-скитальца: не принадлежа ни одной труппе или театру, поставил ряд балетов в России (в том числе, два балета на сцене Большого театра), на Украине, в Латвии, Белоруси и Молдове. Постановки хореографа, нередко вызывающие споры и горячие дискуссии, принесли ему лауреатство на международных конкурсах и фестивалях.

В 2006 году, благодаря помощи украинского мецената, в Киеве был создан частный театр Раду Поклитару – театр «Киев модерн-балет». Это не просто броское название. Приобретающий всё большую известность молодой балетмейстер смело сочетает в своих постановках классику и модерн. Постановка «Кармен.ТВ» была отмечена премией «Киевская пектораль» как лучший спектакль 2006 года, а сам Раду Поклитару получил «Пектораль» за лучшую работу балетмейстера.

...На сцене появляется существо, которое кажется смешным и трогательным одновременно. Это неловкая угловатая девушка. Короткие светлые волосы повязаны нелепым голубым бантом. Бесформенное голубое платье наполовину скрыто жакетом. На ногах девушки – туфли на каблуках, надетые на носочки. Так могла бы нарядиться лет двадцать назад юная жительница деревни, собирающаяся в колхозный клуб на дискотеку. «Уж не новое ли это прочтение образа Кармен?» - подумала я с опаской. Но нет, это оказалась Микаэла (Елена Долгих), в классической версии оперы – невеста дона Хозе.

Девушка усаживается перед телевизором и забывает обо всем на свете. А телевизор показывает ей «про любовь». Кармен (Ольга Кондакова) – невысокая, коренастая, короткостриженая фабричная девчонка с грубоватыми движениями, привлекает мужчин своей страстностью. Хореограф ломает всевозможные балетные стереотипы: почти все артисты танцуют босиком; «Отстань от меня!», - в какой-то момент раздражённо кричит Кармен тореадору; а Хозе вообще запрыгивает на руки к Кармен. Звуковой основой «Кармен.ТВ» стало своеобразное сочетание речитативов и арий Бизе, телевизионных шумов и отдельных оркестровых номеров.

Яркими отличительными чертами балета оказываются юмор и подчёркнутый эротизм, но юмора в спектакле всё-таки больше. Хозе (Алексей Бусько) относится к Кармен как весёлый игривый щенок к любимой хозяйке. Тореадора Эскамильо (Руслан Баранов), наоборот, переполняет чувство собственной значимости. Когда Кармен становится возлюбленной Эскамильо, она то носит зубах его розу, то его шёлковый плащ. Исполнены восхищения перед тореадором подруги Кармен-табачницы. Они вихрем носятся по сцене, в своих белых платьях с красными вставками напоминая окровавленные клочья пены. При появлении Эскамильо табачницы тянутся к нему в страстной истоме.

Однако «Кармен.ТВ» - это вовсе не карикатура на оперу Бизе, хотя поклонникам классического балета работа Поклитару может прийтись не по вкусу. Чтобы зрители смогли глубже проникнуться замыслом хореографа, в программке спектакля приведена «цитата», взятая как бы из рассказа Микаэлы: «Когда рядом никого нет, любовь захлёстывает меня и заставляет видеть, желать, убивать несуществующих персонажей никем не снятых фильмов. Мелькающий экран говорит со мной языком страсти». И действительно, в ключевые моменты Микаэла вмешивается в ход действия. Это ее рука направляет нож Хозе в грудь его начальнику. В эти минуты трогательная девушка становится зловещей, и тогда реальность жизни современной Микаэлы, прикованной к подлинным или воображаемым теле-грёзам, смещается и накладывается на реальность драмы Кармен, рождая тем самым захватывающее дух действо, в котором история, произошедшая в Севилье XIX века, наполняется пронзительными современными интонациями.

БЕСПОКОЙНЫЕ СНЫ КОРОЛЯ

Особняком среди других спектаклей, которые мне довелось посмотреть, стоит театральный проект «Сладких снов, Ричард» театра «Вильна сцена» («Свободная сцена») в режиссуре художественного руководителя Дмитрия Богомазова. Постановка была благосклонно встречена экспертами премии «Киевская пектораль», вручавшейся в 2009 году – она выдвигалась по пяти номинациям – как лучший камерный и музыкальный спектакль, а также в номинациях за лучшую режиссуру, музыкальную концепцию и сценографию.

«Пекторальные» номинации были не единственной причиной, по которой мне хотелось посмотреть новую работу Дмитрия Богомазова. В своё время мне довелось посмотреть его спектакль «Чаровница» по пьесе Ивана Карпенко-Карого «Бесталанная». Это была дипломная работа молодого режиссёра. Эдуард Митницкий пригласил Дмитрия, который учился на его курсе, в свой Театр на левом берегу Днепра. Тот давний спектакль меня поразил. Из под шелухи штампов постановок пьес классиков украинской драматургии XIX века, с их непременными плетнями и подсолнухами, вышитыми сорочками и шароварами, Богомазов извлек вневременную общечеловеческую драму. «Чаровница» игралась в современных костюмах, в холодных, обезличенных декорациях, напоминающих бункер – очищенная от деталей сельской жизни бытовая пьеса поднимаясь до высот суровой трагедии.

Со времени постановки «Чаровницы» (которая в 1995 году была удостоена «Пекторали» как лучший спектакль года) Богомазов приобрёл репутацию смелого и последовательного театрального экспериментатора.

Итак, я купила билет на спектакль «Сладких снов, Ричард» за символическую цену в 35 гривен (чуть больше 4 долларов) и отправилась на поиски театра. «Свободная сцена» оказалась комнаткой на третьем этаже здания, занятого офисами, рассчитанной всего на двадцать с небольшим зрительских мест. Театр даже прозвали в Киеве «самым маленьким театром в Европе».

Скажу сразу, «Сладких снов, Ричард» – это не спектакль в полном смысле этого слова. В программке жанр его обозначен как «электроакустическая опера-перформанс на тему пьесы У. Шекспира». Сам Богомазов так говорит о своей постановке: «Это не прочтение драматургического текста сценическими средствами, а опыт трансформации текста драматургического в текст перформанса». Опера-перформанс поставлена по мотивам одной из сцен трагедии «Ричард III», а именно сцены «Сон Ричарда». Ночью, перед решающей битвой за окончательное право владеть престолом, королю Ричарду являются привидения всех, кого он убил. Страшные видения проклинают Ричарда, их вид порождает в нём сомнения и лишает его силы. В завтрашней битве Ричард погибнет.

Сцену заливает таинственно-тревожный, зелёный, словно болотные огни, свет. Короля (Александр Лебедев) окружают четыре привидения в белых, напоминающих врачебные, одеждах. Лица их забинтованы, только прорваны дыры ртов. Крошечная сцена вынуждает режиссёра использовать видеопроекции декораций, благодаря которым число видений, распластавшихся по стенам и в нишах слепых окон, множится, у стены появляется перспектива, в которой также становятся видны окна и фигуры призраков, а за ней еще одна, помогая заглянуть в сюрреалистический, обманчиво объемный мир, уходящий в бесконечность. Двигающиеся в замедленном темпе привидения выпевают странные звуки, стонут, шипят, всхлипывают, создавая необычную партитуру, в которую вплетаются отдельные шекспировские фразы на английском языке. Так рождается не только мучительный сон, который снится Ричарду. Так рождается тягостный сон, который снится зрителям, вводя их в состояние почти мистического транса.

Дмитрий Богомазов снова подтвердил свою репутацию режиссёра-экспериментатора, который идёт своим, ни на кого не похожим путём.

ТЕАТР ЖИВЁТ

Среди роскошных новостроек, среди изобилия магазинов и киосков, загромоздивших улицы, и неисчислимого числа машин, несущихся на любой свет светофора, среди многочисленных нищих в метро и бомжей, изучающих содержимое мусорных контейнеров – словом, среди всего, что появилось в Киеве за годы моего отсутствия, изменив, а иногда и исказив лицо родного города, театры по-прежнему каждый вечер поднимают занавес, актёры выходят на сцену и яростно выплескиваю свою душу, а зрители щедро аплодируют, кричат «Браво!» и дарят цветы – значит, театр живёт.

Ирина ПАНЧЕНКО
Ксения ГАМАРНИК

КОНТЕКСТЫ СОВРЕМЕННОГО ТЕАТРА

> *«Театр как явление – фундаментальная человеческая потребность, в то время как конкретные театры с их формами и стилями – всего лишь временные, сменяемые подпорки».*
>
> *Питер Брук*

Наблюдая за процессами, происходящими в мировом театральном искусстве, можно определить некие общие тенденции, присущие современным режиссёрским поискам. Общим для европейских и американских режиссёров является то, что их по-прежнему влечёт классическая драматургия. Однако сегодняшним режиссёрам свойственно извлекать из старинных пьес «общий корень» смысла; обращаться к тем вечным общечеловеческим идеям, проблемам, конфликтам, которые могут пролить свет и на наше бытие. Отсюда проистекает стремление, с одной стороны, свободного, игрового, во многом импровизированного отношения к классике, с другой – желание осовременить классику, максимально приблизить к нам, прочитать «по коду» сегодняшнего дня. В первом случае средства театральной выразительности будут более условными и абстрактными, во втором – «знаками» эпохи, но в обоих случаях далёкими от бытовой эмпирики. Интересны спектакли, в которых соединяются обе тенденции. Подобные задачи требуют от постановщика интеллектуализма, философичности, изобретательности, модернизации известных приёмов.

И ещё одно обстоятельство становится очевидным при сопоставлении работ художников различных стран: театральные культуры сегодня пребывают в соприкосновении, питают друг друга. На исходе тысячелетия мир становится всё более космополитичным, культурные пространства – проницаемыми, в конечном счёте, едиными. Мэтры мирового театра ревниво следят за постановками друг друга, а их младшие собратья по ремеслу старательно черпают их опыт. В багаже современного режиссёра – весь опыт мирового театра от искромётной стихии древнегреческих Дионисий до экспериментов театра абсурда 1960-х годов; приёмы любых национальных театров – от отточенного ритма японского театра Кабуки до шаманских ритуальных действ народов Севера, от тягучих речитативов африканских племён до европейских традиций театра масок. К тому же в драматические действо властно вторгаются элементы других искусств – танца, цирка, пантомимы, представлений кукольного театра и театра теней, а в последние десятилетия – кинопроекция и компьютерные эффекты.

МЕТАМОРФОЗЫ СЦЕНИЧЕСКОГО ДЕЙСТВА

Попытаемся же нарисовать беглый «пейзаж» современной сцены. Итак, стремление к скрупулёзно-музейному воспроизведению реалий той или иной эпохи, как это происходило, например, в спектаклях немецкой труппы мейнингенцев (прославившейся своими европейскими гастролями 1874-1890 гг.) или в ранних постановках российского Художественного театра Станиславского, сейчас не очень популярно. В поисках вечных смыслов или, наоборот, перекличек со злободневными проблемами, режиссёры пытаются «адаптировать» классику к современности, по-новому прочесть хрестоматийные тексты. Это приводит к тому, что режиссёры находятся в постоянных поисках новых, часто неожиданных приёмов.

В 1998 году английский режиссёр Питер Брук предложил свою версию оперы «Дон Жуан» Моцарта. Спектакль стал совместной постановкой французского фестиваля в Экс-ан-Провансе и Брюссельского оперного театра Ла Монне. Вопреки существующей от века традиции, Брук неожиданно осуществил свою постановку не в здании оперного театра, а на арене Королевского цирка. В спектакле не были даны даже отдалённые намёки на Севилью XVII века. Сценическое пространство представляло собой оранжевый настил и три шеста, воткнутые посередине.

На сцене происходила бесконечная игра с шестами. Один из шестов, которым по ходу действия вооружался Дон Жуан, служил ему то копьём, то засовом, закрывающим невидимую дверь, то преградой. Символом разъединённости Дон Жуана и остальных героев оказывалось их расположение по разные стороны шеста. Преграда исчезала лишь тогда, когда Дон Жуан нарушал правила морали, соблазняя очередную жертву.

Брук превратил певцов в актёров буффонады, заострил внимание на их пластике и плавности перехода от арий к речитативам. В оперном спектакле ему удалось достичь напряжения, которого он достигал в своих драматических постановках.

Игра с шестами в «Дон Жуане» напоминает игру с доской в пушкинской драме «Борис Годунов» Юрия Любимова в Театре на Таганке, одной из постановок мастера последних лет. В «Борисе Годунове» доска по мере развёртывания действия становится то столом в корчме, то шлагбаумом на границе, то плахой. Есть там и шест, с которым играют и Лжедмитрий, и Годунов, и его приближённые бояре. Этот шест – то грозный царский посох, то вострая пика. Для режиссёра этот спектакль явился не новаторским, а одним из многих, решённых в подобной манере, ставшей для мастера традиционной. Юрий Любимов одним из первых в 1960-1970-е годы познакомил советского зрителя с такого рода театральной условностью в своём московском Театре на Таганке. Постановки-открытия Любимова «Добрый человек из Сезуана» (1964), «Десять дней, которые потрясли мир» (1965), «А зори здесь тихие...» (1971), «Гамлет» (1972) и другие, в которых режиссёр в тесном сотрудничестве со сценографами создавал образ спектакля самыми аскетическими средствами, стали классикой российского театра. Задумывая свой театр, Любимов отталкивался от единообразия постановок советских театров, от их примитивной бутафории и унылого соцреализма.

Обладательница гранта международного Фонда Джона и Кэтрин Макартуров, звезда американской режиссуры Мэри Зиммерман в 1996 году поставила в Чикаго в театре Лукинг Гласс (Lookingglass) спектакль «Метаморфозы». Зиммерман сама написала пьесу по мотивам десяти мифов римского поэта Овидия. Бассейн вместительностью 3600 галлонов воды в центре сцены – главный и почти единственный элемент декорации. Действие спектакля разворачивается вокруг бассейна и в нём самом. Бассейн приобретает всё новые смыслы: он то штормящее море, то «море слёз» в минуты тоски, то символ эротических трансформаций или духовного очищения. Время от времени Зиммерман прибегала к иронических намёкам на современность: например, когда Орфей спускается в ад за возлюбленной Эвридикой, он слышит вой полицейских машин, какофонию автомобильных гудков.

Впрочем, поиски режиссёров заключаются не только в стремлении необычно организовать сценическое пространство. Их также привлекает возможность по-новому воплотить на сцене знакомые образы героев классической драматургии.

В постоянных поисках находится известный российский режиссёр Анатолий Васильев. В своём московском театре «Школа драматического искусства» он поставил к 200-летию со дня рождения А. С. Пушкина спектакль «Пушкин. «Дон Жуан, или Каменный гость» и другие стихи». Спектакль Васильева являет собой вольно перекроенные сцены «Каменного гостя» с включёнными по воле режиссёра отрывками из стихотворений и поэм Пушкина. Главным героем спектакля стало само поэтическое слово.

Васильев стремился к передаче внутренней поэтики слова. На сцене одновременно присутствовали три Жуана, две Анны. Две Анны попеременно играли Лауру. Трое исполнителей мужских ролей становились то Лепорелло, то Доном Жуаном, то Доном Карлосом. Мужские и женские костюмы представляли собой смешение изысканных нарядов разных эпох. От актёров Васильев требовал такой игры, чтобы актом воли персонаж был отделён от их «я», чтобы человека как бы не существовало, чтобы «я» стало слугой персонажа. Это был отказ от психологического реализма, от традиционного приёма «вживания» в роль.

Место действия было предельно условно: белый подиум, ограниченный в глубине сцены белыми дорическими колоннами и арками. В этом поэтическом пространстве происходила на сцене ИГРА в Пушкина.

Хочется провести параллель между спектаклем Анатолия Васильева и работой его молодого американского коллеги, которая была показана в 1997 году в театре Калифорнийского университета Лос-Анджелеса (UCLA). Это был спектакль «Гамлет-машина» ("Hamletmachine") в постановке режиссёра Николаса Хауса. Пьеса немецкого драматурга Хайнера Мюллера состоит всего из нескольких страниц и рассчитана на индивидуальную режиссёрскую разработку и актёрскую импровизацию. Так, например, спектакль по пьесе Мюллера, поставленный в 1990 году на сцене немецкого Дойтчес-театра, шёл семь часов. В американской версии сложность и противоречивость гамлетовской натуры воплощали шесть Гамлетов: Гамлет-музыкант, Гамлет-поэт, Гамлет-бюргер, Гамлет-сексуальный маньяк и т.д. Многоликий Гамлет то проявлял агрессивность, то страдал. Поступкам и действиям Гамлета потворствовали, сочувствовали, разделяли их, противостояли им, оплакивали их семь девушек-Офелий. Хронотоп спектакля (время и место действия) был определён автором как «нигде и никогда». Так происходила в спектакле «Гамлет-машина» вольная ИГРА в Шекспира.

Тенденция создания на театральной сцене персонажей-двойников, отражающих разные стороны натуры героев, нередко проявляла себя в советском театре в 1960-80-е годы. В Театре на Таганке шли спектакли «Послушайте!» (1967), где пять актёров исполняли роль Маяковского, и «Товарищ, верь» (1973), в котором пять актёров играли роль Пушкина. В московском театре им. Моссовета в спектакле Бориса Щедрина «Василий Тёркин» (1972) на сцене одновременно играли семь Василиев Тёркиных. В Киеве в Театре русской драмы у режиссёра Ирины Молостовой в пьесе Ю. Щербака «Надеяться» (1979), посвящённой знаменитой украинской поэтессе, присутствовали три Леси Украинки разного возраста. В львовском ТЮЗе в постановке Валентина Козьменко-Делинде (1981) действовало четыре Гамлета. По театрам кочевала пьеса, в которой в одночасье действовали три Александра Блока. Однако если в те годы подобное двойничество было модным драматургическим и сценическим приёмом, то сегодня это отвлечённо-самодовлеющая метафизическая театральная ИГРА, в которой современные режиссёры ищут сверхсмыслы человеческого бытия.

КЛАССИКА, ПРОЧИТЫВАЕМАЯ ПО КОДУ СОВРЕМЕННОСТИ

> *«Театр не должен быть привычным. Он делает прошлое и будущее частью настоящего, он задаёт дистанцию от того, что нас окружает и уничтожает эту дистанцию».*
>
> *Питер Брук*

К театральным новациям стремится прославленный немецкий режиссёр Петер Штайн, который в 1998 году осуществил в Москве в Театре Российской армии постановку «Гамлета» с российскими актёрами. Между прочим, удивительно пристрастие москвичей к принцу датскому – в том году на разных столичных сценах была осуществлена постановка четырёх «Гамлетов».

Постановки Штайна прежних лет – чеховские «Три сестры» и «Вишнёвый сад», «Дачники» Горького, грандиозная «Орестея», которая шла несколько вечеров в течении восьми часов – вошли в золотой фонд мирового театра. В процессе работы над русской драматургией Штайн пережил интерес к кропотливому воспроизведению доподлинности на сцене, навеянный изучением работ Станиславского. После гастролей театра Штайна российская критика отмечала, что «Штайн явил нам настоящий МХАТ», что ему свойственна тщательность в воспроизведении эпохи, социальной и природной среды. В спектакле «Вишнёвый сад» зрителям запомнилось настоящее сено, распространявшее душистый аромат на весь Художественный театр. «Сено у Штайна» сразу стало поговоркой среди коллег по театральному цеху. В «Дачниках» Штайн и сценограф Карл-Эрнст Херрман устлали сцену землёй и торфом, из которой произрастали настоящие берёзы.

Стилистическая манера «Гамлета» решительно отличается от стилистической манеры предыдущих работ режиссёра. В «Гамлете» почти полный отказ от декораций, минимум реквизита, современные костюмы, причём, заказанные у модного московского дизайнера. Текст пьесы не только вольно сокращён, но и представляет собой не очень совершенное соединение различных по стилю и уровню русских переводов «Гамлета» (М. Лозинского, А. Кроненберга, Б. Пастернака, А. Радловой). В программе спектакля режиссёр так сформулировал свой замысел: «Это конфликт между молодым и старым, детьми и отцами, невинностью и опытностью, хотением и делом, чистотой и испорченностью, желанием и реальностью».

Действие происходит «здесь и теперь». Гамлет, по замыслу Штайна, – компанейский парень, который играет на саксофоне, Офелия – на электрогитаре. Оба они – дети дискотеки. Сама дискотека вплетена в сюжетную ткань спектакля. Штайн откровенно играет элементами масс-культуры, но при этом спектакль остаётся в границах искусства.

Трагедии Шекспира, возможно, как никакие другие драматические произведения, дают режиссёрам простор для раздумий о проблеме личности и власти. Постановщики то и дело находят в глубоких философских произведениях великого драматурга параллели с сегодняшним днём беспокойного человечества.

В спектаклях прославленного грузинского режиссёра Роберта Стуруа решение придать Шекспиру современное звучание органично вплетено в ткань его сценических произведений – жёстких и неутешительных раздумий режиссёра о разрушительном, и, в конечном счёте, гибельном влиянии абсолютной власти на личность. В «Ричарде III», работе Стуруа прошлого десятилетия, король в шинели вызывал ассоциацию с образом Отца народов, а убийцы – серые клерки – наряженные в современные деловые костюмы и плащи, прятались под чёрными зонтами. В «Макбете», одной из работ мастера последних лет, зло стало настолько обыденным, что принимает пошлую личину элегантных молодых людей, отбивающих чечётку.

Актуальность драмы, посвящённой борьбе за власть, неотделимой от преступления и крови, привлекает сегодня и режиссёров США. Недавно американский режиссёр Дейл Гутзман поставил «Макбета» в Одесском русском драматическом театре с украинскими актёрами, а затем повторил эту постановку с американскими актёрами на сцене театрального центра имени Маркуса (Marcus Center for the Performing Arts) в городе Милуоки.

Гутзман перенёс действие в XX век, а движение времени передал с помощью переодевания актёров от акта к акту во всё более современное платье. Чёрные мундиры эсэсовцев сменяет форма «спецназа». Также скупы детали сценического оформления: железная бочка, стол с фотографией в рамке, инвалидное кресло.

Видения-галлюцинации появляются у Макбета, когда ему, прикованному наручниками, делают укол наркотика. Макбет-убийца сам становится жертвой убийц, жестоких преемников его власти. В него стреляет юноша, один из тех безымянных, которые охотились на Макбета, освещая пространство перед собой электрическими фонариками (они выходили прямо из зрительного зала). Этот убийца и присваивает себе власть.

Однако традиции осовременивания Шекспира угрожает опасность превратиться в заезженный театральный штамп. Например, спектакль «Макбет» недавних лет Львовского украинского драматического театра им. М. Заньковецкой запомнился тем, что актёры были наряжены в военные формы и плащ-палатки, а сцена – затянута маскировочной сеткой. Однако подобная интерпретация воспринималось только как формальный приём, не придававший глубины содержанию.

Драматургам-классикам может угрожать и другая опасность. Так, шокирующий «Макбет» немецкого режиссёра Йоханна Кресника, с его озером крови, стекающей туда по спутанным пластиковым трубкам, вёдрами с человеческими внутренностями, окровавленными грудями ведьм, кровью вскармливающих Макбета, людьми в белых врачебных одеждах, натуралистично насилующих и убивающих персонажей, уже переходит ту грань, за которой кончается искусство и начинаются визиты к психоаналитику.

Чтобы театр вызывал удивление и волнение, режиссёры прибегают сегодня к таким приёмам отстранения, которые максимально сильно воздействуют на публику, наносят эмоциональный удар.

Если Питер Брук ставил «Дон Жуана» Моцарта как «антиоперу», убирая такие традиционные оперные атрибуты как пышные декорации и костюмы, то итальянский режиссёр Пьетро Фаджони, чтобы также избегнуть театральных стереотипов, ищет оригинальное обрамление опере «Борис Годунов» Мусоргского.

В недавно поставленном в Римской Опере спектакле Фаджони предложил такую необычную версию развития событий: действие разворачивается на фабрике в Петрограде зимой 1918 года. На фабрику привезены для сожжения декорации и костюмы императорского Мариинского театра. Молодые солдаты и матросы решают воспользоваться этим неожиданным богатством и разыграть перед голодными и замёрзшими рабочими любительский спектакль «Борис Годунов». Они сооружают подмостки, расставляют немногочисленные детали декораций.

Атмосфера холода и отчуждённости создаётся благодаря огромному пространству заброшенной фабрики, куда сквозь разбитые окна падает снег. Этот снег покрывает страницы летописи Пимена, золотую мантию царя Бориса.

В финальной сцене народного бунта с верхних колосников сцены на огромных цепях опускается и зависает над Юродивым, оплакивающим судьбу России, массивный металлический крюк.

К не менее впечатляющим приёмам неоднократно прибегает московский режиссёр Юрий Погребничко московского «Театра возле дома Станиславского» (ранее «Театр на Красной Пресне»). Чеховская драматургия предстаёт у Юрия Погребничко *театром абсурда*. «Чайку» Юрий Погребничко отважно переместил в обстановку ГУЛАГа. Действие спектакля «Отчего застрелился Константин» (1987) по чеховской «Чайке» разворачивалось в «зоне», а костюмы актёров представляли собой эксцентрическое сочетание ватников и ушанок зэков с деталями одежды «вольняшек» – офицерскими эполетами, нарядными платьями и т.п.

Сценическое время неопределённо. Место действия напоминает бункер. Коробка сцены оббита проржавевшими листами железа. Бункер является одновременно и сценой домашнего театра Треплева. Чеховское озеро осталось только в виде взятой в раму картины, прикреплённой над бункером-театром. Театровед Екатерина Богопольская так описала сценическое решение режиссёра «Чайки» в парижской газете «Русская мысль»: «Чайка убита с самого начала, и чучело её прикреплено к возвышающемуся посреди сцены столбу, над ружьём (которое уже выстрелило) и над портретом Чехова. В самом центре сценического пространства куча песка, вырытая могила».

Приём перенесения места действия классической пьесы на территорию «зоны» Погребничко использовал неоднократно. В 1989 году на первую в Советском Союзе конференцию, посвящённую творчеству В. Мейерхольда, которая происходила в доме-музее Мейерхольда в Пензе, постановщик привёз драму «Нужна трагическая актриса» по пьесе «Лес» А. Островского, действие которой также было перенесено в «зону» и разыгрывалось заключёнными. В финале, когда накрепко смыкались створки огромных ворот, когда становился виден на вышке вооружённый охранник, заключённые-актёры смотрели на зрителей сквозь маленький квадратик смотрового окна в серой дощатой стене. Неожиданность такого финала потрясала. Он рождал массу смыслов и обертонов.

Видимо, режиссёра преследует этот, столь удачно найденный образ, и он к нему то и дело возвращается, по-разному варьируя. В Магаданском крае происходило действие спектакля Погребничко «Я играю на свадьбах и похоронах» (1988) по пьесе А. Вампилова «Старший сын». Время от времени по сцене проходили колонны угрюмых заключённых.

Нередко режиссёры пытаются преодолеть привычное разделение на актёров и зрителей, активно вовлекают зрителей в театральную игру. Стремясь к эффекту приближения зрителя к действию, в первой части спектакля «Гамлет-машина», о котором шла речь выше, постановщик Николас Хаус помещает публику вместе с актёрами прямо на сцену. Для этой цели занавес отсекает подмостки от зрительного зала, а зрительские места располагаются по периметру сцены вдоль задника и занавеса.

В спектакле по А. Чехову «Татьяна Репнина» (эта пьеса никогда ранее не ставилась на сцене) известный московский режиссёр Валерий Фокин также приглашает желающих из числа зрителей подняться на сцену вместе с женихом, невестой и гостями, стать сначала частью толпы на паперти церкви, а затем гостями на свадьбе, участниками обряда. Между прочим, некоторые представления были разыграны не на театральной сцене, а в настоящей церкви. Включив зрителей в среду персонажей, Фокин оперирует такими подробностями, которых из зрительного зала не различишь: полушёпот, мимолётный взгляд, прикосновение. Многолетний единомышленник Фокина Александр Бакши пишет не музыку к спектаклю, а партитуру живого звука в конкретном пространстве.

Несмотря на то, что театральные режиссёры находятся в постоянных поисках, нельзя не обратить внимания на тенденции некоторого спада, наметившегося в последние годы. Многие мастера повторяют самих себя, свои ранее найденные удачные приёмы и решения. Другие используют открытия и находки театра прежних лет, уже растиражированные и ставшие шаблонными. Многие заняты формальными поисками, не столько работой с актёрами, сколько размышлениями, чем поразить воображение пресытившихся театральных гурманов – перенести место действия в иную эпоху, сыграть классику в «кроссовках» или же подыскать для представления необычное помещение. Например, недавно в чикагском Гудмен-театре (Goodman Theatre) режиссёр Майкл Маджио осуществил постановку опять-таки Шекспира, но уже комедии «Как вам это понравится», в виде вестерна, насыщенного музыкой в стиле кантри. Действие разворачивается на Диком Западе в XIX веке, герои наряжены в костюмы ковбоев.

Критики нашли, что спектакль больше походил на ревю, где музыкальные и танцевальные номера перемежались скетчами и фарсовыми сценками, а в целом зрелище получилось довольно однообразным и искусственным, классический текст то и дело вступал в противоречие с реалиями американской жизни.

ПОИСКИ АМЕРИКАНСКОГО ТЕАТРА

Американский театр разделяет поиски европейских театральных лидеров. Однако у американского театра есть свои особенности, которые составляют его специфику. Попробуем определить эту специфику.

В многонациональной Америке закономерны попытки приобщения к эстетике театральных культур разных стран. В этом смысле интересен эксперимент режиссёра Рубена Полэндо, который в театре Калифорнийского университета Лос-Анджелеса (UCLA) реставрировал приёмы японского театра Но. В 1997 году Полэндо поставил спектакль под названием «Цикл Но». Вот как описал свои впечатления украинский сценограф Михаил Френкель: «На помосте – ширма, перед ней размещены оплетённые белым шнуром барабаны, а с потолка свисают четыре белых каната, на которых работают актёры. Фантасмагорические костюмы органично сливаются с росписью лиц и тел исполнителей. Пересказать этот спектакль практически невозможно» («Украинский театр», 1998, № 3).

Думается, что это трудно пересказать европейцу, для него спектакль кажется «закодированным», потому что ему неведом символический смысл жестов и движений, а для жителя страны Восходящего солнца это традиционный театральный язык. Между тем, американские зрители с удовольствием погружаются в загадочную атмосферу спектакля в поэтике театра Но, и о театре Рубена Полэндо в университете и за его пределами ходят легенды.

Американский режиссёр с украинской родословной Вирляна Ткач, работающая в Нью-Йорке в театре Ла Мама (La Mama), до недавнего времени формировала репертуар своей творческой группы «Яра» исключительно из произведений украинских авторов, хотя в её труппе почти все актёры неукраинского происхождения – африканского, азиатского, латиноамериканского... С помощью переводчиков режиссер переводила с украинского на английский преимущественно поэзию, которая вместе с музыкой и танцами является основой её театральных действ.

Одной из удач Вирляны была постановка знаменитой стихотворной поэмы Леси Украинки «Лесная песня», из которой был извлечён один, понятный всем, аспект – взаимоотношения человека и природы. Актёры Вирляны играли деревья, ветер, цветы... Чтобы создать образ «Того, кто в скале сидит» (мифологического злого духа, который противостоит солнцу, небу, цветам), Вирляна нашла свой модернистский ход. На сцене скала была изображена а виде прокуренного, пропахшего пивом бара на Второй авеню Нью-Йорка. Туда приходит нимфа Мавка – дитя леса – и не находит себе места в аду, сотворённом руками людей. (Вспомним, что Орфея в аду в овидиевых «Метаморфозах» Зиммерман встречал вой полицейских сирен).

Поиски универсальных смыслов привели Вирляну Ткач к мифологии. Задумав сделать спектакль о водной стихии как квинтэссенции бытия на земле, Вирляна начала собирать древние украинские ритуальные песни, а затем увлеклась фольклором... Бурятии. Она нашла бурятов в Америке, вместе с несколькими актёрами полетела в далёкий Улан-Удэ, а потом они ездили по бурятским сёлам, где записывали местные легенды, песни, сказки. Как художник Вирляна интуитивно почувствовала, что круг праисторических архетипов различных национальных мифов и религий, даже очень далёких друг от друга, един (к этой фундаментальной идее Карл Юнг пришёл путём научного анализа снов и сопоставления их с мифами). Режиссёр начала сплавлять в своих сценических действах украинскую мифологию и фольклор с бурятской мифологией и фольклором. Её недавний спектакль называется «Летим» («Летимо»). В основе этого спектакля – настоянная на фольклорных мотивах поэма «Лебедь» одарённого современного украинского поэта О. Лешеги и сказка о бурятах, которые считают себя «лебедиными людьми». Для своего спектакля «Летимо» Вирляна пригласила бурятских актёров в Нью-Йорк, а потом её труппа полетела в Улан-Удэ, чтобы сыграть этот спектакль там.

Однако подобные неординарные эксперименты, в которых творческие и нестандартно мыслящие режиссёры стремятся освоить чужую национальную эстетику, либо, найдя общее, создать синтез различных театральных эстетик, достаточно уникальны.

Нередко американского зрителя, приученного газетами и телевидением к сенсациям, стараются угостить острой социальной или политической сенсацией и в театре. Так в Филадельфии в театре People's Light & Theater Company недавно прошла пьеса Луиса Липпа «Сакко и Ванцетти: Водевиль», действие которой разворачивается за два часа до казни на электрическом стуле двух итальянских анархистов-эмигрантов в Массачусетсе в 1927 году. Уже в самом названии заложен парадокс – казалось бы, о каком водевиле может идти речь в таких трагических обстоятельствах? И, тем не менее, зрителей убеждают в том, что все происходящее с Сакко и Ванцетти – действительно водевиль, вернее, грубо скроенный политический фарс. На сцене – только двое актеров, в памяти которых прокручиваются эпизоды неправого суда, обрекшего на смерть по недоказанному обвинению двух неугодных.

В театральном сезоне 1998-1999 гг. филадельфийский зритель мог посмотреть в театре Алленс-Лейн (Allens Lane Theater) комедию в духе политической сатиры «Взгляд на храм» о сексуальных скандалах Вашингтона и в Филадельфийской театральной компании (Philadelphia Theatre Company) – спектакль «Ужасное неприличие: Три злоключения Оскара Уайльда» Мозеса Кауфмана в постановке Джеймса Криси.

ЕГО ВЕЛИЧЕСТВО МЮЗИКЛ

В Америке любят повторять, что театр – это Бродвей. На бродвейские театры равняются; в бродвейские театры стремятся попасть режиссёры и актёры, которые мечтают о стремительной карьере; выступать на Бродвее большая честь, а заодно и большой коммерческий успех.

Понятие «бродвейский театр» или просто «Бродвей» относится к сорока крупным профессиональным театрам, расположенным в Театральном районе (Theater District) Манхэттена. Театры нью-йоркского Бродвея и лондонского Ист-Энда считаются непревзойдёнными образцами коммерческого театра англоязычного мира.

Анализ театральной афиши последних двух лет позволяет сделать вывод, что на подмостках Бродвея не слишком жалуют драматургию модернистов. Если в Нью-Йорке любят авангардную живопись, достаточно только посмотреть на великолепные коллекции нью-йоркских Музея современного искусства и музея Гуггенхайма, на сменяющие друг друга прекрасные выставки художников-новаторов, то совсем противоположная ситуация в театрах – модернисты, драматурги театра абсурда здесь не в чести. За два года только однажды в Голден-театре (Golden Theatre) шёл спектакль «Стулья» – рассказ о пожилой паре, «играющей в воспоминания», по пьесе классика театра абсурда Эжена Ионеско.

Зато, как и в Европе, американские театры любят обращаться к добротной классике и к выверенным у зрителя именам и пьесам. Часто играют Шекспира («Гамлет», «Макбет», «Двенадцатая ночь», «Сон в летнюю ночь»), Бернарда Шоу («Цезарь и Клеопатра», «Дон Жуан в аду», «Неравный брак», «Майор Барбара»), Чехова («Вишнёвый сад», «Иванов»). Из американской классики предпочитают Теннеси Уильямса («Сладкоголосая птица юности», «Орфей спускается в ад», «Не о соловьях») и Артура Миллера («Вид с моста», «Смерть коммивояжёра»). Полувековой юбилей пьесы Миллера «Смерть коммивояжёра» на Бродвее отметили новой интерпретацией режиссёра Роберта Фолса в театре имени Юджина О'Нила (Eugene O'Neill Theater). Встречаются на Бродвее инсценировки классических романов, хотя они совсем не часты: «Анна Каренина» Толстого, «Тереза Ракен» Золя.

Однако жанром вне конкуренции, самым популярным на Бродвее, является жанр мюзикла. Мюзикл (англ. musical) – музыкально-драматическое произведение, представляющее собой соединение элементов драмы, комедии, танцевальных номеров, пения. Существуют мюзиклы, в которых пение перемежается диалогами и монологами; а также мюзиклы, состоящие только из вокальных номеров.

Мюзикл – один из наиболее коммерческих жанров театра. Это обусловлено его музыкальной природой, бесконечным разнообразием тем, зрелищностью, впечатляющими декорациями и яркими костюмами.

В Америке на мюзиклы тратятся огромные деньги. Постановка бродвейского «Титаника» (Titanic) стоила более десяти миллионов долларов, а постановка самого дорогого на сегодняшний день мюзикла «Король Лев» (Lion King), собравшего несколько премий «Тони», обошлась в тринадцать миллионов долларов.

Многие мюзиклы являются оригинальными произведениями, но нередко авторы мюзиклов используют существующие материалы. Так, мюзиклы пишутся по мотивам легенд («Камелот» основан на цикле легенд о короле Артуре), сказок (в мюзикле «В леса» переплелись сюжеты нескольких сказок братьев Гримм), романов («Человек из Ламанчи» создан по «Дон Кихоту» Сервантеса), пьес (мюзикл «Хэлло, Долли!» написан по пьесе Торнтона Уайлдера «Сваха»), исторических событий («Эвита» пересказывает биографию первой леди Аргентины Эвы Перон; «Титаник» повествует о гибели океанского лайнера), анимационных фильмов («Король Лев») и художественных фильмов (снятый в 1950 году фильм «Бульвар Сансет» (Sunset Boulevard) превратился в мюзикл в 1993 году; фильм «Свободные» (Footloose) был снят в 1984 году и поставлен как мюзикл на Бродвее в 1998 году). В свою очередь, завоевавшие любовь зрителей мюзиклы впоследствии часто становятся популярными музыкальными фильмами («Звуки музыки», «Моя прекрасная леди», «Кабаре», «Вестсайдская история», «Бриолин» и мн. др.).

Жанр мюзикла зародился под влиянием комической оперы, оперетты, водевиля, фарса, бурлеска. 12 сентября 1866 года в бродвейском театре Ниблос Гарден (Niblo's Garden) состоялась премьера спектакля «Чёрный обманщик» (Black Crook), в которой переплелись романтический балет, мелодрама и другие жанры. Именно эту постановку, по мнению британского театроведа Шеридана Морли, следует считать исходной точкой нового жанра. Действие «Чёрного обманщика» разворачивалось вначале XVII века в покрытых дремучими лесами горах Гарц в Германии. Постановщики спектакля использовали мотивы «Фауста» Гёте и другие литературные произведения.

Фантастический сюжет «Чёрного обманщика» захватывал зрителей. Богатому графу Вольфенштейну приглянулась деревенская красавица Амина. С помощью злой мачехи девушки коварный Вольфенштейн отправляет бедного художника Рудольфа, жениха Амины, в руки Герцога, который с помощью обмана выдаёт себя за чёрного мага (отсюда и название спектакля). Однако сердце у Герцога черно без обмана – он заключил договор с дьяволом, что будет жить вечно, если ежегодно будет поставлять дьяволу одну душу. В этот раз это должна быть душа художника. К счастью, Рудольфу удаётся бежать, а попутно найти сокровище и спасти голубицу. Голубица оборачивается Сталактой, повелительницей волшебного королевства. В финале Сталакта воссоединяет влюблённых, её волшебная армия побеждает графа Вольфенштейна, а демоны утаскивают Герцога в пекло.

В комических операх арии исполняют солисты, а танцы остаются на долю балетной труппы. В театральных бурлесках и фарсах редко использовался единый сюжет, обычно это была череда сценок-скетчей. Поэтому «Чёрный обманщик» с песнями и танцами для каждого артиста был шагом вперёд.

На постановку была затрачена неслыханная по тем временам сумма в 25,000 долларов, и затраты окупились сполна. Несмотря на то, что спектакль длился пять с половиной часов, он прошёл рекордное число раз – 474, а его сборы тоже поставили рекорд и превысили миллион долларов. И это в то время, как другие постановки удерживались на Бродвее всего две-три недели.

В том же 1866 году на Бродвее был поставлен спектакль с двойным названием «Чёрное домино/Между тобой, мной и почтой» (The Black Domino/Between You, Me and the Post). Либретто его не сохранилось, однако он вошёл в историю американского театра, как первая постановка, жанр которой был обозначен на афише, как «музыкальная комедия». А уже в начале XX века музыкальные комедии в Америке стали называть просто «мюзиклами».

Пока в США зарождающийся жанр делал первые шаги, в Европе царила оперетта. Самой большой популярностью пользовались оперетты Жака Оффенбаха и Иоганна Штрауса. Также покорили сердца зрителей комические оперы двух британцев, либреттиста Уильяма Гилберта и композитора Артура Салливана, – всего соавторы создали четырнадцать комических опер, среди них наиболее известны «Микадо» и «Пираты Пензанса». Во времена первой мировой войны оперетты и мюзиклы сражались за первенство в сердцах зрителей. Плодами этого соперничества сполна наслаждались зрители, которые наводняли театры, ища утешения в мрачные времена. В то же время, превосходство британского театра, продолжавшееся до эпохи первой мировой войны, постепенно вытеснялось инновациями американского музыкального театра нового века.

В 1920-е годы в Америке пользовались успехом развлекательные мюзиклы с едва намеченными малозапоминающимися сюжетами. Одновременно любители театра продолжали одаривать любовью оперетты. Даже появление звукового кинематографа и музыкальных фильмов не уменьшило тягу зрителей к музыкальному театру.

Новым этапом в развитии американского мюзикла стала постановка «Плавучий театр» (Show Boat) Джерома Керна и Оскара Хаммерстайна, премьера которой состоялась 27 декабря 1927 года в бродвейском Зигфелд-театре (Ziegfeld Theatre).

Мюзикл был посвящён истории артистов плавучего театра-парохода, курсировавшего по реке Миссисипи, и охватывал события с 1880 по 1927 годы. Спектакль касался таких серьёзных тем, как расовые предрассудки, самопожертвование, трагическая любовь. Постановка была встречена зрительской аудиторией с восторгом и показана 572 раза.

Новым достижением американского музыкального театра стала постановка «Порги и Бесс» на музыку Джорджа Гершвина, премьера которой состоялась в 1935 году. Её жанр определяют как оперу, фольк-оперу или «оперный мюзикл». Её революционность заключалась в том, что все роли в спектакле, за исключением сыщика, исполняли афро-американцы, а действие разворачивалось в нищем, заселённым чернокожими квартале Чарльстона, города в Южной Каролине. В спектакле также действовал щеголеватый чернокожий продавец «счастливой пыли» – наркотического зелья, позволяющего беднякам позабыть о своих бедах – таким образом, затрагивалась проблема наркомании.

Тем временем, в СССР в 1930-1940-е годы оперетты И. Дунаевского («Золотая долина» (1937), «Соломенная шляпка» (1938), «Вольный ветер» (1947) и др.) и исполненные оптимизма музыкальные кинокомедии Г. Александрова на музыку Дунаевского («Весёлые ребята» (1934), «Цирк» (1936), «Волга-Волга» (1938), «Светлый путь» (1940)) по многим параметрам вписывались в категорию мюзикла, однако подобное определение жанра в те времена в советской стране не использовалось.

«Золотым веком» мюзикла в США называют эпоху 1940-1960-х годов, когда мюзикл по популярности окончательно превзошёл водевиль. Сигналом к наступлению «золотого века» стала постановка «Оклахома!» Ричарда Роджерса и Оскара Хаммерстайна, премьера которой состоялась 31 марта 1943 года. Мюзикл о драматических перипетиях любви ковбоя и хозяйки фермы прошёл 2,212 раз. «Оклахома!» развивала традиции «Плавучего театра», соединив воедино сюжет, вокальные номера и диалоги героев, предлагая зрителям не просто развлечься, но испытать подлинные эмоции.

Плодотворное сотрудничество Роджерса и Хаммерстайна продолжилось. Они создали произведения, которые вошли в золотой фонд американского мюзикла, такие как «Карусель» (Carousel, 1945); «Юг Тихого океана» (South Pacific, 1949), «Король и я» (The King and I, 1951) и «Звуки музыки» (The Sound of Music, 1959).

После страстей, бушующих среди чернокожих Чарльстона в «Порги и Бесс», музыкальный театр обратился к страстям, бушующим в бедном манхэттенском районе Аппер-Вестсайд. Мюзикл «Вестсайдская история» (West Side Story, 1957) Леонарда Бернстайна, Артура Лорентса и Стивена Сондхейма стал современной вариацией на тему любви Ромео Джульетты и вражды родов Монтекки и Капулетти. Только теперь смертельная вражда ожесточила сердца подростков, членов двух банд – банды детей пуэрториканских эмигрантов «Акулы» и банды «коренных» белых американцев «Ракеты». Танец стал интегральной составляющей «Вестсайдской истории».

На конец 1960-х и 1970-е годы пришлась в США эра рок-музыки, рок-оперы и рок-мюзикла. Классическим образцом рок-мюзикла (разновидности мюзикла с музыкой в стиле рок) считается психоделический мюзикл «Волосы» (Hair, 1967) композитора Гэлта МакДермота и либреттистов Джеймса Рэдо и Джерома Раньи, посвященный жизни группы хиппи. Несколько вокальных номеров мюзикла, этого продукта контркультуры «молодёжной революции» и сексуальной революции 1960-х, стали гимнами антивоенного движения, выступающего против войны во Вьетнаме. Сцены со сжиганием повесток в военкомат, использованием наркотиков, обнажёнными актёрами, а также воспевание свободной любви, пародирование американской истории и неуважение к американскому флагу не могли не вызвать горячие дискуссии.

Легендарной стала рок-опера «Иисус Христос-суперзвезда» (Jesus Christ Superstar) композитора Эндрю Ллойда Уэббера и либреттиста Тима Райса. Рок-опера была создана в 1970 году и сначала вышла в виде музыкального альбома. В 1971 году «Иисус Христос-суперзвезда» дебютировал на Бродвее в несколько изменённой музыкальной обработке уже как мюзикл. Через год состоялась премьера мюзикла в лондонском Вест-Энде, а ещё год спустя был снят фильм с одноимённым названием.

Рок-опера, написанная по мотивам Евангелия от Иоанна и посвящённая последней неделе жизни Иисуса Христа, начиная от приготовлений ко въезду в Иерусалим и заканчивая распятием, пронизана ироничными ссылками на современность, поэтому в постановках и экранизациях режиссёры щедро используют нарочитые анахронизмы. Большое внимание уделяется образу Иуды, который представлен сочувственно, как противоречивая трагическая фигура. Стремление создателей рок-оперы положительно представить образ Иуды вызвало яростную критику со стороны некоторых религиозных общин. Тем не менее, мюзикл «Иисус Христос-суперзвезда» стал культурным феноменом и был поставлен в десятках стран.

В СССР первые мюзиклы появились с приходом в московский театр Ленком режиссёра Марка Захарова. Подлинным открытием для советского зрителя стали спектакли Захарова «Тиль» (1974) Г. Горина на музыку Г. Гладкова, который не сходил со сцены на протяжении четырнадцати лет, и «Звезда и Смерть Хоакина Мурьеты» (1976) композитора А. Рыбникова и поэта П. Грушко. Но наибольший успех имел мюзикл «Юнона» и «Авось» композитора А. Рыбникова и поэта А. Вознесенского, поставленный на сцене того же Ленкома в 1981 году, который продолжает идти на сцене театра по сей день.

1980-1990-е годы отмечены в США постановкой «мега-мюзиклов» – грандиозных спектаклей, на создание которых затрачены гигантские средства. В таких постановках задействованы большие труппы и используются невероятные эффекты, такие, как приземление на сцене настоящего вертолёта в мюзикле «Мисс Сайгон» (Miss Saigon) композитора Клода-Мишеля Шонберга и либреттиста Алена Бублиля.

Полюбившиеся зрителям мюзиклы идут на Бродвее годами, и их показы исчисляются не сотнями, а тысячами. Вот лишь некоторые бродвейские рекордсмены-долгожители: мюзикл «Кордебалет» (Chorus Line) шёл в период с 1975 по 1990 год и был показан 6,137 раз; мюзикл «Сорок вторая улица» (42nd Street) исполнялся с 1980 по 1989 год 3,486 раз. Почти столько же, 3,388 раз и 3,242 раза, прошли показы мюзиклов «Бриолин» (Grease; с 1972 по 1980 гг.) и «Скрипач на крыше» (Fiddler on the Roof; с 1964 по 1972 гг.).

Американские поклонники мюзиклов отличаются удивительным постоянством театральных вкусов, раз за разом возвращаясь к полюбившимся музыкальным спектаклям. Интересно, что существует даже специальная номинация театральной премии «Тони», которая так и называется «За лучший возобновлённый мюзикл». С 1977 по 1993 годы вручалась премия «За лучшее возобновление спектакля», но затем ее решили разделить на две премии. Начиная с 1994 года, вручают премию «Тони» «За лучший возобновлённый драматический спектакль» и премию «Тони» «За лучший возобновлённый мюзикл», воздав тем самым дань мюзиклу, как отдельному жанру театрального искусства.

В 1997 году премией «За лучший возобновлённый мюзикл» был отмечен мюзикл «Чикаго», впервые поставленный в 1975 году. В 1998 году «Тони» достался лучшему возобновленному мюзиклу «Кабаре», который до того ставился на Бродвее дважды, в 1966 и 1987 годах. В общей сложности «Чикаго» завоевал шесть престижных премий «Тони», а «Кабаре» – десять. В 1999 году «Тони» получил лучший возобновлённый мюзикл «Энни, возьми своё ружье», музыку и слова песен к которому написал в 1946 году знаменитый американский композитор Ирвинг Берлин, автор более семидесяти мюзиклов. Новую версию либретто сочинил известный драматург Питер Стоун.

В этом году нью-джерсийский Репертуарный театр «Живое искусство» (The Living Arts Repertory Theatre) вновь поставил «Человека из Ламанчи» (Man of La Mancha) – один из наиболее неотразимых из когда-либо написанных мюзиклов. Он был поставлен на Бродвее в 1965 году, шёл шесть лет подряд и выдержал за это время 2,328 представлений. Интересно, что «Человек из Ламанчи» был одним из первых зарубежных мюзиклов, поставленных в СССР. Его поставили в 1972 году в Москве на сцене театра им. Маяковского.

«Фантом оперы» (The Phantom of the Opera) Эндрю Ллойда Уэббера исполняют на американской сцене с 1988 года, и он по-прежнему собирает полные залы. Зрителей притягивает романтический сюжет: за кулисами оперного театра появляется таинственный фантом, половина лица которого закрыта необычной маской…

Из новых постановок в жанре мюзикла одобрение критиков заслужил рок-мюзикл «Рент» Джонатана Ларсона. Впервые «Рент» был поставлен в 1994 году в небольшом «офф-бродвейском» театре и награждён Пулитцеровской премией, а в 1996 году дебютировал на

Бродвее и был отмечен премией «Тони» как лучшая постановка года. «Рент» является осовремененной вариацией на тему оперы Пуччини «Богема». Группа талантливых молодых людей, представителей творческих профессий, пытается выжить и творить в нищенском квартале нью-йоркского Ист-Сайда. Вместо чахотки, которой страдала одна из героинь Пуччини, герои «Рента» страдают наркотической зависимостью и СПИДом. Рок-мюзикл Ларсона посвящён актуальным и болезненным проблемам сегодняшнего дня. Постановка «Рента» помогла привлечь в театр молодёжную аудиторию.

Несмотря на то, что с наступлением эры «мега-мюзиклов» цены на билеты на бродвейские постановки взлетели до небес, мюзиклы по-прежнему пользуются огромной популярностью, а композиторы и либреттисты, не покладая рук, трудятся над созданием новых произведений этого жанра.

…Подводя итоги, можно сказать, что европейский и американский театр развиваются двумя параллельными потоками. Ведущие режиссёры европейского театра в первую очередь делают акцент на *внутреннем содержании* – на поисках ответов на извечные вопросы бытия, на философском переосмыслении человеческого существования, на погружении в психологические глубины. Американский театр, в котором царит мюзикл, прежде всего, сосредотачивает свои усилия на совершенствовании *внешних форм* музыкального представления – на отточенности движений актёров, изощренности визуального ряда и различных спецэффектов, создании яркой запоминающейся музыки. Если будет позволено такое сравнение, то воспользовавшись терминологией Станиславского, в широком смысле европейский театр можно охарактеризовать как театр «школы переживания», а американский театр можно определить как театр «школы представления». Разумеется, это очень упрощенная схема. На сценах европейских театров тоже идут мюзиклы, а американские режиссёры осуществляют постановки драматических произведений. Европейские постановщики не забывают о внешней форме, а их американские коллеги стремятся прикоснуться к жизни духа. Параллельно развивающиеся театральные процессы дополняют и взаимообогащают друг друга.

Ксения ГАМАРНИК

ЛЮБИМЫЕ ИГРЫ АМЕРИКИ

> *«После изгнания из рая
> человек живет играя».*
> *Лев Лосев*

Нидерландский философ и историк культуры Йохан Хёйзинга в своём знаменитом трактате 'Homo Ludens' («Человек играющий») рассматривает историю и культуру человеческой цивилизации сквозь призму *феномена игры*. По Хёйзинге, на протяжении тысячелетий именно *игра* была и продолжает оставаться структурной основой многочисленных сфер человеческой деятельности – от древних состязаний на ловкость и выносливость до нынешних спортивных игр; от военных действий до жёсткой конкуренции в области политики, науки и коммерции; от создания тайных сообществ до современных объединений и клубов; и многих других направлений жизни.

В Соединенных Штатах, современная история которых насчитывает всего несколько веков, проявления игровой стихии можно найти повсюду. Жители этой молодой страны любят карнавалы, парады и уличные шествия, ролевые игры и исторические реконструкции, комиксы, персонажей детских книг и мультфильмов, компьютерные игры и приключенческие кинофильмы, игрушки и коллекционные фигурки, спортивные матчи, парки аттракционов, праздники и праздничное убранство домов. В этой бесхитростной любви проявляется почти детская привязанность американцев к игровой стихии, к тому оживлению, которое она вносит в жизнь. Способность испытывать подлинную радость от погружения в атмосферу игры демонстрирует задор и молодость нации, оптимизм и умение искренне радоваться жизни.

КАРНАВАЛЫ И ПАРАДЫ

Новогодний парад в Филадельфии

Филадельфийский новогодний парад ряженых – так называемых маммеров (от англ. *mummery* – пантомима, маскарад, представление) проходит 1 января и считается самым старинным парадом в Америке. Истоки филадельфийского парада берут начало в календарных праздниках древности. Нынче парад длится целый день, на протяжении семи-восьми, иногда даже десяти часов, и в нём принимают участие свыше десяти тысяч маммеров – музыкантов, клоунов и танцоров в причудливых пышных костюмах.

Обычай праздновать новый год с участием ряженых возник в Филадельфии во второй половине XVII века, то есть, ещё в те времена, когда Америка была британской колонией. Его привезли с собой в Америку переселенцы из Европы. Во встрече наступающего нового года соединились традиции празднования этого дня, привезенные англичанами, ирландцами, шотландцами, немцами, шведами, финнами и выходцами из других европейских стран. В то же время, как и в любом календарном празднестве, в филадельфийском параде можно обнаружить архаические истоки.

Маммеры, собравшись в компании до двух десятков человек, начернив сажей лица, ходили из дома в дом. Ряженые разыгрывали старинное английское представление о святом Георге, сражающемся с драконом, палили из ружей в воздух, пели, танцевали и декламировали комические куплеты, взамен получая «дань» в виде кружки эля и пирогов.

Обычай навещать на новый год соседей пошёл от шведов. Пальбой из ружей встречали праздник финны. Чтением комических куплетов обогатили празднование англичане. А древний обряд ряженья и чернения лиц, как предполагается, привезли в Америку немцы из северо-западной части Германии. Именно в меховой шкуре и с начернённым лицом они представляли себе мифическое существо по имени Белсникел (нем. *Belsnickel* – существуют разные написания этого имени, в т.ч. Пелзникел, Белшникел и т.д.), дальнего родственника Санта-Клауса, приносившего немецким детям на Рождество подарки или куски угля.

Джордж Вашингтон во время своего президентства, проживая в официальной резиденции в Филадельфии, тогда столице страны, поддерживал обычай празднования Нового года. Поэтому маммеры во время своих шествий по улицам начали также представлять «генерала Вашингтона».

В 1870-е годы, после окончания американской Гражданской войны, в Филадельфии были организованы два клуба маммеров. Один стал называться Fancy Dress – Костюмный, а второй Comic – Комический, с участием ряженых-клоунов. Позднее к Комическому и Костюмному клубу добавился String Band – Клуб струнных инструментов (несмотря на название, члены этого клуба играют не только на банджо и скрипках, но также на саксофонах, аккордеонах, барабанах и других инструментах). В каждый клуб входит множество команд маммеров. Во время парада ряженые выступают особой гарцующей «походкой маммеров».

Официальную историю филадельфийских новогодних парадов маммеров принято отсчитывать от 1901 года, когда городские власти начали вручать лучшим маммерам денежные призы. Именно с этого года между группами маммеров начались яростные соревнования за призы, которые продолжаются и поныне.

Впрочем, сумма призового фонда составляет лишь незначительную часть средств, ежегодно затрачиваемых на изготовление костюмов. Ведь сразу после новогоднего парада маммеры начинают готовиться к параду следующего года, поскольку костюмы никогда не используются дважды. Стоимость отдельных нарядов, которые могут весить много килограммов, и затейливых головных уборов, щедро украшенных страусовыми перьями, порой доходит до нескольких тысяч долларов. Здесь встречаются морские чудища, бабочки, драконы, викинги, гейши, арлекины, римские легионеры, слоны и зебры, рыцари, туземцы, египетские фараоны – фантазии нет предела. Интересно, что каждая команда репетирует свое выступление втайне от других, чтобы конкуренты до парада не увидели их костюмы. Так что призы в первую очередь означают для маммеров не источник дохода, а признание их заслуг. Костюмы и фигуры на колесах, которые команды везут по улицам города во время парада, в основном, изготавливаются на пожертвования доброхотов и спонсоров.

В 1960-е годы старинный обычай чернить ряженым лица был признан «расово дискриминационным», но и сейчас время от времени некоторые команды маммеров по старинке чернят лица. Любопытно, что женщин допустили к участию в парадах маммеров только в 1970-е годы.

На протяжении более, чем столетней истории, филадельфийские парады отменяли всего дважды. В 1919 году парад был отменён из-за участия США в первой мировой войне, а в 1934 году парад не проводился из-за великой депрессии.

Парад маммеров проводится всего один раз в году, но в Филадельфии работает небольшой музей маммеров, который знакомит посетителей с историей парада.

Карнавал в Новом Орлеане

> *«В карнавале сама жизнь играет, а игра на время становится самой жизнью. В этом специфическая природа карнавала, особый род его бытия».*
>
> Михаил Бахтин

Карнавал можно назвать квинтэссенцией стихии игры. Самым прославленным карнавалом в мире по праву считается Венецианский карнавал, а самым знаменитым карнавалом в США признан карнавал Марди Гра (фр. *mardi gras*, буквально — «жирный вторник»), который проходит в Новом Орлеане, в штате Луизиана. Этот штат изначально принадлежал французской короне, и лишь затем стал территорией США.

Как и филадельфийский новогодний парад маммеров, карнавал Марди Гра ведёт свое начало от календарных обрядов античности: в Древней Греции это были Дионисии, в Риме – Луперкалии и Сатурналии. Именно эти празднования заложили основу европейской традиции карнавалов.

В греческой мифологии Дионис был земледельческим богом виноградарства и виноделия, символом умирающей и возрождающейся природы. Во время мартовских Великих Дионисий, посвящённых пробуждению природы после зимы, демонстрировались трагедии и сатировские драмы, разыгрывалось возвращение Диониса на корабле из восточной страны. Отсюда берет начало название западноевропейского карнавала (лат. *carrus navalis* – корабельная телега, ладья на колёсах). Спутниками Диониса были сатиры и силены, которых изображали в козлиных шкурах и с конскими хвостами. Непременным персонажем в мифологии Диониса был козёл. Высокое слово «трагедия» по-гречески – «песнь козлов» (от «трагос» и «оде»). Наименование комедии произошло от слов «космос» и «оде». Это была песнь о шествии бражников.

Древнеримские декабрьские Сатурналии – празднование в честь Сатурна, бога времени и плодородия – символизировали зимнее солнцестояние, смерть старого года и рождение нового, переход от хаоса к космосу. Во время Сатурналий на улицах Рима буйствовал античный карнавал. Повсеместно происходил обмен подарками, пиры, кутежи и беспорядки. Мир словно становился с ног на голову – горожане скрывали лица под масками, мужчины рядились в женские одежды, господа прислуживали своим рабам.

Древнеримский фестиваль Луперкалии – «волчий фестиваль» (лат. *lupus* – волк), отмечался в феврале. Во время Луперкалий чествовали бога Луперка – защитника пастухов и стад от волков. Луперк олицетворялся с древнеримским богом Фавном (в греческой традиции – бог Пан, ритуальные игрища в честь которого назывались Панургии). Служители Луперка (их называли «братья волка») были одеты в козлиные шкуры. Этот праздник также был посвящён волчице, по легенде выкормившей Ромула и Рема, будущих основателей Рима.

Согласно описанию Плутарха, в день Луперкалий в жертву божеству приносили двух козлов и собаку. Козлиные шкуры разрезали на бичи. После пира юноши из знатных семей, прикрывшись, по примеру Луперка, кусками шкур и вооружившись бичами, в шутку стегали людей, собравшихся на праздник. Девушки и молодые женщины охотно подставляли под удары своё тело, считая, что эти удары подарят им плодовитость и лёгкие роды. Празднование предназначалось для того, чтобы изгнать злых духов, очиститься и приготовиться к наступлению весны.

С принятием христианства древние календарные обряды превратились в праздники черни, а потом и вовсе были запрещены. Однако столпы раннего христианства рассудили, что вместо полного запрета некоторые аспекты языческих торжеств имеет смысл сохранить. Так в христианской традиции празднование прихода весны превратилось в период веселья и пиров в канун наступления Великого поста.

Новоорлеанский Марди Гра начинается 6 января, в день Богоявления (англ. *Epiphany*), также известный, как «двенадцатый день» (или «двенадцатая ночь»), когда три волхва принесли дары новорожденному Христу. Днем Богоявления завершается празднование Рождества.

Если Венецианский карнавал длится десять дней, то празднование Марди Гра продолжается обычно больше месяца, но завершаются они одновременно – во вторник на Масляной неделе, в последний день перед Пепельной средой и началом Великого поста.

Во Франции Жирный вторник отмечался со средневековых времён. На землю Америки праздник привезли франко-канадские путешественники, братья Ле Муан. В 1699 году французский монарх Людовик XIV отправил Ле Муанов подтвердить право Франции на земли Луизианы. Экспедиция братьев причалила в Мексиканском заливе и двинулась далее по реке Миссисипи. 3 марта 1699 года старший брат Пьер Ле Муан д'Ибервилль разбил лагерь в шестидесяти милях от тех мест, где сейчас находится современный Новый Орлеан. Поскольку это был день, когда во Франции отмечали Жирный вторник, д'Ибервилль назвал место стоянки Пойнт де Марди Гра, и устроил там импровизированную вечеринку. Эта вечеринка и считается первым Жирным вторником в истории Северной Америки.

В 1702 году младший брат Жан-Батист Ле Муан де Бьенвилль основал посёлок Форт Луи де ля Мобиль (ныне город Мобил), который стал первой столицей французской колонии. Уже в следующем году французские колонисты, заселившие маленький посёлок, впервые отметили Жирный вторник. В 1723 году столицей Луизианы стал Новый Орлеан, основанный младшим братом Ле Муаном в 1718 году. Марди Гра до сих пор отмечается в Мобиле и некоторых других городах США, но нигде карнавал не устраивается с таким размахом, как в Новом Орлеане.

В середине XVIII века Марди Гра отмечали в Новом Орлеане, устраивая бал-маскарады для аристократии. На протяжении сорока лет, с 1762 по 1802 год, Луизиана была колонией Испании. Испанские власти запретили устраивать маскарады. Носить маски во время праздника было вновь разрешено лишь в 1827 году.

Первое упоминание о парадах в прессе относится к 1838 году. В том году в день Пепельной среды газета «Коммершиал бюллетен» сообщала: «Вчера у нас была представлена европейская традиция отмечать последний день карнавала процессией людей в масках, прошедшей по улицам».

На протяжении последующих двух десятилетий в карнавальный сезон по городу двигались пешие и конные процессии людей в масках. Многие участники парада вели себя столь шумно и разнузданно, что в 1840-е и 1850-е годы представители церкви и даже пресса призывали запретить празднование Жирного вторника.

В 1857 году шесть жителей Нового Орлеана объединили свои усилия для того, чтобы спасти репутацию карнавала. Новоорлеанцы создали частный клуб «Комус» (по имени древнегреческого бога пиршеств и ночного праздного времяпрепровождения Кома или Комуса, сына бога виноделия Диониса). «Комусы» доказали, что карнавал может быть весёлым и безопасным праздником. Американская Гражданская война прервала деятельность «Комуса», но в 1866 году клуб заработал снова. Именно клубу «Комус» (англ. *Comus*) принадлежит честь спасения карнавала.

В 1870 году дебютировал второй клуб, который получил название «Празднующие Двенадцатую ночь» (Twelfth Night Revelers). «Празднующие» представили горожанам не только свои собственные парад и бал, но и положили начало новой традиции – избирать королеву карнавала.

Первая церемония избрания королевы проходила в оперном театре. Был приготовлен огромный «королевский пирог», в который запекли позолоченную фасолину. Девушка, нашедшая фасолину, должна была стать королевой карнавала. Правда, случился конфуз – «Празднующие» пытались протягивать куски пирога в зал на концах копий, которые они несли во время парада, а то и просто швыряли их девушкам, сидевшим в ложах. Когда мука рассеялась, ни одна из красавиц не захотела признаться в том, что нашла позолоченную фасолину. Возможно, фасолина была просто потеряна во время суматохи. Но уже год спустя повелительницу празднества короновали во всем правилам.

Так называемый «королевский пирог» тоже стал одним из символов новоорлеанского Жирного вторника. Если в странах Европы королевский пирог (пирог трёх царей-волхвов) обычно пекут в день Богоявления, то в Новом Орлеане королевский пирог символизирует сезон карнавала. Нынче в пирог вместо фасолин запекают маленькие керамические или пластиковые фигурки. Жители города, устраивающие у себя в домах вечеринки в честь карнавала, могут купить такой пирог в ближайшей булочной. Ну а кому из гостей попадётся в куске пирога фигурка – тот должен принести пирог на следующую вечеринку.

В наши дни официальным началом карнавального сезона считается бал, устраиваемый «Празднующими». Это особый ритуал. Наряженные поварами и поварятами члены клуба вносят огромный бутафорский пирог, и начинают «разрезать» его бутафорскими ножами устрашающего вида. Внутри пирога находятся коробочки с ломтиками настоящего пирога или с фасолинами. Юные дебютантки, впервые приглашённые на бал, достают коробочки. Те, кто удостоился чести стать придворной дамой, получают коробочки с посеребрёнными фасолинами, королевой бала становится та, которой досталась позолоченная фасолина (между прочим, кто станет королевой, решено наперёд, обычно это дочь влиятельного лица города), ну а остальные в утешение получают настоящий пирог.

В летописях новоорлеанского карнавала имеется интересный эпизод, связанный с русской историей. В ноябре 1871 года в США на борту военного корабля «Светлана» прибыл великий князь Алексей Александрович Романов, четвертый сын царя Александра II, доводившийся, соответственно, братом будущему царю Александру III.

После военно-дипломатической поддержки, которую Россия оказала северянам во время Гражданской войны, и продажи Аляски Америке, российско-американские отношения переживали подъем. Президент Улисс Грант обратился к нации с особым посланием, призвав приветствовать на американской земле принца дружественной великой державы.

Алексей Александрович пробыл в Соединённых Штатах более трёх месяцев, объехав тридцать четыре города. Банкеты у губернаторов штатов, балы и праздники следовали один за другим. В том числе, великий князь принял приглашение побывать на карнавале в Новом Орлеане. Впрочем, согласно легенде, его больше интересовал не Марди Гра, а новоорлеанские гастроли английской труппы, разыгрывавшей пикантное бурлескное представление «Синяя борода», в котором певица Лидия Томпсон исполняла шутливую песенку «Если я когда-нибудь перестану любить». Согласно одним сведениям, великий князь увидел выступление прекрасной англичанки в Сент-Луисе и, очарованный, последовал за ней в Новый Орлеан. По другим данным, мисс Томпсон исполнила свою песенку лично для Алексея Александровича в Нью-Йорке, и он решил снова послушать её пение. Слухи о сердечном увлечении особы царской крови разошлись по городу.

Для достойной встречи великого князя было создано специальное общество, которое должно было подготовить первое в истории города избрание короля карнавала – Рекса (лат. *Rex* – правитель). Рекс должен был принять участие в первом в истории города дневном параде. Тогда же были утверждены официальные цвета карнавала: зелёный, золотой и фиолетовый, символизирующие веру, власть и справедливость.

Согласно легенде, утро Жирного вторника 1872 года застало великого князя на трибуне почётных гостей, коронованного в качестве Рекса. Мимо него прошли около десяти тысяч участников парада, шествие растянулось в длину более, чем на милю, и каждый из оркестров, достигнув трибуны, начинал исполнять мотив «Если я когда-нибудь перестану любить».

Мнения историков относительно этого эпизода расходятся. Одни предполагают, что это – городской фольклор, и русского князя могли встречать только исполнением российского гимна. Другие считают, что исполнение песенки Томпсон тоже имело место. Как бы там ни было, но именно начиная с того года и поныне песня «Если я когда-нибудь перестану любить» с её шутливыми куплетами в духе детских стишков из сборника «Стихи Матушки Гусыни» стала официальным гимном фестиваля. Вот некоторые строки этой песни:

> *«Если я когда-нибудь перестану любить,*
> *Пусть на яблонях вырастут овечьи головы,*
> *Пусть луна превратится в кусок зелёного сыра,*
> *Пусть у рыб вырастут ноги,*
> *Пусть коровы начнут нести яйца,*
> *Если я когда-нибудь перестану любить».*

Некоторые жители города добавляют к классическому тексту песни и такой куплет:
> *«Пусть князь Алексей*
> *Поедет в Техас*
> *Кататься на бизоне,*
> *Если я когда-нибудь перестану любить».*

Таким образом, начиная с 1872 года, во время карнавала ежегодно избирается не только королева, но и Рекс – король праздника. Разумеется, устроители празднеств в Новом Орлеане не стали в этом смысле первопроходцами, они лишь завели этот обычай в своём городе – в Европе смеховая традиция избрания короля карнавала существовала ещё во времена средневековья. А корни её вновь уводят нас к древнеримским Сатурналиям.

Вот что написал о Сатурналиях исследователь средневековья Владислав Даркевич: «Из числа рабов или осуждённых на смерть преступников возводили на престол «царя сатурналий» – смехового дублёра носителя власти: господина, императора или самого божества. Обряд включал мотивы его вступления на трон и царствования, а когда время правления истекало – поругания и жертвоприношения-казни»(1).

Таким кровавым образом зарождалась средневековая традиция избрания карнавального «короля дураков», основанная на пародийном принципе «переворачивания» верха и низа. Правда, новоорлеанский Рекс – король хоть и карнавальный, но такой важный, что вовсе не кажется пародией, ему оказывают всяческое уважение, он одет в роскошный наряд.

Со времени основания клубов «Комус» и «Празднующие» в Новом Орлеане открылись десятки других клубов. В настоящее время большая часть карнавального сезона в городе проходит за закрытыми дверями. В эти недели в частных клубах (известных как *krewes*) проводятся балы для избранных, на которые можно попасть только по приглашениям. И лишь в последние дни перед началом великого поста праздник закипает под открытым небом, когда те или иные клубы организуют в разных районах Нового Орлеана более семидесяти парадов и шествий. По улицам двигаются платформы с громадными бутафорскими фигурами. Участники парада в костюмах и масках, сидящие и стоящие на платформах (на одной гигантской платформе может находиться до двухсот человек), бросают в веселящуюся толпу бусы, монеты-«дублоны» с символикой клубов и другие безделушки. Оживляя дух Луперкалий и средневекового карнавала, бусы обязательно бросают девушкам и женщинам, на несколько мгновений обнажившим грудь.

Клуб афроамериканцев «Зулу» впервые принял участие в параде в 1909 году. В качестве пародии на важного Рекса белых чернокожие участники парада избрали собственного короля, который был наряжен в одеяние из мешковины и корону, сделанную из консервной банки, а вместо скипетра держал в руках банан. В этом смысле карнавальный король чернокожих был ближе к средневековой традиции «короля дураков», чем царственный Рекс в его богатых одеждах. Таким образом, на том давнем параде произошло «пародирование пародирования», «осмеяние осмеяния». Карнавал передразнивал карнавальную традицию. В наши дни позолоченные кокосовые орехи, которые разбрасывают во время парада члены клуба «Зулу», считаются одними из самых лучших даров карнавала.

Празднования Марди Гра не проводились в годы первой и второй мировой войн и в годы великой депрессии. А в 1950 году на празднике вновь, впервые после визита русского великого князя, побывали королевские особы – герцог и герцогиня Виндзорские. Несмотря на своё высокое положение, они, следуя праздничному ритуалу, склонили головы перед королём карнавала Рексом.

Гости города могут погрузиться в атмосферу веселья в любой день года. В Новом Орлеане действует фабрика-мастерская, где изготавливают бутафорские фигуры для будущих парадов. Эта мастерская одно

Ирина Панченко в «Мире Марди Гра», 2007 год.

временно является музеем 'Blaine Kern's Mardi Gras World' – «Мир Марди Гра Блейна Керна». Студия дизайнера Блейна Керна с 1947 года изготавливает масштабные фигуры для карнавалов, киностудий и парков развлечений.

Посетителей угощают чашкой кофе и ломтиком «королевского» пирога. Посмотрев короткий документальный фильм про историю карнавала и студии Керна, гости отправляются на экскурсию по залам мастерской-музея. После экскурсии туристы могут оставаться в музее сколько душе угодно, примеряя карнавальные костюмы и головные уборы, наблюдая за работой бутафоров, бродя по полутёмным залам и разглядывая кажущиеся таинственными в полумраке фигуры королей, шутов и других персонажей, принимавших участие в прежних парадах.

ТЕАТР ОКОН

На американских улицах иногда вспоминаются окна домов маленьких российских провинциальных городов, да и окна домов на тихих улочках окраин больших городов. Ещё лет двадцать назад окна российских частных домов, глядящих на улицу, были *украшены*, словно бы превращены в миниатюрную *сцену*, в особое *игровое пространство* уменьшенного масштаба.

Подоконник устлан пожелтевшей запылившейся ватой и усыпан блёстками – осколками ёлочных игрушек. На слое ваты нетвёрдо стоит запылившийся олень из цветного стекла, вазочка с цветами из навощённой бумаги, выгоревшими на солнце, сидит пластмассовая кукла в давно утратившем свой первоначальный цвет наряде.

Для кого же предназначались эти когда-то заботливо устроенные миниатюрные *сцены*? Скорее всего, не для обозрения *изнутри*. Окна чаще всего были плотно зашторены и открывались едва ли часто. Игрушки и цветы предназначались для тех, кто *снаружи* – соседей и незнакомых прохожих. Так бесхитростно воплощалась потребность хозяев дома в эффекте зрелищности, тесно связанном с их понятием о красоте.

И в Америке существует традиция украшать окна, причём страсть эта присуща как обладателем частных домов, так и жителям собственных квартир и квартир, сдаваемых в аренду («апартаментов»).

Например, в комплексе филадельфийских апартаментов окно одной квартиры было украшено табличками с автомобильными номерными знаками. Между табличек располагались американский флажок и сувенирная копия «Колокола Свободы», оригинал которого находится в музейном павильоне в центре города. Остальное пространство подоконника заполняли игрушечные паровозы и автомобили. На подоконнике окна соседней квартиры раскинулся целый кукольный город – домики, церковь, почта. Окно одинокой старухи больше напоминало витрину антикварной лавки. Её подоконник был уставлен бутылками причудливой формы, медный чайник на подставке соседствовал с фарфоровой вазочкой в виде обнажённого женского торса.

Это, так сказать, «постоянные экспозиции», не зависящие от времени года и праздничного сезона. Праздники вызывают в многонациональной Америке удвоенное желание украсить подоконник-*сцену*, а домовладельцы стремятся украсить не только окна, но и весь свой дом и лужайку перед домом.

Праздничный календарь

В канун праздников многие американцы с наслаждением погружаются в украшение своих жилищ. В оформлении жилищ и подворий не обойдены вниманием ни смена времён года, ни религиозные, ни национальные праздники. Ко дню св. Валентина-покровителя влюблённых, который празднуется 14 февраля, на окна наклеиваются картинки в виде алых сердец и изображения амуров с луком и стрелами. В честь дня св. Патрика, покровителя Ирландии, который отмечается 17 марта, американцы ирландского происхождения украшают окна и стены домов изображениями трилистника клевера – своего национального символа. На Пасху на подоконниках выстраиваются фарфоровые или тряпичные кролики и цыплята, бесшумно покачиваются на ветвях деревьев подвешенные на тонких нитях разноцветные пасхальные яйца. Ко дню Независимости 4 июля клумбы украшают американскими флажками, а крылечки – большими розетками из красно-сине-белой ткани. Приход осени американцы встречают, создавая во дворах нарядные композиции из снопов прессованной соломы, тыкв, кабачков и связок кукурузы, а также устанавливают декоративные пугала в соломенных шляпах и костюмах с яркими разноцветными заплатами. В школах и селениях проходят конкурсы на самое необычное пугало. В дни праздника Хануки в окнах мерцают меноры-девятисвечники (часто в них горят уже не свечи, а электрические лампочки), и каждый вечер в меноре прибавляется новая зажжённая свеча или лампочка. В День Благодарения, отмечаемый в четвёртый четверг ноября, окна украшают изображением индюков (именно индюшатиной следует угощаться в этот праздник), а во дворах ставят больших надувных индюков.

Рождественский сезон ежегодно завоёвывает дома и подворья, магазины и гостиницы, улицы и площади. Главными цветами Рождества становится алый и зелёный. Огоньками переливаются в садах ажурные, сплетенные из белой проволоки олени, мерно качающие головами. Некоторые домовладельцы заходят столь далеко, что даже втаскивают на крыши своих жилищ целые группы фигур в натуральную величину – Санта-Клаус в с мешком подарков сидит в санях, запряженных оленями. Другие домохозяева по вечерам направляют на стены своих домов праздничные изображения с помощью проекторов. Жилища также украшают хвойными венками и гирляндами, увитыми алыми лентами. Иногда такой венок вешают даже на бампер автомашины. Наряжаются не только ёлки, установленные в гостиных, но и деревья в садиках увешиваются электрическими гирляндами и огромными блестящими шарами. Разноцветным контуром из фонариков обведены окна и ставни, карнизы и гребни крыш, ступени и перила крылечек, и даже ограды. От этого сам американский дом по вечерам кажется драгоценной рождественской игрушкой. А стоящие в саду подсвеченные изнутри большие пластиковые или надувные фигуры Санта-Клауса и миссис Клаус, снеговиков, гномов, щелкунчиков, оловянных солдатиков, пингвинов, белых медведей, персонажей мультфильмов и комиксов напоминают огромные яркие леденцы.

Но особенно будит фантазию американцев Хэллоуин, который отмечается 31 октября. Начиная с 1950-х годов, этот праздник превратился во всенародную *театрализованную игру*, в центре которой – ритуал сбора сладостей, время которого наступает после заката.

Мистика Хэллоуина

Современный Хэллоуин – это насмешка над силами зла, вызов потустороннему, время примерять чужие личины. Цвета Хэллоуина – оранжевый и чёрный. Взрослые нередко устраивают на Хэллоуин весёлые костюмированные вечеринки. Но больше всего любят этот праздник дети. С наступлением сумерек, наряженные в карнавальные костюмы и маски, запасшись сумочками, мешочками и корзинками, дети группами, парами или в одиночку, а малыши вместе с родителями (самых маленьких несут на руках) ходят из дома в дом и собирают конфеты, шоколадки, печенье. Постучав в дверь, дети задают ритуальный вопрос: "Trick or treat?", что значит: «Каверза или угощение?». Правила вечера предполагают, что домовладельцы, которые не одарят маленьких гостей сластями, могут оказаться жертвами мелких каверз и проделок, иногда шутливых, а иногда даже злых.

Американские антропологи Кен Эриксон и Патрисия Сандерленд так написали про этот осенний праздник: «Хэллоуин, самый необычный из праздников года, возможно, еще более необычен, чем кажется на первый взгляд. В отличие от Дня независимости и Дня благодарения, это не патриотический праздник и не исторический, однако он празднуется всей страной. В отличие от Рождества, Пасхи или Песаха, Хэллоуин не ассоциируется ни с одной определённой религией. Тем не менее, он вплетает духовность, смерть и религиозные верования в наши современные и исторические представления»(2). Относительно происхождения Хэллоуина канадский историк Николас Роджерс пишет: «Традиционно считается, что Хэллоуин имеет языческое происхождение, несмотря на то, что этимология его христианская. Хэллоуин в прямом смысле – калька от All Hallow Eve, вечера накануне Дня всех святых (1 ноября). Взятое вместе с Днём поминовения усопших, который приходится на 2 ноября, это время отведено в христианском календаре для почитания святых и поминовения недавно преставившихся. Однако, поскольку Хэллоуин обычно ассоциируется со сверхъестественным, общепринято считать, что у него ярко выраженные языческие корни, которые так и не удалось уничтожить, несмотря на последующую христианизацию. Некоторые специалисты по фольклору обнаруживают его (*Хэллоуина – К.Г.*) истоки в римском пиршестве богини фруктов и семян Помоны или в празднестве поминовения мёртвых под названием Паренталия, но чаще его связывают с кельтским фестивалем Самайн или Сауин, знаменующим конец лета»(3).

Кельтские племена, населявшие Европу в эпоху железного века и Римской империи, устраивали четыре празднования-фестиваля, знаменовавшие смену времён года. В ноябре они праздновали фестиваль Самайн, отмечающий конец сбора урожая, приход зимы и начало тёмного времени года. Самайн также был временем почитания мёртвых. Кельты верили, что в ночь Самайна ворота между материальным и сверхъестественным мирами открываются, и души умерших спускаются на землю и навещают родные очаги. В Самайн люди проходили между двумя кострами, совершая ритуал очищения огнём. В это время резали скот и гадали на костях, бросая их в огонь.

Существуют различные версии относительно происхождения традиций ряженья и сбора угощений на Хэллоуин. Согласно одной из версий, эти обычаи ведут начало со времен Самайна. Предполагается, что кельты верили в то, что злые духи жаждут овладеть душами живых и их жилищами, поэтому поселяне рядились в страшные костюмы, чтобы отпугнуть злых духов. В ночь Самайна кельты оставляли у входа в дома еду для душ предков, чтобы облегчить им блуждания в ночи, в надежде, что они в будущем помогут уберечь свои родовые жилища от несчастий.

Другая разновидность этого объяснения гласит, что селяне оставляли на улице еду в качестве жертвоприношения, чтобы задобрить злых духов, а позднее – чтобы уберечься от злых проделок недобрых людей, поскольку с течением времени любители даровых угощений (вероятнее всего, молодёжь и дети) стали одеваться духами, ходить из дома в дом и выпрашивать еду.

По другой версии, обычай ходить по домам, собирая угощение, происходит от так называемой традиции «соулинга». В средневековые времена в Англии и Ирландии нищие имели обыкновение стучаться в дома в День всех святых, распевать ("souling") жалобными голосами так называемую "Souler's song", собирая на помин душ особые плоские хлебцы квадратной формы ("soulcakes") и прочие подаяния, взамен обещая молиться за покойников на следующий день – в День поминовения усопших. Об этой традиции упоминает Шекспир в своей комедии «Два веронца» (1593). «Причитаете, как нищий в День всех святых», - говорит своему хозяину Валентину слуга Спид.

Нередко проводится параллель между Хэллоуином и древним, насчитывающим три тысячи лет, мексиканским праздником Эль Диа де лос Муэртос – Днём мёртвых. Празднование Дня мёртвых начинается в полночь 31 октября и продолжается до 2 ноября. В наши дни День мёртвых отмечается в США всё шире, особенно там, где есть крупные испаноязычные общины, – в Техасе, Аризоне и Калифорнии. Внешние приметы Хэллоуина и Дня мёртвых действительно схожи – дата празднования, широкое использование символов смерти: черепов и скелетов. Однако День мёртвых восходит к верованиям ацтеков. Целый летний месяц посвящали ацтеки поклонению богине Миктлансиуатль, покровительнице мёртвых. Завоёванная Испанией, Мексика была христианизирована, и чествование мёртвых было вплетено в католический День всех святых. Главное отличие Хэллоуина и Дня мёртвых – в отношении к смерти. Хэллоуин представляет страшные, ужасные и отталкивающие обличья смерти, хотя в наше время часто окарикатуренные, а мексиканский День мёртвых становится подлинно весёлым днём празднования памяти умерших. Смерть празднуется как естественная и неотъемлемая часть круговорота жизни. В это время собираются родственники, которые садятся за щедро уставленные угощениями столы. В память об ушедших родные сооружают небольшие самодельные алтари, которые украшают фотографиями, цветами, сахарными черепами и любимыми кушаньями и напитками покойных. Угощение также приносят на могилы. Таким образом, сам дух Хэллоуина является полной противоположностью жизнелюбивой сущности Дня мёртвых.

Основные приметы и символы современного Хэллоуина можно разделить на три категории. Символы смерти включают в себя мертвецов, черепа, скелеты, мумии, гробы, могильные плиты и привидения. Символами дьявольщины являются гоблины, вампиры и зомби, ведьмы с их островерхими шляпами и котлами для адского зелья, чёрные коты, летучие мыши и пауки. Кроме того, во время Хэллоуина используются и жизнелюбивые символы урожая – связки кукурузы, огородные пугала, обычные тыквы и тыквы с вырезанными в них лицами.

Вызывают интерес фольклорные сюжеты, связанные с тыквой с прорезанными глазами и ртом, которую называют jack-o'-lantern (фонарь Джека). С такой тыквы срезается верхушка, мякоть извлекается, в тыкве прорезается «страшное» лицо, внутрь вставляется зажжённая свеча, и тыква вновь накрывается срезанной «крышечкой».

Старинные ирландские сказки повествуют на разные лады о пьянице и мошеннике по имени Джек, повстречавшем дьявола, который заявил, что пришла пора Джеку умирать. В одном варианте сказки Джек попросил дьявола напоследок достать ему яблоко с дерева. Как только враг рода человеческого оказался на яблоне, Джек положил у её корней крест (по другой версии, вырезал крест на коре дерева), не давая дьяволу спуститься, пока тот не пообещал Джеку не принимать его душу в ад. Другой вариант сказки посвящён тому, что Джек попросил у дьявола разрешение перед смертью выпить напоследок эля и предложил дьяволу превратиться в серебряную монету, чтобы расплатиться с владельцем таверны (или чтобы бросить монету под ноги гонящимся за Джеком крестьянам, которых он обокрал, с тем, чтобы чтобы крестьяне передрались из-за монетки и прекратили погоню). Как только дьявол обернулся монетой, хитроумный Джек положил её в кошель рядом с крестом, тем самым поймав дьявола в западню, и опять-таки вырвал у него обещание не пускать его душу в ад. Когда непутёвый Джек наконец всё-таки скончался, его душу не приняли ни в рай, ни, по уговору с дьяволом, в ад. Вместо этого дьявол швырнул ему вечно тлеющий уголь из адского огня, который Джек вставил в репу с прорезанным лицом. Так и бродит Джек с тех пор неприкаянно по земле, освещая себе дорогу ночью дорогу самодельным «фонарём», в поисках места успокоения. Существует и ещё более мрачный вариант этой сказки – рассердившийся на проделки хитреца дьявол унёс голову Джека в ад, поэтому бедняге пришлось водрузить себе на плечи репу с прорезанным лицом.

В старину в английских и ирландских деревнях в День всех святых было принято ставить у дверей репу с прорезанным лицом и свечой внутри, чтобы отпугивать от порога злых духов и самого Джека. Эту традицию привезли с собой ирландские эмигранты, хлынувшие в Америку на волне Картофельного голода 1845-1850 годов. В Америке ирландцы заменили маленькую неказистую репу большой оранжевой тыквой, в которой было гораздо проще вырезать лицо. «Фонарь Джека» занял прочное место среди символов американского Хэллоуина. И хотя нынче можно купить тыквы пластмассовые, надувные и керамические со вставленными внутрь электрическими лампочками, настоящие тыквы не сдаются, праздничной ночью их «глаза» по-прежнему мигают неверным светом свечей.

К Хэллоуину открываются целые магазины. Вдоль стен магазинов тянутся ряды масок и полумасок, париков и шляп, вешалок с маскарадными костюмами всех размеров – для детей и взрослых, толстяков и худышек, новорожденных младенцев и даже для собак и кошек. На полках можно найти коробки с гримом, накладные носы, огромные очки, парики всех цветов радуги и бутафорское оружие. Особой популярностью пользуются «страшные», «ужасные» личины: дьяволов, привидений, ведьм, мертвецов, а также более современные обличья – монстров и убийц из фильмов ужасов. Кроме этого, взрослые любят наряды и маски королей и королев, шлюх и монахов, каторжников и клоунов, а также известных политиков и кинозвезд. Мальчики любят наряжаться супергероями, пиратами, японскими воинами ниндзя и ковбоями. Девочками особенно нравятся костюмы принцесс, бабочек, пчёл, божьих коровок, куклы Барби и Красной Шапочки.

Разумеется, в полную силу разворачивается накануне праздника украшение *театра окон, домов, дворов и садов*. Окна украшены фонариками в виде маленьких тыкв, черепов или скелетов, летучими мышами. С потолков и деревьев свешиваются гирлянды в виде гигантских пауков. Сады оплетает синтетическая паутина. На прессованных кубах соломы установлены тыквы со щербатыми улыбками. Во дворах ставят бутафорские надгробия с краткой надписью RIP (англ. rest in peace – покойся с миром) или шутливыми надписями в стихах или прозе («Здесь покоится Джон Ист. Извините, что не могу поприветствовать вас стоя»; «Здесь лежит Клайд. Его жизнь была в порядке, пока он не подоил быка на грядке» и т.п.). Фантазии нет пределов – во дворах можно, например, увидеть пару скелетов в натуральную величину, одетых женихом и невестой. Кто-то сам мастерит чучело, набивая одежду и импровизированную голову тряпьём. Иногда в чучело всажен устрашающего вида нож, щедро разлита по тряпичному телу алая краска. На помощь поклонникам Хэллоуина приходят производители праздничного убранства. Для украшения дома и сада можно купить выполненные в натуральную величину механические игрушки – ведьму с дымящимся котлом, извергающую проклятья, или даже гроб, из которого будет восставать жуткий мертвец с горящими глазами. Пугающее соседствует с нестрашным. Добродушно улыбаются подсвеченные надувные фигуры привидений и огромные надувные тыквы.

В недели накануне Хэллоуина в разных городах страны открываются «дома с привидениями», «башни вампиров» и другие места, где посетителей, купивших билеты, стараются в *игровой форме* попугать всласть. Одним из самых масштабных и щекочущих нервы аттракционов подобного рода является посещение ныне бездействующей Восточной государственной тюрьмы строгого режима в Филадельфии. Эта тюрьма с массивными каменными стенами десятиметровой высоты, напоминающая средневековый замок, открылась в 1829 году и прослужила городу в качестве исправительного учреждения почти полтора столетия. За это время в ней содержались десятки тысяч заключенных. В начале 1970-х годов тюрьма была закрыта, и строения начали приходить в негодность. Начиная с 1994 года, часть зданий медленно разрушающейся тюрьмы с ее мистической атмосферой преступления и наказания открыта для туристов. Задолго до Хэллоуина тюрьма начинает приглашать на «страшную» экскурсию «Террор за стенами». Это шоу, в котором посетителей тюрьмы без устали пугают несколько десятков актёров, наряженных покойниками, вампирами, зомби, сумасшедшими, а также, конечно, заключенными и тюремщиками.

Хэллоуин приглашает не только украсить жилища, не только навестить «дома с привидениями», где посетителей пугают артисты, но и превратить сам ритуал сбора-раздачи конфет в *театрализованную игру*. Например, некоторые домовладельцы выставляют блюдо со сладостями на крыльцо. Когда малыши пытаются взять угощение, из приоткрытой двери высовывается хозяин в страшном костюме и хватает маленького гостя за руку. Или дети благополучно набивают свои мешочки конфетами, но когда они собираются уходить, им преграждает дорогу выступившая из кустов Смерть с косой (наряженный в костюм хозяин дома).

В день Хэллоуина, зайдя в магазин, медицинскую клинику или на почту, можно увидеть служащих в маскарадных костюмах или просто смешных головных уборах. Они при исполнении своих служебных обязанностей и, в то же время, радуясь как дети, принимают участие во всенародной игре. Во многих офисах проводятся конкурсы на лучший костюм, раздаются призы.

Кен Эриксон и Патрисия Сандерленд пишут: «Во время Хэллоуина пугающее внезапно приветствуется с раскрытыми объятиями. И дети, чью невинность мы больше всего хотим защитить от смерти и опасности, становятся неизменными участниками ежегодного ритуала. На Хэллоуин американцы делают то, что присуще всему роду человеческому – бросают вызов неизвестному с помощью особых символов и обрядов ... Мы создаём особый миг, во время которого опасность и смерть, скелеты и незнакомцы могут быть частью нашего существования. А потом мы снова запираем наши двери и возвращаемся в безопасную повседневность нашей американской жизни»(4).

Некоторые исследователи усматривают в праздновании Хэллоуина инверсию, то есть, нарушение заведенного порядка. Живые наряжаются мёртвыми, люди – животными, мужчины – женщинами, женщины – мужчинами, взрослые наряжаются детьми, а дети – взрослыми, простые обыватели – знаменитостями и сильными мира сего. Учёные рассматривают инверсию как своего рода клапан для временного освобождения от прессинга социальных норм. Так в Хэллоуине оживает дух средневековых праздников дураков с их карнавальными королями.

Николас Роджерс замечает: «В качестве праздника без официального покровителя Хэллоуин никогда не был надежно вписан в национальные сюжеты. Он всегда действовал на окраине ведущих праздничных традиций, сохраняя некоторые перевёрнутые с ног на голову черты ранних празднований нашей эры – пародию, трансгрессию, катарсис, физиологический избыток карнавализации – и перерождая их в новых социальных и политических контекстах. В этом частично заключается секрет его стойкости и жизнелюбия»(5). Таким образом,

Америка, тоскующая по архаическим корням, впитала древний праздник, «усыновила» его и сделала одним из самых весёлых дней в году.

ИГРЫ ДЛЯ ДЕТЕЙ И ВЗРОСЛЫХ

Ренессансные ярмарки

В США нет романтических замков, выстроенных в эпоху средневековья, но дух старинных празднеств живёт не только не только в красочном вихре парадов ряженых и карнавалов Нового Орлеана. Большой популярностью пользуются так называемые «ренессансные ярмарки».

Современные американские ренессансные ярмарки отсчитывают свою историю от маленькой ярмарки, устроенной в 1963 году калифорнийской учительницей Филлис Паттерсон во дворе собственного дома для своих учеников. Затея так всем понравилась, что в том же году Филлис и ее мужа Рона пригласили устроить ренессансную ярмарку для сбора средств в фонд местной радиостанции. На ярмарку собралось около восьми тысяч человек! После этого супруги Паттерсон совместно с Центром живой истории основали в Калифорнии две ярмарки, весеннюю и осеннюю, которые стали местной ежегодной традицией. Из Калифорнии ренессансные ярмарки стали стремительно распространятся по всей стране.

Ренессансные ярмарки и фестивали обычно проводятся на открытом воздухе. Некоторые фестивали, такие как Пенсильванская ренессансная ярмарка, проходят в специально обустроенных местах с театральными площадками и ристалищами для рыцарских поединков, окруженными амфитеатром для зрителей. Другие ярмарки устраиваются просто в парках или на фермерском поле. Большинство ярмарок представляет собой воображаемый английский город эпохи правления королевы Елизаветы I, некоторые воссоздают времена правления Генриха VIII. Ярмарки могут также изображать город в другой стране, например, во Франции или Германии. Рамки ярмарочного псевдоренессанса нередко довольно условны, и могут включать древних викингов или, наоборот, пиратов XVIII века, а также на любой ярмарке желанны волшебники, кентавры, феи, эльфы и другие сказочные персонажи.

На ярмарках можно увидеть музыкантов, певцов, танцоров, фокусников, жонглёров, шпагоглотателей, а также актёров, наряженных знатными рыцарями, крестьянами, монахами, нищими, шутами, которые вступают в общение с посетителями. Есть тут и актёры, которые разыгрывают «шекспировские» представления или представления в духе итальянской комедии дель арте. Посетители могут приехать на ярмарку в старинных костюмах или купить или взять такой наряд напрокат прямо на ярмарке. Тут можно купить изделия ремесленников, мечи и кинжалы, книги и сувениры, попробовать «ренессансные» угощения, продегустировать вино или пиво, поучаствовать в «ренессансных» забавах и играх. Аттракционы для детей тоже стилизованы под старину, это карусели или «лодки», которые приводят в движение и раскачивают не моторы, а люди. Здесь можно посетить мини-зоопарк, покатать детей на пони и послушать рассказ про соколиную охоту, причем сокол будет сидеть на руке рассказчика.

Чикагский журналист Нил Стейнберг так написал про ренессансную ярмарку: «Если парки аттракционов с их картонными улицами пропитаны ароматом невыразительной безопасной гомогенизированной «белохлебной» Америки, то ренессансная ярмарка представляет собой другой полюс социального спектра: дымок оккультного, вспышку опасности, намёк на эротику»(6).

Парки аттракционов

Как бы критично не отзывался Нил Стейнберг про парки аттракционов, но они пользуются неизменной любовью американцев. Нигде в мире создание парков аттракционов (которые ведут свою историю от городских и деревенских ярмарок, во время которых устраивались развлечения – качели и карусели, представления странствующих комедиантов и кукольного театра, паноптикумы с диковинками) не проводится с таким размахом, как в США. Самыми известными являются тематические парки, основанные прославленным продюсером и мультипликатором Уолтом Диснеем. Так же популярны парки Universal Studios (парки киностудии «Юниверсал»), Sea World («Морской мир») и Busch Gardens («Сады Буша»).

Первым парком аттракционов, построенным под непосредственным присмотром Уолта Диснея, стал Диснейленд, который открылся в калифорнийском городе Анахейме в 1955 году. За прошедшие десятилетия парк посетило астрономическое число гостей – 600 миллионов человек!

С тех пор империя, основанная Диснеем, продолжает расти и расширяться. В настоящее время только в городе Орландо, штат Флорида, работает четыре диснеевских парка аттракционов, а также два диснеевских парка с водными аттракционами. Первым в Орландо открылся парк Диснея Magic Kingdom - «Волшебное королевство» (1971), ориентированный на малышей. Вслед за ним последовал парк Epcot - «Эпкот» (1982), соединивший город будущего и всемирную ярмарку; затем парк с аттракционами на темы кинофильмов «Голливудские студии Диснея» (1989) и парк-сафари Animal Kingdom - «Царство зверей»

(1998). Диснеевские парки Орландо расположены на участке площадью 47 квадратных миль и объединены в единую систему Disney World - «Мир Диснея». На этом же участке возведены 24 диснеевские гостиницы, постояльцы которых получают льготный доступ в парки.

Диснеевские парки действуют не только в США. Они открылись в Токио (1983), Париже (1992) и Гонконге (2005). «Мир Диснея» является самой посещаемой системой тематических парков на свете.

Купив весьма дорогостоящий билет, посетители немедленно погружаются в приподнятую оживлённую атмосферу нарядного парка. Они могут (если, конечно, не устанут стоять в бесконечных очередях) посетить любой аттракцион от старомодной карусели до захватывающих дух «американских горок», посмотреть представления с актёрами и компьютерные шоу, покататься на катере и поезде, сфотографироваться с персонажами мультфильмов, полюбоваться красочными шествиями сказочных героев и фейерверками, а также живыми зверями и птицами, насладиться видом редких растений.

Традиционно можно предположить, что парки аттракционов рассчитаны в первую очередь на родителей с детьми. Однако специалисты по рекламе, особенно сверхэнергичные маркетологи империи Диснея, старательно внушают американцам мысль, что тематические парки доставят удовольствие людям любого возраста. Рекламные ролики и брошюры приглашают не просто посетить диснеевские парки, но и отпраздновать там день рождения, помолвку, сыграть свадьбу и провести медовый месяц, отметить юбилей или годовщину свадьбы. Поэтому так же часто можно увидеть телерекламу парков, в которой показывают малышей, как и ролик, в котором пожилая супружеская чета со счастливыми улыбками кружится на карусели. Реклама настойчиво приглашает потребителей снова ощутить себя детьми. И действительно, миллионы людей с удовольствием становятся Питер Пэнами на день, терпеливо выстаивая в очередях на аттракционы.

Любопытный взгляд на детище Диснея предложил в своей книге «Миф от ледникового периода до Микки Мауса» американский историк Роберт Броквэй. Он написал: «Уолт Дисней воспроизвёл мир ребёнка с невиданным размахом, а именно потому, что сам он так никогда и не расстался детством»(7).

Давая характеристику Диснейленду, Броквэй называет парк не только «игрушкой, детским миром, достаточно большим, чтобы в нём можно было прогуливаться», но даже «собором капитализма» и «храмом некой религии», святыми которого стали Микки Маус и Дональд Дак, «теологами культа Диснея являются его имаджинеры (*дизайнеры – К.Г.*); а священнослужителями – костюмированные служащие»(8). Отдавая должное продуманности и уюту парка, помогающего взрослым вернуться в детство и ненадолго забыть о суровых реалиях повседневной жизни, Броквэй, в то же время, видит его в жёстком свете реальности: «Создания Диснея – это сахариновые транквилизаторы ... Это опиаты. Однако всем нам время от времени нужны опиаты, а торговая марка Диснея действует очень успокоительно»(9).

Клубы и конвенции

Страсть к игре можно удовлетворить не только посещая парки аттракционов. Любовь к игре особенно ярко проявляется в увлечениях людей, собирающихся в клубы по интересам и клубы ролевой реконструкции. Подобных клубов и обществ существует в Америке великое множество, родители приводят в эти клубы своих детей.

Самые преданные поклонники средневековья и времен ренессанса становятся членами клубов и обществ, где они устраивают рыцарские поединки, учатся сражаться на мечах и наряжаются в специально заказанные исторические костюмы. Есть и сообщества, члены которых предпочитают наряжаться пиратами. Люди, увлекающиеся историей американской революции или американской гражданской войны, участвуют в театрализованных представлениях, тщательно воспроизводящих те или иные боевые эпизоды этих знаменательных событий. Для этого они заказывают себе военные формы нужного столетия и соответствующую обувь, репетируют военные операции.

Помимо клубов исторической реконструкции, существуют общества поклонников романов и фильмов в жанрах сказки, «фэнтези» и научной фантастики. Самых преданных читателей сказочных романов Д. К. Роулинг про мальчика-волшебника Гарри Поттера можно увидеть в нарядах персонажей книги или просто в чёрных мантиях и колпаках волшебников. Огромно число поклонников трилогии «Властелин колец» Д. Р. Р. Толкиена. О фанатах космической саги «Звёздные войны» и говорить не приходится – киноэпопея Джорджа Лукаса оказала огромное влияние на американскую массовую культуру, объединив в фан-клубы и клубы ролевой реконструкции тысячи увлечённых людей. Взрослые с удовольствием погружаются в атмосферу космической саги, надевают одежду благородных рыцарей-джедаев и с упоением размахивают световыми мечами.

Даже в частной жизни поклонники той или иной эпохи или того или иного явления массовой культуры не устают следовать своим привязанностям. Так, участники свадьбы, начиная от жениха и невесты и заканчивая гостями, могут быть наряжены в средневековые наряды или в костюмы персонажей «Звёздных войн», облачиться в одежды поры американской гражданской войны или принять обличья супергероев, обратиться в сказочных эльфов или обернуться ковбоями эпохи покорения дикого запада.

Для того, чтобы объединить поклонников какого-либо явления массовой культуры, проживающих в разных городах, организовываются специальные слёты-конвенции. Так, проводятся конвенции для любителей фантастики, или даже конвенции для фанатов какого-нибудь одного сериала, например, для любителей сериала «Звёздный путь» или сериала «Звёздные врата». На конвенцию большинство фанатов предпочитает являться в облике своего любимого персонажа. Они отдаются подготовке к конвенциям всей душой, самостоятельно изготавливая или заказывая в мастерских сложные костюмы, готовя, а затем разыгрывая поодиночке или группами целые представления. Другие посетители конвенций удовлетворяются тем, что надевают майку с изображением любимого героя или покупают здесь же в сувенирном киоске забавный головной убор.

Пользуются большой популярностью Аниме-Коны (Anime-Con – конвенции аниме), где собираются любители компьютерных игр, популярной японской культуры, манги (японских комиксов) и аниме (японских анимационных сериалов, многие из которых делаются по мотивам комиксов-манга).

Поклонники комиксов регулярно устраивают собственные конвенции. В густой толпе, наводняющей Комик-Коны (Comic-Con – конвенции комиксов), можно встретить как супергероев самых популярных комиксов, таких как Супермен, Человек-паук и Бэтмен (человек-летучая мышь), так и персонажей самых редких и малоизвестных комиксов. Здесь же встречаются персонажи мультипликационных сериалов для взрослых, например, таких как «Симпсоны» и «Футурама», и персонажи «Звёздных войн», ведь уже давно из печати выходят посвящённые им комиксы.

Вообще, супергерои – чисто американский феномен. Праотцом и прототипом всех супергероев стал Супермен в его броском сине-красно-жёлтом костюме, впервые представленный публике в выпуске комиксов «Экшен Комикс №1» в июне 1938 года. Вслед за ним последовали десятки и сотни других супергероев. Обычно супергерои наделены особыми сверхсилами – например, умеют летать или бить в цель энергозарядами, обладают лазерным зрением. Человек-паук выпускает суперпаутину, которая помогает ему «перелетать» с одного высотного здания на другое. Другие супергерои обладают особым оружием или технологией, вроде силовых бронекостюмов Железного человека или кольца силы Зелёного Фонаря. Супергерои используют свои сверхвозможности для борьбы с преступниками, враждебно настроенными инопланетными пришельцами, монстрами и чудовищами, а также с суперзлодеями – то есть, со злодеями, которые, также как и супергерои, наделёны сверхсилами, но направляют их не во благо, а во зло.

Начиная с Супермена, супергерои приобрели суперпопулярность. Помимо комиксов, они представлены в радиосериалах, телепередачах, видеоиграх и в кино. Недавно супергерои начали осваивать новый жанр – мюзикл. В супергероях – этих продуктах наивного мифотворчества XX века, выразилась детская мечта американцев об отважных и справедливых защитниках «простых людей».

ЖИЗНЬ КАК ИГРА

Иногда кажется, что *игровая стихия* с её ощущением «невсамделишности» захлёстывает самые неожиданные сферы американской действительности. Даже американские загородные дома нередко напоминают кукольные домики, особенно жилища, построенные в последние десятилетия – образцы удешевления себестоимости строительства. Дома выстроены из лёгких непрочных щитов, чуть ли не из картона. Двойные стены наполнены внутри для тепла синтетической стекловатой и при пожаре сгорают за несколько минут, при ураганном ветре рассыпаются, как карточный домик. А по фасаду, для вящей внушительности, многие дома выложены кирпичом или камнем. Впрочем, это не настоящие кирпичи и не настоящие камни, а, как говорят строители, «в полкирпича» – отделочный материал из лёгких, сильно «похудевших» кирпичей, или декоративные, так называемые «синтетические» камни. Лужайки перед домами нередко украшены гипсовыми львами размером с кошку; тележками, превращенными в подставки для вазонов с цветами; умильными гипсовыми скульптурами детей и маленькими декоративными колодцами, в которых никогда не было воды.

Просторные чистенькие типовые торговые площади, примыкающие к шоссе, застроены по периметру буквы П магазинами, и сильно напоминают декорации. Кажется, зайдёшь за угол здания, а там – ничего нет, только деревянные подпорки поддерживают листы фанеры с нарисованными на фасаде окнами и дверями.

А разве можно позабыть о любви американцев к спортивным матчам? Состязания атлетов в силе, быстроте и ловкости пользуются любовью человечества с древних времён. Однако в американской интерпретации спортивные соревнования превратились в представление, в которое, кроме атлетов, вовлечены другие участники. Так, у баскетбольных и бейсбольных команд, а также команд по американскому футболу, существуют группы поддержки (англ. *Cheerleading*). Это группы девушек и юношей (англ. *Cheerleaders*), которые рифмованными речовками призваны поддерживать дух своей команды. Девушки обычно наряжены в короткие кофточки и мини-юбки и размахивают так называемыми помпонами – огромными кистями, собранными из разноцветных ленточек. Перед началом игры и в перерывах группы поддержки выступают с головокружительными номерами, представляющими собой сочетание спортивного танца, гимнастики и акробатики. Вплетая в своё выступление скандирование речовок, «черлидеры» танцуют, ходят колесом, подбрасывают друг друга высоко в воздух и строятся в живые пирамиды.

Группы поддержки существуют у детских, юношеских и школьных команд, а также у профессиональных команд, входящих в региональные и национальные лиги. В последние десятилетия cheerleading приобрёл такую популярность, что появились независимые группы поддержки, несвязанные с какими-либо спортивными командами, которые выступают на конкурсах по черлидингу.

Зажигательными выступлениями черлидеров *игровой аспект* матча не исчерпывается. В нём обычно принимает участие персонаж-талисман команды, его ещё называют маскот (от фр. *mascotte* – человек, животное или объект, приносящий удачу). Одним из наиболее узнаваемых маскотов в США стал Филли Фанатик – талисман бейсбольной команды «Филадельфия Филлиз», входящей в национальную лигу, представленный болельщикам в 1978 году. Это симпатичное ярко-зелёное мохнатое существо с большим круглым брюхом. Фанатик кружит по полю на маленьком авто или, смешно переваливаясь с боку на бок, бродит по трибунам, обнимаясь с болельщиками. В его обязанности также входит передразнивать игроков команды, играющей против «Филлиз». Свои маскоты есть у университетских и школьных спортивных команд.

Если голенастые черлидеры демонстрируют свои атлетические возможности, внося при этом струю здоровой задорной сексуальности, то персонажи-талисманы команд вплетают в спортивные состязания элемент комедии, веселят публику и пользуются особой популярностью у самых маленьких болельщиков.

Стоит упомянуть и о таком важном аспекте американской действительности, как политика. Философ Йохан Хёйзинга рассматривал политику как одну из форм игры: «Еще более ярко, чем в британском парламентаризме, игровой элемент проявляется в американских политических нравах. Задолго до того, как двухпартийная система в Соединенных Штатах приняла характер почти что двух противостоящих спортивных команд, чье политическое различие едва ли уловимо для постороннего, предвыборная кампания здесь уже напоминала по своему облику большие национальные игры ... Слепая верность партии, тайные организации, массовый энтузиазм в сочетании с ребяческой жаждой внешних символов придают игровому элементу американской политики нечто наивное и непосредственное, чего лишены более молодые массовые движения Старого Света»(10).

Кульминацией напряжённой американской политической игры, безусловно, становятся президентские выборы, превращающиеся в гигантский спектакль, на постановку которого расходуются миллиарды долларов. Задолго на начала очередных выборов в средствах массовой информации начинают строиться догадки относительно того, какие известные личности выдвинут свои кандидатуры. За дебатами кандидатов на пост президента, затаив дыхание, следят десятки миллионов граждан страны. С яростным любопытством отслеживаются постоянно меняющиеся рейтинги кандидатов. Под микроскопом рассматривается каждое слово кандидата, каждый его поступок и действие, тщательно перебирается его прошлое и личная жизнь. Напряжение достигает апогея в ночь подсчёта голосов избирателей. Развязкой становится объявление имени победителя. А завершается спектакль торжественной театрализованной церемонией инаугурации новоизбранного президента, попасть на которую стремятся тысячи людей.

***

Таким образом, *игра* пронизывает все стороны американской действительности, все аспекты общественной и частной жизни граждан – от политических страстей до спортивных зрелищ, от украшения жилищ к праздникам до участия в карнавалах и парадах; от посещения парков аттракционов до любви к комиксам и мультфильмам; от членства в клубах ролевой реконструкции до конвенций поклонников научной фантастики, комиксов и аниме.

Отдавая должное важности игры в жизни человека, Хёйзинга, однако, предостерегал от пуэрилизации (от лат. *puer* - мальчик) человечества, когда «человек нашего времени ... ведет себя словно бы по мерке отроческого или юношеского возраста»(11). В последние десятилетия с лёгкой руки американского психолога Дэна Кайли широкую популярность завоевал термин «синдром Питера Пэна». Именно так, по имени героя сказочной повести английского писателя Джеймса Барри, обозначил Кайли своеобразное явление – неумение и нежелание многих современных мужчин взрослеть. Остроумный термин Кайли обозначает людей, подверженных процессу пуэрилизации.

Опасениям, высказанным Хёйзингой, вторит современный исследователь Станислав Яржембовский: «Мудрецы мельчают, вот в чем трагедия. И к этому, в общем-то очевидному, феномену добавляется еще один, о котором обычно не часто вспоминают и который можно назвать «пуэрилизацией» человечества (от латинского «пуэр» - «мальчик»). Психология детского и юношеского возраста растягивается теперь на многие десятилетия жизни человека. Если бы дело ограничивалось только моложавой внешностью, лихим молодежным жаргоном и непринужденной манерой поведения, в этом еще не было бы беды.

Увы, пуэрилизация – процесс более глубокий, процесс духовный: похоже, что человечество как некая целостность уже состарилось и впадает в детство»(12).

«Во всех этих явлениях духа, добровольно жертвующего своей зрелостью, мы в состоянии видеть лишь знаки грозящего разложения», - делает горький вывод Хёйзинга(13).

Карл Густав Юнг в своих трудах уделял много внимания архетипу божественного ребёнка (puer aeternus). Он отмечал двойственность, присущую этому архетипу (так же как и другим архетипам), но в то же время, в отличии от Хёйзинги, взгляд Юнга на архетип ребёнка, порождающего комплекс пуэра, был более оптимистичным. Архетип божественного ребёнка в юнгианской психологии является, с одной стороны, отражением целостности и возрождения Самости (аналога присутствия божественной искры как бессмертного духа в каждом человеке), с другой – образом инфантильности.

Мысли Юнга развивала его коллега Мария-Луиза фон Франц: «Образ ребенка всегда символизирует естественность, непосредственность. Вместе с тем невероятную трудность представляет собой задача определить, связан ли этот образ с проявлением инфантильной Тени, которую следует отделить и подавить, или же с неким творческим аспектом, способствующим нашему продвижению вперед. И в каждом случае это проблема этического характера. Ребенок всегда находится и позади нас, и впереди. Позади нас он представляет собой инфантильную Тень, детскую неразвитость, которую следует принести в жертву, иначе она затянет нас назад в зависимость, леность, распущенность, заставит нас бежать от проблем, всякой ответственности и самой жизни. С другой стороны, если ребенок оказывается впереди нас, это означает обновление, шанс сохранить вечную юность, обрести непосредственность и естественность, получить новые возможности – это означает поток жизни в направлении творческого будущего»(14).

В своём труде 'Homo Ludens' («Человек играющий») Хёйзинга цитирует глубокое высказывание Платона: «По самой природе вещей Божество достойно всяческой благословенной серьезности. Человек же сотворен, дабы служить игрушкою Бога, и это, по существу, самое лучшее для него. Посему должен он проводить свою жизнь, следуя своей природе и играя в самые прекрасные игры»(15).

Юная, практически не отягощённая наследием древних цивилизаций, Америка следует завету Платона и с наслаждением играет в игры, открывая в себе «внутреннего ребёнка». Американская цивилизация рождает игрушечную утопию с её праздничной лёгкостью и весельем как альтернативу тяжкой сущности подлинного мира. Инфантильное бегство от реальности становится спасением массового человека от жёсткого ритма действительности. И кто знает, приведёт ли страсть к детским играм человечество в целом и американцев в частности к разложению, как того опасался Хёйзинга, или поможет развитию творческого начала и движению в будущее, как предполагали Юнг и его последователи?

ПРИМЕЧАНИЯ

1. *Даркевич Владислав.* Народная культура средневековья. М.: Наука, 1988. С. 163.

2. *Erickson Ken, Sunderland Patricia.* What's Behind Halloween: Where Our Weird Rituals Originated. Washington Post, 1998, October 14.

3. *Rogers Nicholas.* Halloween: From Pagan Ritual to Party Night. NY: Oxford University Press, 2002. P. 11.

4. *Erickson K, Sunderland P.* Ibid. С. H01.

5. *Rogers N.* Ibid. P. 10.

6. *Steinberg Neil.* Out of Time, Nearly: Feast of Fools. – Chicago Sun-Times, 2007. August 15.

7. *Brockway Robert W.* Myth from the Ice Age to Mickey Mouse. NY: State University of New York Press, 1993. P. 116.

8. *Brockway R.* Ibid. P. 144.

9. *Brockway R.* Ibid. P. 141.

10. *Хёйзинга Йохан.* Homo Ludens. М.: Прогресс, 1997. С. 197.

11. *Хёйзинга Й.* Указанное издание. С. 194.

12. *Яржембовский Станислав.* Интересный век. М.: «Звезда», 2004. №6. С. 239.

13. *Хёйзинга Й.* Указанное издание. С. 194.

14. *Франц Мария Луиза.* Вечный юноша. Puer Aeternus. – М.: Класс, 2009. С. 46-47.

15. *Хёйзинга Й.* Указанное издание. С. 200.

VII
ФИЛАДЕЛЬФИЙСКИЙ ФЕСТИВАЛЬ «ФРИНДЖ»

Ксения ГАМАРНИК

ФЕСТИВАЛЬНАЯ БАХРОМА «ФРИНДЖА»

> *Для зрителей во «Фриндже» таится приключение. Прийти на спектакль, о котором ничего не знаешь, и не питаешь никаких надежд, и внезапно обнаружить, что это – потрясающе. Или, по крайней мере, потрясающе безобразно».*
>
> *Из газеты «Филадельфия Сити Пэйпер», № 694 от 4-10 сентября 1998 г.*

На узких улицах Старого города – старинного района Филадельфии – сконцентрировано то, что может привлечь сердце поклонника искусства и богемной жизни. С трудом найдя место для парковки, едва втиснувшись среди машин, плотно выстроившихся вдоль тротуара, попадаешь в Старый город. Один магазинчик ещё издали манит витринами, где выставлены причудливые, нередко даже зловещие африканские маски. Другой магазин привлекает экзотическими восточными товарами – изображения Будды от крошечных статуэток до огромных скульптур; куклы индонезийского театра теней, сделанные из раскрашенной кожи; плетёные веера, вышитые кимоно... В витрине салона дизайнерской мебели спиралью изогнулось кресло самой немыслимой, самой дерзкой формы. Неизвестно, насколько удобно в нём сидится (и сидится ли вообще), но то, что это – произведение искусства, сомнений не вызывает.

На одной и той же улице можно попасть в несколько книжных лавок, посидеть за столиком уютного ресторанчика – внутри или на улице, пройтись по художественным галереям. В одной из них, в строгих нарядных залах, выставлены добросовестно выполненные пейзажи американских Шишкиных, привлекающие взгляд фотореализмом и многотысячной ценой. А за соседней дверью, в полуразвалившемся помещении, показывают ужасы авангарда, чудовищные граффити, по сравнению с которыми даже каракули на стенах выглядят достойнее. Но тут и цена не в тысячах, а в десятках долларов. В одной из галерей можно случайно попасть на презентацию какой-нибудь чахлой выставки и угоститься чипсами и кока-колой, а если повезёт, то печеньем и дешёвым красным вином, выставленными бедным художником для привлечения каких-никаких зрителей...

Словом, в Старом городе есть на что посмотреть. Не случайно именно здесь, на этом вызывающе-пёстром, словно лоскутное одеяло, фоне, уже второй раз прошёл ежегодный театральный фестиваль «Фриндж». Название фестиваля переводится с английского как «бахрома, кайма, край».

На фестивале проходят показы спектаклей, поставленных театрами-студиями. Этот фестиваль объединяет молодое искусство, подвижников театра, ютящихся в подвалах и на чердаках, искусство альтернативное, дерзкое в своём стремлении быть ни на кого ни похожим, идти новыми путями, «искусство на краю», как определили спектакли «Фринджа» американские критики.

Итак, этой осенью в театральную бахрому «Фринджа» вплелось двести спектаклей и пятьсот их показов в течении одиннадцати дней. Это более, чем в два раз больше спектаклей, чем в прошлом году, когда новорожденный «Фриндж» длился всего пять дней. И организовали всю эту огромную массу показов всего... пять человек во главе с продюсером и директором Ником Стуччио, которые должны были решать миллионы вопросов – от аренды помещений до вызволения с таможни шести мотоциклов, которые везла для своего спектакля испанская труппа «Продукционнес Импердиблес»; от необходимости найти десять прожекторов для шоу амстердамского Гриф-театра до попытки спасти модерный хореографический спектакль «Странг» Эрика Шойефера, всё оборудование для которого – подъёмные устройства и канаты, было украдено за неделю до фестиваля.

В конце концов, трудности были преодолены. Спектакли состоялись и шли везде – от театра Арден до Первой реформистской церкви, от склада товаров до улиц и парковочных стоянок. Карта фестиваля обозначила более сорока адресов, где проходили представления. Чего не было на «Фриндже», так это предварительного отбора спектаклей, жюри и судей, и присуждения призов. «Фриндж» всеяден. Он приглашает всех желающих участвовать актёров с моноспектаклями, театральные и танцевальные труппы, а в этом году – и желающих выставиться художников и скульпторов. Эта часть фестиваля получила название «Визуальный Фриндж». Устроители «Фринджа» отказались от принципа отбора спектаклей, считая это насилием над творческими личностями (что, заметим, далеко не бесспорно). Организаторы декларируют право актёров на свободный показ своего творчества, ссылаясь на опыт крупнейшего в мире театрального фестиваля «Фриндж», проходящего в Эдинбурге с 1947 года, даже несмотря на то, что с тех пор в Эдинбурге уже давно введён жёсткий контроль за качеством постановок. Как бы там ни было, а «Фриндж» уже стал фактом культурной жизни Филадельфии, «слоном в гостиной», с существованием которого приходится считаться.

Афиша фестиваля этого года, разумеется, невероятно разнообразна. Конечно же, не обошлось без «мастодонта» театра абсурда Сэмюэля Беккета. Герои пьесы «Конец игры» Нагг и Нэлл, роли которых исполнили Дэвид Уорнер и Терри Гьюрин, ведут свои диалоги, сидя в двух алюминиевых мусорных баках. Режиссуру этой сложной для постановки пьесы осуществил Марк Лорд в театральной компании «Биг Хаус».

Не обойдена вниманием и «русская» тема. Спектакль «Товарищ Мейерхольд», представленный актёрами Кокер-колледжа, посвящен трагической судьбе знаменитого режиссёра в кровавые годы сталинизма. А представление «Русская любовь Голдфингера» создано по мотивам серии фильмов про Джеймса Бонда.

В фестивальной афише было представлено много моноспектаклей, в том числе, и с весьма недвусмысленными названиями. Ну что же, «Фриндж» – фестиваль искусства эпатажного и эпатирующего, а сфера эротики как нельзя более годится для эпатажа. Помимо таких спектаклей, как «Частная информация» Мэри Мерфи – трогательная автобиография актрисы, и постановки «В поисках признаков разума во вселенной» Денис Шубин, где одна актриса исполняет сразу тринадцать ролей, были отважно представлены моноспектакли «Оды хорошему сексу с плохими мужчинами» Мэрилин Луис Полак, «Эротический цирк мистресс Экстази» Марджори Конн и «Часть вторая любовного путешествия лесбиянки» Шерон Хайес. Видимо, «Часть первая» исполнялась на прошлогоднем «Фриндже»...

Широко были представлены балетные и танцевальные представления, не было забыто и искусство пантомимы. Интересно, что в ткань фестиваля модерных исканий органично вплелись спектакли, настоянные на древних культурных традициях, такие, например, как выступление театра танца «Натья» – «Бхаратанатьян» – классическое искусство танца Индии, насчитывающее две тысячи лет, или сольное выступление Томаса Дьюры, который исполняет классический испанский танец фламенко. Древнейшие корни также у спектакля «Сказки Догона», созданного по мотивам мифов, легенд и сказок Восточной Африки.

«Сказки Догона» чернокожей театральной группы «Образы родной земли» («Images of the Motherland») – это красочное зрелище, где слились воедино хоровод причудливых африканских одеяний из травы, раковин и домотканых пёстрых тканей; мистическая музыка шорохов и ветра, наигрываемая на незнакомых музыкальных инструментах, сделанных из стеблей и тыкв; космогонические мифы о зарождении Вселенной и звёздных братьях; танец и пантомима.

Одной из бесспорных удач фестиваля стал спектакль «Иксиондей». Аллегорическая пьеса, настоянная на синтезе древнегреческих трагедий и древнеримских комедий, написана и поставлена Грэгом Джованни в театральной компании «Биг Месс Театр».

Спектакль, порой разностильный, впитал в себя элементы театральной зрелищности от античных времён и комедии дель арте до театра абсурда. Великолепна работа дизайнеров Дженнифер Готтнер и Меган Уолл, которые создали костюмы, парики, головные уборы, маски и скульптурные дополнения к костюмам.

Грозный мир, предстающий в спектакле, насыщен тёмными желаниями плоти. Люди, мифологические существа и боги сливаются в едином круговороте природы. В этом мире призрачны переходы из земной жизни в царство теней или в благословенные места обитания олимпийских небожителей. Трагическая нота задана в самом начале: богиня Гера с мечом в руке медленно восходит по лестнице, на ступенях которой распростёрлось безжизненное тело.

Сюжет «Иксиондэя» необычен, необычны и его персонажи. Прекрасного юношу на пороге женитьбы охватила страсть к кентавру. В дело вмешиваются боги. Роль роскошной статной красавицы богини Геры, как было положено в древнегреческом театре, исполняет мужчина, Джим Муни. В боге Дионисе подчёркнута андрогинность, заложенная в мифе: его тело украшают, как это было принято в древнеримской комедии, преувеличенно-утрированные признаки женского и мужского пола. Роль Диониса исполняет Пэрси Бантинг. После многих перипетий юношей, наконец, завладевает соблазнительная Титания в исполнении Дебры Сиф. Страсть торжествует в языческом мире. В финале действа на сцену выходят два гигантских кентавра с обнажёнными мускулистыми торсами.

В целом, одной из самых характерных черт «Фринджа» является синтетичность его постановок. Например, пятнадцатиминутное представление, разыгранное на парковочной стоянке, было посвящено превращению супермаркетовских тележек для покупок в объекты искусства совместными пластическими усилиями художников и танцоров. Моноспектакль Эллен Фишер «Тарантелла» явился синтезом пантомимы, танца и театра марионеток. Хореограф Джо Гуди привёз из Сан-Франциско спектакль, в котором его танцоры впервые... запели. Синтез разных видов искусства как нельзя лучше соотвествовал духу исканий, духу свободной богемно-фестивальной тусовки, экспериментальному духу «Фрин-джа».

В какой-то степени «Фриндж» явился вызовом коммерческому искусству, символом которого в Америке стали профессионально сработанные мюзиклы, сплошь и рядом заполонившие крупные театры. Молодости обычно присущ дух бунтарства. Многие из юных режиссёров и актёров, принимавшие участие во «Фриндже», со временем, вероятно, станут талантливыми постановщиками и исполнителями ролей в тех же пресловутых мюзиклах, а кто-то, навсегда очарованный истинным Театром, закаливший мужество во время репетиций в неприспособленном для этого подвале, сделает свой выбор, посвятит себя высокому искусству драмы, откроет новые пути и останется в театральных летописях навсегда.

Ксения ГАМАРНИК

ПРАЗДНИК ТЕАТРАЛЬНЫХ ЭКСПЕРИМЕНТОВ

В сентябре в Филадельфии прошёл третий ежегодный театральный фестиваль «Фриндж». Английское слово «фриндж» означает «бахрома, край», и широко используется для обозначения театральных фестивалей, представляющих авангардное, альтернативное искусство «на краю». Всемирную известность завоевал фестиваль «Фриндж», который проводится в Эдинбурге. И хотя филадельфийский фестиваль ещё совсем юный, он уже уверенно занял место в жизни города. Возможно, в самой культурной ауре Старого города было нечто, позволившее фестивалю органично вписаться в его контекст. Вероятно, в самом воздухе витала потребность пригласить фанатиков искусства, оклеить стены домов яркими афишами, выплеснуть на улицы бесплатные представления, собрать зрителей на необычные по форме спектакли...

В этом году «Фриндж» начался парадом участников. Фестиваль продолжался одиннадцать дней, в течении которых прошло 550 представлений (каждый спектакль игрался несколько раз), в них принимали участие более полутора сотен артистов. Уже стало традицией, что спектакли проходят в самых разных местах – в собственно театральных зданиях, а также в кафе, церквях, художественных галереях, на складах и просто под открытым небом.

Нынешней осенью во «Фриндже» принял участие и русскоязычный «Театр-студия Марты», представивший постановку «Огни большого города».

И чтобы зрители ни увидели на фестивале, удачную постановку или слабую, всё же она несёт в себе отражение театрального эксперимента, дерзких и талантливых, реже – не очень дерзких и даже не очень талантливых, но всё же поисков, поисков нового самовыражения людей, связавших свою жизнь с искусством.

Представляем вашему вниманию несколько фестивальных зарисовок.

«ДВЕ КОЖИ»

Некоторое время нас вели по длинным сумрачным переходам. Огромные, скупо освещённые, пустые помещения с высокими потолками. В этом чувствовалась какая-то сиротливая отрешённость... Нет, это ещё не было началом действа, это только долгий извилистый путь к зрительским местам. Не знаю точно, для чего было предназначено это здание. Скорее всего, какой-то пустующий склад. Тем не менее, он оказался оборудован амфитеатром из десяти-двенадцати рядов, на каждом из которых умещалось зрителей двадцать. Вскоре все места оказались заняты, и всё подходившие люди рассаживались просто на полу. Они собрались на спектакль «Кожа» в хореографии Джоди Нетцер, представленный танцевальной труппой «Энтити Продакшенс».

И вот погас свет, оставив освещённым только белое полотнище на импровизированной сцене. Оно неспешно началось двигаться, словно просыпаясь. Медленно, очень медленно полотнище это, прежде укрывавшее всю сцену, стало съёживаться, словно шагреневая кожа, становиться всё меньше, пока не сбилось в один гигантский шевелящийся кокон. Он напоминал кожистое яйцо, сквозь полупрозрачные стенки которого вдруг проступали очертания то лица, то руки или ноги.

Существам, населяющим это яйцо, было мучительно тесно, они изо всех сил пытались вырваться наружу, и в конце концов им это удалось. Кокон распался на три полотнища, окутывающие три фигуры, две женские и одну мужскую, одетые в трико телесного цвета, и оттого казавшиеся обнажёнными. Исполнителями являлись сама Джоди Нецлер, а также Сюзан Райт и Стивен Смит.

Вырвавшись наружу, эти трое, с покрытыми белым гримом лицами и подведёнными чёрным глазами, начали сложный пластический танец, содержавший немалую долю эротики. Они обменивались полотнищами, отнимали их друг у друга с напряжением отчаяния, временами замирая в скульптурных позах или внезапно прорезая тишину резким надрывным криком, пока, наконец, не застыли, чтобы раствориться в темноте...

Интересно, что в нынешнем году на «Фриндже» была представлена другая работа с аналогичным названием «Кожа: Внутри того, что снаружи» в постановке Мэри Розании. Театральный эксперимент «Кожа» Розании впервые был сыгран в Англии. Спектакль находится в постоянном развитии, не принимая устоявшуюся форму. Режиссёр экспериментирует со светом и звуком. Эпиграфом к своей работе Мэри выбрала глубокое изречение древнего китайского мудреца Лао Дзы из книги «Дао Дэ-цзин»: «Мы придаём глине форму сосуда, но внутри его находится пустота, которая хранит всё, что мы пожелаем».

«57 ЖЕНЩИН ГОРОДА МЭЯ»

Именно так, по названию стихотворения, именовалось это мероприятие в афише. Оказалось, что это не спектакль в прямом смысле этого слова, а чтение авторами своих стихов, которое состоялось в одной из художественных галерей на Второй улице.

В белых стенах и на паркетном полу уютной галереи приобрели значительность представленные там экспонаты – геометризованные керамические «свёклы»-конусы. И всё же главным украшением галереи оставалось окно от пола до потолка, сквозь которое хотелось часами наблюдать за оживлённой жизнью улицы.

Для слушателей приготовили три ряда металлических стульев, по восемь-десять стульев в каждом. Впрочем, народу больше и не собралось. Состояли чтения из двух частей. В первой части свои стихи читала Дэйзи Фрид. Поэтесса оказалась неправдоподобно громадного роста, смуглой, кареглазой, с крутыми чёрными кудрями, и отчаянно напоминала переодетого в женский наряд гренадёра. Трудно было вообразить большее несоответствие со своим нежным именем Дэйзи, что означает маргаритка. Впрочем, когда она улыбнулась и начала читать, то очаровала всех своей женственностью, чувством юмора и проникновенным голосом. Только двое элегантных господ покинули зал во время чтения. Видимо, стихотворения Дэйзи про девочку с тампоном и двух беременных женщин, танцующих в женской уборной, не нашли отклика в их душах.

Несмотря на то, что в поэзии Дэйзи столько эмоций, утверждающих – вопреки мужеподобной внешности – женское естество автора, несмотря на присутствие в них физиологических подробностей, стихи её показались талантливыми, особенно посвящение медленно разрушающемуся городу Фиштауну.

Вторая часть состояла из чтения произведений поэта Джима Квина. Стихотворения, плавно перетекающие друг в друга, создали своеобразную поэму, причудливо отразившую современность – тут и телефонный разговор после первой брачной ночи молодой жены со своим бывшим возлюбленным, и встреча с заключёнными, которых ведут к автобусу, и визит к психотерапевту, называющему себя Доктор-Сон.

Стихотворения исполнял сам автор, уже немолодой Джим Квин, его брат, похожий на него как две капли воды, тоже немолодой Ричард Квин, опять-таки Дэйзи Фрид, её сестра Мириам Фрид и Мелисса Сильверман Блэйкс. Лучшей исполнительницей оказалась Мириам Фрид, полная противоположность Дэйзи, очаровательная хрупкая сероглазая девушка.

СВЕТ ИСТИНЫ

Так называлось моно-представление, придуманное, поставленное и сыгранное Кэт Робертсон. Вдохновили Кэт на эту работу её размышления о своих африканских корнях, о далёких предках, ходивших в живописных нарядах, а нередко – и без оных.

Представление состояло в появлениях Кэт пред некой призмой, долженствующей, по-видимому, символизировать палатку, вигвам, словом, обиталище предков. Сперва актриса, оформленная павлиньими перьями, исполнила спич королевы Хатшепсуп (даты жизни 1501-1447 до н.э., уточняет программка). Затем она танцевала в чёрной балетной пачке, после читала стихи – в халате, переднике и седом парике. В то время, пока она преображалась за сценой, чтобы зрители не томились, их угощали слайдами и видеозаписями, изобретательно пускаемыми прямо на стенки палатки – дождь, чайки, современная городская толпа. Картинки перемежались изображениями нагой Кэт.

По техническим причинам (стоянка, где была оставлена машина, должна была закрыться с минуты на минуту), мне пришлось позорно бежать, не дождавшись конца спектакля, и остаться безнадёжно неосвящённой светом истины, который, как я подозреваю, заключался в финальном появлении немолодой актрисы перед зрителями прямо в чём мать родила, каковое появление любовно подготавливалось в сознании зрителей слайдами...

Впрочем, этого мне уже не узнать.

ЧТО МОЖЕТ ОКАЗАТЬСЯ ЗА ДВЕРЬЮ...

Маленькие книжные магазинчики работают в Старом городе допоздна. В них можно не только, с удобством устроившись за столиком, почитать книги, но и выпить чашку кофе с кексом, или купить бутылку воды или сока. Естественно, есть в такой книжной лавке и место всеобщего паломничества, и там я обнаружила... ещё одну ипостась «Фринджа».

В рамках театрального фестиваля также проходит и фестиваль художников «Визуальный Фриндж». Так что стена туалета книжного магазина оказалась украшена двумя пейзажами небольшого размера. Всё честь по чести – холст, масло, рамки, цены ($250 и $280)... а рядом и брошюра, объясняющая, что это проект «Сто живописных работ для ста уборных»...

Справедливости ради нужно отметить, что этим проектом рамки художественной части «Фринджа», к счастью, не ограничиваются...

ЗАНАВЕС ОПУЩЕН

И вот фестиваль завершился. В историю города братской любви вписана ещё одна яркая страница. В фестивальную бахрому сентября вплелись спектакли на основе классики – по произведениям Софокла и Шекспира, Сервантеса и Дюма, Кафки и Беккета. Вошли туда и балетные постановки, среди них – спектакль известного Пенсильванского Балета; выступления танцовщиков фламенко, жонглёров, шпагоглотателей и циркача, крутящего хула-хуп.

Кукольный театр был представлен постановкой «Мам Паппет Театра», но куклы и маски, эти извечные атрибуты театра, использовались во многих представлениях «Фринджа». В спектакле «Я думаю, я – Кен» танцевальной студии «А-Дэнс» иронически изображён пластиковый мир ширпотреба, где страсть заменена механическими движениями кукол Барби и Кена.

Множество моноспектаклей, как и в прежние годы, принимали участие в фестивале, но в этом году «Фриндж» перестал быть всеядным, как это было прежде – теперь стал проводиться отбор театральных работ.

Ксения ГАМАРНИК

ВИШНЁВЫЙ ЗАД

Рецензии на театральные спектакли обычно пишутся по горячим следам. В идеале, рецензент лихорадочно делает заметки прямо во время спектакля, в темноте, практически наощупь, чтобы записать ускользающие мысли и впечатления, затем строчит свой отклик глухой ночью, а на рассвете уже подаёт его редактору какого-нибудь уважаемого издания.

Даже если рецензия пишется не на следующий день, то достаточно скоро. В моём случае дело обстоит по-другому. Я взялась за сочинение этих заметок через... семь лет после того, как посмотрела спектакль, о котором пойдёт речь. И вдохновила меня на это моя одиннадцатилетняя дочь. Это случилось, когда мы с мужем, смеясь, вспоминали, какой шок мы испытали на том давнем спектакле. Внезапно Анюта, внимательно прислушивавшаяся к нашему разговору, сказала: «Я помню этот спектакль. Только я думала, что всё это мне приснилось». И действительно, в тот раз мы взяли её в театр...

...Это было ранней осенью 2001 года. В том году ежегодный филадельфийский театральный фестиваль «Фриндж», представляющий молодое дерзкое экспериментальное искусство, проходил в городе в пятый раз. Мне так понравилась атмосфера радостного оживления, царившая на фестивале в первые годы его существования, что с тех пор я старалась его не пропускать.

Разумеется, нельзя объять необъятное – в рамках фестиваля в том году прошло более двухсот спектаклей на шестидесяти сценических площадках. Однако мне хотелось успеть посмотреть хотя бы один из заявленных в программе спектаклей, чтобы потом целый год, до следующего фестиваля, жить с приятным ощущением того, что очередной «Фриндж» не прошёл мимо меня.

Но как сделать выбор в безбрежном море фестивальных мероприятий? Что бы несколько облегчить задачу растерявшимся от театрального изобилия зрителям, оргкомитет фестиваля определил десять, с их точки зрения, самых значительных постановок. Список десяти лучших спектаклей был опубликован на одной из первых страниц многостраничной фестивальной программы. Изучив краткие описания, я остановила свой выбор на русской классике в постановке венгерской труппы. Ход моих мыслей был довольно прост: «Классику испортить очень трудно, почти невозможно. Тем более, если за неё берутся актёры из Восточной Европы, вероятно, с молоком матери впитавшие старые добрые традиции русского театра». Кроме того, мне хотелось взглянуть, чем живет один из европейских театров.

И еще я, помню, тогда даже немного посочувствовала этому театру – как же они, бедняги, собираются показывать классику на фестивале авангардного театра? Привезут, наивно думала я, реалистические декорации, исторические костюмы и будут выглядеть на американском фестивале белыми воронами...

Ну что же, сказано – сделано. Мы с мужем и Анютой, которой тогда было четыре года, не подозревая ничего худого, отправились на спектакль «Вишнёвый сад» в постановке режиссёра Ласло Худи, который исполняли актёры театра «Мозго Хаз Тарсулас» (Театр «Подвижный дом»). Театр был основан в 1996 году, а премьера спектакля «Вишневый сад» состоялась в 1998 году. Со времени своего основания «Подвижный дом» показал свои спектакли на театральных фестивалях в Лондоне, Берлине, Гамбурге, Вене, Брюсселе, Амстердаме, Праге, Сараево и других городах.

В зале небольшого филадельфийского театра собралось четыре-пять десятков зрителей. На сцене, кое-как сколоченные из досок, были выстроены небольшие подмостки, по-видимому, театрика Треплева. Справа и слева от подмостков, у самого края рампы, мигали экранами, по которым бежали серые полосы, и шумно потрескивали два монитора.

Раздался равномерный стук, возвещавший о начале действия, но свет при этом не погас. На подмостки взошёл первый актер, однообразно колотивший палкой по небольшой дощечке. Интересно, что я до сих пор отчетливо помню свои тогдашние ощущения – в тот момент мне показалось, что глаза всех зрителей обратились в сторону нашей семьи. Актёр, вероятно, долженствующий изображать старика Фирса, был высок, строен и... совершенно гол, не считая дощечки, которую он стратегически расположил перед собой, но она положения не спасала. Зал затаил дыхание: вероятно, все ждали, что мы с возмущением схватим нашу маленькую девочку – единственного ребенка в зрительном зале, и покинем театр. Но не тут-то было. Не будучи ханжами, к тому же заплатив за билеты, мы предпочли остаться, и внимание публики снова переключилось на сцену. А там было, на что посмотреть.

Все появлявшиеся на сцене актёры, мужчины и женщины, оказались обнажёнными, и уже не прикрывались даже дощечками. Были они молоды, хороши собой и прекрасно сложены. Подобное потрясение я, помнится, испытала только один раз в жизни. Однажды тёмным зимним вечером, в эпоху, когда мобильные телефоны ещё не стали частью повседневной жизни, мне пришлось постучаться в двери респектабельного филадельфийского частного клуба, чтобы попросить разрешения воспользоваться телефоном. Оказалось, что в тот вечер клуб арендовало общество нудистов. Вокруг меня, в чём мать родила, разгуливали мужчины, женщины и дети, с любопытством поглядывая на моё совершенно неуместное зимнее пальто. В смятении я ринулась к спасительной стойке, за которой сидел благообразный мужчина в рубашке и пиджаке с доброжелательной улыбкой на устах. Когда же он встал, чтобы проводить меня к телефону, оказалось, что одеждой была прикрыта только верхняя часть его тела...

Помнится, позднее я рассказывала одному знакомому про абсолютно голых актёров, но он мне так и не поверил, решил, что я его разыгрываю. Ну никак не мог представить себе человек, что Чехова можно играть голышом! Точно также, как когда-то другой мой знакомый отказывался поверить, что на свете есть картина одного пензенского художника «Денис Давыдов разрывает пасть волку». Сколько я не билась, подробно описывая картину, так и не смогла убедить собеседника в истинности своих слов. А ведь это душераздирающее полотно, написанное маслом, существует на самом деле, причём могучий волк на нём ростом едва ли не выше тщедушного Дениса Давыдова. Очевидно, есть вещи, в существование которых человеческое сознание просто отказывается верить...

Но вернемся к «Вишнёвому заду», то есть, простите, к «Вишнёвому саду». Актёры заговорили на венгерском языке и на экранах мониторов побежали строки английского текста... как, оказалось, не имеющего никакого отношения к хрестоматийному Чехову. Это были случайные обрывки бессмысленных фраз, никак не связанных между собой.

Поэт Сергей Михалков когда-то сочинил инсценировку повести Марка Твена «Принц и нищий». Двое придворных обменивались в пьесе следующими репликами:

«- Во что превращен дворец! Если бы покойный король мог об этом узнать, он перевернулся бы в гробу.

- Я думаю, его покойный величество король уже устал менять свое положение».

Вот и у меня было такое впечатление, что великий классик русской литературы во время спектакля должен был бы от негодования весь извертеться в своём гробу.

Кстати, о гробах. В спектакле в ход шли классические цирковые фокусы – одного из персонажей укладывали в длинный гробоподобный ящик и закрывали крышкой. Затем ящик открывали снова, но человека там уже не было.

Когда на сцену вынесли пластмассовую куклу, я сделала слабую попытку отвлечь внимание Анюты от голых людей («Посмотри, какая куколка»), но актёры немедленно начали отрывать кукле голову, поэтому мне срочно пришлось отвлекать внимание ребенка уже от куклы, чтобы не травмировать нежное детское воображение.

Справедливости ради отмечу, что по ходу действия на актёрах постепенно начали появляться кое-какие детали одежды. Ну а в финальной сцене они появились наглухо закутанные в длинные пальто. Я по достоинству оценила этот режиссёрский парадокс – обычно актёр на сцене последовательно обнажает душу своего персонажа, здесь же актёры прошли обратный путь, постепенно переходя от полной обнажённости тела к полной закрытости.

«Труппа возникла как оппозиция официальному театру, и привлекла внимание публики откровенными, но талантливыми интерпретациями классики (Шекспир, Беккет), - написал венгерский театральный критик Томаш Колтай, - В своих нетрадиционных постановках театр использовал тексты пьес как сырье (*?! – К. Г.*). Постановка «Вишнёвый сад» – пользовавшееся успехом, но не слишком глубокое попурри, соединившее в себе видеоклипы, небольшие этюды и сцены «обнажёнки», завоевала международное признание».

Словом, напрасно я волновалась за венгерскую труппу, думая, что их работа окажется в контексте фестиваля неуместной. Пьеса Чехова стала для театра «Подвижный дом» всего лишь отравной точкой, той почвой, или, по слову Томаша Колтая, тем «сырьем», из которого вырос подлинный спектакль театра абсурда, самое подходящее зрелище для такого эпатажного фестиваля, каковым является «Фриндж». А что касается глубинных смыслов постановки, то зрители, по-видимому, оказываются настолько шокированы наготой актёров, выступающих на расстоянии протянутой руки, что просто не успевают задуматься о целях и задачах такого эксперимента.

***

И все эти годы Анюта думала, что голые дяди и тёти, прыгавшие по сцене и калечившие куклу, ей просто приснились. Велика сила искусства!

VIII
ТАКИЕ РАЗНЫЕ СКАЗКИ

Ирина ПАНЧЕНКО

УБИТЬ ДРАКОНА

Любовь к сказкам, к их волшебным превращениям и счастливым концам сохраняется в каждом взрослом человеке навсегда. Драматург Евгений Шварц был таким взрослым, влюблённым в сказку. Именно поэтому в большинстве его пьес возродились сюжеты, мотивы, персонажи классической сказочной литературы. Шварц подарил новую жизнь на театральной сцене сказкам Г.-Х. Андерсена «Снежная королева», «Тень» «Голый король», создал сатирическую пьесу-сказку «Дракон» и лирическое «Обыкновенное чудо»...

Шварц свободно соединял литературную сказку с фольклорной, с рыцарским романом. Ведь сказочная природа превращений сродни природе театральных метаморфоз, и это позволяло драматургу создавать органичный художественный сплав. Лучшие пьесы-сказки Шварца подлинно театральны, что и обеспечило им долгую сценическую жизнь у нас и за рубежом.

Обладают произведения Шварца и ещё одним огромным достоинством. Шварц – интеллектуальный сказочник. Мысль – такая же равноправная героиня его пьес, как Поэзия и Выдумка.

Задача режиссера, берущегося интерпретировать Евгения Шварца на сцене, непроста. Яркая сказочная условность спектакля должна не затмевать, а, наоборот, обнажать мысль художника. Именно к такой интерпретации стремился режиссёр Валерий Белякович, осуществляя на сцене пензенского драматического театра им. А. В. Луначарского постановку пьесы «Дракон», написанной Шварцем в 1943 году. Это, с одной стороны, помогло В. Беляковичу сохранить индивидуальность Шварца, с другой – такое решение отвечало режиссёрской манере самого Беляковича, главного режиссёра московской «Студии на Юго-Западе».

Между тем существовал соблазн решить «Дракона» в публицистическом ключе или наполнить сказочные реалии конкретно-историческими аллюзиями, как, например, это сделал Марк Захаров в кинофильме «Убить дракона».

Валерий Белякович не соблазнился возможностью модернизации пьесы, остался верен сентиментальному Шварцу и себе. Но это вовсе не означало, что в сценических аллегориях режиссёра не отразился дух времени: противостояние деспотической власти и демократии. В аллегорических персонажах и образах воплощена борьба двух полюсов: Мужества и Веры (Ланцелота, Эльзы, Шарлеманя, их помощников) с Властью и Страхом (Драконом, Тюремщиком, Бургомистром и его сыном).

Наиболее сказочно-традиционным и в пьесе Шварца и в спектакле оказался странствующий рыцарь Ланцелот (Е. Бакалов), который в трудном поединке убивает Дракона. Ланцелот у Бакалова многогранен: он влюблён в людей, вдохновенен, душевно открыт, терпелив. Природные данные актёра идеально отвечают сценическому образу. В сущности, Ланцелот-Бакалов – идеальный герой, как и подобает носителю Добра и Справедливости в сказках. При этом, что важно, Ланцелот у Бакалова наделён индивидуальностью, живостью. Он не схематичен, а убедителен.

Зловещий образ трёхглавого Дракона создают в спектакле актёры В. Петухов, М. Вальтер и В. Конопатин. Многоголовость Дракона, его способность перевоплощаться в человека – это сказочная метафора многообразия, многоликости Зла, царящего в мире. Дракон в спектакле запоминается то хамелеоном-перевёртышем, то холодным иезуитом, то грубым безжалостным воякой. Мрачные краски этого образа создаются не в последнюю очередь за счёт умело использованных на сцене световых эффектов. Свет, как и музыка. в этом спектакле несёт большую смысловую нагрузку, помогает характеристике персонажей, создаёт настроение отдельных картин и всего спектакля в целом.

Пожалуй, менее выразительно, чем другие актёры, выглядела в спектакле Эльза (Т. Городецкая). Роли актрисы в других спектаклях запомнились гораздо больше.

Далеко не все возможности, заложенные в образе Генриха, использовал А. Наумов. По пьесе Генрих и подл, и продажен, и лицемерен, и артистичен одновременно. На сцене мы увидели довольно одномерного Генриха-Наумова, лишённого психологической сложности.

Истинно благородного интеллигента Шарлеманя сыграл артист Н. Шевкуненко.

Большой актёрской удачей спектакля стала центральная роль Бургомистра, замечательно исполненная Михаилом Капланом. Сначала перед нами предстаёт трусливый, хитрый холуй Дракона, время от времени разыгрывающий для собственной выгоды душевнобольного. Но вот ситуация резко меняется. Дракон повержен Ланцелотом. И тогда буквально на наших глазах Бургомистр-Каплан перерождается в нового тирана. Куда-то бесследно исчезает его болезнь. Он умело режиссирует все события в городе, подчиняет себе механизм управления и пропаганды, находит приспешников, объявляет себя победителем чудовища, президентом, женихом молодой красавицы Эльзы, чужой невесты... И вновь оружием тирана становится страх и запугивание.

- *Михаил Яковлевич, - обратилась я к актёру, - «новый диктатор» в спектакле, прямо скажем, отвратительная личина. А вы играете её с явным удовольствием. Почему?*

- *Сыграть роль Бургомистра, перевоплотившегося в новорожденного тирана, – сложная сценическая задача. Её физически трудно выполнить. Устаю. Но после спектакля испытываю истинное удовлетворение. Такое ощущение редко выпадает на долю актёра. Играю сказку, а чувствую жизненность и злободневность роли. Люди мимикрируют. Вокруг вижу массу примеров лицемерия, приспособленчества. Разоблачая эти качества, думаю, что не зря работаю. А ведь эта роль содержит и другие социальные глубины...*

Действительно, образ Бургомистра тесно связан с ещё одной важной темой сказки Шварца – темой внутреннего рабства человека. Прекраснодушный Ланцелот надеялся, что, уничтожив Дракона, он подарит горожанам свободу, и тогда их души распрямятся, станут крылатыми, обретут гордость. Но верноподданный трёхглавого Дракона Бургомистр оказался прозорливее. После гибели Дракона он цинично говорит своему сыну о согражданах: *«Всё идёт великолепно, Генрих. Покойник воспитал их так, что они повезут любого, кто возьмёт вожжи».*

И мы видим в спектакле воплощённый в массовых сценах-танцах убедительный образец рабской покорности подданных, которые до кончиков ногтей пропитались духом послушания. Они послушны новому Тирану так же, как были послушны Дракону. Очень выразительна в обнажении этого смысла пьесы гротескно-сатирическая сцена репетиции поздравления горожанами Президента по случаю «годовщины» убийства Дракона. Добровольное рабство – питательная среда тирании, учит зрителя Шварц.

Это сказка со счастливым концом.

В финале пьесы появляется восстанавливающий Справедливость, помудревший в разлуке с любимой Эльзой Ланцелот. Именно устами

Ланцелота выражен оптимистический настрой, который излучает сказка. Рыцарь произносит вещие слова о будущем сограждан:
- *И все мы после долгих забот и мучений будем счастливы, очень счастливы наконец!*

Ксения ГАМАРНИК

СКАЗКА С СЕКРЕТОМ

Нынешняя зима подарила чудесную погоду. Малыши с наслаждением катаются на санках и на коньках, лепят снеговиков. И посещают театры! Кроме Киевского театра русской драмы имени Леси Украинки, который то ли из-за эпидемии гриппа, то ли по каким-то другим причинам не давал в дни зимних каникул утренних спектаклей, все киевские театры выпустили к новогодним праздникам премьеры. И, как выяснилось, не ошиблись: показы спектаклей сопровождались аншлагами. По-прежнему сохраняется традиция торжественно привести нарядного малыша в театр, и там, купив любимому чаду дорогой бутерброд и очень дорогой воздушный шарик, показать театральную сказку. Вот только какую?

В Театре имени И. Франко режиссер Д. Чирипюк поставил пьесу Я. Стельмаха «Берегитесь льва». Это особенно приятно и потому, что сейчас в репертуаре театров в том пространстве, которое должна занимать современная драматургия, образовался вакуум, и потому, что в спектакле принимают участие ведущие актеры, «звезды» театра, которые не отказались от невыигрышных ролей зверюшек.

Дети сразу же узнают Льва в грозной и самоуверенной фигуре (А. Хостикоев), даже не смотря на то, что его наряд (художник по костюмам Н. Лапчик), в отличии от удачных костюмов Пёсика и Бегемотика, не слишком напоминает одеяние царя зверей. Замечательно воспринимают маленькие зрители и меланхоличного Волка (В. Мазур), который, по версии автора, перевоспитался и стал вегетарианцем; и доверчивого симпатичного зайчонка Люську (Л. Руснак), и бодрого «юного натуралиста» - путешественника Буртиуса (О. Ступка), и легкомысленную Обезьянку (О. Батько).

Старые добрые знакомые, неизменные Зайчики и Волки, Обезьянки и Львы, каких может узнать даже младенец, снова и снова увлекают малышей, и заставляют их внимательно и благодарно следить за приключениями зверей в далеких африканских джунглях и в родном украинском лесу. И совсем пленил зрителей франковского спектакля огромный воздушный шар, выполненный почти в натуральную величину (сценография А. Александровича-Дачевского), на котором летают Путешественник и Лев.

Этот спектакль, сделанный старательно и с тщанием, с любовно выстроенным интерьером комнаты грустного Пёсика-Бурмосика (О. Богданович) и детальными силуэтами джунглей и леса, с его весёлыми песнями и зажигательными танцевальными номерами, несмотря на несколько затянутый финал, приносит маленьким зрителям радость. А после спектакля мальчишки бегали между рядами и кричали друг другу: «Я – страшный лев, р-р-р!», «А я – Путешественник, я тебя поймаю...». Значит, актёры старались не зря.

Режиссёра Е. Курмана, который осуществил на сцене ТЮЗа постановку пьесы К. Гоцци «Король-олень», явно вдохновлял аромат восточной сказки. В самом деле, ориентальные мотивы ощущались и в пластике персонажей, и в их красочных костюмах – экзотических прозрачных шароварах, массивных золотых украшениях, чалмах и мягких туфлях с загнутыми носами.

В первые минуты спектакля дети с увлечением воспринимают появление необычных героев, которые двигаются в плавном ритме восточного танца под соответствующую загадочную музыку. Но постепенно «градус зрительского интереса» заметно снижается. Это заставляет вспомнить, что Гоцци создавал свои глубокие философские произведения всё-таки для взрослого зрителя. Ведь малышу и непонятно, и не слишком интересно, чем отличаются претендентки на руку короля одна от другой. Удивило и появление в спектакле совершенно нового, «незапланированного» драматургом персонажа, а именно... Души. Вероятно, режиссёр ввёл эту молчаливую фигуру, которая плавно «перелетает» от тела к телу, чтобы наглядно продемонстрировать детям действие волшебного заклятья – тот, кто произносит заклятие, падает мёртвым, а его душа переходит в другое мёртвое тело, которое оживает. Однако, кажется, «реинкарнационный ликбез» только запутывает малышей, которым, с присущим им ещё мифологическим сознанием, было бы легче воспринимать сказочные перевоплощения такими, какими они есть, чем уразуметь роль условно-символической фигуры в белом балахоне.

И уж совсем угнетающее впечатление оставляют декорации (сценография И. Горшковой) – примитивные конструкции, обтянутые полиэтиленовыми лохмотьями, глядя на которые, как ни старайся, невозможно вообразить ни пышный королевский дворец, ни таинственный лес.

Король Дерамо (В. Глушков) ощущает скрытый трагизм истории поисков и блужданий одинокой души во враждебном мире. Может быть, именно поэтому король неизменно остается утомительно безрадостным и в горе, и в счастье.

Вместо тихого ангела-хранителя, образца верности и преданности королю, какой её представлял Гоцци, Анжела (А. Горб) оказывается хорошенькой, капризной и кокетливой девицей. Однако и подобная трактовка не оживляет вялого течения действия. Таким образом, постановка с мастерски разработанными мизансценами и интересной пластической партитурой, к сожалению, не становится для юных зрителей захватывающим событием.

В Театре драмы и комедии на левом берегу Днепра молодой режиссёр С. Горов сотрудничал не с художником театра, а с модельером А. Залевским, и этот профессиональный дуэт принёс в спектакле «Непобедимый меч Гайан» по сказке Т. Габбе «Город мастеров» неожиданные и очень интересные плоды.

Необычные наряды героев этого спектакля вызывают ассоциацию с эскизами театральных костюмов 1920-х годов – эпохи увлечения конструктивизмом. А скупые детали обстановки – диковинные стулья на тоненьких ножках, двустороннее красное кресло-качалка, алый паланкин тирана в просторе сцены, задрапированной тканью в разноцветных полосах и кругах – создают впечатление душной шкатулки, ирреального зачарованного механистического мира. В этом мире царит зловещий герцог де Маликорн (В. Цекало), чьё тело приняло законченную геометрическую форму с острыми гранями горба-призмы, а под тревожные звуки монотонной музыки снуют его слуги – люди-машины. Когда герцог, крадучись, с мягкими движениями паука, появляется на сцене и пристально зыркает из-под насупленных густых бровей, немедленно возникает напряженная атмосфера.

Но в тени мрачного властителя живёт светлый двойник тирана, чуткий, отважный Караколь (Л. Сомов) с набеленным лицом-маской сумасшедшего Пьеро; демонстрирует блестящие буффонные трюки Клик-Кляк (В. Линецкий); порхает под какую-то беззаботную, только ему слышную мелодию мастер Фирен (Л. Краст); ворожит мудрая и величественная бабушка Тафаро (Т. Камбурова); влюбляется простодушная Вероника (И. Мак).

Живая реакция малышей доказывает, что изысканный зрительный ряд спектакля дети воспринимают ничуть не хуже, а может быть, даже лучше, чем мудрствующие эстеты.

Зимние каникулы закончились, а с ними и праздничные спектакли. Может возникнуть резонный вопрос – а стоит ли вообще рассуждать по поводу новогодних постановок, которые театры, по традиции, выпускают каждый год? Думается, стоит. Трудно сказать, вырастут ли из сегодняшних зрителей, этих маленьких мальчиков и девочек, которые с удовольствием устраиваются в оббитых бархатом креслах и лакомятся шоколадом, преданные поклонники Театра. Однако очень хочется на это надеяться. Именно поэтому встречи детей с театром должны быть праздничными. И если после спектакля малыши играют в сказочных персонажей, которых увидели на сцене, это, наверное, лучшая похвала творцам.

Ксения ГАМАРНИК

НЕ ДО ТОНКОСТЕЙ

Милый, добрый, ироничный и сентиментальный О. Генри... Приятно думать, какие чудесные спектакли, поставленные по его новеллам, можно было бы посмотреть – смешные и печальные, с «хэппи эндами» и с грустными развязками...

Но не будем углубляться в соблазнительную тему «если бы да кабы»... Иначе расчувствуешься в мечтах про талантливого автора инсценировки, который проникнется и сотворит; неординарного режиссера, который проникнется и осуществит постановку; и тех самых чудесных актеров, которые проникнутся и сыграют. А потому я решила не дожидаться появления всех этих замечательных людей, а отправиться на спектакль Киевского театра русской драмы им. Леси Украинки на спектакль «Похищение Джонни Дорсета».

Зал был переполнен детьми разного возраста, начиная, кажется, с младенцев. Когда открылся занавес, стали видны предметы, ничем не связанные между собой: двухэтажный вигвам, больше похожий на горку с детской площадки, неподалеку от него – идол, а еще одинокая фигура в белом, присутствие которой было непонятно, пока у нее зловеще не загорелись глаза и не пришли в движение верхние конечности (сценография А. Вакарчука).

Наверное, все помнят сюжет новеллы «Вождь краснокожих», в которой похищенный ради выкупа мальчишка до того замучил двух профессиональных грабителей, что они были рады сами выложить деньги, только бы отец согласился забрать свое чадо домой. Однако автор инсценировки З. Сагалов рассудил по-иному. Сначала Сэм (А. Бондаренко) и Билл (Г. Кишко) злостно обманули доверчивого малыша. Раскрытие их предательского плана стало первой драмой Джонни. И, одновременно, переломным моментом в игре М. Бяховой, которая от энергичной беготни неугомонного мальчишки перешла к изображению глубоких ран детской души, появившись в луче голубого света с исполненными отчаяния глазами. Но настоящая трагедия разыгралась, когда нехорошие похитители, которые стали Джонни родными, решили вернуть его родителю. Бедный мальчик так упирался, что сердца содрогнулись...

Между тем, не последняя тема спектакля – тема денег. Билл и Сэм назначили сумму выкупа в четырехзначных числах, на что дети в зале удовлетворенно покивали головами, вероятно, прекрасно ориентируясь в твердой валюте. Любопытно, что, по сравнению с литературным первоисточником, сумма эта была увеличена в пять раз, очевидно, с учетом инфляции.

Жаль, что режиссёр спектакля А. Балабан превратил забавную историю в душераздирающую мелодраму с громкой музыкой и нескончаемым галопированием актеров. Замысел О. Генри был разрушен, а на его обломках спектакль про сложный внутренний мир ребенка не получился. В спектакле актеры столько раз пробегают по сцене и по залу, что тут уже не до тонкостей исполнения. А зрителям не дает покоя мысль – не упали бы, бедолаги, от усталости, дотянули бы до конца безантрактного действа.

Да, не повезло в этот раз старому доброму О. Генри. Впрочем, американский писатель был оптимистом. Будем надеяться и мы, что в следующий раз...

Ирина ПАНЧЕНКО

«ЗОРКО ОДНО ЛИШЬ СЕРДЦЕ»

Опыт содружества русской и американской культур при постановке «Маленького принца» Антуана де Сент-Экзюпери.

Замысел был изначально дерзким. Осуществить постановку «Маленького принца» в рамках филадельфийского театрального фестиваля «Фриндж» на английском языке с американскими актёрами под руководством русского режиссёра. И это при том, что в США до постановки, о которой пойдёт речь, было лишь две подобных, да и то в других городах, так что опереться на чужой опыт было невозможно. Не говоря уже о том, что «Маленький принц» написан прозой, и нужно было самим создавать инсценировку. И тем более, что американские актёры обучены самым разным театральным техникам, но менее всего системе Станиславского, без которой не мыслит своей работы Эдуард Жефарский, постигавший театральное искусство в Москве.

Идея поставить на сцене «Маленького принца» и принадлежит Жефарскому, осуществившему постановку спектакля. Он также стал автором инсценировки этой аллегорической сказки. Время осуществления замысла Эдуарда, полюбившего книгу о Маленьком принце ещё в ранней юности, счастливо совпало с юбилеем французского писателя – столетием со дня рождения, – которое весь мир празднует в этом году.

- Эдуард, какие идеи вы как режиссёр стремились вложить в постановку «Маленького принца»?

- Это произведение, в котором заложены возможности различных интерпретаций. Мне кажется, что Антуан де Сент-Экзюпери, сопоставляя два восприятия мира: взрослое (рациональное, практическое, скучно-унылое, бескрылое) и детское (наивно-мудрое, поэтичное, естественное, бескорыстное), хотел, чтобы люди не изменяли тому лучшему в себе, что даровано неискушённому детству. Знаменательно, что Экзюпери не стремился столкнуть в конфликте «взрослость» с «детскостью», он хотел лишь подчеркнуть превосходство сознания ребёнка над так называемым «обыденным сознанием». Отсюда его поразительная по своей парадоксальности сентенция: *«Дети должны быть снисходительны к взрослым»*.

...В сказке Экзюпери Принц, оставив свой дом – маленькую планету – отправляется в странствие по другим астероидам и планетам, чтобы узнать мир взрослых и познать самого себя. Во время космического путешествия он встречается с Королём, Честолюбцем, Пьяницей, Дельцом, Фонарщиком, Географом. На планете Земля он знакомится с Лётчиком, Стрелочником, Змеёй, Лисом, с невзрачным Цветком пустыни и тысячами садовых роз. Эта длинная череда встреч символизирует путь человеческого познания.

Отвергая абсурд жизни взрослых, их «странную» логику, Маленький принц открывает для себя «простой секрет» о зоркости человеческого сердца, постигает для себя непреложную истину: *«Мы навсегда в ответе за тех, кого приручили»*.

- Кто исполняет роль Маленького принца?

- Случилась невероятная удача. На роль Маленького принца прекрасный актёр, филиппинец Сезарио Тио, был утверждён сразу, на первом же прослушивании. Хотя после объявления в прессе мы с продюсером в течении двух месяцев тщательно отбирали остальных будущих исполнителей. Перед нами прошло не менее ста претендентов! Только в роли Лётчика мне пришлось сменить трёх актёров, пока я не остановился на афро-американце Жермейне Дэвисе, который и сыграл эту роль в премьерном спектакле. Американские актёры сознались мне, что такого сложного, иногда по несколько часов подряд, прослушивания они прежде не проходили никогда. Им предлагали не только декламировать, играть этюды, но и повторять пластические движения, танцевать и даже... боксировать.

В результате отбора у нас сложился дружный многонациональный актёрский коллектив: филиппинец Сезарио Тио, афро-американцы Жермейн Дэвис и Миса Лорен Клиффорд, пакистанка Ладан Кадхода, пуэрториканка Елена Араоз, итальянец Крис Донато, ирландец Рик Фостер.

После своей основной работы или учёбы актёры истово, вдохновенно репетировали до поздней ночи три-четыре раза в неделю в течении полугода. Это была моя первая работа с американскими актёрами, но у нас с первых репетиций возникло полное единодушие и взаимопонимание. Это было удивительно! «Застольный» период работы длился довольно долго, зато когда актёры вышли на сцену, они уже были готовы играть.

О том, как актёры работали над сложнейшей задачей – воплощением философско-этических размышлений Сент-Экзюпери на сцене – рассказал исполнитель роли Маленького принца Сезарио Тио. Его опыт в той или иной мере был характерен и для других актёров. Слово Сезарио Тио:

- При первом прочтении это произведение показалось мне волшебной *детской* сказкой, но чем больше я его перечитывал, тем больше и больше глубины в нём находил и продолжаю находить. Это притча о детской невинности, которая становится всё более мудрой, но становится и всё более печальной, проходя через жизненные обстоятельства, приобретая опыт... Именно такое настроение я слышу во многих наблюдениях Маленького принца: «Зорко одно лишь сердце. Самого главного глазами не увидишь...».

Роль Принца, на мой взгляд, чрезвычайно эмоциональна, поэтому я искал к ней не рассудочный, а эмоциональный ключ. Для меня это был великолепный опыт работы. На сцене мне бесконечно помогала эмоциональная отдача аудитории. По выражению лиц, по выражению глаз зрителей я видел, как ожидание сменяется доверием. Это возникающее поле духовного напряжения – необходимое условие моей игры. Взаимодействие с залом во время странствий Принца усиливается с каждой сценой, накал эмоций нарастает, как снежный ком.

Я получил образование как актёр кино. Роль Маленького принца стала моей первой главной ролью на театральной сцене. Месяцы работы над ролью Принца я рассматриваю как свой бесценный театральный тренинг.

Роль Змеи в спектакле замечательно исполнила Миса Лорен Клиффорд. Ей удалось создать невероятно пластичный образ вкрадчивого, завораживающе-эротичного существа. Миса училась актёрскому мастерству в филадельфийском Тэмпл-университете. Актриса рассказала, что она в восторге от творческого содружества с русским режиссёром и мечтает играть в его будущих спектаклях.

Режиссёр решил не использовать жизнеподобные костюмы для Змеи, Лиса, Розы и цветов. Сходство достигается за счёт пластического перевоплощения, точно найденных актёрами пластических образов. Законы театральной условности позволяют группе юных девушек предстать перед зрителем то хороводом звёзд или прекрасных цветов, то публикой, восхищённо хлопающей Честолюбцу...

Пьеса идёт за прозрачным занавесом, в приглушённом освещении. События разворачиваются в двух временных пластах: зритель видит Лётчика, который существует сегодня, сейчас, и видит его ожившие воспоминания – мистическую историю, которую он пережил несколько лет назад в пустыне Сахаре во время аварии самолёта. Режиссёр подаёт события так, чтобы реальность воспоминаний была более выпукла и ощутима, чем реальность современности. В русле режиссёрского замысла в театральное действо органично вплетается кинопроекция. На экране появляются рисунки Сент-Экзюпери, которыми писатель проиллюстрировал свою сказку.

- *Эдуард, считаете ли вы постановку «Маленького принца» вашей творческой удачей?*

- В тексте сказки я увидел благодатный материал для соединения театра поэтического и театра драматического. Удалось ли это осуществить? Судить об этом, конечно же, зрителям. Если вспомнить, как горячо нас трижды принимали на фестивале «Фриндж» при полном аншлаге, при несмолкающем скандировании «Браво!», то спектакль, безусловно, удался. Но я всегда помню, что нет предела совершенствованию...

Свою сказку Сент-Экзюпери посвятил своему лучшему другу Леону Верту. «*Верт,* - писал Экзюпери в посвящении, - *это тот взрослый, который понимает всё на свете, даже детские книжки*».

«Маленький принц» стал одной из любимых книг читателей всех возрастов во всём мире. Филадельфийский спектакль также обращён к зрителям любого возраста. Задачей спектакля было сближение театральных вкусов разных поколений, привлечение в театр как русских, так и американских зрителей, чтоб крепло взаимопонимание между американской и русской культурами.

Ксения ГАМАРНИК

ТАЛАНТЛИВЫЙ «ЭКСПРОМТ»

Весёлая, сочная, брызжущая остроумием и жизнерадостностью сказка «Про Федота-стрельца, удалого молодца» словно сама просится на театральные подмостки, недаром её сочинил, а затем исполнял актёр Леонид Филатов. Он написал свою сказку по фольклорным мотивам, избрав стихотворную форму. «Умный дурак», волшебница «душа-девица», «жестокий царь», Баба-Яга — всё это герои русских народных сказок, архетипические образы. Автор определили жанр своего произведения как «весёлая сказка для взрослых». Сказка была написана и опубликована в московском журнале «Юность» в 1980-е годы, когда была сильна традиция создания произведений с аллюзиями и подтекстом. Можно найти их и у Филатова. Как известно, один из последних генсеков страны Советов очень любил награды. Он был обвешан ими сам, и любил жаловать орденами и медалями верноподданных. В сказке Филатова служака-генерал, которому царь сулит в награду за услугу орден, отвечает:

Ишь, медаль!.. Большая честь!..
У меня наград не счесть:
Весь обвешанный, как ёлка,
На спине — и то их шесть!..

На дворе уже иная эпоха, однако и сегодня актуальна ироничная сказка Филатова, как всегда актуален фольклор с его вечными нравственными смыслами. Наверное, поэтому театры России и русские театры, действующие в других странах, так любят ставить сказку «Про Федота-стрельца». В Филадельфии постановку сказки осуществил Генрих Коган в только что организованной студии «Экспромт». Хотя труппа очень бедна, не хватает декораций и реквизита, она переполнена молодым энтузиазмом и задором. Это вовсе не означает, что все актёры юны годами, в труппе собрались люди разных поколений, но всех их объединяет присущая юности жажда экспериментаторства, истинное наслаждение процессом игры.

Юный стрелец Федот (Александр Бурштейн) — исполнителен, простодушен и терпелив. Но всё же не настолько, чтобы простить царю желание отобрать у него, служивого, красавицу-жену Марусю, а его самого погубить. После каждого каверзного поручения царя Федот чешет в затылке, укоризненно качает головой, но покорно идёт выполнять царскую волю. До поры до времени он послушен и не бунтует, так как искренне предан нищему трону. Но уж если разозлится...

*Хватит делать дураков
Из расейских мужиков!
Мне терять теперя неча,
Кроме собственных оков!*

А недобрый царь, привыкший повелевать, так и вьётся вокруг Федота, как оса, готовая ужалить. Пронзительные глазки, глядящие на всех с подозрением, тихий въедливый голос, лысина и растрёпанная бородёнка – таков царь Генриха Когана. Его царь и умён, и наделён недюжинным здравым смыслом, и заботливый отец, но одновременно – двуличен, подл, жесток:

*Чтоб худого про царя
Не болтал народ зазря,
Действуй строго по закону,
То бишь, действуй... втихаря.*

Засидевшаяся в девках царёва дочка (Яна Чернова) – душа поэтическая, мечтательная. Она нервна, плаксива, послушна отцу, но, если захочет, может стать строптивой, проявить характер:

*Коли ты в Расее власть,
Дак и правь Расеей всласть,
А в мою судьбу не суйся.
И в любовь мою не влазь!*

Нянька (Лина Сапельникова) относится к царю с его наивными заискиваниями перед иноземными послами критично, но и снисходительно, как к дитю малому. Даёт советы, предостерегает. А когда сердится, то в сердцах отчитывает его энергично, не боясь царского гнева:

*Дак у шаха-то, видать,
Есть и силушка, и стать.
А тебя, сморчок ты дохлый,
С-под короны ж не видать!*

Бравый генерал (Михаил Вайнштейн) словно сошёл с иллюстрации к сказкам Салтыкова-Щедрина. Он топорщит огромные усищи, выкатывает глаза, надувает щёки и вытягивается перед царём, подобрав живот и ловя каждое слово своего повелителя. Иногда он впадает в восторженный экстаз, размахивая саблей, словно несётся в атаку по полю брани, готовый рубить всё, что под руку попадётся:

*Мне бы саблю да коня –
Да на линию огня!
А дворцовые интрижки –
Энто всё не про меня!*

В то же время генерал глуповат и подловат. Когда пугается, становится жалок, вся его воинственность улетучивается без следа.

Девица-краса Маруся (Ирина Репик) – озабочена тем, как со своими волшебными помощниками Титом Кузьмичём и Фролом Фомичём помочь любимому Федотушке выполнить поручения царя. А так же неудержимо стремится каждый раз побаловать мужа гастрономическими деликатесами.

А хрупкая и неожиданно юная Баба-Яга, этакая пикантная дама, чей облик заставляет вспомнить времена нэпа, составляет очаровательно лукавый дуэт с генералом:

За жару ли, за пургу
Все бранят меня, каргу,
А во мне вреда не больше,
Чем в ромашке на лугу!

Остаётся только добавить, что и Бабу-Ягу, и красавицу Марусю играет одна и та же артистка. Её талант перевоплощения таков, что зрители до конца спектакля пребывают в полной уверенности, что эти роли исполняют разные актрисы – меняется не только внешность, но и пластика, тембр голоса, и даже кажется, что изменился рост.

Большой удачей спектакля оказался образ заморского гостя. Его роль исполняет чернокожий американец Терри Робинсон. Появление высоченного вождя людоедского племени с копьём в руке, в короне из разноцветных перьев, едва прикрытого юбочкой из травы и разрисованного всеми цветами радуги, приводит зрителей в полный восторг:

Будь на ём хотя б картуз,
Не такой бы был конфуз.
А на ём же из одежи
Ничаво... помимо бус!..

Умение привлечь энтузиастов, которые, кроме игры в театре, заняты на своей основной работе, а также создать один из интереснейших образов спектакля – всё это заслуга режиссёра-постановщика Генриха Когана.

Спектакль ещё будет обкатываться, совершенствоваться. Он должен обрасти интересными мизансценами и игрой с предметами. Возможно, стоит даже кое-где пожертвовать текстом Потешника, дабы ускорить темпоритм, чтобы было побольше живого действия и поменьше декламации. Было бы полезно заострить пародийно-лубочный характер сказки, акцентировать её гротескную поэтику.

Но главное, уже сейчас можно поздравить новый театральный коллектив с удачей и в то же время пожелать ему не оставлять работу над сказкой «Про Федота-стрельца».

Был и я на том пиру,
Ел зернистую икру.
А Федот-стрелец
Ел солёный огурец.
А как съел он огурец –
Тут и сказке конец!

IX
ХУДОЖНИКИ ТЕАТРА

ВСТУПЛЕНИЕ

В раздел «Художники театра» вошло исследование, повествующее о театральных работах Марка Шагал в США, а также две монографии, посвященные украинским сценографам.

Театральные художники Абрам Балазовский (1908-1979) и Владислав Клех (1922-2001) появились на свет в Киеве в первой четверти двадцатого столетия. Оба были самоотверженно преданы театру.

Судьбы их сложились по-разному.

Абрам Балазовский почти всю жизнь, не считая учёбы в Москве и участия во второй мировой войне, прожил в родном Киеве, но ему оказалось трудно самоосуществиться в театре, полностью раскрыть свой творческий потенциал. После первых успехов в оформлении спектаклей Балазовский стал одной из многих жертв «борьбы с космополитами» и был на много лет отстранён от театра. Тем не менее, даже отлучённый от любимой работы, Балазовский создал в своих картинах неповторимый мир «Театральных фантазий» и сумел найти применение таланту художника-постановщика на киевском телевидении.

Владиславу Клеху довелось в молодости покинуть родину и прожить большую часть жизни за рубежом. Он пережил короткий бурный расцвет украинского театра в Германии в лагерях «для перемещённых лиц», для которого создал свои лучшие эскизы, и угасание эмигрантского театра за океаном. Свыше трёх десятилетий трудился Клех в американских театрах, большую часть этого времени посвятив работе в прославленном нью-йоркском театре Метрополитен-опера, но уже не как самостоятельный творец, а как член, а затем руководитель бригады художников-исполнителей, воплощавших в жизнь замыслы сценографов с мировыми именами. В то же время, Клех никогда не порывал связи с театром украинской диаспоры.

Один художник прожил всю жизнь на родине, другой оказался за её пределами. Трудные доли выпали и тому, и другому.

Биографии Абрама Балазовского и Владислава Клеха повествуют о тяготах пути Художника и о силе духа двух самобытных мастеров, которые, несмотря на превратности судьбы, посвятили свою жизнь служению Театру.

Ксения ГАМАРНИК

ТЕАТРАЛЬНЫЕ РАБОТЫ ШАГАЛА В США

Музыка, танец, театр, цирк... Все это – неотъемлемые компоненты вселенной Марка Шагала. Вселенной, которая охватывает то и дело повторяющиеся, но и бесконечно варьирующиеся образы. Луна и солнце, влюбленные и ангелы, музыканты и циркачи, коровы, рыбы и петухи, деревянные избушки и церкви Витебска населяют картины Шагала. В то же время, границы его вселенной постоянно расширяются, захватывая все новые миры – библейские образы и персонажей греческой мифологии, героев Гоголя и ландшафты Парижа... Люди, птицы, рыбы, животные и даже музыкальные инструменты соединяются в странные создания в неисчислимых вариациях. И вся эта вселенная находится в постоянном движении, круговращении. Населяющие ее образы свободно парят в облаках под извечную небесную музыку, которую слышит художник, или вращаются по орбите, нередко огибая солнце.

Не случайна любовь Шагала к музыкальной стихии, ведь музыка сопровождала его с детства. В своей документально-поэтической автобиографии «Моя жизнь» 1922 года художник писал: *«По субботам дядя Нех надевал плохонький талес и читал вслух Писание. Он играл на скрипке. Играл, как сапожник. Дед любил задумчиво слушать его. Один Рембрандт мог бы постичь, о чем думал этот старец – мясник, торговец, кантор, – слушая, как сын играет на скрипке... Какая разница, хорошо или плохо! Я улыбаюсь, примериваясь к его скрипке, прыгая ему то в карман, то прямо на нос. Он жужжит, как муха. Голова моя плавно порхает по комнате. Потолок стал прозрачным. И вместе с запахами поля, хлева, дороги в дом проникают синие тучи и звезды. Я засыпаю»* (1).

Музыканты населили уже самые первые полотна Шагала, а вслед за ними на картинах появились циркачи. Поэтому закономерен приход Шагала в театр, его погружение в игровую стихию. Особенно плодотворным оказался период работы в театре в начале 1920-х годов, увенчавшийся таким триумфом как создание так называемой «шагаловской шкатулки» – росписей зала Еврейского камерного театра. Огромный интерес также представляют эскизы декораций и костюмов (многие готовые костюмы Шагал затем расписал собственноручно) для постановок Еврейского камерного театра, и эскизы декораций к неосуществленной постановке «Ирландский герой» («Удалой молодец – гордость Запада») Д. Синга, выполненные по заказу 1-й студии Московского Художественного театра. Театральные работы Шагала на родине подробно освещены в исследованиях Н. Апчинской (2), А. Шатских (3), В. Мальцева (4).

Подводя итоги своей театральной деятельности в России, Шагал писал: *«Эскизы постановок – свидетели моего болезненного романа с театром, с трудом осуществленных (еврейский театр) или вовсе не осуществленных (1-я студия Художественного театра) моих театральных замыслов»* (5).

Роман Шагала с театром продолжился двадцать лет спустя, уже в США, и на этот раз оказался не «болезненным», а счастливым. Второй этап карьеры Шагала-сценографа был связан с театром музыкальным, оформлением балетов и оперы. Белорусский театровед В. Мальцев справедливо заметил: *«Шагал – театральный художник – более всего реализовал себя в музыкальном театре. И не случайно. В силу своей специфики балетное искусство консервативно-традиционно, более крепко связано с традицией театрально-декорационного искусства нежели сценографии. Основополагающие принципы организации сценического пространства балетного спектакля всегда остаются неизменными: расчищенный планшет сцены, меняющаяся система задников, кулис и занавесов»* (6).

Действительно, в музыкальном театре Шагал, не скованный необходимостью создавать объемные трансформирующиеся декорации, предстаёт в ипостаси театрального живописца и с наслаждением отдается росписи занавесов, задников, кулис и костюмов. Театр дал Шагалу возможность выплеснуть переполняющие его образы на многометровые полотна. Волшебной красоты декоративные панно и артисты, наряженные в необыкновенные костюмы, создают причудливый эффект оживших картин Шагала.

ПЕРВЫЙ БАЛЕТ ШАГАЛА

Спасаясь от ужасов второй мировой войны, захватившей Европу, 21 июня 1941 года Марк Шагал прибыл с женой Беллой в Нью-Йорк. Вскоре он получил приглашение от нью-йоркского Театра балета (впоследствии Американский театр балета) оформить балет «Алеко».

У истоков этого театра стоял артист русского балета Михаил Мордкин (1880-1944). Окончив балетную школу Большого театра, он стал танцовщиком этого театра. В 1909 году принял приглашение стать солистом Дягилевского балета, но уже после первого сезона присоединился к Анне Павловой, покинувшей Дягилева и организовавшей свою труппу. Впрочем, и там Мордкин пробыл недолго, организовал собственную труппу «Звезды императорского русского балета» и гастролировал с ней по США в 1911-1912 годах, после чего вернулся в Москву. В 1917 году был назначен режиссером Большого театра. После революции эмигрировал из России, жил в Литве и Грузии, а в 1924 году окончательно перебрался в США. В 1926 году организовал труппу «Балет Мордкина», которая распалась в том же году после европейских гастролей. Давал в Нью-Йорке уроки балета. В 1937 году с финансовой помощью своей ученицы Люсии Чейз вновь создал труппу «Балет Мордкина». В качестве менеджера компании был приглашен голливудский агент Ричард Плезант. У Чейз и Плезанта возникли далеко идущие планы относительно будущего труппы, которые шли вразрез с более скромными запросами Мордкина, и в 1939 году он покинул труппу. В 1940 году Чейз, занявшая пост художественного руководителя, и Плезант переименовали труппу «Балет Мордкина» в Театр балета. В 1944 году Чейз разделила пост художественного руководителя с театральным художником Оливером Смитом (Смит оформил свой первый балет «Саратога» в хореографии Л. Мясина в 1941 году). В 1957 году коллектив был переименован в Американский театр балета (American Ballet Theatre), и сохранил это имя и поныне. Чейз и Смит совместно руководили театром до 1980 года.

Приглашение Шагала оформить балет «Алеко» было поддержано известным импресарио Солом Юроком (1888-1974). Соломон Юрок (настоящее имя Соломон Гурков) был выходцем из Российской империи, из крошечного местечка в Черниговской губернии. Он прибыл в США восемнадцатилетним юношей в 1906 году без гроша за душой. Юрока называют самым знаменитым импресарио XX века. Начиная с 1920-х годов, на афишах стала появляться надпись: «С. Юрок представляет». Трудно перечислить всех знаменитостей и коллективы, выступления которых он организовал на протяжении своей долгой карьеры: Анна Павлова, Федор Шаляпин, российский еврейский театр «Габима», Чарли Чаплин, Айседора Дункан, Марта Грэм... Во времена «оттепели», начиная с 1956 года, Юрок трудился над восстановлением советско-американских культурных связей. Благодаря ему, американские зрители могли насладиться выступлениями Давида Ойстраха, Святослава Рихтера, Эмиля Гилельса, Мстислава Ростроповича, Ирины Архиповой и многих других, а также трупп Большого театра, МХАТа, хореографического ансамбля «Берёзка», Театра кукол Сергея Образцова и др. В свою очередь, по инициативе Юрока, в СССР приезжали с концертами Ван Клиберн, Исаак Стерн, Жан Пирс.

В 1930-е годы Юрок, среди прочего, организовывал американские гастроли балетной труппы «Русский балет Монте-Карло», наследницы антрепризы Дягилева.

История труппы «Русский балет Монте-Карло» такова. Русский антрепренёр Сергей Дягилев (1872-1929), вдохновленный успехом, сопутствовавшим выставке русских художников в парижском Осеннем салоне в 1906 году, занялся организацией «Русских сезонов» – ежегодных гастролей русских артистов в Париже. В 1907 году в рамках сезонов прошли концерты с участием Глазунова, Римского-Корсакова, Рахманинова. В 1908 году состоялся оперный сезон. В мае-июне 1909 года Дягилев впервые представил парижанам русский балет. После двух первых балетных сезонов 1909 и 1910 гг., пользовавшихся огромных успехом, Дягилев решил организовать постоянную балетную труппу, которая получила название Ballets Russes или «Русский балет Дягилева», выступления которого продолжались до смерти его основателя.

В 1931 году французский импресарио Рене Блюм (1878-1943), директор Оперы Монте-Карло, и русский импресарио Василий Воскресенский, известный также как полковник де Базиль (1881-1951), один из директоров «Русской Оперы в Париже», организовали труппу «Русский балет Монте-Карло», которая продолжила традиции дягилевского балета. В качестве хореографа был приглашен Д. Баланчин, в конце сезона 1932 года его сменил на этом посту Л. Мясин.

Леонид Мясин (1896-1979) был выпускником балетного отделения Московского театрального училища. В 1912 году он был зачислен танцовщиком в Большой театр, два года спустя по приглашению Дягилева переехал в Париж, где вскоре занял положение первого танцовщика труппы, а уже через год дебютировал как хореограф. На протяжении своей жизни Мясин поставил свыше пятидесяти балетов разнообразных жанров (от балетов-буфф до симфонических балетов). В 1930-е годы Мясин, сам продолжая танцевать, завоевал славу самого известного хореографа в Европе и США.

В 1933 году Сол Юрок организовал первые гастроли труппы «Русский балет Монте-Карло» Блюма и де Базиля в США. В то время интерес американцев к балету был весьма незначителен. Поначалу залы, где выступал «Русский балет Монте-Карло», наполовину пустовали, но уже к концу сезона Юрок смог компенсировать убытки и получить доход. Успешными были американские гастроли труппы и в последующие два года.

Конфликты между де Базилем и Блюмом привели к тому, что в 1935 году Блюм основал собственную балетную труппу под тем же названием «Русский балет Монте-Карло». Летом 1937 года Мясин, также покинувший труппу де Базиля, подал в Лондоне на полковника де Базиля в суд. Речь шла об авторских правах на хореографию 17 балетов Мясина, который хотел запретить да Базилю ставить их. Судебное разбирательство оказалось в центре внимания общественности, пресса печатала отчеты о нем ежедневно. Судья принял сторону полковника де Базиля.

В ноябре 1937 года Блюм продал свой «Русский балет Монте-Карло» компании «Юниверсал Арт». Художественным руководителем труппы стал Мясин, вице-президентом – нью-йоркский финансист русского происхождения Серж Денхэм (настоящее имя Сергей Докучаев). Весной следующего года Юрок объявил, что разрывает отношения с труппой де Базиля и становится американским менеджером труппы Денхэма. Какое-то время была надежда вновь соединить две труппы в одну, но она не осуществилась. Летом 1938 года в Лондоне разыгралась «балетная война» – труппы де Базиля и Денхэма выступали одновременно, и поклонники балета могли в один вечер перейти из театра на Ковент-Гарден в театр на Друри-Лейн и посмотреть выступления обеих трупп.

Когда началась Вторая мировая война, только неистощимая энергия Юрока помогла русским танцовщикам труппы Денхэма, многие из которых жили по нансеновским паспортам, перебраться осенью 1939 года в США. Блюм остался во Франции, был арестован и погиб в Освенциме.

Первые успехи балетов в хореографии Мясина в США сменились рядом неудач. Положение усугублялось трениями, которые возникли между Мясиным и Денхэмом. В 1941 году Юрок расторг контракт с труппой Денхэма и занял пост менеджера Театра балета Люсии Чейз. В качестве хореографа для двух новых постановок Театра балета Юрок пригласил Мясина. Взяв отпуск в труппе Денхэма, Мясин начал готовить постановки, одной из которых и был балет «Алеко». После того, как контракт Мясина с «Русским балетом Монте-Карло» был досрочно расторгнут, он с 1942 по 1945 год работал хореографом Театра балета Люсии Чейз. После войны Мясин ставил балеты в театрах Европы.

В 1892 году пушкинская поэма «Цыганы» (1824) вдохновила С. Рахманинова на создание одноактной оперы на либретто В. Немировича-Данченко. Мясин решил, что поэма может также послужить прекрасным материалом для балета. Вот что писал по этому поводу американский музыковед Леланд Уиндрейх: *«Замысел поставить пушкинских "Цыган" зародился у Мясина, ещё когда он был художественным руководителем "Русского балета Монте-Карло" Сергея Денхэма. Дирижёр Ефрем Курц предложил Трио Чайковского как возможную музыку для балета. Прослушивая произведение, Мясин заметил, что его структура подходит для пушкинской поэмы»* (7). Таким образом, балет «Алеко» был поставлен на музыку Фортепьянного трио П. Чайковского, посвященного Н. Рубинштейну («Памяти великого артиста»).

В поэме повествуется о трагической любви юноши Алеко, присоединившегося к цыганскому табору, и цыганки Земфиры. Как легендарная Кармен, Земфира последовала зову сердца и оставила Алеко ради молодого цыгана. Измученный видениями своего тягостного петербургского прошлого, в приступе ревности Алеко убил возлюбленного Земфиры. Погибла и она сама, бросившись на нож Алеко. Вместо того, чтобы отомстить смертью за смерть, отец Земфиры с презрением изгнал Алеко из табора, тем самым обрекая его на муки одиноких скитаний.

Французский искусствовед Жак Лассень так описывал подготовительный период работы над балетом «Алеко»: *«Шагал и хореограф Леонид Мясин на месяцы погрузились в работу. Каждый день Мясин приходил в мастерскую со своим фонографом и пластинками, и балет планировался шаг за шагом. Шагал окунулся в музыку и поэзию Пушкина, которую читала им вслух его жена. С самого начала Мясин отдался видению Шагала, который этап за этапом воссоздавал на кальке образы балета. Эта работа была одним из самых волнующих воспоминаний Шагала о времени, проведенном в Америке»* (8).

Привлекает внимание тот необычный факт, что в книге историка балета Лесли Нортона «Леонид Мясин и балет XX века» в списке создателей спектакля имя Шагала указано дважды – в первый раз как сценографа и художника по костюмам, и второй раз – как одного из авторов либретто, рядом с именем самого Мясина (9).

Действительно, помимо эскизов декораций и костюмов, сохранилась еще одна серия работ Шагала – эскизы мизансцен балета, выполненные акварелью и тушью или просто карандашом, с пометками, сделанными рукой художника. Например, один из эскизов запечатлел уход цыган из табора – вереницей идут цыгане, первый несет на плече голову лошади, второй – тележное колесо, вслед за ними цыганка несет ребенка. На одном из листов к четвертой картине балета Шагал изобразил следующую композицию: в центре городовой, в отдалении справа и слева группы петербургских жителей – дамы в нарядных платьях и капорах, мужчины в пальто и цилиндрах, а вокруг городового танцуют Дама-Кошка с зонтиком, Корова и Петух. Следующий лист с пометкой «Господский танец» запечатлел князя в вицмундире со звездой. С одной стороны столпились дамы и Кошка, с другой стороны к нему тянут руки крестьяне, вокруг танцуют Корова и Петух, позади некто в чёрном размахивает канделябром. На другом листе изображен тот же мистический персонаж с канделябром, над свечами которого машет траурными крыльями черная Бабочка, а от них в сторону в ужасе шарахаются танцоры кордебалета. Очевидно, Мясин использовал эти рисунки при разработке мизансцен балета.

Рассматривая эскизы Шагала, можно смело предположить, что художник не только отвечал за декорации и костюмы, рисовал варианты мизансцен, но и помогал Мясину в разработке сюжета балета. Именно поэтому Нортон указал его имя и как художника, и как либреттиста. У Пушкина Алеко, присоединившийся к цыганскому табору, выступает с ученым медведем:

Медведь, беглец родной берлоги,
Косматый гость его шатра,
В селеньях, вдоль степной дороги,
Близ молдаванского двора
Перед толпою осторожной
И тяжко пляшет, и ревет,
И цепь докучную грызет;
На посох опершись дорожный,
Старик лениво в бубны бьет,
Алеко с пеньем зверя водит,
Земфира поселян обходит
И дань их вольную берет.

В балете «Алеко» цыгане не просто водят за собой медведя, но присоединяются к бродячему цирку. Шагал создал эскизы костюмов не только для цыган, крестьян и жителей Санкт-Петербурга. На эскизах костюмов появляются такие персонажи как Петух, Кошка, Конь, Корова, Бабочка, а также цирковые артисты – Клоун со скрипкой, Медведь со скрипкой и Музыкант (в списке действующих лиц он указан как Бандурист, а его облик повторяет облик героя картины Шагала «Виолончелист» 1939 года, на которой музыкант изображен одновременно в профиль и в анфас). Можно сделать предположение, что именно Шагал с его неизменной любовью к цирковой теме, как соавтор либретто подсказал Мясину идею ввести в балет артистов бродячего цирка.

В мае 1942 года Театр балета в качестве гостя мексиканского правительства на пять месяцев отправился в Мехико-Сити. Пребывание в Мексике помогло театру сэкономить средства, необходимые для создания спектакля. Коллектив даже получил субсидию мексиканского правительства. Вместе с Театром балета поехал и Марк Шагал с женой Беллой. В Мексике проходил репетиционный период и подготовка костюмов и декораций. Шагал проделал грандиозную работу – он не только выполнил эскизы декораций к четырем картинам балета, но и собственноручно расписал темперой четыре гигантских задника (9 метров высотой и 15 метров шириной). В театре задник – это задний фоновый занавес, как правило, сделанный из холста. Шагал работал над задниками до самой премьеры, добиваясь максимальной гармонии между декорациями и костюмами.

Задник к первой картине, в которой происходит встреча влюбленных, Шагал назвал «Алеко и Земфира в лунном свете». Полная луна освещает кобальтово-синие, бурные, как волнующееся море, небеса. Внизу виднеются горы и озеро, в котором светлеет лунное отражение. По небу в облаках летят влюбленные – зрители видят профиль и фигуру черноволосой Земфиры. Сквозь облака проступает только профиль и рука Алеко, нежно обнимающая девушку. А над их головами тревожно взмывает к самой луне алый петух – он предстаёт символом тревоги, нарушающей синий покой ночи, вестником грядущих несчастий.

Хочется отметить, что, касаясь той или иной темы, Шагал продолжал творчески переосмысливать её годы спустя. Так, композиция задника к первой картине почти сохранена в полотне «Алеко» (1955). Здесь тоже профили влюбленных в синем небе, рука Алеко нежно обнимает Земфиру, и красный петух все так же летит к луне. Только на этот раз влюбленные пролетают над крышами Витебска, и им подыгрывает на виолончели крылатый музыкант с телом человека и козлиной головой. Схожее изображение влюбленных появляется и в композиции «Песня Песней I» (1958).

Почти все пространство задника «Ярмарка» ко второй картине занимает бледно-перламутровая линза неба. Шагал словно изобразил небо и край земли с деревенскими избами, церковью и деревом, наблюдая за ними из кабины самолета, ложащегося на правое крыло. Справа в небе парит шар цветущего куста сирени, на одной из ветвей которого на хвосте повисла и раскачивается чёрная обезьянка. Под кустом учёный медведь добродушно потрясает скрипкой. А по небу стремительно несутся две голубые тени, может быть, два облака, а может быть, души Земфиры и Алеко.

Любопытно, что Шагал нарисовал именно паукообразную чёрную обезьяну, проживающую только в Центральной и Южной Америке (ареал с севера ограничен южными районами Мексики), из тех, которых так любила изображать в своих автопортретах мексиканская художница Фрида Кало. Работы Кало сотканы из символов, порожденных доколумбовой индейской мифологией. Чёрная паукообразная обезьяна в её работах – символ, в котором зашифрованы многие смыслы. С одной стороны, обезьяна для мексиканских индейцев символизировала дух веселья, празднества, с другой – похоть, злые силы. Вот и на многочисленных автопортретах Фриды чёрные обезьяны то нежно обнимают ее за шею, то их присутствие заключает в себе нечто зловещее. На одном из портретов Фрида и обезьяна символически соединены красной лентой. У нас нет данных относительно того, был ли Шагал знаком с работами Кало. Возможно, он изобразил чёрную обезьяну просто потому, что ему довелось видеть их в Мексике. Может быть, обезьяна, как и ученый медведь, символизировала для Шагала бродячий цирк. Но можно допустить, что, как и для Фриды Кало, черная паукообразная обезьяна была для Шагала намеком на измену, становилась, как красный петух первой картины, знаком приближающейся беды.

Задник к третьей картине «Пшеничное поле в летний полдень» плавится желтым цветом. Два докрасна раскаленных солнца иссушают своим жаром мир: желтое небо, желтое поле и желтое озеро, не приносящее прохлады. Лучи одного солнца растекаются по холсту кровавыми подтеками. Второе солнце, состоящее из концентрических кругов, напоминает не то мишень, не то кровавое око. Только лодка, скользящая по озеру, и сидящий в ней человек выполнены голубыми мазками. Но и цвет лодки не приносит облегчения, ведь рядом тревожные знаки – в воду летит перевернутая сломанная молодая береза, а из пшеницы, словно замахиваясь, поднимается коса – символ смерти.

В настоящее время оригинал занавеса-задника «Пшеничное поле в летний полдень» находится в постоянной экспозиции художественного музея Филадельфии. Его можно видеть в фойе западного входа.

Невероятного эмоционального напряжения достигает Шагал в росписи задника к финальной, четвертой картине. К той самой картине, где Алеко сперва мучают ночные кошмары – воспоминания о его жизни в Санкт-Петербурге, видения веселящейся публики и фантастических существ – а затем наступает трагическая развязка. Почти все пространство задника занимает мрачное, неспокойное, взвихренное небо. Внизу кровавой полосой намечен ландшафт северной столицы. А в темные небеса, к солнцу-светильнику, отрываясь от пропитанной кровью земли, взлетает белый конь с колесницей.

Шагал также выполнил к балету около 70 эскизов костюмов. Когда костюмы были готовы, многие из них он расписал красками, как когда-то расписывал костюмы для Еврейского камерного театра. Например, в первой картине корсаж Земфиры был украшен красным петухом – двойником петуха, изображенного на заднике к первой картине. На костюмах цыган Шагал нарисовал ладони рук, лица, животных, карточные масти (10).

Премьера балета «Алеко» состоялась в Мехико-Сити, во Дворце изящных искусств, 8 сентября 1942 года. Лассень писал: *«Балет был встречен с огромным энтузиазмом. Превозносили и танцовщиков, и хореографию, но было совершенно ясно, что постановка состоялась благодаря декорациям Шагала с их потрясающей оригинальностью. Успех был повторен в Нью-Йорке, когда спектакль был показан там 6 октября 1942 года»* (11).

Лассеню вторит Нортон: *«Мексиканская премьера "Алеко" стала триумфом Шагала. Поскольку с ним консультировались по поводу каждой детали танца, музыки и освещения, во всем было шагаловское единство. Менее чем месяц спустя "Алеко" открылся в Мете* (сокращенное название Метрополитен-оперы. – К.Г.). *Джон Мартин писал, что декорации были "вовсе не хорошими декорациями, а прекрасными произведениями искусства... Они были столь восхитительны сами по себе, что ... хотелось, чтобы все эти люди перестали их загораживать"».* Далее Нортон продолжает: *«На премьере в Мехико-Сити труппа "Алеко" выходила на поклоны девятнадцать раз, и художник с хореографом удостоились шумных похвал. Отклики на нью-йоркскую премьеру в октябре были смешанными. Декорации Шагала рассматривались как высший триумф балета, а хореография Мясина или превозносилась, или жестоко критиковалась»* (12).

Позднее критик Джордж Джексон поэтично написал: *«В лучших сценах Мясин претворил холсты Шагала не в жизнь, а в мечту»* (13).

Уиндрейх указал, что балет «Алеко»: *«...оставался в репертуаре Театра балета до 1946 года, был восстановлен для сезона 1947-48 годов и пережил большую реконструкцию в 1953 году для показов за рубежом, оставаясь в репертуаре до 1955 года. Последняя реконструкция для нью-йоркских зрителей была проведена во время первого сезона коллектива в новом здании Метрополитен-оперы в 1968 году. Продажа задников Шагала в 1977 году, когда труппа переживала финансовый кризис, означала конец балета»* (14).

ВОЛШЕБНЫЙ СВЕТ «ЖАР-ПТИЦЫ»

В 1945 году Шагал начал работу над сценографией к балету «Жар-птица» на музыку И. Стравинского. Впервые этот балет по мотивам русских народных сказок был поставлен в рамках второго сезона «Русского балета» Дягилева в Париже. Либретто и хореографию балета создал М. Фокин, изысканные декорации и костюмы – А. Головин (кроме костюмов Жар-птицы и царевны Ненаглядной красы, эскизы которых подготовил Л. Бакст). Премьера состоялась 25 июня 1910 года в зале Парижской оперы. Зрители и критики были единодушны – балет стал настоящей творческой победой русской труппы. В 1926 году Дягилев восстановил «Жар-птицу», на этот раз в декорациях и костюмах Н. Гончаровой.

Шагала, завоевавшего шумный успех в связи с постановкой «Алеко», пригласили оформить «Жар-птицу» для ещё одного нью-йоркского балетного коллектива, также тесно связанного с русским балетом. Эта труппа была основана родившимся в России танцовщиком и хореографом Джорджем Баланчиным (1904-1983) и американским импресарио Линкольном Кирстайном. Сын грузинского композитора, Джордж Баланчин (настоящее имя Георгий Баланчивадзе) учился в балетной школе при Мариинском театре, а затем в балетном классе Петроградской консерватории. В 1924 году во время гастрольной поездки в Германию Баланчин решил не возвращаться в СССР. Вместе с несколькими советскими танцовщиками он бежал в Париж и принял приглашение присоединиться к антрепризе Дягилева. Именно там в

1925 году он начал успешно пробовать себя как хореограф. После смерти Дягилева в 1929 году Баланчин работал балетмейстером Королевского Датского балета в Копенгагене, затем хореографом труппы «Русские балеты Монте-Карло». В 1933 году, после того, как его на этом посту сменил Мясин, Баланчин основал собственную труппу «Балеты 1933», однако эта труппа, успевшая дать выступления в Париже и Лондоне, просуществовала всего два месяца. В октябре того же 1933 года Баланчин по приглашению Л. Кирстайна приехал в США. 2 января 1934 года в Нью-Йорке открылась основанная Баланчиным и Кирстайном балетная школа. Позднее Баланчин и Кирстайн основали театр «Американский балет».

Хореографию балета «Жар-птица» для «Американского балета» создал Адольф Больм (1884-1951). После окончания петербургского театрального училища Больм в 1903-1911 годах был танцовщиком Мариинского театра. В 1909 и 1910 годах участвовал в Дягилевской антрепризе в Париже. В 1911 году окончательно покинул Мариинский театр и перебрался в Париж к Дягилеву. В 1909-1916 годах был одним из солистов «Русских сезонов», исполнял партию Царевича в «Жар-птице». С 1917 года жил в США, работал балетмейстером в театрах Нью-Йорка, Чикаго, Сан-Франциско, а также в Голливуде.

Осенью 1939 года Больм временно переехал из Калифорнии в Нью-Йорк и поставил для первого сезона «Американского балета» балет «Петя и волк» на музыку С. Прокофьева. В 1942-1945 годах Больм был балетмейстером и главным режиссером «Американского балета».

Шагал начал работать над балетом «Жар-птица» после нескольких месяцев тяжелой депрессии, вызванной смертью любимой жены Беллы. Как и в случае с балетом «Алеко», художник проделал гигантскую работу – собственноручно расписал занавес и три задника к спектаклю.

Введением к сказке становится занавес, почти все пространство которого занимает Жар-птица, несущая прекрасную женщину в белом, в лице которой угадываются черты Беллы Шагал. Птица парит в овале ночного синего неба и почти сливается с фигурой женщины. На первый взгляд может показаться, что это сама женщина развернула ангельские крылья, а за спиной у нее вырастает золотистая голова сказочной птицы в короне. Внизу справа едва намечены купола и крыши старинного русского городка, над которыми витает ангел, по дороге скачет всадник, а из левого нижнего угла в сторону птицы и женщины устремляется зловещее существо, словно персонаж с картины Босха – хищный получеловек-полурыба, вероятно, один из челяди Кащея Бессмертного. Зрители могли насладиться занавесом, пока исполнялась увертюра к балету.

Задник к первой картине «Заколдованный лес» умиротворяет зелёными и голубыми красками. Зелёный лес (лишь одно дерево жёлтозолотое) здесь повторен дважды. То ли зритель видит лес, а за ним синее озеро, в котором отражается лес на другом берегу. То ли лес отражается прямо в небе. Так или иначе, возникает ощущение перевернутого мира. В озере-небе отражаются солнце и серп луны. Лес населяют птицы и фантастические крылатые звери. А над верхушками деревьев взмывает алая Жар-птица – голова украшена хохолком-короной, хвост пылает как костер.

Композиция задника второй картины «Сказочный дворец» построена по диагонали. Справа ее ограничивает треугольник леса в коричневых тонах, среди ветвей которого можно рассмотреть пару львов и бобра. Слева золотеющее небо по диагонали пересекает огромная фигура Жар-птицы в короне. Удивительно, но на этот раз птица не красная, а зелёная. На спине Жар-птицы раскинулись сказочные терема. С земли к Жар-птице и её теремам приставлена лёгкая лестница, по которой взбирается нагая девушка. А бледно-голубое пространство неба между птицей и лесом занимает огромный букет, едва намеченный воздушными мазками.

В заднике третьей, финальной картины царят победные красно-оранжевые тона. Мы снова встречаемся с движением по диагонали из левого нижнего в правый верхний угол, куда под торжествующие мелодии ангелов-музыкантов взлетают стрелой соединившиеся влюбленные. В небе вращаются огромные красно-оранжевые светила, заполняющие почти половину композиции. Кажется, весь мир пустился в свадебный хоровод.

Помимо декораций, Шагал сделал к «Жар-птице» более восьмидесяти эскизов костюмов, которые были сшиты под руководством Иды Шагал, дочери художника. Особенно интересны костюмы Кащея и его спутников – сказочной нечисти. Вооруженный мечом Кащей Бессмертный предстает у Шагала могучим царем в черном наряде и алом плаще, его лицо закрывает зловещая маска с красными рогами. Прихвостни Кащея по Шагалу – это дети природы. Вот истинно шагаловский персонаж: у этого существа в желтом трико два профиля – в одну сторону смотрит петух, в другую – козёл. В серо-голубое трико другого вписана устремлённая вверх синяя птица с развернутыми крыльями, одно крыло приходится на руку танцовщика, второе – на ногу. Еще один персонаж поганого царства наряжен в русский народный костюм, на рубахе нарисована голова лошади. Следующий спутник Кащея обряжен в костюм голубого коня, тело расписано растительным орнаментом, а вместо гривы и хвоста у него – усыпанные зелено-голубыми листьями ветви. Вслед за ним следует персонаж, трико которого расписано листьями, цветами и фруктами.

А. Больму неслучайно была поручена постановка «Жар-птицы», ведь он исполнял партию Царевича и помнил хореографию М. Фокина

1910 года. Тем не менее, подготовка «Жар-птицы» проходила негладко. Вот как вспоминал об этом Ж. Лассень: *«Восстановление балета (восстановление хореографии М. Фокина. – К. Г.) было поручено Адольфу Больму, бывшему танцовщику труппы Дягилева ... Он отказался вступать в контакт с Шагалом ... Он обратил внимание на декорации только за несколько недель до премьеры и выразил свое полное неодобрение. Тем не менее, спектакль состоялся»* (15).

Премьера «Жар-птицы» в хореографии А. Больма прошла 24 октября 1945 года на сцене Метрополитен-оперы. Согласно Лассеню: *«Хореография была встречена критиками весьма прохладно, однако они были единодушны в своих похвалах относительно декораций и костюмов Шагала. "В балете доминируют декорации", - таков был общий вердикт. Это было несправедливо, ведь живописец сделал все, чтобы усилить впечатление от музыки»* (16).

Вероятно, сдержанная реакция аудитории и критиков по поводу хореографии Больма, основанной на хореографии Фокина, объяснялась тем, что то, что казалось революционным французским зрителям в 1910 году, мало трогало американских зрителей 1945 года. Это, очевидно, понимал и Джордж Баланчин. Он тоже был знаком с фокинской хореографией не понаслышке, ведь он исполнял партию Кащея в «Жар-птице» в 1926 году.

В августе 1948 года Шагал вернулся во Францию, а его «Жар-птица» продолжала покорять американских зрителей.

Театр «Американский балет» (в 1946 году сменивший имя на «Балетное общество»), в 1948 году стал называться «Нью-Йорк Сити балет» (New York City Ballet). Под этим названием коллектив известен и сегодня. Для «Нью-Йорк Сити балета» Баланчин подготовил новую хореографию «Жар-птицы», но с использованием декораций и костюмов Шагала. Как указывается на веб-сайте театра, премьера «Жар-птицы» в хореографии Баланчина состоялась в нью-йоркском Сити-центре 27 ноября 1949 года (17).

В книге Лассеня читаем: *«Когда "Балетное общество" стало "Нью-Йорк Сити балетом" под руководством Баланчина, он изменил хореографию на свой лад, и эта версия произведения была показана в Лондоне в "Ковент-Гардене" 20 июля 1950 года... затем в Нью-Йорке 24 октября того же года в Сити-Центре, причем Игорь Стравинский лично дирижировал оркестром»* (18).

По мнению самого Стравинского: *«"Жар-птица" Шагала представляла собой очень пышное зрелище, более удачное в отношении декораций, чем костюмов»* (19).

Джордж Баланчин трижды обновлял хореографию «Жар-птицы»: в 1970 (хореографию кащеевой челяди подготовил Джером Роббинс), в 1972 (к Фестивалю Стравинского) и 1980 годах.

Связь Шагал со своим детищем не прерывалась. По приглашению Баланчина, в 1970 году Шагал специально приехал в США, чтобы наблюдать за изготовлением новых декораций и костюмов для этой постановки. Сценография и костюмы готовились на основе шагаловских эскизов 1945 года.

«Жар-птице» выпала счастливая судьба. Балет сохраняется в репертуаре «Нью-Йорк Сити балета» и сегодня, декорации и костюмы Шагала по-прежнему пленяют зрителей и критиков.

Например, в 2006 году Николь Беркес написала после очередного спектакля: *Последнее выступление вечера, сказочная история Жар-птицы Баланчина и Роббинса, было фантастическим. Классическая балетная подготовка солистов в сочетании с талантливым кордебалетом, декорациями и костюмами сотворили незабываемое представление. Яркое оформление, созданное Шагалом в 1945 году ... стало нарядным фоном для одаренных артистов. Роскошные костюмы, тоже по эскизам Шагала ... сами по себе были произведениями искусства»* (20).

Представление, данное год спустя, описала Роберта Злокоуер: *«Кто стал главным украшением балета? Первенство было разделено поровну между исполнительницей партии Жар-птицы и декорациями и костюмами Шагала. Занавесы – это классический Шагал, с нежными невестами, густыми деревьями, Жар-птицей, луной, свадьбой... Персонажи включают нарядных поселян, рогатое чудище, высоких, сюрреалистических животных и существ, детей в масках»* (21).

Шагаловская Жар-птица продолжает осенять своими крылами поклонников балета.

ПАСТУШЬЯ ПАСТОРАЛЬ

В контексте разговора о сценографии Шагала для музыкального театра необходимо упомянуть об оформлении балета и о серии цветных литографий, созданных Шагалом уже после возвращения из США во Францию по мотивам пасторального романа «Дафнис и Хлоя» древнегреческого поэта и писателя Лонга, предположительно жившего во II или III веке нашей эры. Действие романа о любви пастуха и пастушки разворачивается на острове Лесбос. Французский издатель Эжен Териад (настоящее имя Эфстратиос Элефтериадис), грек по происхождению, был родом с этого острова. Он заказал Шагалу серию литографий к роману и посоветовал посетить Лесбос. В 1952 и 1954 годах художник побывал в Греции, которая произвела на него неизгладимое впечатление. В 1957-1960 годах он работал над литографиями, взяв за основу гуашные и пастельные пейзажи, сделанные во время греческих путешествий. А в 1958 году Шагала пригласили оформить для парижской Оперы балет «Дафнис и Хлоя».

Французский композитор Морис Равель написал музыку к балету «Дафнис и Хлоя» по приглашению Дягилева. Премьера балета по либретто и с хореографией М. Фокина, с декорациями и костюмами Л. Бакста состоялась 8 июня 1912 года в парижском театре Шатле. Примечательно, что работа над произведением Равеля дала Шагалу возможность создать сценографию к тому же балету, первое оформление которого осуществил Леон Бакст, о котором Шагал, бравший у него его в юности уроки живописи, вспоминал довольно прохладно. Вообще, обращает на себя внимание тот факт, что работа Шагал в балете раз за разом связывала его невидимыми нитями с дягилевской антрепризой, с дягилевскими единомышленниками и питомцами.

Балет «Дафнис и Хлоя» в сценографии Шагала открывал в парижской Опере занавес «Посвящение Равелю» – нежное сочетание оттенков кобальта и аквамарина. В воздухе парила пара влюбленных, только на этот раз они слились в одну длинную вертикальную фигуру, словно две стрелки на часах, указывающие в противоположные стороны – фигура девушки (голова которой направлена вниз), становилась как будто отражением фигуры юноши, стремившегося вверх. Внизу можно было рассмотреть рощу, под сенью которой паслись овцы. В кроне одного из деревьев примостились сатир со «свирелью Пана» и пара ангелов. Вдалеке виднелся античный храм под луной. Над линией горизонта в небе плыл перевернутый парусник, то есть, небо как бы становилось морем другого, зеркального мира. Сверху вниз диагональю спускалось дерево, в его лимонно-золотистой кроне тоже паслись овечки. А за стволом дерева тянулся ржаво-оранжевый шлейф, напоминающий пламя.

На заднике первой картины Шагал изобразил огромный овал. Сверху его ограничивала зелень и полоса реки, вдоль которой пастух гнал стадо овец; снизу – купы цветущих кустов, в которых укрылась пара влюбленных. В композиции доминируют жёлто-зелёный, изумрудный и синий. Мазки красного и белого отмечают цветы, сиреневое пятно – влюбленных, оранжевое пятно – храм. Над храмом по зеленому небу пролетают синяя рыба и кентавр, уносящий на спине девушку.

Сильное впечатление производит ночной таинственно-синий задник второй картины («Лагерь пиратов»), который делит по горизонтали огромная рыбина-остров. На спине рыбы вырастают крошечные дома и храмы, едва намеченные белилами. Внизу Шагал изобразил лодку, в которую пираты увлекают Хлою. А в облаках виднеется тревожный красный месяц со смычком – сам месяц превратился в скрипку и наигрывает музыку Равеля.

В заднике третьей картины царит всепоглощающий солнечный жёлтый свет. Все вокруг словно дрожит и плавится от зноя. Вдалеке на холмах виднеются три храма. А в небе накренилось дерево, в кроне которого слились в объятии Дафнис и Хлоя.

И, наконец, в центре задника заключительной картины торжествует огромное жёлтое солнце, а все пространство вокруг заливает красный фон. Рядом с солнцем, напоминающим огромный цветок, изображены круги – словно бы прозрачные мыльные пузыри, в которые вписаны птица и музыкант. Внизу художник наметил храмы, холмы, поля и куст, усыпанный синими цветами, а рядом с солнцем парят крылатые юноша и девушка.

Шагал воплотил историю любви Дафниса и Хлои в разных жанрах: в цветной литографии и в эскизах декораций и костюмов, при этом образы южной природы и населявших древний остров персонажей свободно перетекали из театральных эскизов в литографии. Особенно примечательна в этом отношении литография «Царский сад», которая практически полностью повторяет композицию задника к первой картине балета (либо задник повторяет композицию литографии).

Премьера балета «Дафнис и Хлоя» состоялась в Париже 3 июня 1959 года. Териад выпустил 60 комплектов с 42 цветными литографиями Шагала к роману «Дафнис и Хлоя» в 1961 году. Литографии были отпечатаны на плотной бумаге (формат 38 см x 54 см). Каждый лист в каждом комплекте был пронумерован и подписан Шагалом. Одновременно Териад издал два тома с теми же литографиями тиражом 270 экземпляров (формат 32 x 42 см). Впоследствии роман Лонга с литографиями Шагала не раз издавался на разных языках, в том числе, увидел несколько изданий в США.

«ВОЛШЕБНАЯ ФЛЕЙТА» ШАГАЛА

Моцартовская «Волшебная флейта» – одна из самых популярных в мире опер. В этой сказочной опере щедро рассыпаны намеки на масонские ритуалы и церемонии, ведь сам Моцарт принадлежал к масонской ложе. Фантастические события оперы разворачиваются в Египте, священной для масонов стране.

Оформить «Волшебную флейту» Шагала пригласил Рудольф Бинг, который в 1952-1970 годах занимал пост генерального менеджера Метрополитен-оперы. О своём приглашении Бинг вспоминал в своих мемуарах (22), а также в предисловии к прекрасному подарочному изданию «Шагал в Мете» (23), в котором воспроизведены репродукции эскизов декораций и костюмов Шагала к «Волшебной флейте».

Интересна предыстория этого приглашения. Рудольф Бинг (1902-1997) родился и получил образование в Вене. В 1927 году он переехал в Берлин, где познакомился с русской эмигранткой, балериной Ниной Шелемской-Шлесной. Вскоре Рудольф и Нина поженились. В Берлине супруги Бинг близко подружились с Валентиной Бродской, которую друзья называли Вава. Затем Бинги переехали в Англию, а позднее в США. Однако они продолжали поддерживать отношения с Вавой. Когда Валентина Бродская в 1952 году стала второй женой Марка Шагала, они стали дружить семьями, встречаясь почти каждый год то в Париже, то в Вансе, то в Нью-Йорке. Так и получилось, что Бинг, которого еще в юности покорили работы Шагала, обдумывая репертуар инаугурационного сезона 1966-67 гг. в новом здании Метрополитен-оперы и планируя постановку «Волшебной флейты», решил, что нужно предложить ее оформление Шагалу.

Бинг вспоминал: «*Он* (Марк Шагал. – К.Г.) *знал, что это будет серьезным испытанием, – прежде он никогда не делал декорации и костюмы для оперы ... Я сказал ему, что думаю, что ему понравится работать с Реннертом* (Гюнтер Реннерт, немецкий режиссер – К.Г.), *что у нас есть прекрасный художник – русский (Володя Одиноков) – который возглавляет живописный цех, и что мы предоставим ему всю необходимую помощь и поддержку. Я попросил Реннерта посетить его в Вансе и, как я надеялся и ожидал, вскоре он глубоко увлекся и рисовал и писал эскизы с утра до вечера. Вскоре мы пришли к соглашению. У него было еще несколько встреч с Реннертом, затем он прибыл в Нью-Йорк, познакомился с художниками, костюмерами, увидел сцену, а остальное известно»* (24).

Творческий процесс мастера описывает исследовательница Эмили Генауер, автор книги «Шагал в Мете»: «*Очень скоро, даже во время разговоров, когда перспектива того, что он может начать работать над новой постановкой Метрополитена, была упомянута впервые, Шагал настолько вдохновился, что начал делать эскизы на скатерти. Когда он начал работать, то делал эскизы, слушая музыку. Были дни, вспоминал он, когда он прослушивал записи полной оперы семь раз подряд. Он также читал про Моцарта и его эпоху все, что он мог найти. Он изучал либретто и анализировал его»* (25).

«*Я не был в восторге от того, что я получил еще один заказ. В моем возрасте мне не нужны заказы,* - говорил Шагал, - *Это было как перст судьбы. Работать на чем-то столь совершенным, как "Волшебная флейта", это всё равно, что работать в ауре чего-то неземного. Потому что Моцарт – это сверхчеловек. Его гений настолько же фантастичен, как ход планет в небесах. Невозможно "понять" такого гения. Можно только восхищаться и принимать ... Для меня нет ничего на земле, что приближалось бы к этим двух совершенствам: "Волшебной флейте" и Библии»* (26).

Для «Волшебной флейты» Шагал с его феноменальной работоспособностью создал эскизы для 13 занавесов и задников (размер задников составлял 12 метров в высоту и 21 метр в ширину) и 26 декоративных порталов, а также 121 эскиз костюмов и масок. В «Волшебной флейте» Метрополитен-оперы было 5 картин в первом действии и десять картин во втором действии.

В этот раз Шагалу не пришлось расписывать задники и порталы своими руками. Роспись декораций по эскизам Шагала осуществил В. Одиноков, о котором упоминал Р. Бинг. Владимир Одиноков (1908-1997) родился в Москве. Был учеником, а затем ассистентом художника Е. Лансере. В 1937 году помогал Лансере в оформлении интерьера Советского павильона на Международной выставке в Париже. В 1938 году Одиноков оформил вестибюль павильона Смоленской области на Всесоюзной сельскохозяйственной выставке. Воевал на фронтах Второй мировой войны, попал в плен, после окончания войны стал невозвращенцем. С 1949 года жил в США. Работал в театральной мастерской Е. Дункеля, затем в 1950-е годы получил место заведующего театральной мастерской Метрополитен-оперы. Продолжал заниматься живописью и участвовал в выставках. Летом 1966 года Одиноков был командирован от Метрополитен-оперы в Ванс, где работал рядом с Шагалом, изучая его живописную технику. В архиве Одинокова сохранилось семь писем Шагала, написанных в 1966-1977 годах. Письма Шагала проникнуты истинной симпатией к русскому художнику. В 1970 году, уже после премьеры «Волшебной флейты», именно Одиноков по эскизам Шагала 1945 года расписал задники к новой постановке «Жар-птицы» для театра «Нью-Йорк Сити балет».

Оперу «Волшебная флейта» открывал занавес «Посвящение Моцарту», выполненный в тёплых золотисто-жёлтых тонах. Почти всю нижнюю половину занавеса занимает фигура, состоящая из человеческой головы и крыльев. Кажется, эта фигура, как символ вдохновения, стремительно летит над миром. Ее радостно приветствуют люди. Ей подыгрывают на разных инструментах музыканты. А в небе художник изобразил круг, может быть солнца, а может быть и луны, на котором написал «Моцарт». В половину круга вписана птица, а в крыло птицы вписана невеста. Птица придерживает лапой смычок, играющий на летящей в небе скрипке, гриф которой оканчивается человеческой головкой. Композиция словно плывет на волнах музыки. *«Мы хотим счастье в чистых красках, освобождённое от земных потрясений, чтобы искусство могло вступить в век благодати, как когда-то было осуществлено в увертюре к "Волшебной флейте" Моцарта. Я хотел окружить себя цветом и музыкой, и этими персонажами, чьи лица сохраняют улыбку. Улыбку, которая умиротворяет, даже если душа часто окутана дымкой печали»*, - пояснял Шагал (27).

После поднятия занавеса «Посвящение Моцарту» начинали сменять друг друга волшебные картины – пирамиды, священные рощи, пещеры... Каждый задник пленял неожиданным сочетанием цветов, новой цветовой гаммой. Обрамлением задникам служили декоративные порталы, для росписи которых Шагал чаще всего использовал зеленые, голубые и желтые краски, изображая на них людей, животных, демонов, или просто растительные мотивы.

Хотелось бы остановиться подробнее не которых задниках. Первая и третья картины первого действия разворачивались на фоне пейзажа с холмами и деревьями. В небе художник изобразил солнце с лучами-завитками, а одно из деревьев оплёл змей. Такого же змея Шагал изобразил на афише к опере. В композиции доминировал травянисто-зелёный цвет с пятнами сиреневого и синего, солнце было отмечено пятном жёлтого.

Вторая картина первого действия представляла собой владения Царицы ночи – волшебный фантастический шатёр, синий фон которого изображал переплетение человеческих лиц, животных и чудищ, фрагментов орнаментов, букетов и листьев. Здесь тоже вспыхивали яркие красочные пятна – фиолетовые, красное, жёлтое.

Первая, вторая, четвертая и восьмая картины второго действия шли на фоне задника, почти все пространство которого занимало изображение пирамиды. Пирамида казалась прозрачной, поскольку художник вписал в неё фигуры людей и животных. В отдалении виднелись другие пирамиды и сфинксы, вставало солнце. Задник был выполнен в оттенках умбры и бронзы. Тёмный колорит создавал атмосферу загадочности.

Шестая картина второго действия казалась почти абстрактной – это было буйство ультрамарина, в который вкраплялись отдельные красочные пятна – темно-розовые, морская лазурь. Но в этом хороводе линий, словно во вздымающихся волнах, угадывались красное солнце, здания, человеческие фигуры, профиль лошадиной головы, летящая птица...

По контрасту с синей стихией шестой картины, задник седьмой и девятой картин являл буйство алого на жёлтом – жёлтый песок и жёлтое небо, алые холмы. Травянисто-зелёным прочерчены пальмы, в небе в единое целое соединились два солнца, которые охраняет птица.

Густо-васильковое ночное небо задника десятой картины было усыпано звездами. Черные контуры изображали корову с головой царя в короне, птицу с крылом в виде русалки с перевернутой головой и летящую девушку.

В занавесе для финала царит красный цвет. Правый верхний угол композиции отдан золотому солнцу с далеко расходящимися лучами. В центре вверху расположилось еще одно золотое солнце, от которого концентрическими кругами расходятся лучи, в них вписаны вращающиеся люди – женская фигура, музыкант, чьи-то головы. В правом нижнем углу двуглавая женщина-птица с обнаженной грудью играет на рожке. Между женщиной и солнцем – дерево, населенное птицами. Посредине внизу Шагал изобразил царя в короне. Почти всю левую половину задника занимает закручивающаяся спираль – вероятно, ещё одно солнце – на это указывают три зубца, напоминающих солнечные лучи. По спирали вращаются лютнист о двух лицах – с человеческим и лошадиным, и еще один музыкант поменьше. Контуры фигур намечены чёрными линиями, концентрические круги, солнца, царская корона – золотые. Неожиданно в царство красного художник добавляет отдельные блоки цвета – зеленый для лютниста, белый – для царя, синий – для птичьей головы женщины-птицы. Победоносное сочетание рубинового и золотого рождает могучее ощущение радости и торжества.

Для «Волшебной флейты» Шагал создал не только костюмы. Многие костюмы дополняют маски, помогающие превратить актеров в чудищ. Так, например, выглядят костюмы демонов, спутников Царицы ночи. На маске одного из демонов, кроме двух глаз, расположенных на обычном месте, третий глаз заменил нос, а четвертый глаз – рот. Еще несколько глаз разбросано по полю черно-синего костюма. Грудь другого демона украшена изображением лица, к тому же художник добавил ему третью руку. Третий демон с лошадиной головой наряжен в синее трико с вертикальными чёрными полосами, на груди у него полумесяц, на колене – звезда. У самого птицелова Папагено на затылке вырастает острый птичий клюв.

Искусствовед Гай Уилен рассказывал: *«Шагал так сильно волновался, что приехал в Нью-Йорк за месяц до премьеры. Он обнаружил, что декорации, костюмы и маски были не более чем отправной точкой и что он должен переосмыслить их и выполнить заново. Он лихорадочно написал гигантское "Посвящение Моцарту" для первого занавеса. Чтобы придать больше плотности костюмам, он изменил силуэты, переделал цвета и использовал другие материалы, с целью подчеркнуть фактуру»* (28).

«Волшебная флейта» была восьмой по счету постановкой инаугурационного сезона 1966-1967 годов в новом здании Метрополитен-оперы. Премьера «Волшебной флейты» состоялась 19 февраля 1967 года и была показана в том сезоне девятнадцать раз.

Хочется привести фрагменты двух рецензий, посвященных премьере «Волшебной флейты». Спейт Дженкинс писал в газете «*Таймс Геральд*»: *«Все, что я слышал про Метрополитен в недели, предшествующие премьере, не предвещало ничего хорошего многоцветным, причудливым, невероятным декорациям и костюмам, созданным знаменитым художником Марком Шагалом. Все дурные слухи оказались* неверны. *С начала и до конца сумбур красок создавал нереальный пейзаж, который и является атмосферой "Волшебной флейты". Цвета и то, как их использовал Шагал, не поддаются описанию ... Цвет исходит от бесконечной череды задников, которые, вместе с декоративными порталами, указывают на перемену сцен. Животные "Флейты" с шагаловскими двойными головами танцуют и скачут по сцене необыкновенным манером»* (29).

А вот как отзывался о постановке Алан Рич в рецензии для газеты «Уорлд Джорнал Трибьюн»: «*К концу прошлого вечера многие зрители, присутствующие в Метрополитен-опере, были уверены, что Марк Шагал не только оформил новую постановку "Волшебной флейты", но также сочинил музыку, написал либретто, исполнил главные арии и дирижировал. Это был, бесспорно, вечер Шагала, если судить по разговорам и взрывам аплодисментов, которые встречали каждую новую перемену картины ... То, что предложил художник, несомненно, заслуживает дискуссии ... Он не столько создал сценографию оперы, сколько предложил комментарий к ней. Здесь вообще нет декораций в их обычном смысле; вместо этого, действие разворачивается на фоне серии великолепных полотен Шагала ... Он не поскупился. Все это роскошный, узнаваемый, старинный Шагал, причудливые фигуры, хлещущие яркие цвета. Звери, которые пришли танцевать под флейту Тамино, сошли с каждого когда либо виденного нами полотна Шагала. Костюмы – это картины Шагала, обернутые вокруг людей, и они тоже невероятно красочны*» (30).

После премьеры 1967 года опера «Волшебная флейта» (или отдельные картины оперы в гала-концертах) в сценографии Шагала исполнялась на сцене Метрополитен-опера неоднократно: в 1970, 1972, 1973, 1976, 1979, 1981 и 1983 годах.

ИСТОКИ И ТРИУМФ МУЗЫКИ

Говоря о работах Марка Шагала для американского театра, представляется необходимым рассказать о двух гигантских декоративных панно – «Триумф музыки» и «Истоки музыки» (каждое 11 метров в высоту и 9 метров в ширину) – созданных для украшения фойе Метрополитен-оперы. Панно, составляющие как бы диптих, не были предназначены для оформления сцены. Тем не менее, они являются логическим продолжением сценографии оперы «Волшебная флейта».

Заказать Шагалу два панно для фойе театра предложил архитектурному комитету совета Метрополитен-оперы тот же Рудольф Бинг. Изначально художник предполагал создать панно-посвящения Моцарту и его опере «Волшебная флейта», но затем решил, что темой панно будет музыка вообще.

Панно для театрального здания не стали первыми в биографии Шагала. После создания росписей для Еврейского камерного театра в 1920 году Шагал в 1959 году написал панно «Комедия дель Арте» (2.5 метра в высоту и 4 метра в ширину) для Оперного театра Франкфурта. В 1964 году Шагал по приглашению французского писателя Андре Мальро, который в то время занимал пост министра культуры в правительстве де Голля, расписал плафон Парижской оперы.

Здание Метрополитен-оперы, расположенное по адресу 132 West 65th Street, является частью архитектурного ансамбля Линкольн-центра на Манхеттене. Фасад оперного театра, спроектированного Уоллесом Харрисоном, представляет собой пять застекленных арок, сквозь которые днем в фойе льётся солнечный свет. Поэтому композиции Шагала в определённые дневные часы увидеть нельзя – они задернуты белыми шторами, предохраняющими их от воздействия солнечных лучей. Зато вечером шторы, как театральный занавес, раздвигаются, и полотна являются во всей красе, причём они видны не только зрителям, пришедшим в театр. Фойе театра слишком узкое, чтобы люди, пришедшие на спектакль, могли отойти на достаточно далекое расстояние и получить возможность полного обзора громадных панно. Намного лучше панно видны прохожим, прогуливающимся по Линкольн-центру. Если стоять на площади лицом к Метрополитен-опере, то сквозь застеклённую крайнюю левую арку видно панно «Триумф музыки», а сквозь крайнюю правую арку можно рассмотреть панно «Истоки музыки».

Однако и обзор тех, кто прогуливается по площади, неидеален – стеклянная стена фасада разделена на разновеликие прямоугольники переплетами, которые тоже затрудняют восприятие композиций. Эмили Генауер, посетившая строительство оперного театра, 18 ноября 1965 года написала Шагалу письмо, в котором выражала свои опасения по поводу переплетов стеклянной стены фасада. В письме к Генауер от 30 ноября того же года Шагал ответил: *«Я сделал первые эскизы и модели, но я не могу отрицать неуверенность, которая одолевает меня, когда я размышляю о начале работы. Тем не менее, вспоминая доброжелательность, которую я всегда ощущал в Америке, я принял заказ на эту огромную работу. Мне кажется, я все же смогу сделать так, чтобы мои панно гармонировали с фасадом оперного театра, и окна с переплетами не обязательно затруднят прозрачность окон и обзор панно. А больше всего я надеюсь настолько наполнить панно движением, что они смогут отвлечь внимание от оконных переплетов»* (31).

С размещением панно произошла следующая история: *«Когда Шагал прибыл в Нью-Йорк, чтобы проследить за развеской* (панно. – К.Г.), *красное панно "Триумф" уже было установлено – но не с той* стороны ... Шагал вспоминал, что когда он увидел ошибку то "кричал как никогда прежде. Моя мать, рожая своих детей, не кричала так сильно. Меня, без сомнения было слышно по всему Линкольн-скверу" ... Изучив ситуацию, Шагал со временем решил, что непреднамеренная перестановка не только приемлема, но, может быть, даже к лучшему» (32).

«Потребовались все дипломатические таланты Рудольфа Бинга ... чтобы успокоить разъяренного художника. "Возможно, об ошибке позаботилась сама судьба, и гостеприимные ангелы должны играть людям, пришедшим в оперу, потому что они любят музыку", - увещевал Бинг. Шагал смягчился, и панно перевешивать не стали» (33).

Несмотря на то, что художник в итоге согласился с развеской панно, тем не менее, он был не в восторге от расположения своих работ, о чем свидетельствуют воспоминания американского пианиста Байрона Джаниса: «Я рассказал Шагалу, как сильно я восхищаюсь двумя его прекрасными панно в здании Метрополитен-оперы в Линкольн-центре. "А, вы имеете в виду "Истоки музыки" и "Триумф музыки"? Ужасно, ужасно, как они их разместили, - воскликнул он, - Вам нужно выйти на улицу, на холод, на – как вы это называете? – на площадь, чтобы их увидеть. Они должны называться "Панно для площади"!". Было трудно не рассмеяться – и не согласиться» (34).

Но как бы ни огорчало Шагала то, как в Метрополитен-опере распорядились с его панно, он все же не переставал волноваться о них, а также о своих декорациях и костюмах к «Волшебной флейте». Об этом свидетельствует тот факт, что в пяти из семи писем, сохранившихся в архиве художника В. Одинокова, Шагал интересуется своими панно. В опубликованных письмах орфография и пунктуация Шагала сохранены. «Как мои бедные роспись у Вас? И будут ли давать когда ниб. "Флют"» (Flute – флейта (англ.), т.е. "Волшебную флейту" - К.Г.) - спрашивал Шагал в письме от 11 мая 1972 года. «Я вспоминаю всегда с удовольствием, когда я был около Вас и вместе с Вами работали. И я надеюсь что Вы с Вашим дружеским глазом и душой наблюдаете за моей стенной росписью и также за декорациями и костюмами Волшебной флейты, если ее дают ещё», - писал Шагал в 1973 году. 5 октября того же года он снова спрашивал: «Ну как шла наша "Флейта" ... Вы наверное смотрите за 2 росписями». В письме от 24 октября 1975 года читаем: «Надеюсь Вы как-нибудь приедете сюда и сообщите мне также в каком виде мои 2 картины в фойе театра? ... Что в Опера? Дают ли когда нибудь "Флют" Моцарта?» И наконец, в последнем письме, датированном 1977 годом, Шагал писал вышедшему на пенсию Одинокову: «Бываете ли в Н.Й. (Нью-Йорке. – К.Г.) видели ли Вы мою живопись там. Еще цело? Кажется они дали "Флейту" еще раз, говорят ничего себе было» (35).

Сохранились карандашные эскизы двух панно, на которых художник пронумеровал отдельные фигуры и группы персонажей и указал их имена или названия. Вот что пишет по этому поводу Эмили Генауер: *«Вопрос интерпретации не стоит, так как Шагал, редкий случай, лично снабдил многочисленные фигуры пронумерованными списками к обоим панно. Почему он это сделал ... остается неясным. Идентификация могла быть выполнена по требованию Линкольн-центра, ожидающего вопросов миллионов зрителей, незнакомых с искусством Шагала, и нуждающихся в помощи в его «расшифровке». Возможно, это было сделано потому, что фойе, расположенное прямо между панно и стеклянным фасадом здания – единственное место, где зрители могут получить обзор панно – обычно слишком многолюдно, чтобы рассмотреть детали вблизи, и слишком узко, чтобы отойти назад и осмотреть полотна целиком ... Пронумерованные списки к каждому из панно полностью не удовлетворяют. Складывается впечатление, что идентификация была сделала задним числом; художник поддался искушению или рекомендации, и лукаво размышлял над эскизами о том, куда добавить номер и название к нему. В любом случае, зрители, рассматривающие панно, не видят нумерацию. А те, кто изучают репродукции, не должны зацикливаться на том, что выглядит как достаточно случайный подбор названий, тем и цифр. Совершенно ясно, что главные герои обоих панно – к чему, как говорил Шагал, он стремится во всех своих работах – это цвет и композиция»* (36).

В центре композиции панно «Истоки музыки» фигура задумчивого музыканта о двух лицах, играющего на лире. Согласно Шагалу, один из ликов принадлежит царю Давиду (его можно угадать по короне), второй – Орфею, он в лавровом венке. Царь Давид-Орфей изображен на фоне круга-арены. Однако художник наметил только верхний край арены. Нижний край ограничивает летящая фигура наполовину женщины, наполовину птицы, самая крупная по размеру, на крыле которой изображены персонажи «Волшебной флейты», включая Папагено с птичьей клеткой. Шагал назвал голову этого крылатого существа «Ангел-Моцарт», а тело «Волшебная флейта». (Ангел-Моцарт был также изображен на занавесе «Посвящение Моцарту», открывавшем «Волшебную флейту»). В верхнем и нижнем правых углах панно угадываются постройки Нью-Йорка. Над силуэтами манхэттенских небоскребов, над которыми повисла луна, летят влюбленные, которых художник обозначил как «Посвящение Верди». Края панно заселены множеством персонажей – это люди, ангелы, звери и птицы. Некоторым персонажам и группам Шагал дал имена и названия – «Бетховен», «Бах и религиозная музыка», «Вагнер (Тристан и Изольда)», «Ромео и Джульетта». Другие существуют сами по себе, безымянные, но от этого не менее выразительные. Под густой кроной дерева ангел наигрывает на свирели, его слушают мудрый змей и фантастические животные с человечьими лицами. Эту же группу Шагал изобразил на афише к «Волшебной флейте». Тот же змей написан на заднике к первой и третьей картине первого действия оперы.

Фон панно «Истоки Музыки» ярко-жёлтый, как знойный летний день. А для изображения персонажей художник воспользовался лазурью, травянисто-зелёным и кирпично-красным.

Насыщенная алая гамма и образы второго панно «Триумф музыки» представляют собой, с одной стороны, самостоятельную композицию, с другой стороны, являются развитием тем финального занавеса оперы «Волшебная флейта».

Самая крупная фигура – женщина-ангел – аллегорическое изображение самой Музыки. Остальные фигуры – тоже аллегории. В круг цирковой арены вписаны балерины, под ними едва различимы булавочные головы сидящих амфитеатром зрителей. Этот фрагмент художник назвал просто «Балет» (артисты балета явно родственны танцорам, изображенным в желтом секторе плафона Парижской оперы). Фигуры под балеринами обозначены как «Певцы» и «Посвящение французской музыке». Под крылом Ангела-Музыки нарисован циркач, играющий на виолончели, и чернокожий мальчик с саксофоном – «Посвящение американской музыке». В нижние углы композиции вписаны образы Нью-Йорка. Над остриями нью-йоркского собора св. Патрика вырастает дерево, увенчанное человеческой головой, под сенью которого нашлось место для двух фигур – мужчина задумчиво сидит под деревом, а женщина радостно размахивает зонтиком. Художник отметил их как «Шагал и его жена».

В панно имеется немало визуальных ссылок на занавес к финалу «Волшебной флейты». Одна из деталей композиции, которая лучше всего видна зрителям, собравшимся в фойе оперного театра – птица, в тело которой вписана женщина с обнаженной грудью, играющая на рожке. В карандашном эскизе художник дал женщине-птице название «Русская музыка». Образ этой женщины-птицы украшал занавес. Из нижнего края панно вырастает дерево, его ствол – фигура царя в короне, будто восстающая из пламени. Схожая фигура царя также изображена на занавесе. Крона дерева заселена музыкантами, тут же летит в танце девушка. Над кроной расположен белый диск солнца – это центр панно, от него расходятся концентрические круги лучей, по оси которых вращается троица, радостно трубящая в фанфары. Эту троицу Шагал назвал «Песня народов». Но одного солнца художнику показалось недостаточно. У правого края панно Шагал написал еще одно солнце, на этот раз ярко-жёлтое. И снова отсылка к финальному занавесу оперы – еще один круг, в нем вращается плавно изогнувшийся лютнист о двух лицах (одно человечье, другое – лошадиное). Этот круг украшен зубцами лучей, указывающими на то, что это еще один солнечный диск. И правда, ведь это триумф Музыки, значит, всего должно быть в изобилии – и солнц, и музыкантов, и насыщенных горячих красок. Три солнца панно «Триумф музыки» повторяют три солнца занавеса к финалу оперы.

Панно «Триумф музыки» яростно пылает алым. Композиция производит впечатление непрестанного движения и вращения. Все населяющие панно персонажи, маленькие и большие, выполненные мазками желтого, а иногда синего и зеленого цвета, то ли летят по кругу в багряных закатных небесах, пронизанных солнечными лучами, то ли плывут в багровеющих волнах океана музыки. И над всеми персонажами парит, словно сотканная из солнечного света, Музыка, трубящая в рог. Это действительно триумф – триумф музыки, движения, цвета – триумф художника.

Церемония открытия панно состоялась 8 сентября 1966 года. Шагал, прибывший на открытие из Франции, обратился к собравшимся с речью, в которой осветил идеи, вдохновлявшие его во время работы. Открытие панно предшествовало официальному открытию нового здания Метрополитен-оперы, которое прошло 16 сентября 1966 года. Зрители, пришедшие на премьеру оперы «Волшебная флейта» 19 февраля 1967 года, и на её последующие представления, получили уникальную возможность – они могли насладиться сценографией Шагала и полюбоваться его панно, которые служили как бы визуальным комментарием к музыке Моцарта.

Благодаря своему расположению за стеклянной стеной, панно Шагала для Метрополитен-оперы – одни из самых доступных зрителям произведений искусства. Для того, чтобы увидеть панно, не нужно покупать билет, стоит просто прийти вечером в Линкольн-центр. Миллионы людей ежегодно посещают мероприятия и представления в Линкольн-центре или приходят туда на экскурсии, и это не считая нью-йоркцев, спешащих по своим делам мимо центра. Все они могут беспрепятственно любоваться «Истоками музыки» и «Триумфом музыки».

***

Три балета, оформленные Шагалом, составляют как бы балетный триптих, к которому также примыкает сценография оперы Моцарта и сопровождающие её «музыкальные» панно. Все эти постановки являются *внутренне связанными между собой* четырьмя уделами одного волшебного царства, созданного Шагалом. Пылающий алый фон финального занавеса «Волшебной флейты» и его золотые солнца заставляют вспомнить насыщенный алый фон и ярко-жёлтое солнце задника последней картины «Дафниса и Хлои». Концентрические круги занавеса «Волшебной флейты» родственны красно-оранжевым солярным дискам задника заключительной картины «Жар-птицы». Жар-птица, изображенная на заднике первой картины одноимённого балета, сродни петуху, летящему в небе на заднике первой картины балета «Алеко». Двулик мудрый пастух Филетон (у него два лица – юное и старое), один из персонажей «Дафниса и Хлои». Двулик и центральный персонаж панно «Истоки музыки» – у него два лика – юноши Орфея и умудренного опытом царя Давида. Серебристо-серый костюм Петуха для танцовщицы в «Алеко» обращается в ярко-зеленый костюм танцовщицы-Петуха из свиты Кащея. Звездами усыпаны костюмы некоторых персонажей «Дафниса и Хлои» и «Волшебной флейты», и даже юбка старухи с лукошком с ярмарки балета «Алеко» украшена звездами. Костюмы прихвостней Кащея чем-то родственны костюмам фантастических спутников Царицы ночи из «Волшебной флейты». Параллели можно продолжить... Это ни в коем случае не означает, что Шагал в своих сценографических работах повторял сам себя. Нет, просто он оставался верен самому себе, своей дивной вселенной, населённой фантастическими образами, и потому оформление волшебных, сказочных, мифологических сюжетов было для него органичным, каждая следующая сценографическая работа становилась логическим продолжением и развитием предыдущей.

ПРИМЕЧАНИЯ

1. *Шагал Марк.* Моя жизнь. М., 1994. [online]. Дата обращения к документу:20.04.2012.URL: <http://lib.ru/MEMUARY/SHAGAL/my_life.txt>.

2. *Апчинская Наталья.* Театр Марка Шагала. Конец 1910-х - 1960-е годы. Витебск, 2004.

3. *Шатских Александра.* Театральный феномен Марка Шагала. Витебск, 2001.

4. *Мальцев Владимир.* Марк Шагал – художник театра. Витебск-Москва. 1918-1922. Шагаловский сборник. Вып. 2. Материалы VI-IX Шагаловских чтений в Витебске (1996-1999). Витебск, 2004. С. 37-45.

5. Marc Chagall. The Russian years. 1906-1922. Frankfurt, 1991. P. 90.

6. *Мальцев Владимир.* Марк Шагал – художник театра. Витебск-Москва. 1918-1922. Витебск, 2004. [online]. Дата обращения к документу: 08.05.2012. URL: <http://chagal-vitebsk.com/?q=node/87>.

7. *Windreich Leland.* Massine's Aleko. Dance Chronicle. Vol. 8, No. 3/4. Oxfordshire, 1985. P. 153.

8. *Lassaigne Jacques.* Marc Chagall. Drawings and Water Colors for the Ballet. New York, 1969. P. 25.

9. *Norton Leslie.* Leonid Massin and the 20th Century Ballet. Jefferson, 2004. P. 261.

10. Ibid. P. 263.

11. *Lassaigne J.* P. 48.

12. *Norton L.* P. 264-265.

13. *Jackson George.* American Ballet Theater at the Met. Ballet Today. Sept.-Oct., 1968. P. 28.

14. *Windreich L.* P. 153.

15. *Lassaigne J.* P. 61.

16. Ibid.

17. New York City Ballet [online]. URL: <www.nycballet.com/company/rep.html?rep=74>. Дата обращения к документу: 20.04.2012.

18. *Lassaigne J.* P. 61.

19. *Стравинский Игорь.* Диалоги. Воспоминания. Размышления. Л., 1971. [online]. Дата обращения к документу: 20.04.2012. URL: < http://lib.rus.ec/b/355283/read>.

20. *Berckes Nicole.* Arts and Events. March 3, 2006. [online]. URL: <http://dcist.com/2006/03/new_york_city_b.php>.

21. *Zlokower Roberta.* New York City Ballet: Circus Polka, Walpurgisnacht Ballet, Jeu de Cartes, Firebird. February 14, 2007. [online]. Дата обращения к документу: 20.04.2012. URL: <http://www.exploredance.com/article.htm?id=1768>.

22. *Bing Rudolf.* 5000 Nights at the Opera; New York, 1972.

23. *Genauer Emily.* Chagall at the "Met". New York, 1971.

24. *Bing R.* Introduction. Emily Genauer. Chagall at the "Met". New York, 1971. P. 13.

25. *Genauer E.* Chagall at the "Met". New York, 1971. P. 53.

26. *Genauer E.* P. 52.

27. *Genauer E.* P. 145.

28. *Weelen Guy.* Chagall in Full Flight. Chagall Monumental Works. New York, 1973. P. 46-47.

29. *Jenkins Speight* [online]. Дата обращения к документу: 25.04.2012. URL: <http://www.metoperafamily.org>.

30. *Rich Alan* [online]. Дата обращения к документу: 25.04.2012. URL: <http://www.metoperafamily.org>.

31. *Genauer E.* P. 44.

32. *Genauer E.* P. 45-46.

33. *Riley Charles.* Art at Lincoln Center. New York, 2009. P. 9.

34. *Janis Byron.* Chopin and Beyond. Hoboken, 2010. P. 228.

35. *Штейн Эдуард.* После Марка Шагала – Владимир Одиноков. Предисл. и публ. Побережье. 1998. № 7. С. 228-231.

36. *Genauer E.* P. 33.

Ирина ПАНЧЕНКО

«ТОЛЬКО ХУДОЖНИК ВО ВСЁМ ЧУЕТ ПРЕКРАСНОГО СЛЕД»

Театральный художник Абрам Балазовский

> *«Что держало его на земле этой? Как мне кажется, безграничная, безмерная любовь к искусству, своеобразный внутренний мир, защищающий от мира внешнего».*
>
> Ефим Рудминский
> *(Из выступления на открытии выставки А. Балазовского в Киевском Доме актёра в 1985 г.).*

Строка из стихотворения русского поэта Афанасия Фета, вынесенная в заголовок, может служить ключом к пониманию человека, который родился с мироощущением Художника.

А. С. Балазовского завораживала скрытая духовная красота, разлитая в мире. Он до слёз, до трепета ощущал эту красоту в цветке, дереве, человеческом лице, жесте актёра, музыкальной фразе, литературном слове, полотне живописца, архитектурном ансамбле... Его тревожили и волновали тональность, ритм, звучание цвета, за которыми он чувствовал вечно ускользающую тайну божественного замысла. Он ощущал едва уловимые тончайшие оттенки, которые равно свойственны живописи и музыке. Его мучила неутолимая жажда запечатлеть эту манящую красоту с помощью кисти и красок. Ему были ведомы редкие по глубине озарения:

«Вчера от горя взял кисти и долго писал поверх начатой работы. Вдруг засверкала, засветилась Истина, быть может, Исповедь. Ясная, необычная, её можно разглядывать долго, с интересом и находить в ней подлинный голос. Я не хочу анализировать труд, но и не понимаю, когда мне приходилось так необыкновенно увидеть Невидимое», - писал Балазовский в октябре 1963 года в Москву своему душевному другу, москвичке Л. М. Дмитровой (1).

Свой дар эстетического переживания мира он упорно годами развивал, овладевая профессией художника во всей её сложности. Упражнял глазомер, добивался твёрдости руки. Никогда не расставался с блокнотом для набросков. Оттачивал мастерство рисунка, лаконизм штриха, строгость композиции. И, вместе с тем, художник никогда не был рабом натуры. Зачем удваивать созданное природой? Техника служила ему только необходимым инструментом для воплощения замысла, передачи настроения. Оттого любил экспериментировать, создавать варианты одного и того же мотива.

«Задумал сделать чёрные хризантемы размером 18 х 48 см в высоту. Фон – кораллового цвета, его очень мало. Должна быть видна и часть вазы, намеченная едва заметным контуром глубоко-серым тоном. Значительная роль будет отведена расположению и размерам цветов, т. е. чёрным хризантемам, их ритму... Чёрные хризантемы пробовал в четырёх вариантах. Можно сделать сорок – и все по-разному» (2).

Он не уставал искать. В нём не иссякало воображение. На бумаге и холсте проявлял себя своеобычно.

У него был талант, было осознанное право художника на творческую свободу. Такое сознание было крамольным в тоталитарном мире, в котором он жил.

Комсомольцем не был. В партийные ряды не вступал. И это было, конечно, подозрительно начальству. Таких не жаловало руководство, таким «не давали ходу», не присваивали звание «заслуженный художник».

Его лучшие станковые работы не принимались на республиканские и союзные выставки живописи («не актуально», «формализм»), хотя его театральным эскизам находилось место на многочисленных коллективных выставках художников театра и кино.

Он всю жизнь много работал. Рисовал даже в больницах, где, после ранений, полученных на войне, часто лечился.

Его труд никогда не был отмечен почётными грамотами, наградами, премиями. Разве что однажды в юности его отметили за успехи стипендией, когда учился в Москве на Рабфаке.

Талант и участие во Второй мировой войне, куда пошёл добровольцем, помогло ему, еврею-фронтовику, в 1945 году стать членом Союза художников Украины (секции театра и кино). Его единственной наградой была юбилейная медаль «Двадцать лет победы в Великой Отечественной войне», которую ему и другим ветеранам вручили в киевском Доме офицеров в 1965 году.

В запасниках Государственного Музея театрального, музыкального и киноискусства Украины хранится полтора десятка его замечательных работ. Именно в запасниках. В залах музея не нашлось места ни одной. Остальные разошлись по частным коллекциям, раздарены друзьям. Большая часть находится в настоящее время у наследницы его живописи К. Е. Забарко-Рудминской, вдовы его ученика Ефима Рудминского. Несколько лет назад она эмигрировала в Чикаго, куда перевезла свою коллекцию. Многие работы разбрелись по неизвестным адресам и безвозвратно утеряны. Балазовский не слишком заботился о сохранности своих произведений, да и хранить-то ему эскизы и картины в его единственной маленькой комнатке коммунальной квартиры, которая являлась одновременно местом сна и работы, было негде. Специальной мастерской, которые выделяли членам Союза художников скульпторам и станковистам, ему не полагалось.

До настоящего времени не существовало монографий, серьёзных искусствоведческих исследований, солидных альбомов, посвящённых этому мастеру, хотя творчество художника Балазовского бесспорно принадлежит к интересным явлениям в живописи XX века.

Балазовский родился в Киеве 8 ноября 1908 года. В свидетельстве о рождении и сохранившемся личном листке для отдела кадров, заполненном рукой Балазовского, значится Балазовский Аврам Шимшанович. Однако коллеги, друзья и ученики называли его Абрам Семёнович. Далее в тексте мы будем называть художника так, как все звали его при жизни.

Сведений о его детстве и юности очень мало. Известно, что Абрам Балазовский рос в многодетной еврейской семье. В одной из сохранившихся официальных анкет Балазовский писал, что родился в семье «мелкого ремесленника-клеевара», в другой — «из рабочих». Между тем, можно усомниться в подобном происхождении Абрама Семёновича. Вероятнее всего, такие анкетные данные являлись вынужденной социальной мимикрией в стране «победившего пролетариата», в которой преследовались и лишались прав фактически все прочие «социально чуждые сословия». «Многое в его манерах свидетельствовало о том, что он, навряд ли, был выходцем из рабочих», - рассказал член Союза кинематографистов Евгений Чолок, который знал Балазовского с 1958 года, со времени его прихода на Киевскую телестудию (3). Сам Чолок начал работать режиссёром литературно-драматической редакции годом раньше.

Художник Эдуард Колесов, который тоже трудился с Абрамом Семёновичем, хорошо запомнил старшего товарища: «Юмор у него был тонкий, французский, с подтекстом, без тени пошлости. Талантлив он был во всём. Когда я в двадцать три года пришёл на Киевскую телестудию после художественной школы, после заочного Львовского полиграфического института, ведущими художниками на студии были Кучеров и Балазовский» (4).

Ещё одна коллега Абрама Семёновича по телестудии, художник Ариадна Перепелица, писала в своих воспоминаниях: «...А. С. Балазовский – тихий, добрый, сердечный, высокообразованный и музыкальный. Благодаря ему, многие впервые услышали о Тышлере, Дебюсси, Вивальди, о нашем авангарде 1920-1930-х... Благодаря ему, в нашем коллективе говорили обо всех новостях в искусстве» (5).

Живописи Балазовский начал учиться с десяти лет, в 1918-1919 гг., в знаменитой тогда художественной студии еврейской «Культур-Лиги». Там его учили преимущественно свободной композиции.

Семья Балазовских была музыкальной. Старший брат (позднее он погиб во время войны) был дирижёром, руководил оркестром одного из минских театров. Средний брат, по воспоминаниям Балазовского, в молодости был прекрасным пианистом. Сам Балазовский обучался игре на фортепьяно в музыкальной студии в 1921-1926 гг. С тех пор любовь к музыке сопровождала его всю жизнь.

В 1927-1928 гг. Балазовский посещал курсы для художников-самоучек при Киевском художественном институте, где учился живописи под руководством художников В. Н. Пальмова и А. М. Черкасского. В обучении живописи тех лет принципы академизма ещё не возобладали окончательно, к преподаванию допускались и художники-авангардисты. График и живописец Пальмов – соратник и друг поэта А. Е. Кручёных, принадлежал к футуристам, в 1920-е годы входил в ЛЕФ. Судя по зрелому творчеству Балазовского, он с блеском усвоил уроки Пальмова.

Молодого художника манила Москва с её напряжённой культурной жизнью. В 1928 году Балазовский отправился в Москву и поступил на Рабфак Искусств, где учился до 1931 года под руководством художника-портретиста М. Ф. Шемякина.

Это было время яростного противоборства в методике обучения молодых живописцев: следовать академическим заветам или прислушиваться к революционным призывам «левых» ниспровергателей классических традиций? До того, как последующий возврат к тогда ещё традиционному академизму преломился в «социалистический реализм», Балазовский, несомненно, успел получить прививку эстетики авангарда, что благотворно сказалось на его последующем творчестве.

Пусть на излёте, но он успел прикоснуться к той общественной атмосфере, когда советская художественная жизнь ещё была проникнута космополитическим духом, когда в искусстве театра, музыки, живописи, поэзии существовало множество всевозможных стилей, направлений, школ. Тот подъём и расцвет искусства в стране вскоре, уже в 1930-е гг., оборвался, но Балазовский остался верен духу эстетической свободы, и всегда стремился следовать ему в своем творчестве.

В Москве, в первый же год обучения, на так называемой выставке «Молодых дарований» появилось несколько акварельных работ Балазовского. Это была первая победа: его наградили стипендией им. А. В. Луначарского.

Однако в 1931 году Абрам Семёнович вернулся в Киев. Может быть, возвращение в родной город было вынужденным. «Насколько я знаю, - вспоминал Ефим Рудминский в черновике непроизнесённой речи на посмертной выставке учителя (из всех учеников Балазовского его связывали с учителем наиболее близкие отношения), - он даже сидел в тюрьме (по-моему, за какое-то излишнее слово о Троцком)». Однако когда и где это произошло, неизвестно. После высылки Троцкого в 1929 году любое упоминание его имени стало крамольным. Возможно, Балазовский в 1931 году попал в опалу, из-за чего был вынужден вернуться в Киев.

Мог ли вообще иметь место в жизни Балазовского факт неосторожного слова? Вполне. Вадим Чубасов, доцент Киевского государственного института театрального искусства им. И. К. Карпенко-Карого, который начинал свой творческий путь на Киевской телестудии в 1959 году, вспоминал в 2003-м: «Я пришел на студию двадцатипятилетним юношей. Абрам Семёнович благословил меня на работу. Мы с ним сделали множество передач» (6).

Чубасов запомнил Балазовского человеком «скромным, закрытым», «боявшимся вступать в конфликты», но порой забывавшем об осторожности, рискованно откровенным и резким: «Молчит-молчит, а потом как выскажется...», - рассказывал Чубасов.

Суждение Э. Колесова было аналогичным: «С одной стороны, Балазовский был как бы осторожным, а с другой, мог сказать что-то откровенно-резкое, за что его (дойди это до начальственных ушей) могли бы выгнать» (7).

Надо полагать, и сам Абрам Семёнович, склонный к самоанализу и рефлексии, всегда знал о необходимости не раскрываться до конца. Некоторые письма к Л. Дмитровой 1960-х гг. он подписывал «Старый Дориан», очевидно, нарочито демонизируя себя и, шутя, намекал на некое сходство с героем известного романа Оскара Уайльда «Портрет Дориана Грея». Всерьёз же он писал ей: «Дорогая Люда, не осуждай меня. Ведь ты отлично знаешь, что в основе своей я достаточно честный человек, к тому же много переживший и ещё более обиженный, чем можно себе представить».

В 1935-1938 гг. Балазовский вернулся к учебе в Киевском художественном институте, на этот раз на факультете живописи под руководством известных художников К. Д. Трофименко и М. А. Шаронова.

Много лет спустя, уже на излёте хрущёвской «оттепели», в Киеве состоялось знаменательное событие. В письме, датированном январём 1967 года, Балазовский писал: «В Украинском музее открылась выставка рисунков 1920-1930 годов. Многих художников я знал, помню, есть мои учителя: Шаронов, Володин, Трофименко, представлены бойчукисты – Седляр, Падалка, Шехтман и др. Много рисунков Петрицкого, Кричевского. Потом я отправился в выставочный павильон, где экспонируются работы художников театра и кино Украины. Какая разительная противоположность, какой контраст, не в пользу последних». Так высоко Балазовский оценил творчество много лет замалчиваемых и преследуемых украинских художников.

В 1938-1941 гг. Балазовский снова в советской столице, на этот раз он учится на театрально-декорационном факультете Московского художественного института. Преподавателем живописи Балазовского оказался сам знаменитый А. В. Лентулов, один из основателей известного московского объединения художников «Бубновый валет» (1910-1916), писавших пейзажи, натюрморты и портреты в духе французских постимпрессионистов и кубистов. Очевидно, живописно-пластические поиски зрелого Балазовского восходят, среди прочего, и к урокам Лентулова.

Предмет «Оформление спектакля» вёл у Балазовского В. А. Шестаков. Педагоги были не похожи друг на друга, у каждого была своя методика обучения, свои требования. На театрально-декорационном факультете постигали историю искусств, учились писать интерьеры с натуры. В письме Дмитровой 1964 года Абрам вспоминает один из эпизодов своего обучения в Москве: «Четверть века тому регулярно посещал музей-квартиру А. С. Голубкиной. Писал там интерьер на большом холсте маслом».

Обучение прервала Вторая мировая война. Балазовский был тогда студентом третьего курса. К тому времени за его плечами был уже долгий опыт учёбы в художественных учебных заведениях, три года из которых он посвятил изучению сценографии.

К сожалению, не сохранилось ни одной из работ Балазовского довоенных лет. Очевидно, эти работы утрачены. Не лучше оказалась судьба работ, созданных в годы войны. Раненый под Смоленском, Балазовский оказался в Ржевском госпитале. У него не было ни красок, ни бумаги. Он раздобыл берёзовый уголь и, когда уже был «ходячим», рисовал «агит-окна» прямо на белых стенах госпитальной столовой, на стенах разрушенных домов Ржева. Потом опять воевал и был ранен, лечился в госпитале в Калинино. Выздоравливая, снова вернулся к живописи. Раздобыл краски, нарисовал для госпиталя серию портретов Героев Советского Союза, жанровые картины, пейзажи и натюрморты.

После войны вчерашнему солдату Балазовскому было уже поздно возвращаться в студенческую аудиторию, пора было искать работу по профессии.

«Я В ВАС ВЕРЮ...»

Летом 1944 года Абрам Балазовский демобилизовался и приехал в Киев долечиваться в госпитале. В последние месяцы армейской жизни Балазовского, перед демобилизацией, произошло событие, сыгравшее большую роль в его жизни. Он получил из Москвы ответ на своё письмо, посланное полевой почтой Абраму Марковичу Эфросу, одному из самых образованных, известных и авторитетных в СССР искусствоведов. Художественный и литературный критик, поэт «серебряного века», переводчик А. Эфрос отличался не только удивительной разносторонностью своего творчества, но и широтой эстетических взглядов, его восхищали работы мастеров различных художественных направлений и школ, в том числе тех, которые экспериментировали с новыми формами.

Страстное желание посоветоваться с этим тонким знатоком искусства возникло у Балазовского ещё до войны, когда он прочёл книгу Эфроса «Профили». Но тогда он не решился обратиться к искусствоведу. Опыт солдатских лет придал Балазовскому смелости – и вот произошло чудо, завязалась переписка.

Пожилой занятый учёный, у которого, говоря его словами, была «заверченная до отказа жизнь», поделенная между переводами, рукописями, корректурами, лекциями и докладами на конференциях, не пожалел времени, чтобы писать незнакомому фронтовику. И не формальные, а обстоятельные, полные заботы письма. Более того, он попросил Балазовского набрасывать «маленькие эскизы пером», «маленькие графические наброски» и «вкрапливать» их в текст писем к нему, обдумывая при этом «композицию из рисунка и текста». Эфрос предложил Балазовскому воспользоваться опытом Ван-Гога, Менцеля и других художников, которые когда-то именно таким образом иллюстрировали свои письма. «Вам это будет полезнее и интереснее, чем описывать рисунки словами, - писал Эфрос, - и всё будет мне ясно» (8). (Спустя годы подобные миниатюры на открытках, т.н. «письма без слов», будет рисовать и присылать домой ученик Балазовского Ефим Рудминский, которого учитель познакомил со своей перепиской с мэтром). Эфрос объяснял, что хочет таким образом понять замыслы адресата и помочь ему «по существу». Кроме того, он посылал Балазовскому репродукции работ старых мастеров для копирования, которое рекомендовалось художнику как один из способов овладения техникой рисования.

Если у мэтра возникло по отношению к Абраму Балазовскому благородное желание стать его патроном, наставником, значит, он почувствовал в художнике искру божью, ради возгорания которой стоило выкраивать время, превозмогать собственные недуги, усталость: «Очень уж я перегружен работой, – вернёшься домой и сядешь, как парализованный, нет сил взяться за перо»; «Я давно казнил себя, что никак не соберусь написать Вам...», - писал Эфрос. Но всё же брался за перо, чтобы поддерживать Балазовского. И тем ценнее были его мудрые советы.

Эфрос внушал ему уверенность в себе: «Талант у Вас подлинный», «Вам всё легко даётся, «почерк», живописная манера у Вас артистична и музыкальна, это – хорошо, это дар божий, не видно пота и не слышно кряхтения, которые в искусстве невыносимы...». Но, одновременно, искусствовед предостерегал от легковесности, учил великой ответственности за свой дар: «Но лёгкость, артистичность, музыкальность у Вас отдают не только приятной, но и пустой стороной: легкомыслием... А искусство должно быть человечески значительно, оно всегда обязано быть исповедью, Вашей исповедью...». «Экономьте усилия, не разбрасывайтесь; не вширь, а вглубь, – дисциплинированно и крепко». «Непременно сочетайте театральную работу со станковой; пусть вся фантазия будет в театре, вся дисциплинированность – в живописи и рисунке. Это закалит Вас и очень поможет росту». «Я в Вас верю...».

Эфрос также советовал Балазовскому не тянуть с поступлением в Союз художников, считая, что все данные для этого у него есть.

Показательно, что идею поступления Абрама Семёновича в Союз не только поддержал, но и дал Балазовскому для этого свою рекомендацию замечательный художник А. Г. Тышлер, создатель удивительного поэтического театрально-циркового мира.

Переписка с Эфросом и обмен рисунками, «папками с этюдами», когда случались оказии в Москву, были чрезвычайно интенсивными.

Судя по датам в письмах, тесное общение (с некоторыми перерывами) длилось год и два месяца: завершающее письмо Эфроса пришло в декабре 1945 года, когда наставник убедился, что у Балазовского всё складывается хорошо: его принимают в Союз художников Украины, он работает по специальности, ему – после перерыва длиной в войну – поручена («самое важное и радостное и трудное») *первая* театральная работа: оформление спектакля в Киевском театре музыкальной комедии (в 1966 году он был переименован в Киевский государственный театр оперетты); он уже сделал к нему свои первые «артистичные и весёлые» наброски. «Словом, все показатели начала отличны...», - радовался учитель-друг.

«МОЦАРТИАНСТВО ДАРОВАНИЯ»

В те дни в атмосфере победы страны над фашизмом, переживая чувство причастности к великим событиям, находясь под опекой благожелательного и опытного учителя, Абрам Балазовский испытывал творческий подъём и окрылённость. Вдохновенной работой он стремился подтвердить высокие оценки, данные его способностям Эфросом. Именно тогда художнику выдали ордер на небольшую комнату в коммунальной квартире. Он изголодался по творческой работе. Не выпускал из рук кисти, трудился, как одержимый. В этот, столь плодотворный период (1945-1947 гг.) Балазовский зарекомендовал себя талантливым театральным сценографом, создал ряд замечательных эскизов декораций для театральных спектаклей.

Многие работы, созданные в то время, можно отнести к лучшим в его творчестве. Часть из них он представил в 1946 году для экспонирования на коллективной VIII-й Украинской республиканской художественной выставке, и они сразу же были отобраны в фонды Государственного музея театрального искусства УССР (в настоящее время Государственный музей театрального, музыкального и киноискусства Украины), где и доныне хранятся исключительно в запасниках. Это о них мы упоминали выше.

После войны театральная критика в Киеве, как и во всей советской стране, заявляла о себе слабо. Нет откликов в прессе на спектакли, оформленные Абрамом Балазовским в ту пору. Нет и воспоминаний тех, кто видел эти спектакли на сцене. Зато сохранилась восторженная оценка знатока театральной культуры и строгого критика Абрама Эфроса: «Я получил два ваших наброска, - писал Эфрос молодому сценографу, - они естественно артистичны и непринуждённо праздничны; это нечастые качества у наших декораторов; обычно это достигается с натугой, – а у Вас получается легко. Я называю это «моцартианством дарования» и очень люблю это... У Вас есть прямое «чувство театра», – что тоже не так уж часто». «Я считаю, что Вы идёте по верной дороге – театральная живопись, способности к ней – у Вас особенные и врождённые» (9). Прочесть такой высокий отзыв о своей работе авторитетнейшего в стране знатока театральной живописи было огромным стимулом для творчества Балазовского.

Во второй половине 1940-х гг., на которые приходится взлёт творчества Балазовского, в советском театре царила реалистическая декорация. Время развития символической, метафорической сценографии еще не наступило. Тем не менее, исполненные романтизма театральные работы Балазовского создавались в присущей именно ему импрессионистической манере, словно предвосхищавшей сценографические решения будущих лет.

В своих сценографических работах Балазовский использовал выразительные возможности *традиционной театральности* (павильон, покартинные писанные и строенные иллюзорные декорации, станки и пр.). В конце XIX - начале XX в. декорации писали известные русские станковисты В. М. Васнецов и В. Д. Поленов, К. А. Коровин и Н. К. Рерих. Вслед за станковистом и автором эскизов декораций П. П. Кончаловским сценограф Абрам Балазовский мог бы повторить, что живопись в театре является «незаменимым средством воздействия на зрителя». Живописность театральных эскизов Балазовского – одно из их главных достоинств. В большинстве эскизов сценограф следовал *живописной традиции* русского театрально-декорационного искусства, следовал духу эстетики художественного объединения «Мир Искусства».

Характер декорационных решений обычно зависит от жанра будущего спектакля. А. Балазовский хорошо чувствовал жанровую природу тех произведений, которые готовились к постановке. Среди его первых сценографических работ эскизы к классическим западноевропейским комедиям, сказкам, опере, балету... Именно эти жанры были более всего близки ему, потому что он стремился не к бытовой достоверности, не к плоскому жизнеподобию, а к поэтическому преображению. Он любил декорации как таинство, волшебство, как особый воображаемый мир, дарующий ощущение неповторимой магии театра.

Первыми постановками, которые Балазовский оформил для Киевского театра музыкальной комедии, были *«Десять невест и ни одного жениха»* австрийского композитора XIX века Франца фон Зуппе и *«Дон Хиль – зелёные штаны»* испанского драматурга XVII века Тирсо де Молины. Это были комедии с переодеваниями и запутанными любовными перипетиями. Сохранились эскизы к этим произведениям, в которых Балазовский продемонстрировал своё мастерство в создании

Эскиз к спектаклю «Дон Хиль – зелёные штаны»

экстерьера. И там и тут местом действия были уютные улочки на фоне ночного пейзажа. В обоих случаях использовались элементы театральной архитектуры. Однако эскизы не похожи, Балазовский не повторял самого себя.

В эскизе к оперетте *«Десять невест и ни одного жениха»* художник воссоздавал пространство двора двухэтажного дома с балконом. Круглый фонтан украшали причудливые скульптуры. Двор окружала ажурная ограда, за которой можно было увидеть улицу с домами под красными черепичными крышами. Декоратор сумел соединить объёмные и писаные части декорации.

В комедии *«Дон Хиль – зелёные штаны»* Балазовский воспроизводил городской пейзаж. На этот раз он воспользовался законами симметрии. Кулисы по бокам сцены были оформлены как части стен двух зданий. Сценограф создал впечатление уходящих вверх следующих этажей. Между двух боковых строений расположился дом, угол которого, обращённый к залу, делил сцену ровно пополам. Вдоль его стен, влево и вправо симметрично расходились две улицы. Пространство, в котором персонажи убегали друг от друга или неожиданно сталкивались друг с другом, как нельзя лучше отвечало жанровым особенностям комедии интриги.

Сценографическое мастерство Балазовского в этих эскизах проявилось в живописном контрасте тёмного неба и светлых стен домов, в умелом отборе множества точных деталей: символического изображения сердец, вплетённых в ограду дома; красивого уличного фонаря, круглых и полукруглых окон, арок и ниш со статуями, деревянных ставен и т.п.

Сохранились эскизы декораций Балазовского, которые позволяют судить о его мастерстве в создании на сцене не только городского пейзажа, но и интерьера. Здесь художник использовал не менее разнообразные театральные средства. Интересно сравнить эскизы интерьеров Балазовского к разным спектаклям.

Эскиз к комедии *«Дон Хиль – зелёные штаны»* под названием *«Комната донны Хезанны»* (Музей театрального, музыкального и киноискусства Украины) представляет собой интерьер жилища молодой женщины с характерными для него атрибутами: зеркалами на столе, живописными миниатюрами в овальных рамах, светильником необычной формы. Вертикальные складки лёгкого занавеса в глубине сцены эффектно контрастируют с плитами пола, выложенными в шахматном порядке. Удачно найдено сочетание насыщенно-синего с бледно-зелёным. Правая стена-рама павильона обтянута однотонной тканью и украшена алым занавесом с бахромой. Слева, нарушая классическую симметрию закрытой коробки-сцены, стена отсутствует. Вместо неё художник изобразил балюстраду, за которой несколько ступенек ведут в сад. Некоторая сознательная «недоговорённость», «недописанность» гуашных и акварельных эскизов Балазовского создавала поэтическую среду, атмосферу игривого лукавства, трепетной живости, непредсказуемости.

Эскиз к комической опере *«Женитьба Фигаро»* Моцарта (Музей театрального, музыкального и киноискусства Украины) изображает пышный зал с высоким потолком в доме графа Альмавива. Декорация создана по законам симметрии. Зал разделён ковровой дорожкой, уходящей в глубину сцены к богато украшенному креслу графини Розины, установленному на постаменте. Величественность зала подчеркивают стройные колонны.

Эта работа Балазовского – не только театральный эскиз, не просто подготовительный материал к спектаклю. Это настоящая картина (53 см х 21 см), на которой запечатлены многочисленные персонажи спектакля, замершие в ожидании приказаний графини. Поражает многоцветье красок, разнообразие костюмов, воссоздающее ощущение обстановки богатства, праздности и своеволия барских забав. Это, несомненно, один из лучших эскизов художника.

Не менее вдохновенно, чем над оформлением комедий и комических опер, трудился А. Балазовский над сценографией литературных сказок. В 1947 году он создал декорации к сказке по мотивам русского фольклора *«Двенадцать месяцев»* С. Маршака, к сказке Е. Шварца по мотивам произведения Г. Х. Андерсена *«Снежная королева»* и к сказке-балету *«Блискавичка» («Молния»)*. Первые две работы были предназначены для Эстрадного театра Киевского Дворца пионеров, третья – для Киевской хореографической школы.

В запасниках Музея театрального, музыкального и киноискусства Украины хранится интересный по композиционному замыслу и колориту эскиз Балазовского *«Дворец. Классная комната Королевы»* к сказке *«Двенадцать месяцев»*, постановку которой осуществил известный украинский режиссер Б. А. Балабан.

Мягко и плавно «завиваются», словно свиток, края резной позолоченной рамы, обрамляющей школьную доску. Эта необычная доска опирается на подставку с гнутыми ножками. У доски расположились круглый табурет юной Королевы и пюпитр Профессора на опоре округлой формы. И даже чернильница и гусиное перо на пюпитре округло изогнуты.

Неоднократно варьируя в эскизе мотив круга и полукруга, сценографу удалось создать своеобразный ритм окружностей, полуокружностей и завитков (подобный способ создания ритма нередко встречается и в станковых работах художника. Особенно ярко этот ритм ощущается в композиции Балазовского *«Театральная фантазия»*).

Сценограф воспользовался ремарками драматурга, описавшего место действия, однако воплотил их по-своему. Подобное сценографическое решение не вычитать из ремарок пьесы. Для этого нужна творческая фантазия самого декоратора.

В эскизах к спектаклю *«Снежная королева»* Балазовский предложил трансформирующуюся установку, постоянными элементами которой были лестница, поднимающаяся по диагонали слева направо, и по-разному используемая полукруглая арка.

В одной из сцен арка превращалась в чердачное полукруглое окно, подоконник которого был уставлен цветами. Цветы обрамляли всё полукружье окна, они стояли и на столе. Полукруг окна подчёркивался полукругом ступеней. Обилие цветов, легкие драпировки, преобладание оттенков розового в цветовом решении эскиза создавали ощущение солнечного лета, безоблачного детства, «пристани счастья».

На другом эскизе к *«Снежной королеве»* Балазовский изобразил звёздную зимнюю ночь. Высоко на вершине горы стоит прекрасный замок Снежной королевы. На этом эскизе арка, где ранее было окно, сквозная. За ней в глубине открывается заснеженная даль. Вверх к замку пролегает дорога, по которой предстоит пройти Герде. Художник превращает классический образ дороги в символ странствия, преодоления суровых препятствий.

Не менее тщательно Абрам Семёнович продумывал эскизы костюмов к своим постановкам, например, интересен эскиз костюма Ворона к сказке *«Снежная королева»*.

Для балета-сказки *«Блискавичка»* А. Балазовский предложил оригинальный эскиз, совмещавший строенные элементы (в форме высокой двускатной крыши условной деревенской избы, «стены» которой отмечены высокими лестницами) с задником, изображавшим зимний пейзаж. За крышей избы просматривалась деревня с домами, покрытыми снегом. Обрамлением сцены служил еловый лес.

Для Киевского областного музыкально-драматического театра им. П. К. Саксаганского, расположенного в городе Белая Церковь Киевской области, Балазовский оформил спектакль *Памятные встречи»* А. Утевского. Постановку осуществил заслуженный артист Казахской СССР Б. А. Лурье. Местонахождение эскизов декораций неизвестно. Краткая информация о спектакле была помещена в одной из белоцерковских газет. (В архиве К. Забарко-Рудминской находятся сохранённые А. Балазовским театральная программа спектакля и вырезка упомянутой заметки на украинском языке, к сожалению, без дат и названия газеты). «Театр им. Саксаганского поставил хороший и продуманный спектакль. Его мастерски оформил художник Балазовский», - написал автор заметки «Памятные встречи» З. Беленький.

На основании сохранившихся эскизов Балазовского к постановкам тех лет можно с уверенностью говорить об Абраме Семёновиче как о талантливом сценографе, уверенно владевшим мастерством театрально-декорационного искусства. Художник прибегал к многочисленным средствам традиционной театральности, уповая, прежде всего, на непреходящее обаяние живописи. Как советовал ему А. Эфрос, Балазовский находил «подлинно живописные декоративные решения».

ПОДРЕЗАННЫЕ КРЫЛЬЯ

Балазовского приняли в Союз художников в 1945 году, а уже в 1946 году были приняты партийные постановления, означавшие резкое ужесточение политики в области идеологии и культуры. Первым из них стало постановление «О журналах „Звезда" и „Ленинград"» (14 августа 1946 г.). Оно обличало напечатанные в журналах «произведения, культивирующие несвойственный советским людям дух низкопоклонства перед современной буржуазной культурой Запада». Постановление «О репертуаре драматических театров и мерах по его улучшению» (26 августа 1946 г.) требовало запретить постановки пьес буржуазных авторов, открыто проповедующих буржуазную идеологию и мораль, «сосредоточить внимание на создании современного советского репертуара».

В 1946-1948 гг. проявились первые признаки того явления, которое вошло в историю как «борьба с космополитизмом». В январе 1948 года было впервые употреблено знаменитое впоследствии выражение «безродный космополит». Оно появилось в выступлении А. Жданова на совещании деятелей советской музыки в ЦК КПСС. В конце осени 1948 года начинаются антиеврейские репрессии: 20 ноября выходит постановление «О Еврейском Антифашистском Комитете», и происходят аресты его членов, обвинённых в работе на американскую разведку.

В 1949 году в СССР по прямому указанию Сталина во всю мощь развернулась идеологическая кампания против так называемых «космополитов», которая, по существу своему, была оголтело антисемитской. Наступило время ужесточения общественного климата. Очевидно, именно эта кампания стала причиной того, что дорога в театр оказалась для Балазовского на ближайшие два десятилетия почти полностью закрытой.

В 1946 году Абрам Семёнович начал работать в Институте монументальной живописи и скульптуры Академии Архитектуры УССР, где исполнял обязанности старшего научного сотрудника. Эта работа требовала от Балазовского быстрого освоения новой профессии, зато гарантировала постоянный заработок, в отличие от спорадических заказов на оформление театральных постановок.

Будучи, как говорили его коллеги, «талантливым во всём», Балазовский и здесь, в новой сфере деятельности, проявил себя творческим человеком. Ему было интересно открывать новое. Он увлёкся этой работой. На стенах его скромного жилища появились эскизы керамических панно.

Балазовский занимался экспериментальными пробами. Он исследовал художественные возможности вновь открытого материала, изучал способы и эффект нанесения этого материала на керамические плитки. Начав экспериментировать с одной плиткой размером 15 x 15 см (пейзаж *Осень*»), Абрам Семёнович перешёл к созданию фрагмента панно на 20-ти плитках, размером 60 x 75 см. Он обратился к мотиву украинского народного творчества – переплетению цветов и фантастических птиц. Трактовка – плоскостно-орнаментальная. «Тон – холодно-зелёный, остальное – белое, местами розовые украшения и светлая охра с пунцово-красным». К отчёту Балазовский приложил эскиз ещё одной мозаики: голубые фигуры скрипачей и альтистов на густо-синем фоне. Эксперименты позволили ему сделать вывод, что циркониевые эмали могут послужить прекрасным декоративным элементом в архитектурных решениях.

За проделанную работу президент Академии Архитектуры УССР В. Заболотный приказом по институту от 23 января 1948 года объявил художнику Балазовскому благодарность (копия приказа – в архиве К. Забарко).

В архиве К. Забарко также хранится копия официального Отчёта художника от 10 декабря 1948 года о проделанной им за два года работе в области «применения циркониевой эмали в монументальной живописи».

По иронии судьбы, вскоре после обнародования Отчёта художника к Абраму Балазовскому подошёл секретарь партийной организации и заявил: «Ты будешь нашим космополитом». Балазовский знал, это означает увольнение с работы без каких-либо шансов найти равноценную. Его кандидатура несемейного еврея, не так давно занимающего должность «и.о.», оказалась самой удобной для увольнения. Балазовский уже попадал в государственные жернова. Он понимал, что протест бесполезен, и был готов нести свой крест.

С 1948 до 1958 года длилось метание Балазовского по разным службам, чтобы заработать на жизнь. Государственный антисемитизм на практике осуществлялся неукоснительно. Все временные работы Балазовского тех лет были ниже уровня его квалификации. Абрам Семёнович работал инструктором «изо» танкотехнического училища им. С. Тимошенко, преподавал рисование в школе, в изостудиях Дворца культуры пищевиков и подольского Дворца пионеров, руководил изготовлением кустарных изделий на промышленном комбинате «Укоопспілка»... Ему и здесь, на комбинате, не давали спокойно работать, пытались выжить, опорочить, исключить из Союза художников. Понадобилось вмешательство авторитетного украинского художника А. Г. Петрицкого, чтобы прекратить преследования.

Это позже, в 1966 году, Абрам напишет на полях своей тетради с набросками мужественное суждение: «Человек, привыкший переносить страдания, не может быть несчастлив». А в те неблагополучные годы была у Балазовского лишь одна отрада: работа в изостудиях со школьниками-подростками, которые интуитивно и безошибочно почувствовала в нём искреннего, добросердечного человека, потянулись к нему всей душой. А он – к ним. Ведь у Абрама Семёновича не было семьи, не было своих детей. Зато был запас нерастраченной душевной доброты. Учитель и ученики в те нелёгкие годы стали друг для друга душевной опорой, спасением от жизненных невзгод.

ГЛУБОКИЙ СЛЕД В УЧЕНИКАХ СВОИХ

В ученики к Абраму Балазовского ребята попадали разными путями. Георгия Бабийчука привёл в изостудию Дворца культуры пищевиков на Подоле его отец. С Владимиром Розенталем было иначе. В 1949 году в детской библиотеке Дворца культуры пищевиков он, двенадцатилетний мальчик, срисовывал висевшую на стене иллюстрацию И. Билибина к «Сказке о царе Салтане» Пушкина. «Я увлёкся, но в какой-то момент почувствовал чей-то взгляд, - вспоминал более полвека спустя Владимир. - Возле меня стоял человек невысокого роста с красивым библейским лицом, очень добрыми глазами, оттенёнными пушистыми чёрными ресницами и густыми, почти сросшимися на переносице бровями. Положив мне руку на плечо, он сказал, глядя на рисунок: «Хорошо, очень хорошо» (10). Если Володю Розенталя Балазовский пригласил к себе в студию, то большинство других ребят приходили к нему сами: Лазарь Портной, Юрий Забашта, Ефим Рудминский, Юрий Юшко, Михаил Вайнштейн, Эрик Туровский, Семён Бейдерман, Юрий Черковский и многие другие. «Все мы, дети войны, в большинстве потерявшие на фронте отцов, в те давние годы были согреты его бесконечным теплом», - писали в статье «О нашем учителе» в киевском журнале «Егупец» В. Розенталь и Л. Портной (11).

Балазовский в стенах студии учил подростков рисунку, живописи и композиции. Существовала официальная программа, *единая, железобетонная* для всех изо кружков, студий, школ, институтов страны Советов. Её нельзя было нарушать. Он её и не нарушал. Мальчики склонялись над мольбертами, а учитель негромко рассуждал об искусстве, музыке, жизни... И вместе с тем, он поощрял в учениках творческую самостоятельность. Г. Бабийчук на вечере памяти Балазовского в 2002 году в Музее театрального, музыкального и киноискусства Украины вспоминал: «Он даёт задание, а я делаю другое. Думаю, сейчас увидит, выгонит меня. А он подходит ко мне и говорит: «Молодец, так и делай!» (12).

Подобным образом Балазовский поступал и позже, когда он пришёл работать на Киевскую телестудию, где приходилось сотрудничать с молодыми коллегами. Художник В. Ясько рассказывал, что когда он просил у Балазовского совета, тот всегда спрашивал: «А как бы ты сам сделал?»; «Учил мыслить, искать свои решения, а не диктовал, что применить в эскизе».

И ещё один важный принцип педагогики Балазовского: щедро хвалить своих учеников и коллег. Когда, годы спустя, В. Розенталь, уже муж и отец, принёс рисунки своей дочери-школьницы к Абраму Балазовскому, тот посоветовал: «Меньше вмешивайся в её работу. Ты, главное, хвали девочку побольше».

А. Перепелица в своей мемуарной книге вспоминала: «Никто так, как он, не умел восхищаться работами коллеги (иногда начинающего, только подающего надежды)». Е. Рудминский прозорливо разъяснил эту особенность Балазовского-педагога: «Он искренне мог восхищаться как работой больших мастеров, так и незатейливым детским рисунком. Этот дар восхищения – дар творческий, и Абрам Семёнович пронёс его через всю свою жизнь».

Приглашая учеников к себе в гости в свою маленькую комнату в «коммуналке» в доме над старым киевским фуникулёром, Абрам Семёнович угощал их компотом или чаем с дешёвыми сладостями и показывал какую-нибудь из своих недавно написанных работ. Встречи, по сути, незаметно становились непринуждённым продолжением занятий.

Абрам Семёнович учил своих подопечных слушать музыку, читать книги. Он сам часто приносил для них интересные книги. Лазарь Портной вспоминал, с каким благоговением Балазовский принёс им в студию книгу об Александре Скрябине, чью музыку учитель очень любил. Ведь он сам, подобно Скрябину, искал соответствия между звуком и цветом (незавершённая заметка Балазовского «Размышления о цветовом звучании» (13). И ученики, читая по очереди, бережно передавали друг другу эту книгу, из которой узнали о композиторе как ярком новаторе музыкально-выразительных средств, о скрябинской идее светомузыки.

Г. Бабийчук на том же вечере памяти Балазовского вспоминал, как Абрам Семёнович – потихоньку – давал студийцам читать книгу об импрессионистах. Их первое знакомство с Э. Мане, О. Ренуаром, Э. Дега и другими художниками этого направления началось с той книги. Примечательно, что с образцами искусства, столь близкого ему, Абрам Семёнович знакомил своих учеников в эпоху, когда торжествовали догмы казённого соцреализма, посягательство на которые было строго табуировано. Напомним, что в 1918 году декретом Ленина все частные художественные коллекции национализировались. Был создан Музей нового западного искусства, основу которого составили коллекции импрессионистов, собранные И. Морозовым и С. Щукиным. В 1948 году музей нового западного искусства был ликвидирован указом Сталина как «пропагандист буржуазного, реакционного искусства». Фонд музея разделили на две части, одну передали в Государственный музей изобразительных искусств имени А. С. Пушкина (ГМИИ), другую – в Эрмитаж. В период 1949-1953 гг. экспозиционная деятельность ГМИИ была свернута; помещения музея были отданы под «Выставку подарков И. В. Сталину от народов СССР и зарубежных стран». И только после смерти Сталина в музее вновь стали экспонировать произведения выдающихся художников, включая полотна импрессионистов.

Почти все ученики Балазовского прямо или косвенно связали свою жизнь с искусством. В. Розенталь замечательно объяснил, почему это случилось: «Одухотворённая пластика его тонких музыкальных пальцев, едва касающихся виска и кончика густой чёрной брови (его любимый жест), делая его похожим на Давида-Псалмопевца, околдовывала нас какой-то гриновской аурой неведомой Страны Искусства. Эта аура впечаталась в сознание всех его учеников. Вот где корни изумительных гриновских медальонов-рондо Фимы Рудминского» (14).

Все, знавшие Абрама Семёновича, были одарены его добротой и щедростью. Эта доброта была действенна. Она была помимо той, которую Абрам Семёнович расточал на своих трёх одиноких сестёр, поддерживая их материально.

Узнав о том, что студиец Вася Кравченко из многодетной семьи, которая трудно живёт, Балазовский принёс ему одежду. Он постоянно дарил из своих скромных средств ученикам и друзьям краски, кисти, этюдники, репродукции, рисунки, книги... У каждого из них до сих пор хранится что-то, подаренное им. Е. Рудминский всю жизнь хранил его подарок – редкое кнебелевское издание монографии о М. Нестерове. Тонкий и чуткий Ефим раньше других понял, что «дарить для Абрама Семёновича было потребностью».

Балазовский никогда не отказывал молодым коллегам с телестудии купить на своё имя в специальном киоске *только* для членов Союза художников дефицитные в те годы в советской стране бумагу, краски, кисти. «Очень добрый человек... Потрясающе добрый!», - вспоминал Э. Колесов.

Телережиссеру Юрию Суярко Балазовский подарил книгу И. Эренбурга «Греция. Япония. Индия». Порядочную сумму денег он отдал для обустройства могилы режиссёра Бориса Балабана, с которым дружил, вместе работал над постановкой сказки «Двенадцать месяцев».

Художнице Зое Лерман Балазовский подарил две свои работы, написанные маслом. Судя по письмам, много своих картин, этюдов, рисунков Абрам Семёнович пересылал в Москву Л. Дмитровой: «Деревья на чёрном фоне в голубых тонах сделаны в Гурзуфе по наброскам с натуры. Этот же мотив имеется у меня в гуаши» (1966 год). После своего новоселья Дмитрова писала ему из Москвы: «В этой комнате твой этюд – цветы на пианино – просто расцвёл. И гвоздики – тоже. А вот панно с фантастическими зверями – потемнело...» (предположительно 1966 год).

Балазовский умел искренне радоваться и тем подаркам, которые дарили ему. Дмитрова нередко присылала ему из Москвы альбомы по искусству: «Теперь, когда более спокойно рассматривал присланную тобой книгу, сердце моё сжималось, учащённо билось, замирало. Каждое произведение Ренуара – неповторимо... Манера письма превосход

Мастерская художника

на. Все вещи, за редким исключением, полны трепета, жизни. На каждую из них можно смотреть часами и отдыхать, мечтать, вдохновляться. Не знаю, как тебя благодарить за такое огромное удовольствие, за такой драгоценный подарок».

Однако самым дорогим для него было внимание его учеников, ставших профессионалами: «Дорогая Люда! - писал Балазовский 27 июля 1962 года Дмитровой, - У меня на столе лежит книга француза Рабле «Гаргантюа и Пантагрюэль» с 276 рисунками Гюстава Доре. Это мне подарок от моего ученика, закончившего в этом году Киевский художественный институт. Надпись гласит: «Дорогому Абраму Семёновичу – человеку, художнику, учителю. Всегда Ваш Фима».

Е. Рудминский остался верен учителю до конца своей жизни, он был инициатором организации первой посмертной выставки работ Абрама Балазовского. Выступая на этой выставке в Республиканском Доме актёра в 1985 году, он замечательно обосновал необходимость широкого знакомства зрителей с творчеством Абрама Семёновича: «Увидеть и объяснить художника не просто, а тем более работы Балазовского, работы-состояния, в которых скрыт свой тонкий и трогательный внутренний мир – мир высокой эмоциональной культуры и светлой образности».

Всем своим ученикам Балазовский привил такую любовь к подлинно высокому искусству, какую не могла дать школа тех лет.

Балазовский любил приглашать учеников к себе в «мастерскую», хотя такое название было слишком громким для его жилища, где кровать художника и стол находились в непосредственной близости от этюдника, но зато стены комнаты сплошь были увешаны картинами. Балазовский любил эту комнату. Именно здесь возникла серия его работ *«В мастерской художника»*. Было очевидно, что для Балазовского его «мастерская» – это такое же сакральное и эстетизированное пространство, как и театр. Своеобразным «знаком» святилища художника можно считать композицию 1973 года, на которой изображена стена мастерской, увешанная картинами разного формата.

Художница Раиса Марголина в своих заметках вспоминала, что молодой Балазовский побывал у неё в мастерской киевского Театра кукол (визит происходил ещё до Второй мировой войны). Художник восхищался куклами и всем, что увидел. «Он тогда сказал, - написала Марголина, - что то, что мы с коллегами придумываем в мастерской, гораздо интереснее готового спектакля на ширме» (15).

Комната-мастерская являлась для Балазовского (подобно мастерской кукольников) творческой лабораторией. Здесь возникали художнические импульсы, замыслы, идеи. Здесь по воле творца создавались дорогие сердцу картины, здесь всё было подчинено законам искусства, таило обещание художественной метаморфозы.

Очень впечатляюще это иллюстрирует композиция Балазовского *«Интерьер»*. В интерьере скромной мастерской художник изобразил три картины, две из которых занавешены драпировками, а третья повёрнута лицом к стене. Ещё одна незавершённая работа стоит на этюднике. Художник томит зрителя загадкой, будоражит его воображение приёмом «картина в картине».

Интерьер. Холст, масло, 80x70 см., 1973 г.

В интерьере мастерской Балазовский также создал серию работ «*Художник и модель*». Ему был дорог момент едва проступающего на полотне замысла, момент рождения ещё не оформленной, не завершённой картины, намёк на её будущее воплощение («*Обнажённая в мастерской художника*», «*Натурщик в мастерской*»).

Комната-мастерская Балазовского была его убежищем, за стенами которого он укрывался от мира, чтобы отдаться творчеству.

НА КОНВЕЙЕРЕ, НЕ ЗНАЮЩЕМ ОСТАНОВКИ

После смерти Сталина жизнь в советской стране начала постепенно меняться, перемены к лучшему принесла хрущёвская «оттепель». В этот период зародился отечественный нонконформизм в живописи и литературе. Художники «в несвободной стране стали вести себя, как свободные люди», писал Андрей Амальрик. Члены оппозиционной московской «Лианозовской группы» художников объединились, чтобы освободиться от шор закоснелого академизма.

Однако для художников «оттепель» оказалась особенно короткой. Она окончилась 1 декабря 1962 года, в день открытия в Манеже в Москве выставки к 30-тилетию МОСХа, когда искусно натравленный ретроградами Хрущёв устроил молодым участникам выставки грубый разнос за «формализм», а фактически, за отказ следовать канонам и догмам, сложившимся в живописи в эпоху сталинского тоталитаризма. Этот разгром стал победой реакционеров и концом ограниченной творческой свободы предыдущих нескольких лет.

Живописная манера Балазовского, его станковые композиции «для души», которые он создавал дома, не соответствовали требованиям тогдашнего официального искусства. Ему был чужд казённый соцреализм, который, к тому же, нередко становился предметом спекуляций в искусстве: «Сегодня прочёл внушительное объявление об организации лотереи из работ художников! Закупка работ от 50 до 1000 руб. Оригиналы должны быть выполнены в манере социалистического реализма (так и сказано!), тщательно выписаны и т.д. Кто-то погреет руки. Таких охотников у нас достаточно», - с иронией писал Абрам Семёнович Людмиле в Москву 20 марта 1963 года.

Работать в театр Балазовского по прежнему не звали, но в 1958 году приняли художником-постановщиком на Киевскую студию телевидения. Ему пришлось еще раз овладеть новой для него профессией художника телевидения.

Глаз художника и глаз камеры не похожи. Живописцу трудно осваивать технические средства, без которых нельзя обойтись как в кино, так и на телевидении. Обычно у художника без специальной подготовки уходит на освоение новой для него сферы деятельности два-три года. Абрам Балазовский справился с этой задачей гораздо быстрее.

При этом выяснилось, что на тогдашнем телевидении существовало ограничение, с которым Абраму Семёновичу с его обострённым чувством цвета особенно трудно было мириться. Как раз цвета и не было на экране в ту пору. Цветное телевидение на Украине появилось только десятью годами позже. Свои работы на телеэкране Балазовскому предстояло видеть лишь чёрно-белыми. Но и в этих условиях художник продолжал оставаться творческой личностью.

В. Чубасов рассказывал: «С 1959 года я очень много с Балазовским работал. Семь с половиной лет. Около ста передач! И ещё театральные спектакли для ТВ, и телевизионные. Особенно запомнилась мне одна наша совместная работа. Передача называлась *Волшебник красок*. Это был рассказ о мастере пейзажной живописи Константине Коровине, который испытал влияние импрессионизма. Сценарий был хорош, рассчитан на 25 минут. Однако до нас никто ещё картин Коровина на экране не воспроизводил. Наш опыт с Абрамом Семёновичем был первым. Технико-образные возможности на телевидении были ограниченными, тогда световых эффектов не было. С помощью простых вещей – силуэтов, контражуров – нам удалось передать ощущение красочной палитры Коровина на чёрно-белом ТВ».

Даже в условиях лихорадочной, вечной спешки Абрам Семёнович относился к телестудийной работе изобретательно: «Завтра оформляю концерт музыкальной десятилетки. Режиссёр Юрий Суярко. Я задумал интересную комбинацию из линий (графическую) с тенями от них. Найденный ритм должен дать стройную архитектонику» (Из письма в Москву).

К показу осенних мод Балазовский сделал «эскиз необыкновенных манекенов». «Подчёркнутая острота с оттенком юмора дадут свою особую прелесть», - делился он своими профессиональными находками в письмах к Людмиле. «Я внёс много выдумки», - писал он о телепередаче *Красота в простоте* о весенне-летнем показе мод.

«Неожиданная передача *Поёт Белла Руденко*». Оригинально затеяна. К каждому романсу (лирическому) сделать рисунки. Напряжение огромное. Параллельно делаю ещё четыре передачи. Вот откуда все беды. Где это слыхано?», - сокрушался Балазовский из-за вала телевизионных заданий.

Режиссёр Е. Чолок ценил в Балазовском его стремление к неспешному образному решению: «Я с ним контактировал только как с художником. «Я подумаю!», - говорил он мне, чтобы исключить скороспелки».

К сожалению, от того огромного объёма работы, проделанного Балазовским для ежедневных передач телевидения, почти ничего не сохранилось. Удалось лишь разыскать в картотеке запасников музея театрального, музыкального и киноискусства Украины запись: «Эскиз А. Балазовского *Наши вечерницы*. Б., гуашь 45 х 80 см. 1964 г. Заставка телепередачи для сельских жителей». Самого эскиза, увы, не нашлось.

В Киевской телестудии к эскизам, называвшимся «рабочими», бережно не относились, тем более целиком не сохранялись декорации. Существовало помещение, похожее на сарай, в котором складывали то, что использовалось художниками в предыдущих передачах. Для новых передач можно было смонтировать из них что-то новое. «Абрам Семёнович умудрялся создавать каждый раз необыкновенную атмосферу для данной передачи, и нехитрыми средствами... Студия научила работать быстро, смело, давая волю фантазии», - вспоминала А. Перепелица.

Произвольно хранящиеся декорации, где в странном сочетании – лестницы, старинная мебель, подиумы, маски – эти вечно таинственные атрибуты сцены, живущие своей невидимой жизнью, ещё не раз оживут в станковых композициях Балазовского 1970-х гг., когда он уже не будет работать на студии, уйдёт на пенсию.

На студии Абрама Балазовского – человека с легко ранимой нервной системой – угнетала обстановка, в которой он вынужден был работать. В большом, без перегородок, помещении производственной мастерской студии телевидения, где трудился Абрам Семёнович, всегда стоял тяжёлый запах подгоревшего столярного клея. Вместе с бутафором, оклейщиком, малярами, столярами, шрифтовиками, декораторами работали и художники-постановщики, пятнадцать человек. Разные характеры, профессии, возраст. Между собой обменивались не только остротами, в ходу была ненормативная лексика, травмировавшая Балазовского. Звучала радиоточка, которая *никогда* не выключалась. Целый день курсировали помощники режиссёров за готовыми заставками для передач или с заявками на новую работу. Беспрерывно врывались ассистенты режиссёров, подгоняли, торопили, кричали, требовали, чтобы художник, сломя голову, мчался в студию «А» или «Б», иногда – в обе студии сразу. Потом следовала «грызня студии с постановочной частью. Дирекции никакого дела нет, попробуй не сделай...», «Самый уравновешенный человек может на студии превратиться в куклу, которую дёргают за верёвочку». «Ад стоит весь рабочий день». Так обрисовывал свои служебные обстоятельства Балазовский в письмах к Л. Дмитровой.

Работы на каждого художника-постановщика приходилось много. Каждый из них был закреплён за тремя редакциями. Абраму Семёновичу за десятилетие службы на Киевской студии пришлось больше всего поработать с литературно-драматической, музыкальной, молодёжной, детской редакциями. Ему нравилось придумывать эскизы для передач о поэзии Маяковского, музыке Шумана и Грига, о сказках Родари...

Он восторгался московскими телепередачами, отвечавшими его вкусам: «До чего прекрасен вечер! - писал он Людмиле 16 февраля 1964 года - Святослав Рихтер играет прелюдии Рахманинова. До него в исполнении Яхонтова звучали стихи Маяковского. И всё это посвящено памяти В. Мейерхольда. Передачи полны души. Бабанова, Ильинский – вот где подлинное». Балазовский был бы счастлив работать над оформлением подобных передач.

Но где там! Его вкусы и привязанности никто не щадил. В разные годы его «бросали» осваивать разные «профили»: от искусства – на химию, здравоохранение, физкультуру, сельское хозяйство, передачи для ветеранов... Так, например, в середине 1960-х Балазовский обязан был обслужить общественно-политическую, сельскохозяйственную и производственную редакции, не считая четырёх редакций с литературно-музыкальным уклоном. Художники студии находились в подчинении у пяти режиссёров, двенадцати редакторов, главного редактора, двух ассистентов. «Всем надо срочно и побольше, - писал Балазовский в 1964 году, - Подчиняюсь катастрофически. Чем может окончиться такая свалка? Валяй, братцы! Никому не откажешь, буду виноват только я, поэтому выполняю, исполняю, тружусь до головокружения».

Регулярно прямо в помещении студии проводились так называемые творческие отчёты членов Союза художников секции художников театра и кино. Они являли собой итог работы за год в виде кратковременной *служебной* персональной выставки с последующим её обсуждением. Чтобы представить себе, как велик был объём работы, проделываемой Балазовским на студии, процитируем его описание в письме в Москву только одного подобного отчёта: «Творческий отчёт состоялся... На двух стендах и стене разместилось 69 моих работ. Импровизации на чёрном фоне, этюды и много эскизов к спектаклям, концертам, постановкам. Кроме того, два оригинальных макета и ряд фотоснимков. Из Союза художников пришли все «тузы». Разговоров было много и продолжалось обсуждение свыше трёх часов» (18 ноября 1962 года).

Очень показательно, что перечисление сделанного Абрам Семёнович начинает с графических композиций на бумаге («Импровизации на чёрном фоне», коллекция К. Забарко) и этюдов, сделанных дома, а не со служебных эскизов для студии. Своё вольное рисование для души Балазовский ценил больше «социальных телезаказов». Служебные эскизы он порой иронически называл «выкидышами», желая акцентировать немилую его душе спешку, в которой создавались эти, с его точки зрения, недоношенные работы. «Когда мне заняться творческими делами?», - сетовал Балазовский. Он сознавал в себе талант, а талант приходилось безжалостно расходовать, тратить на сотни частностей, фрагментов, скороспелок. Он, как бы шутя, мечтал о современном Морозове или Мамонтове, чтобы («хоть на год!»), стать независимым от телестудии.

От неудовлетворённости, от нервного истощения, от рефлексирования Балазовский на пятом году работы на телевидении начал болеть, на два-три месяца в году попадать в больницу. Находясь в стационарах, Балазовский много рисовал, дарил работы своим врачам.

Лекарства и больничная обстановка приносили Абраму Семёновичу только временное облегчение. Ведь из больницы приходилось опять возвращаться во всё ту же производственную мастерскую, мириться с теми же непомерными нагрузками и темпами. В октябре 1963 года нервное напряжение Балазовского обострилось до предела, терпение оборвалось. Это был кризис. Он устал «от необходимости дальше так терпеть и уничтожать всего себя». «Настоящее – хуже каторги... Три раза из-за них находился в больнице – таков гнёт», - писал он в Москву. В том же 1963 году Балазовским была создана графическая композиция «*Слёзы*», передававшая драму художника.

Абрам Семёнович попытался найти понимание и сочувствие своей душевной боли «у друга давнего и верного» Людмилы, но... не встретил того сердечного отзыва, на который, казалось бы, мог рассчитывать. Киевские дамы-художницы из окружения Балазовского давно заметили, что он всё пишет и пишет кому-то письма, получая на четыре своих письма одно в ответ. Видимо, заметили, что его адресат – женщина, и сложили легенду: она – его Муза, конечно, юная и прекрасная. Он её обожает, а она – не очень. Он её страстно зовёт к себе, ждёт, а она не едет. Ну, просто современный «Гранатовый браслет»! Подобную легенду описала одна его коллега в своих воспоминаниях.

На самом деле всё было очень не похоже и гораздо сложнее. Балазовский познакомился с Людмилой Михайловной Дмитровой, врачом-педиатром, в Гурзуфе в конце 1950-х годов во время единственной своей поездки в Крым в отпуск. Она была немолода, красавицей её назвать тогда было нельзя, на 18 лет его старше. На отдыхе легко завязываются знакомства. Его привлекло то, что она неплохо разбиралась в живописи, была хорошей рассказчицей, так же, как и он, играла дома на фортепьяно, много читала («книги тянут к себе, как магнит!»), часто посещала выставки и симфонические концерты, собирала библиотеку, в которой немалое место занимали книги по живописи, ноты. У них оказалось множество общих интересов. Оба – одиноки. Она была вдовой, но её семейная утрата была давней. Такие два человека не могли не потянуться друг к другу. Тем более Людмила Михайловна видела, что Абрам не расстаётся с карандашом и кистью. И ей, наверное, льстило такое знакомство (почти в каждом письме он ей посылал свои рисунки). А в нём, видимо, ещё сказался комплекс рано осиротевшего, оставшегося без матери ребёнка, потребность во внимании именно взрослой женщины. Они, безусловно, были интересны друг другу, но их отношения, действительно, строились лишь на дружбе, на переписке. Никто никого друг к другу не звал и в этом не нуждался (куда, в какие хоромы мог звать Балазовский?). У Людмилы Михайловны, судя по письмам, жильё было попросторней и без соседей, но она находила искреннюю радость в одиночестве. Правда, в 1975 году с удовольствием пришла на персональную выставку Абрама Семёновича в Центральном Доме литераторов в Москве, чтобы поздравить его и порадоваться вместе с ним его успеху. На этой выставке друзья Балазовского сфотографировали её, стоящей неподалеку от художника, и это единственная её фотография, которую обнаружили в архиве Балазовского, когда его не стало. О своих отношениях с Людмилой он не говорил никому.

Но вот сочувствия своему желанию уволиться с телестудии у Людмилы Михайловны Балазовский, к сожалению, не встретил. Конечно, у неё были свои справедливые резоны. «Пенсия и «инвалидность» — это жалкое прозябание», «Постарайся удержаться на студии», - писала она Абраму, напоминая, кроме всего прочего, что у него на иждивении сёстры, которых он не сможет поддерживать, если останется без постоянной зарплаты художника-постановщика. Однако оказалось, что Людмила, будучи умной интеллигентной женщиной, ценившей его желание «воплотить всё то, что рождается в его душе», всё же не понимала сущности процесса творчества Художника *изнутри*: «...у тебя руки художника, вкус, чувство цвета, света, композиции — не увяли, не исчезли, а сохранились в полном здравии. Ты подумал ли, хоть когда-нибудь, как ты счастлив, что сам себе хозяин?»; «Насколько я понимаю, студия — это твоя первая настоящая работа не ремесленника, а художника», «А ты ноешь!!», «...почему ты "в полном отчаянии"? Ты просто до жути, до дикости избалован...»; «При твоём сложном и нестойком характере... ты не признаёшь дисциплины и субординации...».

Но каким же Балазовский был «себе хозяином», да ещё «счастливым», если он должен был обслуживать одновременно дюжину редакций? И вкусам их всех, а не своим, надо было потрафить! И главное, весь характер студийной работы превращал Творца-художника именно в *ремесленника. И не просто в ремесленника. В робота.* Ощущая каждой своей клеткой жгучую несправедливость такой перспективы, Балазовский приходил в отчаяние. О какой уж тут «дикой избалованности» могла идти речь?

«Понимаю свой рискованный шаг, пусть моё существование оборвётся, чем дальше так терпеть и уничтожать себя», - писал он в ответ.

Не вняв доводам Людмилы, Абрам Семёнович отнёс в отдел кадров телестудии заявление «об отставке» с просьбой уволить его по собственному желанию с 1 ноября 1963 года.

Тем не менее, письменный напор Людмилы Михайловны не ослабевал. Она решила предложить художнику в пример собственный опыт, как самый неопровержимый аргумент. Ведь она была советской женщиной того поколения, которое воспитало в себе железную волю и неукоснительную обязанность жить чувством долга. От её примеров веяло холодным стоицизмом: «Ты говоришь о темпах работы. А у кого они бывают медленнее? Ведь я последние три года перед уходом на пенсию работала на двух ставках, т.е. 12-15 часов в сутки... и доработала почти до 70-ти лет. А тебе 55 лет — ты опять мне будешь говорить, что я врач, а ты — работник искусства...».

Ещё в 1963 году Людмилу Михайловну время от времени приглашали выступать с лекциями на медицинские темы: «Путёвки на лекции посыпались, как из рога изобилия, - писала она Абраму. - А ты думаешь, я обожаю читать по радио или перед микрофоном? Ненавижу... Беснуюсь... Бунтую... Ну, а если надо? Если на целый парк? Или громадные цеха и нельзя выключить моторы? Значит, подавай, Миля, заявление, уходи из «Знания», из «Санпросвета»? Нельзя же так». «Да, обществу и родине я отдала 46 лет своей жизни и работы». «Здоровье моё не блестяще – боли в сердце основательно мешают жить, но я себя пересиливаю и не сдаюсь. Не забываю также о приятных обновках, чтобы «всегда быть в форме».

Взаимное непонимание между Людмилой и Абрамом постепенно, видимо, ослабело, стушевалось. Бунт Балазовского был короток: заявление ему вернуло начальство, отказавшись его подписать, – и он смирился. Страшась нужды и неизвестности, он снова впрягся в лямку телевизионного художника: «Менять мне что-нибудь трудно так же, как начинать жизнь снова, - писал он Людмиле. - Чувствую себя на работе, как в воду опущенный. Заявление мне вернули вчера, придётся работать, пока не свалюсь окончательно». Их переписка продолжалась ещё много лет.

Однако до конца своей службы на телестудии так и не избавился Балазовский от угнетавшего его чувства нереализованности своих заветных творческих замыслов. Его душа рвалась от искусства преходящего, функционального к вечному, поэтому Балазовского не радовало участие в коллективных цеховых выставках: «Мои пять вещей вполне пристойно размещены на Республиканской выставке работ художников театра и кино, смотрятся, но это совсем не то искусство, которое живёт годами, полно жизни и вдохновения, как поэзия, музыка», - писал он в 1967 году.

ОСВОЕНИЕ ЖАНРОВ ТЕЛЕСПЕКТАКЛЯ И ТЕЛЕФИЛЬМА

Самостоятельной структурной единицей на студии был Телевизионный театр, где от Балазовского требовались навыки профессионального сценографа, поэтому работа в Телевизионном театре более всего нравилась Абраму Семёновичу, хотя подготовка театральных эскизов должна была идти параллельно с текущей работой над заставками для передач тематических редакций. Существовала и другая трудность: «Мягкие акварельные цвета, нюансировки эскизов Балазовского ТВ не брало», - признавал А. Мирошниченко (коллега Балазовского, позднее главный режиссёр Украинского ТВ), - Следовательно, авторские фантазии раскрывались не так, как хотелось бы художнику, не приносили ему полного удовлетворения».

«Эскизы Балазовского исполнители не могли воплотить в декорации. Они ухудшали замысел сценографа, его эскизы, потому что не могли передать тонкую чувственную живопись мастера. Постановоч-

Эскизы костюмов разбойников. Бумага, гуашь. 1960 г.

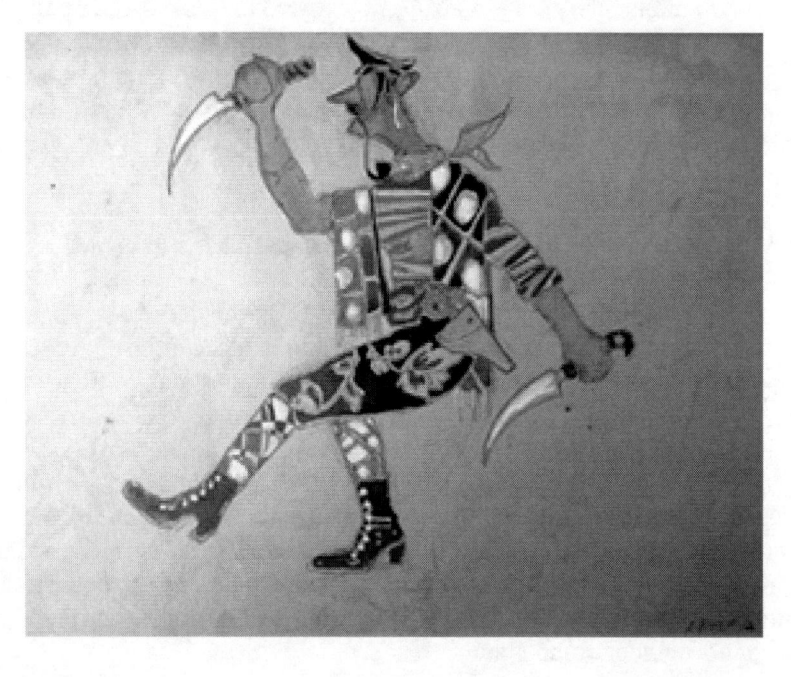

ные работы Абрама Балазовского в Телевизионном театре и телефильмах проигрывали перед живописными», - вспоминал Э. Колесов.

И хотя технические возможности ТВ тех лет снижали результаты творческих усилий А. Балазовского, он принял участие в оформлении большого количества спектаклей. В памяти его коллег запечатлелись: «Сашка выбирает дорогу», «Радуга состоялась», «Факелы», «Доктор Айболит», «Романаида» (Эпос о воине Романаиде), «Кровью сердца», «Беда от нежного сердца», «Поэтом можешь ты не быть...», «Сказка о принцессе Солиманской»... Режиссёр Е. Чолок верно отметил в интервью характерный для Балазовского выбор тематики передач и спектаклей: «У него был уклон: детская романтика, искусство невинное, чистое, с детской душой. И никакой политики». Конечно, абсолютно избежать политики в те годы было невозможно, но приоритеты, названные наблюдательным коллегой, Балазовский в своём творчестве стремился осуществлять.

Большая часть перечисленных спектаклей была подготовлена Балазовским с режиссёром В. Чубасовым. 1 января 1967 года телеспектакль по русскому старинному водевилю «Беда от нежного сердца» В. Соллогуба был показан по московскому ТВ. Такой чести в те годы удостаивались только наиболее удачные работы мастеров из союзных республик.

Отдельные эскизы к телеспектаклям «Сказка о принцессе Солиманской», «Доктор Айболит», «Факелы», «Романаида», «Поэтом можешь ты не быть» хранятся в коллекции К. Забарко.

Телефильм – ещё один жанр, который освоил Абрам Семёнович. Наиболее значительными среди телефильмов, эскизы к которым готовил Балазовский, стали: *«Корабль влюблённых»* (режиссёр Е. Чолок), *«Северная роза»* (инсценировка Р. Валаева по мотивам бразильской сказки), *«Экзамены Арлекина»* (комедия Родари и Сарданелли в духе дель арте) и *«Умные вещи»* (сказка-комедия С. Маршака) – последние три телефильма были совместной работой А. Балазовского с высоко им ценимым кинорежиссёром Юрием Суярко.

Очень много старания и души вложил Абрам Семёнович в создание фильма по литературной сказке Родари и Сарданелли *«Экзамены Арлекина»*. 12 июля 1963 года Балазовский писал в Москву: «Подвигается у меня работа с «Экзаменами Арлекина». Всё ещё эскизы, а реализация – дело сложное. С режиссёром встречаемся ежедневно и понимаем друг друга. Со своей стороны делаю всё добротно. Никто меня не торопит – и я могу размышлять, искать и добиваться предельной характеристики персонажа – не только оформления внешнего. Некоторые вещи настолько увлекательны, что забываешь о предстоящих трудностях».

Эскиз «Рынок» к телефильму «Экзамены Арлекина». Картон, смешанная техника, 48х68 см., 1963 г.

Балазовский продолжил эту тему в письмах несколько месяцев спустя: «Идут репетиции «Экзамены Арлекина». Репетируют усиленно. Актёры великолепные». «Телефильм «Экзамены Арлекина» был дан в эфир 14 февраля 1964 г. От постановки «Экзамены Арлекина» у меня осталось два огромных эскиза рынка в цвете и несколько эскизов к костюмам».

Эта работа в который раз демонстрирует прекрасное владение сценографа Балазовского световой и воздушной перспективой. Эскиз, выполненный в нежных пастельных тонах, изображает утро летнего дня. На дальнем плане горы в сизой дымке. Небо заслали бело-голубые облака, подсвеченные солнечными лучами, что создает ощущение воздушности среды. Рынок окружают дома под черепичными крышами. На первом плане симметрично слева и справа расположились прилавки со снедью. Над ними раскинулись тенты треугольной формы, напоминающие паруса. Еще более усиливая ощущение глубины пространства, в центре сцены установлены дощатые театральные подмостки. Не забыты сценографом интересные детали: большая бочка у подмостков, ослиная голова, подвешенная на высокой перекладине...

«Эскиз рынка» выполнен на таком же высоком уровне, как и замечательный эскиз Балазовского *«Приезд гостей»* к опере «Садко», созданный в том же 1964 году, о котором речь впереди.

С неменьшим энтузиазмом, чем он готовил *«Экзамены Арлекина»*, Абрам Семёнович взялся за сценографию к сказке-комедии Маршака: «Спектакль «Умные вещи» большой ... Я столько сделал! И эскизы такие, каких ещё ни разу не делал. Мне очень нравится пьеса. Лаконично, современно», - писал Балазовский в Москву 10 декабря 1964 года.

Действительно, если ранее в декорациях Балазовского преобладала театральная живопись, создававшая иллюзию реальности, то при оформлении телефильма *«Умные вещи»* он прибег к подчеркнуто театральной условности другого типа.

В декорациях к сказке *«Умные вещи»*, как и в декорациях к *«Снежной королеве»* Е. Шварца (1947), Балазовский использовал единую установку. Вспомним, в каждой картине спектакля *«Снежная королева»* единая установка с помощью эффектов театральной живописи реалистически воссоздавала новый интерьер или пейзаж. Перед зрителем возникала то ночная дорога под звёздами ко дворцу Снежной королевы, то уютное, утопающее в цветах жилище Кая и Герды.

В отличие от живописного решения *«Снежной королевы»*, в телефильме *«Умные вещи»* единая установка представляла собой два пандуса, один из которых украшала роспись в виде павлиньих перьев. Иногда декорацию дополняла ширма и движущаяся платформа на колёсах, т.н. фурка. Установка от глаз зрителей не скрывалась, она откровенно и легко «читалась» в каждой картине. Театральный эффект достигался именно тем, что узнаваемый объект оставался постоянным, наращивая новый смысл от картины к картине. Чудо изменения происходило за счёт оснащения единой установки лаконичными деталями, указывающими на новое место действия. Условная среда создавалась не живописными средствами, а с помощью бутафории. Реквизит приводился в движение. Вот здесь-то, в точно избранных деталях, и расцветала ярко фантазия художника. Детали были знаками присутствия сказочной реальности.

В эскизе *«Ярмарка российская»* по пандусу двигается веселая, словно пряничная, повозка, здесь же красуется самовар. На прилавке разложены булки и бублики, на фурке - гармонь. На флагштоке развивается флаг, висят пёстрые рыбины. Позади – расписные дуги для лошадиных упряжек. Так у Балазовского было означено место действия, где звучали звонкие голоса продавцов-зазывал: «Чашки, блюдца! Никогда не бьются!», «Чайники, кофейники, медные ошейники!» и т.п.

В эскизе *«Лавка, где продаются «умные вещи»*, пандус превращается в большой стол, на котором одна из «умных вещей» – скатерть-самобранка – раскинула свои яства по приказу хозяина-волшебника. Стол установлен на фоне красочной ширмы из четырёх створок, рас

Эскиз «Ярмарка российская» к телефильму «Умные вещи». Картон, гуашь, 45х53 см., 1965 г.

писанных в восточном стиле. (Балазовский вообще любил ширмы, воспроизводил их и на станковых картинах).

Тронный зал в эскизе *«Дворец. Царская палата»* воссоздается скупыми средствами: с помощью позолоченного резного трона необычной формы и полукруглого окна с мелким переплетом.

Очередное место действия, *«Загородный дом»*, Балазовский изображает не менее просто: с помощью фрагмента балюстрады и кушетки с гнутыми ножками. Обстановка дополняется фуркой, на которой установлены покрытые тканью столики разной высоты, где разложены волшебные «умные вещи»: шапка-невидимка, сапоги-скороходы, скатерть-самобранка, дудка-самогудка и меч. Меч прикован толстой железной цепью, над ним установлена доска: «Руками не трогать: опасно!»

Все эскизы к сказке, о которых шла речь, хранятся в коллекции К. Забарко. Помимо них, сохранились еще два эскиза к телеспектаклю *«Умные вещи»*. Один из них, *«Музыкант ищет невесту»*, хранится в той же коллекции, второй, *«Невеста разыскивает жениха-музыканта»*, находится в запасниках Музея театрального, музыкального и киноискусства Украины.

В феврале 1966 года телеспектакль *«Умные вещи»* был показан по московскому телевидению, чем Балазовский по праву гордился.

В театрально-декорационном искусстве 1960-х – начала 1970-х гг. наиболее активно разрабатывались приёмы условного театра. Художники прибегали к чётким, лаконичным сценографическим решениям. Именно таким стало оформление сказки *«Умные вещи»*. Подобные декорации Абрам Семёнович, действительно, создал впервые. Сценография Балазовского активизировала процесс ассоциативного мышления зрителей. Художник оказался чуток к новым веяниям в советской сценографии той поры.

Работая на телевидении, Балазовский, отторгнутый от любимой профессии театрального художника на много лет, всё же сумел получить несколько заказов от театров. В 1960 году для Украинского драматического театра им. Ивана Франко он оформил драму А. Салынского *«Барабанщица»* (режиссёр Михаил Пилявский), действие которой разворачивается в эпоху Великой Отечественной войны.

Это задание не разбудило творческую фантазию Балазовского, так как содержание пьесы не было его сценическим материалом, а драма – его жанром. В коллекции К. Забарко хранится эскиз к *«Барабанщице»*: интерьер разрушенной и обгоревшей комнаты, на стене которой можно прочитать надпись: «Смерть фашистам».

Зато воображение Балазовского разыгралось, когда он в 1964 году принял участие в конкурсе на оформление *«Женитьбы Фигаро»* для Киевского театра русской драмы им. Леси Украинки (местонахождение представленных на конкурс эскизов, замечательных, по отзывам, неизвестно), а также, когда ему предложили обратиться к опере *«Садко»*.

Эскизы декораций к опере *«Садко»* Н. Римского-Корсакова, созданной по мотивам по мотивам русских былин, были заказом Министерства культуры УССР. Как свидетельствуют письма Балазовского, он работал над эскизами на протяжении 1963-1964 гг. К сожалению, постановка не была осуществлена.

Один из эскизов декорации под названием *«Приезд гостей»* Министерство передало в Музей театрального, музыкального и киноискусства Украины уже после смерти художника, где эта работа и хранится в запасниках (Бумага, гуашь. 53 см х 79 см.).

На эскизе Балазовского изображена панорама величественного Ильмень-озера, раскинувшегося у стен Великого Новгорода эпохи XI-XII вв. На среднем плане сценограф разместил новгородскую пристань, у которой застыли два челна заморских гостей. Паруса челнов украшены условным изображением лика-солнца. Правая и левая кулисы являют собой интерьер православного собора с арочными входами и окнами. По лестницам собора движутся вереницы монахов в длинных одеждах. В *«Садко»* проявилось ещё одно качество таланта Балазовского – умение воссоздать ощущение эпической масштабности.

Чтобы передать радостное настроение новгородцев, художнику понадобились не только ликующие яркие краски, он также запечатлел на эскизе оживлённую толпу, окружающую заморских и новгородских купцов. Тут собрался разный люд: прохожие, торговцы, калеки, скоморохи... Один из скоморохов весело танцует среди толпы.

Эскиз *«Приезд гостей»* является великолепной композицией, которую можно рассматривать вне театрального контекста, как самоценное произведение живописи.

Из писем Балазовского явствует, что *«Приезд гостей»* не был единственным эскизом к опере *«Садко»*. Художник упоминает, по крайней мере, ещё один – *«Морское дно»*. Лист этот обнаружить не удалось. И можно только пожалеть, что нельзя познакомиться с фантазией художника, запечатлевшего сказочное подводное царство.

Как следует из письма Балазовского от 1967 года, Абрам Семёнович делал декорации к сказке *«Великий волшебник»*, постановка которой была осуществлена на сцене Киевского театра оперетты (эскизы к этому спектаклю автором не обнаружены).

ТЕАТРАЛЬНЫЕ ФАНТАЗИИ

По своему психологическому складу, по своему внутреннему естеству Балазовский был прежде всего спонтанным творцом, художником-интуитивистом, для которого самовыражение в импрессионистической манере было органичнее, чем в рамках регламентированной реалистической заданности.

Для самого Балазовского приоритетным был жанр станковой композиции: «Самая моя большая жертва – отсутствие возможности систематически уделять время станковой картине», – писал он в декабре 1964 года. Уйдя на пенсию, художник создал, может быть, лучшие свои картины-фантазии, картины-феерии, картины-импровизации, пронизанные духом театра и магией музыки. Один из своих эскизов декораций он так и назвал *«Театральная фантазия»* (1969).

Под определение «театральная фантазия» подпадает целый ряд работ Балазовского, рождённых его самозабвенной любовью к театру. К своим «театральным фантазиям» он был трепетно привязан («трепет» – одно из наиболее часто встречающихся ключевых слов в письмах художника об искусстве). «Там *моё* сердце, волнение, мысль, нервы, *моя* исповедь, *моё* настроение», - писал он в 1963 году.

Важно отметить, что в своих композициях на театральные темы Балазовский всегда оставался сценографом, художником театра. Он необычайно поднял роль декораций, превратив их в образ станковой

Интерьер храма. Картон, смешанная техника, 50x80 см., 1976 г.

живописи, чем открыл новый аспект театральной эстетики. Если российский актёр Алексей Баталов говорил, что на свете нет ничего сценичнее, чем декорации, то Балазовский-станковист мог бы перефразировать это суждение: «На свете нет ничего живописнее, чем декорации».

Часто Балазовский создавал волшебство своей станковой живописи из «клеток» другого искусства – театрально-декорационного. Во многих «театральных фантазиях» художник превратил декорации (прежде всего архитектурные) в самостоятельный сюжет для своих живописных работ *(«Сценография», «Архитектурный мотив», «Алтарь», «Интерьер храма», «Карнавал», «Серия закулисных этюдов», «Комедия ошибок»* и др.). В этих работах Балазовский предложил большое разнообразие пластических ракурсов и ритмов. Особенно интересны композиции *«Созвучие»* и *«Интерьер храма»*, в которых ритм создается за счёт разновысоких арок и поверхностей, соединённых диагоналями лестниц. Эти изощрённые, изысканные композиции являют собой как бы подобие причудливого единства нескольких форм.

Совершенно очевидно, что отделив декорации от сцены, дав им невиданную ранее самостоятельность в мире своей живописи, Балазовский сознательно «играл» с ними, как с большими игрушками. Включая их изображения в ткань своих художественных работ, художник выступал как бы в роли «режиссёра», хотя и не привязывал свои сценографические образы к конкретным спектаклям. При этом художник отнюдь не прятал и не маскировал «искусственность» бутафорских сооружений на картинах, наоборот, обнажал и подчёркивал её.

В картинах Балазовского возникает сцена на сцене, театр в театре со своим залом, ложами, своим закульсьем, своими, иногда классическими, персонажами, со своими зрителями («*Зрители на спектакле Михоэлса*», «*Джульетта*», «*Арлекин*», «*Комедия ошибок*»).

В композиции «*Джульетта*» шекспировская героиня изображена на условном фоне, представляющем собой легкую сценографическую конструкцию-дворец.

Художник изобразил персонаж итальянской комедии дель арте в композиции «*Арлекин*» на фоне декораций уходящей вдаль улицы.

…Роман в романе, картина в картине, кино в кино, театр в театре – любимая эстетика модернизма. Она поражает воображение, производит эффект неожиданности, суть которого не сразу осознаёшь. Искусство рассказывает о самом себе.

Интересно, что Балазовский сделал «действующим лицом», «играющим персонажем» своих композиций не только декорации, но и макеты декораций.

На композиции в серо-голубых тонах «*Летящий ангел*» (1971) художник изобразил ангела, парящего в бурном небе, написанном нервными лихорадочными мазками. Ангел взирает с небес на замок, изображенный подчеркнуто сценографически. У зрителя не остается никаких сомнений, что перед ним – не настоящий замок с весомой тяжестью каменных стен, а именно макет, построенный из лёгких материалов, «прозрачный», сквозь окна и арки которого видно небо.

Американского композитора Ван Клиберна художник изобразил за столом, на котором стоит макет декораций. Голубое небо словно лучится таинственным звучанием музыки. В этой работе нашло место необычное сочетание жанра портрета и сценографических изысканий. Картина выполнена в нежной бирюзовой гамме с вкраплениями жёлто-лимонного.

Скрытую потенцию новой театральной гармонии Балазовский умл увидеть в том помещении, где ему часто приходилось бывать при подготовке спектаклей: в театральном складе, где сохраняется множество элементов декораций и конструкций, предметов мебели, масок... Каждый предмет – часть былого целого, часть уже отыгранных спектаклей. Теперь произвольно поставленные по воле случая, тесно нагромождённые рядом друг с другом, части декораций создают особый, причудливый мир, в котором есть своя своеобразная прелесть. Абрам Балазовский умл ощутить в этом мире нечаянную красоту и перенести её на холст. В площадках и лестницах, которые никуда не ведут, в вещах, кем-то наугад соединённых в единое целое, художник чувствовал глубинный смысл, «тайную душу вещей». В старом он видел новое, в

Летящий ангел. Картон, масло, Картон, масло, 48x32 см., 1971г.

случайном – постоянное. Композиции *«За кулисами. Вариация»*, *«За кулисами»*, *«Театральный городок»*, *«Сценический вариант»* – это ещё одна разновидность «театральных фантазий» Балазовского, ещё одно их воплощение, ещё одна художественная форма реализации поэтического воображения художника-декоратора.

В своих работах Балазовский нередко использовал геометрические фигуры. Изображения часто встречающихся прямоугольников, квадратов, ромбов в сочетании с арками (своды собора, арочные ниши...), кругами (арена, сфера, шар, колесо, маска, солнце, луна...), полукругами в работах современных художников теоретики искусства считают символическими, уходящими в глубь веков. Эти символы (которые характерны как для «театральных фантазий» Балазовского, так и для других жанровых разновидностей его работ) таятся в подсознании художника и выражают его неосознанное влечение к абсолютной гармонии между самим собой и окружающим миром.

Потребность в изображении округлых форм проявлялась у Абрама Балазовского в особенно невыносимые для него дни работы на телестудии, когда он стремился сохранить внутреннее равновесие: «На студии загружен неблагодарным трудом, но это мой хлеб и без него тоже плохо. Вечерами продолжаю рисовать камерные композиции. Увлечён построением их в окружность. Цветовая гамма: чёрный, терракот, изумрудная зелень, белая и много тёмной охры. Всё затем в пределах локальной гармонии. Всё это после большого рабочего дня» (март 1963 года).

Сохранились три работы Балазовского 1970-х гг.: *«Сказки Шахерезады»*, *«Реквием»*, *«Кораблик. Сказка»*, в которых он ставит перед собой аналогичное формальное задание. Только с той разницей, что в первых двух он вписывает изображение в круг, а третья композиция являет собой овал. Круги и овал художник вписывает в квадрат картины. Подобная композиция является не чем иным, как воплощением «квадратуры круга», которая считается символом целостности и единства противоположностей. Последовательница доктора Юнга, психоаналитик из Цюриха Аниэла Яффе в статье «Символы в изобразительном искусстве» задаётся вопросом, почему в живописи так часто присутствуют квадрат и круг. И отвечает на него следующим образом: «Похоже, что существует непрерывное психическое стремление довести до сознания людей основные ценности жизни, которые они символизируют» (16).

Каждый из художников эти «основные ценности жизни» доносит до зрителей по-своему. Пикассо на склоне лет создал цикл «347 гравюр» (1968), где обратился к театрально-цирковой тематике. В этой графической серии можно наблюдать бесконечную цепь театральных метаморфоз, бесконечную смену масок и «амплуа» арлекинов и клоунов, акробатов и бродячих актёров, циркачей и циркачек. Московский искусствовед С. Батракова, анализируя эту серию работ Пикассо, заметила, что в гравюрах упорно повторяется изображение повозки, превращённой в передвижную сцену: «Нередко от повозки остаётся одно колесо или пара колёс, мы видим их в руках кого-либо из персонажей, - пишет исследовательница. - В ряде гравюр художник укрупняет, делает объёмным, массивным одно из колёс повозки... Такое колесо, неведомо каким образом, ... может оказаться в самом центре листа» (17).

Искусствовед делала вывод, что «колесо» («круг», «кольцо») в творчестве Пикассо не просто принадлежность циркового реквизита, а самый стойкий «архетип», если воспользоваться термином Карла Юнга. Исследовательница считает, что древний первообраз круга (колеса) Пикассо извлёк из колодца времени не умозрительно, «а интуитивно и нечаянно».

Сравнение живописи двух художников позволяет заключить, что Балазовский, подобно Пикассо, подобно многим другим творцам XX века, также спонтанно открывший для себя «извечную» символику круга и квадрата, мог бы повторить вслед за великим французом: «Я не ищу, я нахожу».

В целом ряде композиций Балазовского, созданных в 1970-е годы (*«Инга на карнавале», «Комедия дель арте», «В задумчивости», «Бал-маскарад», «Вечер»*), на фоне сценографических конструкций, среди веселящихся людей в карнавальных костюмах и масках или рядом с арочным лабиринтом помещён одинокий персонаж, отрешённый от радостных всплесков чужой искрящейся энергии. Этот персонаж напряжённо думает, уйдя в себя. Словно роденовский «Мыслитель», он пребывает в одиночестве «на миру» или наедине с собой. Контраст многолюдного веселья и грусти одинокого созерцателя в пространстве композиций Балазовского был символичен, отражал как извечную амбивалентность бытия и неслиянность индивидуума с массой, так и мироощущение самого живописца.

В своих станковых картинах Балазовский отдал дань и традиционным театральным темам, среди которых одной из распространённых в искусстве XIX-XX века являлась тема театрального (карнавального, балаганного, циркового) представления. Самая ранняя композиция Балазовского с подобным сюжетом – это *«Комедия масок»* (1944), которая хранится в Музее театрального, музыкального и киноискусства Украины. Сравнение *«Комедии масок»* с работами Балазовского 1970-х гг., в которых варьируется сюжет представления, позволяет увидеть, какой существенный сдвиг в восприятии мира художником произошёл с годами, как изменились его изобразительные средства.

В *«Комедии масок»* изображена сцена из спектакля, разыгрывающегося на сцене, симметрично обрамлённой с двух сторон занавесами, украшенными весёлыми и грустными масками. Сцену «обнимают» две полукруглые лестницы, ведущие на верхнюю сценическую площадку. Разыгрываемое на сцене представление скорее цирковое, чем театральное. Девушки-наездницы мчатся по кругу на галопирующих лошадях, акробаты составляют высокую пирамиду, весело отплясывают танцоры. В композиции присутствует лёгкая утрировка поз и движений, гротескность.

Интересно сравнить *«Комедию масок»* с двумя работами 1971 года, каждая из которых носит название *«Балаган»*. В первой из них, многоплановой композиции *«Балаган-1»*, царит гармоничное сочетание глубокого синего и охристо-золотистых тонов. Художнику удалось передать настроение праздника, яркого солнечного ветреного весеннего дня, движения. Изображение словно дробится, рассыпается на отдельные мазки и блики. Кажется, в едином вихре двигаются на зрителя странствующие комедианты, на первом плане – всадник, вслед за ним вырастает девушка, за ней – театральная повозка, далее – едва различимые фигуры артистов. Небо полно трепетом скрещивающихся и пересекающихся узких флагов.

В картине *«Балаган-2»*, возможно, незавершённой, Балазовский скупо воспользовался лишь черной и коричневой краской. На первом плане он наметил две женские фигуры, одна из них в маске. На заднем плане под полукружьем арки выступают на проволоке виртуозы-канатоходцы. Видны лишь их чёрные силуэты на светлом фоне.

В отличие от *«Комедии масок»*, в каждой из этих странных «балаганных фантазий» есть дразнящая эстетика тайны. Это завораживающие сны наяву, обращённые к подсознательному, непознаваемому, полные скрытых значений.

Концерт, представление, праздник, карнавал невозможен без музыки. Музыка, по словам Балазовского, «с малых лет его звучала в их доме с утра до ночи». Проучившись в 1920-е годы несколько лет в музыкальной студии, Абрам Семёнович любил играть на фортепьяно. Ему была доступна полифония Баха, Шумана, арабески Дебюсси... Вот откуда вели происхождение его станковые картины-импровизации на темы Грига, Шумана, серия работ «Камерная сюита». Он любил создавать свои картины под музыку.

Киевский художник Е. Д. Ивашинина знала многочисленную семью Балазовских в послереволюционные годы. Однажды она побывала у них в доме на улице Оболонской и была поражена, неожиданно увидав в одной из комнат, посреди бедной, даже убогой обстановки, огромный белый концертный рояль, на котором золотой краской были нарисованы ангелы.

Можно было бы усомниться в этом воспоминании мемуаристки, посчитав его плодом её художественного воображения, если бы не

"Вариации на тему". Холст, масло, 80х100 см., 1975 г.

знать, что образ белого или чёрного рояля, образы ангелов стали сквозными в зрелом творчестве художника. Более того, эти повторяющиеся образы приобрели в мире его живописи символическое значение.

Любимый образ концертного рояля превратился в носителя многих смыслов, стал топосом детства, символом счастья. Полотно *«Белый рояль на золотистом фоне»*, подарок Абрама Семёновича художнице Зое Лерман, украшает её киевскую мастерскую.

Изображение рояля является зрительным центром работы *«Чёрный рояль»*. Художник разделил полотно на девять разновеликих квадратов и прямоугольников. Чёрный рояль, помещенный в центральный, самый большой прямоугольник, словно стоит на сцене в окружении театральных декораций с древнерусскими мотивами, вписанных в остальные квадраты и прямоугольники – «клейма». На «клеймах» можно разглядеть пейзажи с соборами и всадников, трубящих в трубы. В одном из «клейм» изображена полукруглая арка, за которой дрожит и тает марево солнечного света – образ неслышной, но явственно звучащей музыки небесных сфер.

Образ рояля в картинах Балазовского сложен, он мог символизировать не только вечно ускользающую мечту, но и сопутствовать состоянию усталости и отчаяния.

В картине *«Вариации на тему»* (1975) перед зрителем предстаёт мастерская художника, стены которой увешаны картинами. Хозяин мастерской угрюмо сидит на краешке стула, упираясь подбородком на скрещенные руки, лежащие на рояле. Закрытая клавиатура рояля, незавершённая картина на мольберте – всё говорит о минуте горестной отрешённости художника. Подобных вариаций, запечатлевших усталого человека за роялем, Балазовский сделал несколько, в общих чертах повторяя композицию, но каждый раз добиваясь нового цветового решения.

"Фуга". Холст, масло,1973

В станковой живописи Балазовского 1960-х – 1970-х гг. явственны приёмы экспрессионистической выразительности, гротеска, утрированности, заметно стремление к напряжённости эмоций, а порой и к иррациональности образов. Художник нередко сохранял сознательную незавершённость, неясность, расплывчатость фигур, неопределённость освещения. Эта тенденция передачи неуловимого особенно заметна в лаконичных в цветовом отношении работах *«Лица»*, *«Состояние души»* и *«Встреча»*.

Подобные композиции появлялись у Балазовского спонтанно, когда он стремился выразить нечто, неохватываемое мыслью, а лишь предугадываемое или ощущаемое: «Что я нарисовал?», - спрашивал художник у друзей в такие минуты.

Порой внутреннее видение Балазовского и вовсе уводило его от фигуративной живописи к абстрактным комбинациям цветных плоскостей, пятен и линий, как, например, в работах последних лет жизни *«Фуга»*, *«Эскиз витража»* и *«Сошедшие с фресок»*.

ПОРТРЕТЫ

Жанр портрета Абрам Семёнович считал одним из самых непростых. «Человеческое лицо, внутренний мир индивидуума – самое сложное и подлинное в искусстве», - писал он в 1963 году.

В 1960-1970-е гг. Балазовский много работал в этом жанре, обращаясь по преимуществу к женскому портрету. Обычно он изображал лица в анфас, изредка – в профиль. Женщины пришли в его картины из обыденной жизни, они не всегда были красивы, не делали затейливых причёсок, не носили шляп, дорогих одежд и украшений. Его привлекал скромный облик женщин в платках, беретах, в простых тёмных платьях.

"Маски". Картон, масло, 60х45 см., 1978.

Художник не просил своих моделей принимать эффектные позы. Как правило, изображал фигуру фронтально на условном нейтральном фоне. Колорит его портретов сдержан, обычно выдержан в тёмных тонах (коричневых, глухо-зелёных).

Живописец умело воссоздавал психологическое состояние своих героинь. На его портретах они серьёзны и сосредоточены, а потому значительны, *внутренне* похожи друг на друга. Женские образы воплощают большую гамму чувств и состояний: от целомудренной нежности и спокойной уравновешенности до грусти и глубокой скорби. Особенно драматичен портрет пожилой женщины. В её страдальческом лице – след тяжёлых переживаний, мудрость долготерпения.

Трудно сказать, написаны ли все женские портреты непосредственно с натуры, вероятнее всего, некоторые из них создавались по воображению. Балазовский хорошо знал, что художественный, поэтический образ не тождественен реальному.

У живописца был излюбленный женский типаж, который он рисовал во множестве вариантов под общим названием *«Образы»*. Это молодая женщина с короткими пышными волосами. Её голова, как цветок, гордо покоится на высокой колонне шеи, утрированно вытянутой, как на портретах Амедео Модильяни. Раз за разом художник запечатлевал правильный овал красивого удлинённого лица, большие тёмные глаза, полуприкрытые тяжёлыми веками.

Иногда художник вписывал этот прекрасный лик в необычное окружение, обычно подчеркнуто-театральное. Например, в композиции *«Маски»* голову женщины украшает корона, а ее лицо окружают маски.

Ещё на одной работе *«Театр и зритель»* женское лицо окружают клейма с едва намеченными сценами из спектаклей. Белая кожа бледного лика контрастирует с темно-синими клеймами, в которых всполохами алого и желтого намечены театральные персонажи.

И наконец, Балазовский возводит свой главный женский персонаж в ранг сказочной героини Шахерезады. Лучший вариант *«Шахерезады»* (1975) хранится в запасниках Музея театрального, музыкального и киноискусства Украины. Портрет помещён в необычную деревянную раму серо-голубого цвета, сделанную из миниатюрных объёмных элементов соборных сооружений и фигур. Благодаря раме, зрителю начинает казаться, что Шахерезада глядит со сцены театра. Картина и рама образуют единое целое. В этой работе со всей полнотой раскрылся талант Балазовского – и живописца, и сценографа.

Внимательное знакомство с серией женских портретов Балазовского убеждает, что художник, даже наблюдая натуру, создавал обобщённые стилизованные образы женщин. Повторяющийся от портрета к портрету нежный лик отразил стремление художника создать идеальный образ Вечной Женственности.

У коллекционеров сохранилось всего несколько мужских портретов, выполненных Абрамом Балазовским. Стоит упомянуть о некоторых из них.

Два портрета прославленного французского актёра пантомимы Марселя Марсо, написанные по памяти, решены совершенно по-разному. На одном портрете, очень декоративном, праздничном, где яркие сочные цвета перекликаются и дополняют друг друга, загримированный, одетый в театральный костюм Марсель-актёр запечатлён в движении – гибкие руки, намеченные широкими свободными мазками, вскинуты над головой. Костюм мима и фон также решены с помощью свободных небрежных мазков. Мазки вибрируют, дрожат, создают впечатление движения. На фоне зелёно-голубых тонов особенно контрастно выделяются удары кисти, оставившие красно-оранжевый след. Из многозвучия цвета выступает, словно освещенное ярким светом рампы, лицо актёра. В отличии от нервных мазков фона, оно решено обобщенно, с обильным использованием белил, для того, чтобы воссоздать нанесенную с помощью грима маску клоуна.

«Пророк». Плита, масло, 64х59 см., 1977 г.

«Женская полуфигура». Хост, масло, 65х60 см., 1973 г.

«Портрет Марселя Марсо - I»

«Портрет Марселя Марсо - II»

На другом портрете тот же Марсо – лукавый человек в цилиндре – сидит в непринуждённой позе, устало опершись на руку. Он словно отдыхает после спектакля. Балазовский снова изобразил мима в клоунском белом гриме-маске. На глухом темном фоне вырисовывается светлый силуэт актера, написанного в импрессионистической манере с долей некоторой незавершенности.

Как человек театра, Балазовский был потрясён высоким мастерством актёра и нашёл свои живописные средства выразительности, чтобы сделать визуально зримыми перевоплощения, на которые был способен Марсель Марсо. Два портрета – два контрастных живописных образа, две сценических личины, две частицы души одной сущности лицедея. В этих двух портретах, которые могли бы составить диптих, Балазовский, не устающий поражать своей художественной изобретательностью, снова убедительно проявил синкретизм своего таланта.

В работе *«Пророк»* Балазовский воспользовался тем же иконописным принципом клейм, перенесенных им в светскую живопись, которые он использовал в картине *«Театр и зритель»*. Страдальческое лицо пророка и кисть его руки, сжимающей книгу, художник решил в холодной зеленовато-голубой гамме, тогда как окружающие портрет клейма выполнены, по контрасту, в теплых охристо-коричневых тонах.

Хочется упомянуть и об *«Автопортрете»* Балазовского. Абрам Семёнович изобразил себя на фоне стены, увешанной картинами. Темные квадраты картин едва намечены торопливыми нервными мазками. В данном случае важно самое присутствие холстов. Картины – так же, как палитра, кисти, краски – старинные атрибуты художника. Многие европейские живописцы любили создавать автопортреты, запечатлевая себя за мольбертом или с альбомом, палитрой, кистью в руке. Балазовский избирает картины в качестве фона как знак своей цеховой принадлежности, как свидетельство неизменной любви к живописи. Важно отметить, что стена с картинами появляется как фон во множестве его работ: *«Отец и сын»*, *«Вариации на тему»*, *«Старый король»* (другое название *«Король Лир»*), *«Обнажённая в мастерской художника»*, *«Портрет пожилой женщины»* и др. А картины Балазовского с клеймами сами по себе представляют как бы миниатюрную стену с картинами.

Малый энциклопедический словарь (Москва, 1999 г.), давая определение понятию «автопортрет», справедливо уточняет: «В автопортрете художник выражает оценку собственной личности и творческих принципов».

С автопортрета Балазовского, выполненного в сдержанной колористической гамме, глядит лицо умного человека средних лет, обременённого нелёгким жизненным опытом. Оно серьёзно и одухотворено, отражает сложную внутреннюю жизнь. Тёмные глаза смотрят уверенно, спокойно и, в тоже время, печально.

В этом автопортрете произошло соединение двух школ живописи. Если в изображении одежды и фона мастер прибёг к обобщённой, условной трактовке формы, к импрессионистическим средствам выразительности (лёгкая обозначенность, намеченность, эскизность), то лицо написано в реалистической манере, что позволяет сфокусировать внимание именно на лице художника.

Безусловно, художник создал большее число портретов, чем попало в сферу данного исследования. Коллеги Балазовского припоминают, что видели портрет украинского искусствоведа А. Драка, с которым портретист был дружен. Кто-то запомнил портрет кисти Балазовского, на котором была запечатлена народная артистка СССР Н. Ужвий. К. Забарко бережно хранит портрет мужа, написанный Абрамом Семёновичем в 1973 году.

Также Балазовский в письмах в Москву в ноябре 1963 года упоминал, что «сделал пять набросков углём с девочки, которой два с половиной года», а в мае 1965 года писал о своей работе над портретом режиссёра Ю. Суярко.

«Его портреты всегда заставляют зрителя задуматься («Монолог», «Марсель Марсо»). В портретах привлекает перламутровый переливающийся фон. У него неограниченная функция, он является органической частью структуры картины. И каждый раз замечаешь мастерство колорита», - написала про портреты Балазовского искусствовед И. Журавская (18).

ТЕАТР ОДНОГО ХУДОЖНИКА

Ген экспериментаторства постоянно вдохновлял Абрама Семёновича на поиск новых эстетических форм. На этом пути на склоне жизни Балазовский открыл для себя «бумажный коллаж» и очень серьёзно увлёкся этим видом творчества. Это стало ещё одним проявлением свободного творческого духа художника.

Коллаж – игра с материальной формой составляющих его материалов (бумаги, ткани, реальных предметов и пр.). Он заявил о себе в начале XX века в творчестве художников-кубистов. Вслед за ними этот приём подхватили другие течения, в частности, футуризм и сюрреализм. Пабло Пикассо и Жорж Брак сооружали свои коллажи из кусков тряпья. Макс Эрнст делал вырезки из иллюстрированных газет, компоновал их, превращая в *не*-реальность, подобную сну. Это был его вызов «веку большого бизнеса». Бумажные коллажи делал и Рене Магритт. Немецкий художник Курт Швиттерс находил материалы для своих коллажей в мусорной корзине: железнодорожные билеты, гвозди, обрывки газет, обёрточную бумагу, клочки одежды. С помощью неожиданной комбинации этого хлама Швиттерс добивался эффекта необычной красоты, словно в подтверждение известного ахматовского признания: «Когда б вы знали, из какого сора растут стихи...». Оказалось, что коллаж – не менее притягательный вид творчества, чем живопись. Швиттерс был так им одержим, что десять лет сооружал из тряпья «собор, построенный для вещей». Этот собор воздвигался только из хлама и для хлама.

В искусстве коллажа (с использованием не только бумажных вырезок, но и стекла, металла, дерева и т.п.) чрезвычайно преуспел знаменитый советский кинорежиссёр с мировым именем Сергей Параджанов. Это произошло после того, как кто-то из друзей показал ему иллюстрированный альбом французских мастеров коллажа.

Неизвестно, что подтолкнуло на эту тропу Балазовского. Вероятнее всего, он следовал за Анри Матиссом, который в 1950-е гг., в течение последнего периода своей жизни, основное время посвящал разнообразным вырезкам из цветной бумаги, создавая прекрасные композиции. Матисс делал свои коллажи огромными (некоторые из них были превращены в витражи для доминиканской часовни во французском Вансе и для церкви в местечке Покантико-Хиллс под Нью-Йорком).

Балазовский не испытывал тяги к монументальным размерам. Он создавал коллажи величиной с почтовую открытку. Мотивы и образы этих коллажей, круг имён, которым они посвящались, входили в общекультурные контексты («Электра», «Медея», «Христос», «Брехт. Персонаж», «К Шагалу», «Александре Экстер» и др.).

Интересно, что художники-коллажисты иногда придумывали для определения жанра своих работ совершенно новые термины. Так, Курт Швиттерс прозвал свои коллажи «merz» («мерц», от немецкого слова «коммерц», коммерция). Американский классик поп-арта Роберт Раушенберг придумал для своих коллажей определение «combines» («комбайны» или комбинации). Балазовский называл свои коллажи «мимы», очевидно, этот термин восходит к понятию «пантомима».

«Мимы» – это загадка для зрителя и, возможно, что и для художника..., – писала в своих воспоминаниях Р. Марголина. – Это очень искусно подобранные и соединённые кусочки различных фактур, создающие грациозные, пластичные, артистичные и очень театральные образы. Всё же, что это? Это – красота» (19).

Художница Марголина верно почувствовала эстетический настрой Балазовского. Создавая из бумаги свои коллажи, он стремился прежде всего к передаче чувства гармонического, прекрасного. Ему было чужды поиски неожиданных сочетаний компонентов ради достижения у зрителя шоково-пародийного эффекта (ярким примером такого чуждого ему подхода могла бы служить знаменитая «Джоконда с усами» дадаиста Марселя Дюшана. Свои иронические варианты коллажей, играя с этим шедевром да Винчи, создавал и Сергей Параджанов).

В *«Мимах»* Балазовский вновь вернулся к театру, «набрал актёров», осуществил «постановку» новых «театральных фантазий» уже иными средствами.

Матисс чётко обосновал и сформулировал главную суть искусства коллажа. Вслед за ним и Балазовский мог бы повторить: «В настоящее время я обратился к материалам, которые более плотные, более очевидные. Они привели меня к поиску новых смыслов самовыражения. Вырезки из бумаги позволили мне рисовать цветом. Это обобщение для меня. Вместо изображения контура и закрашивания внутри его границ цветом, я рисую прямо цветом, который более обозначен, поскольку он не наложен. Это упрощение гарантирует точность союза двух методов, который становится единым. Это не отход, а итог» (20).

Балазовский на склоне лет полюбил комбинировать, «играть» с вырезками из цветной бумаги, особенно из той, которую присылал его ученик Лазарь Портной из Москвы. Ему нравилась шершавая фактура и глубокий цвет т.н. «бархатной» бумаги. Она позволяла ему с помощью наклеивания слоёв друг на друга создавать «объёмное» изображение. Он использовал и бумагу с тиснением. Изредка прибегал к использованию соломинок, кусков ткани для фона. Преобладал же у него бумажный коллаж. Когда художник не находил бумагу с полиграфическим рисунком нужного ему цвета, наносил на листы белой бумаги кистью или фломастером свой орнамент, сочетая их с цветной бумагой.

В «мимах» Абрама Балазовского фигуры персонажей почти всегда легки и воздушны. Для достижения этого эффекта художник, как до него Анри Матисс, часто оставлял пробелы, пустоты там, где, казалось бы, должны быть соединения, «сочленения», «стыковки» частей туловища, головы, рук. У Балазовского «воздух» «делил» фигуры, отделял головы и руки персонажей от туловища. Этот интересный приём придавал его коллажным фигуркам изящество и грациозность.

На многих коллажах Абрама Балазовского присутствует театральная сцена, лаконично обозначенная либо условным занавесом, либо «колоннами», которыми она обрамлена (например, «мим» *«Представление»*, где намечена – с помощью соломинок – граница рампы, горизонт). В других случаях наличие сцены специально не подчёркнуто, но на втором плане или рядом с «актрисой», «актёром» видны декорации в условном миниатюрном масштабе или их деталь (например, окно с раскрытыми створками). В третьем случае амплуа персонажа не оставляет сомнения в том, что тот запечатлён на сцене (*«Факир»*, *«Петрушка»*, *«Клоун»*, *«Танцующие»*). Но даже когда таких подсказок нет, со

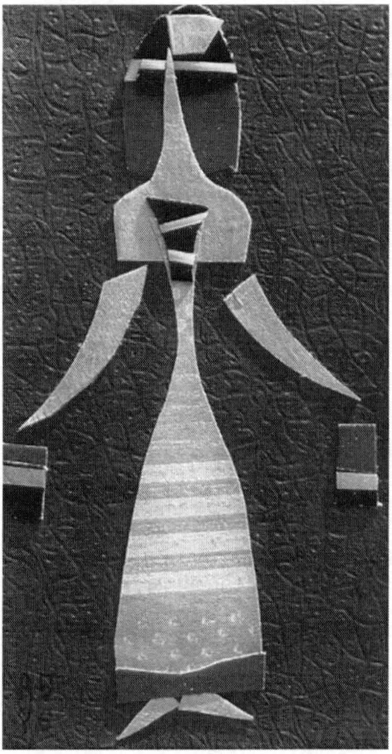

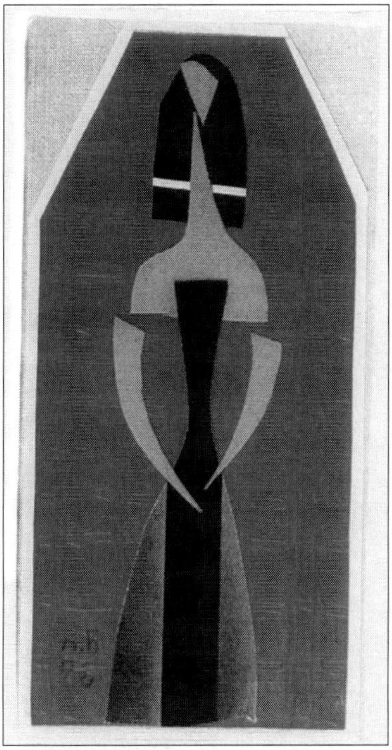

«Мимы»-коллажи А.С. Балазовского

хранятся ощущение, что каждый коллаж представляет собой ту или иную мизансцену.

В «мимах» Балазовского лица вырезаны в виде круга, овала, треугольника, ромба. Черты лица отсутствуют вовсе (за исключением страдальческого лика Христа). Одежда крайне редко несёт приметы исторического времени и национальности (хотя порой легко узнаваемы пираты или уличный мальчишка в пиджачке, кепке и башмаках; японка, склонившаяся в поклоне; девушка эпохи XIX века в розовом капоре и такой же розовой пушистой пелерине и т.д.).

Благодаря неистощимой авторской фантазии, причёски, головные уборы, наряды предельно обобщены, невероятно разнообразны по фасону, цвету, фактуре и орнаментировке. Иногда женский и мужской наряды сделаны из одного «материала», из одинаковых составляющих «кусочков». Словно художник забавлялся, иронизировал, играя теми минимальными деталями, которые были нужны ему для внешнего обозначения разницы пола, намекая, быть может, на глубинное внутреннее сходство женской и мужской сущности (меж «Анимой» и «Анимусом» в терминах Карла Юнга).

Ещё художники-дадаисты говорили, что нельзя относится к тому, что делаешь, чересчур серьёзно. Балазовский порой в коллажах обнаруживал чувство юмора. Он остроумно подшучивает над своими любимыми образами в «мимах».

В «миме» под названием *Тост* он добродушно шаржирует, оставляя узнаваемой, картину Ж. Э. Лиотара «Шоколадница». Цитирование, пародийное и гротескное обыгрывание чужого произведения было распространённым приёмом в коллажах западноевропейских художников, но этот приём, видимо, мало привлёк Балазовского, так как сохранился только этот остроумный пример его использования.

В наследстве Балазовского большой ряд изысканных, изящных бумажных фигур, которые можно означить как: «Он», «Она», «Он и Она». Женских образов в этом ряду значительно больше, чем мужских.

По своей воле демиург-художник добивался от своих персонажей выразительности движения и жеста, как в театре пантомимы. Также для него была важна цветовая, колористическая среда, в которой они пребывали. Обычно позы его женских фигур спокойны и статичны, однако Балазовский умел показать переход от статичной позы к изломанному, экспрессивному жесту рук и движению тела. Е. Рудминский был точен в оценке произведений учителя, когда писал: «В работах Абрама Балазовского присутствует игра, артистизм. Об этом свидетельствует серия «Мимы», построенная в основном на жесте» (21).

Если всмотреться в женские образы коллажей Балазовского, возможно, справедливым окажется предположение, что они возникли у художника не без влияния того сильного впечатления, которое он пережил юношей и рассказал о нём много лет спустя: «В свои юные годы я видел величайшую Айседору Дункан на сцене Киевского театра оперы и балета (в 1924 г. – И. П.). В белой тунике без всякого оформления под звуки единственного рояля она импровизировала. Чарующей пластике требовалась цветовая гамма и она была. Менялось освещение. Но это было не убедительно. В те далёкие 20-ые годы не было той световой палитры, той партитуры, полутонов, какие возможны в наши дни» (22).

В своих поздних экспериментах Балазовский пытался создать с помощью цвета ту партитуру тонов и полутонов, которой ему недоставало для аккомпанемента «чарующей пластики» Дункан. И ему многое удалось. Не случайно заслуженный художник Анатолий Пономаренко, основатель секции театра и кино в Союзе художников Украины, восторженно вспоминал «маленькие пластические работы» Абрама Семёновича.

В «мимах» Балазовского «Он» и «Она» порой обращены лицами друг к другу, а между ними по угрюмому наклону голов ощущается напряжение назревшего конфликта. На одной из таких композиций даже символически изображена чёрной угловатой «рекой» бездна разрыва, которая пролегла между «Им» и «Ею».

Однако и к такому драматическому конфликту художник мог также отнестись иронически, умел его «мифологизировать», взглянуть на него с другой, неожиданной точки зрения. Так, например, иногда он переносил непростые человеческие отношения в птичье царство. На то и театр, в природе которого возможны самые невероятные превращения.

Иногда воображение уводило Балазовского столь далеко, что позволяет говорить о его попытках выразить не только ироническое или лирическое настроения (См. «мимы» *Ночь*, на которых мужские персонажи, запрокинув головы, «слушают» небо и облака), но и о стремлении художника овладеть в коллаже некоей «чистой формой», намекнуть, как в своей станковой живописи, на иррациональное, невыразимое.

Воображение художника вдохновлял мотив полёта (здесь уместно вспомнить его станковую композицию маслом *Летящий ангел*). Бумажные коллажи позволили фантазии художника развернуться во всю силу. В его «мимах» летают в небе и те, кому это дано природным законом, – бабочки и птицы. Летают и люди, не ведая гравитации, не прибегая к помощи механизмов. По воле художника они с наслаждением, с восторгом парят над горами и городами, океанами и озёрами. Летят, словно танцуют, в платьях и карнавальных костюмах, в одиночку и вдвоём. И конечно, над ними, со звёздами вровень, летит по небу волшебный конь Вдохновения – крылатый Пегас.

ДАРЫ ДУШИ

Несмотря на все свои невзгоды, «иногда смешной, иногда наивный», по слову Э. Колесова, Балазовский всегда оставался романтиком и мечтателем. Когда он начинал работать над телепрограммой, то вслух фантазировал. Это было интересно, хотя на экране не всегда получалось. Живя за железным занавесом, он мечтал об Италии, Париже... «Если бы я был в Италии, я мог бы там выставку сделать...», - говорил он задушевно своему молодому коллеге. «Мечта была, работы были, а возможностей не было», - вспоминал Э. Колесов.

Возможность показать своё творчество *на первой в его жизни персональной выставке* у Абрама Семёновича появилось только в 1968 году, после десяти лет службы на Киевской телевизионной студии, когда ему исполнилось шестьдесят лет, и он выходил на пенсию.

Над Балазовским, считая его чудаком, сотрудники тихонько посмеивались, а оказалось – очень любили. Э. Колесов рассказывал: «Проводили потрясающе. Очень тепло. Нарисовали огромную юмористическую стенгазету. Накрыли в декорационном цехе (80 кв. м.) стол во всю длину. Дружно, искренне чествовали».

Долгожданная для Абрама Балазовского выставка живописи и графики была размещена в одной из небольших комнат студии. Выставка оказалась, фактически, полузакрытой, так как попасть на неё можно было через служебный вход по удостоверениям или по заранее заказанным пропускам. Выставка была доступна только для сотрудников телестудии. В результате, посмотреть её удалось совсем немногим. Тем не менее, экспозицию увидели друзья, ученики, коллеги, знатоки, искусствоведы Аркадий Драк, Леонид Владич, писатели Виктор Некрасов, Виталий Коротич, Исаак Тельман, кинорежиссёр Виктор Кисин...

«Ваши работы – открытие, откровение, удивление и восторг!», - так сформулировали общее впечатление зрителей в Книге отзывов художники-коллеги Э. Колесов и А. Перепелица, «любящие дорогого Абрам Семёныча» (23).

Особенно проницательным оказался отзыв известного киевского кинорежиссёра В. Кисина: «...Вы пишете свой духовный автопортрет, а подписываете «Марсель Марсо». Вы видите мир глазами мима, Вы видите мимику жизни, и сама жизнь, и природа, и тело обретают у Вас «выражение лица». Вы обобщаете до маски, но Ваши маски обладают гаммой по богатству и неповторимости, сравнимой, разве что, с неповторимостью живого лица. Мне особенно по душе Ваши работы пастелью по чёрному фону. Мне особенно близко изящество и театральная искренность во всём, что Вы делаете. Спасибо за эту выставку – портрет богатого и тонкого человека» (24).

«Импровизации на чёрном фоне» – графические композиции восковой пастелью 1962-1963 гг. – сохранились в коллекции К. Забарко: *«К Шопену»*, *«К Пастернаку»*, *«Маска»*, *«Эхо»*, *«Молитва»*. Эти работы демонстрируют графическое мастерство Балазовского.

В лаконичной и строгой композиции *«Эхо»* на первом плане – понурая мужская фигура. За ней – вереница намеченных белым контуром арок, от большой (вмещающей фигуру) арки, до всё меньшей и меньшей, исчезающих в перспективе.

В композиции *«Молитва»* на фоне ствола и голых веток дерева изображён древний божок. Его рот открыт в неистовом крике, на шее – ожерелье из клыков. Перед божком низко склонились четыре коленопреклонённые молящиеся фигуры.

Эти работы о крике в пустоте, резонирующем лишь эхо, чрезвычайно выразительны. Они передают состояние тревоги, беспокойства. Чёрный фон и скупая строгая линия очень экспрессивны. Эта серия работ была одной из составляющих «духовного портрета художника», как метко назвал всю экспозицию В. Кисин.

Создание «Импровизаций на чёрном фоне» по времени совпало у Абрама Семёновича с нарастанием острого чувства отчаяния из-за необходимости «уничтожать самого себя» в прикладных работах «за кадром» на телевидении, с попыткой бегства с ТВ. Художник называл время создания этих работ своим «чёрным периодом». В письмах Балазовский упоминает ещё две работы из этой серии – *«Идолопоклонники»* и *«Джоконда»*.

Большинство станковых картин на первой выставке Абрама Семёновича, судя по книге отзывов, радовали богатством палитры, изяществом исполнения. Именно эти качества («тонкое чувство цвета», «колористический талант») оценил, назвал «поэтической душой искусства Балазовского» искусствовед Л. Владич в своей очень короткой, буквально в несколько строк, заметке «Романтика цвета» (на укр. языке), которая была опубликована в газете «Культура і життя» (25). Владич посетовал, что на Украине цветное телевидение только начинается, и зрители пока что лишены возможности на экране достойно оценить цвет и колорит, которые «на удивление тонко чувствует художник». Это был в жизни Балазовского (на шестидесятом году!) *первый печатный отзыв* о его творчестве.

Были приглашены на выставку Абрама Семёновича и его коллеги по секции художников театра и кино Союза художников, чиновники студии, её возглавляющие. Это событие в жизни студии запомнилось как веха. «Выставка стала доказательством цеховой состоятельности художников ТВ. До того начальство художников не замечало. После выставки Абрама Балазовского стало ясно, что есть, что показать, у кого учиться», - вспоминал Э. Колесов.

«За кулисами», 1971

Вторая прижизненная персональная выставка станковой живописи Абрама Семёновича состоялась в Москве в 1975 году в просторных залах Центрального Дома литераторов им. А. Фадеева. Подобная выставка в столице была большой честью для художника. Она проводилась по инициативе влюблённого в живопись Балазовского известного в те годы всей стране актёра-чтеца Д. Журавлёва. На этой выставке Абрам Семёнович, кроме живописных работ, впервые показал серию своих миниатюрных коллажей.

Выставка пользовалась успехом. Московские художники, писатели, любители живописи с творчеством Балазовского познакомились впервые. В числе других о работах Балазовского похвально отозвался известный прозаик и взыскательный ценитель искусства В. Каверин.

Однако экспозиция работ Балазовского в Москве длилась недолго. В Дом литераторов раздались телефонные звонки из Киева. Чиновники из Союза художников Украины стали враждебно-завистливо интересоваться, каким образом художник выставляет свои работы в Москве, не заручившись на то «дозволу» (разрешения) украинского начальства?

Чтобы не ссориться с республикой, выставку свернули. В печати откликов помещено не было.

Третья персональная (и последняя прижизненная) выставка Абрама Семёновича прошла в Киеве в Центральном доме художника в 1978 году. Для этой выставки был отведен небольшой «зал» на последнем, третьем этаже. «Чтоб найти никто не мог», - шутили друзья, потому что пробираться в этот «зал» надо было через лабиринты каких-то нерабочих помещений. Громким было только называние «зал», а на самом деле это была небольшая комната, в основном предназначавшаяся для работ молодых художников, претендующих на членство в профессиональном Союзе. Обычно претендентам полагалось выставить лишь несколько своих работ.

Увы, лучшего помещения для Балазовского не нашли, несмотря на то, что выставка была традиционно-плановой для членов Союза художников, а главное, носила юбилейный характер и была приурочена к 70-летию мастера.

Ко всему в канун открытия выставки случился в Доме художника печальный казус, полный символического значения. В тот день Балазовский допоздна занимался развеской картин, стараясь разместить их на стенах как можно более экономно. Видимо, сторожа, который обязан вечером обходить все помещения, не предупредили о художнике, готовящем экспозицию, а сам сторож поленился подниматься на непарадный этаж. Так Балазовский оказался неожиданно запертым в Доме художника на всю ночь, повторив поворот судьбы Фирса, и став, как и чеховский персонаж «Вишнёвого сада», жертвой равнодушия.

«Надеемся ещё не раз встретиться с великолепными работами художника А. С. Балазовского в более достойных условиях» (26), - написали в книге отзывов инженеры И. Барингольц и А. Маргулис.

Автор экспозиции ушёл из жизни 17 июля 1979 года, не прожив и полгода после той выставки. Балазовский похоронен на киевском кладбище Берковцы.

Хотя выставку Абрама Семёновича в Доме художника не рекламировали, не освещали в прессе, однако её посетили многие. Ведь в отличие от экспозиции на студии ТВ, на этот раз, чтобы увидеть картины художника, пропуск не требовался. Пришли друзья, художники-сослуживцы, студенты художественных и архитектурных факультетов, врачи и представители технической интеллигенции. Абсолютное большинство зрителей видели живописные работы Абрама Семёновича, написанные им за последние десять лет, *впервые*.

После изнуряющей, постылой «текучки» на студии творить вослед собственному воображению означало для Балазовского дышать воздухом свободы, и даже нищенская пенсия не могла лишить его в те годы творческого подъёма. У него не было сообщества художников-единомышленников в своём городе, однако, пребывая в одиночестве, он мужественно отстаивал хрупкую свободу в своём творчестве, и это, безусловно, было созвучно усилиям энтузиастов неофициального искусства 1960-1980-х гг. Москвы и Ленинграда.

На выставке зрителей поразила полная творческая раскрепощённость художника, проявившаяся в выборе непоощряемых в те годы, заклеймённых словом «формализм», изобразительных средств. Мозаичное цветовое многоголосье преобладало в большинстве композиций, которые Абрам Семёнович писал мелкими многоцветными мазками. Художник умел эту колористическую пестроту уравновесить, гармонизировать. В этой мозаичности краски вибрировали, создавая на холсте сложную колористическую гамму.

Знавших художника удивил контраст между деликатно-безотказной манерой поведения Балазовского на службе и бесстрашной свободой самовыражения на холсте.

«Зная Абрама Семёновича как закрытого человека, который боялся на службе вступать в конфликты, мы, коллеги, были ошеломлены, увидев его живопись. Поразила неуёмная фантазия, знакомство с музыкой... В 1950-е, в 1960-е годы такие работы ещё могли быть сняты по доносу, убиты в зародыше», - вспоминал в интервью о своём впечатлении тех лет коллега Балазовского В. Чубасов.

«Работы Абрама Семёновича, демонстрировавшиеся на выставке, были авангардные, стилизованные. Это для меня было открытием. Эти работы были противоположны тому человеку, которого я видел и знал», - рассказал в интервью художник В. Ясько.

«За кулисами», 1973.

    Коллеги Балазовского могли бы добавить, что годы, в которые проходили две последние выставки художника, были временем полного торжества партократии, верной защитницы «незыблемых» консервативных догм, прочно воцарившихся к тому времени в искусстве.

    Отклики многих зрителей, которые не были художниками, побывавших на юбилейной выставке Балазовского, тоже оказались не лишёнными проницательности. Они сумели оценить нонконформизм Балазовского, его свободу от эстетических ограничений: «Замечательная выставка. Просто потрясает, что кто-то ещё может писать от себя, от своего сердца, от души – не по заказам! Эта выставка, как открытие сказочного мира, как волшебство... Художник – в полном смысле слова – талантище!», - так восторженно записал свои впечатления в Книге отзывов молодой инженер-конструктор Игорь Волошин.

    Умные, добрые, искренние слова, которые прочёл в книге отзывов и услышал о своём творчестве Абрам Семёнович, согревали его душу в последние месяцы жизни, когда он умирал в больнице от рака лёгких: значит, не напрасным был его стоицизм, его полная труженического напряжения жизнь.

Почитатели творчества Балазовского, побывавшие на его выставке в Центральном доме художника, сетовали, что выставка «небольшая», что на ней «столь бедно и скупо в жанровом и стилистическом отношении представлено богатейшее и разнообразнейшее творчество художника», выражали надежду, «что это лишь репетиция перед большой выставкой» (27). Эти справедливые пожелания стали сбываться уже после смерти Абрама Семёновича.

Подобно многим творцам, Балазовский возвышенно мечтал оставить свои художественные произведения в дар потомкам, чтобы продолжать в них жить: «Жесток наш режим, а крылья выщипаны у всех. Пусть простит меня сам Бог, но дерзкие мысли приходят порой. Не стало в живых Балазовского. И кто-то заинтересовался, нашлись знатоки, начали разглядывать его труды. Подобрали всё – тогда ожил человек в своём творчестве», - писал художник в Москву в 1966 году.

Любимый ученик Балазовского Е. Л. Рудминский (1937-1994), а впоследствии его вдова К. Забарко-Рудминская приложили много сил, чтобы способствовать организации в Киеве персональных выставок художника. Экспозиции прошли в Республиканском Доме актёра (1985), в Центральной библиотеке искусств (1989) и в Музее театрального, музыкального и киноискусства Украины (2000). В 1997 году в киевской Национальной библиотеке искусств Украины им. В. Вернадского прошла выставка под названием «Мастер и его ученик», на которой экспонировались живописные работы Абрама Семёновича и Ефима Рудминского. Кроме того, картины Балазовского были представлены ещё на трёх коллективных выставках.

По инициативе учеников и друзей Балазовского, многие из которых эмигрировали заграницу, в 2009 году в США увидел свет небольшой художественный альбом "Balazovsky. His Life and Work" – «Балазовский. Жизнь и творчество» (включающий 60 цветных иллюстраций), приуроченный к столетию со дня рождения художника и тридцатилетию со дня его смерти.

Однако пока так и не состоялась выставка, на которой были бы собраны эскизы декораций и костюмов, рисунки, графика, станковая живопись, портреты, натюрморты, пейзажи, керамические панно, коллажи Абрама Балазовского, где было бы продемонстрировано творчество художника во всём его диапазоне и своеобразии.

«Диалог». Картон, масло. 70х50 см., 1978 г.

...На мольберте ушедшего из жизни Абрама Семёновича Балазовского осталась его последняя работа *«Диалог»*, словно овеянная печалью.

Композиция решена подчёркнуто театрально: ее персонажи, два ангела, как будто застыли в задумчивости на фоне сцены и декораций. Здесь, как в прежних картинах мастера, возник его излюбленный образ белого рояля. Изгиб крышки рояля повторяет изящный изгиб ангельских крыльев. Фигуры ангелов и рояль как бы составляют треугольник. В правом и левом верхнем углах полотна изображены декорации-фрески с мятущимися в небе ангелами. Их экспрессивное движение уравновешивает помещённое на дальнем плане изображение фигуры со смиренно опущенной головой. На первом плане этой фантастической картины на фоне рояля изображены две фигуры, Он и Она. У них земные лица, но это – ирреальные создания, люди-ангелы. Их крыльям тесно в раме холста. Крылья, жаждущие полёта, вот-вот унесут их ввысь.

Символическая картина-завещание Балазовского – это прощальная песнь о Музе и музыке вдохновения, о вечной жажде гармонии искусства, о несказанном, о неизбежности расставания.

ПРИМЕЧАНИЯ

1. Из переписки А. С. Балазовского с москвичкой, врачом-педиатром Дмитровой Людмилой Михайловной (1890-1975(?)), охватывающей период с 1958 по 1968 гг. Объём писем Балазовского 417 листов, Дмитровой – 81 лист. – Центральный государственный Архив-музей литературы и искусства. – ул. Владимирская, 22-а, Киев, Украина. – Фонд 1269. Цитируется переписка на протяжении всего очерка на основании Дарственного акта передачи писем, из которого явствует, что даритель (А. Балазовский) принёс письма Л. М. Дмитровой и «против использования документов в соответствии правил архива-музея не возражает». На дарственном акте нет даты, но известно, что Архив-музей был организован в 1968 г. Кто был дарителем писем самого А. С. Балазовского в тот же музей-архив, установить не удалось. Наследнице Балазовского К. Забарко-Рудминской о личности Л. Дмитровой и переписке с ней художника ничего неизвестно. Впервые эту переписку в архиве обнаружила И. Панченко.

2. Там же.

3. Из интервью работников Киевской студии телевидения. Здесь и далее цитируются интервью, взятые И. Панченко в июле-августе 2004 года в Киеве у режиссёров и художников, с которыми А. С. Балазовский работал на Киевской студии телевидения. Интервью дали Евгений Георгиевич Чолок, Вадим Львович Чубасов, Анатолий Фёдорович Пономаренко, Анатолий Александрович Мирошниченко, Эдуард Александрович Колосов, Виталий Васильевич Ясько. – Архив И. Панченко.

4. Там же.

5. *Перепелица Ариадна.* Из воспоминаний о Киевской студии телевидения. В кн. Ариадна Перепелица. Живопись, графика, театральные костюмы. Украина. ООО «Тамподек» (Без года издания). С. 144.

6. Из интервью работников Киевской студии телевидения.

7. Там же.

8. *Эфрос Абрам.* Девять писем художнику Балазовскому (1944-1945 гг.). Киев, 1999. Егупец. № 5. С. 312-317. Публикация К. Забарко-Рудминской. (Письма напечатаны без указания ф.и.о. публикатора).

9. Там же.

10. *Розенталь В., Портной Л.* О нашем учителе. (Воспоминания об А. С. Балазовском). Киев, 1999. Егупец. № 5. С.307-311.

11. Там же.

12. Видеокассета с записью вечера памяти А. Балазовского, состоявшегося в 2002 году в Музее театрального, музыкального и киноискусства Украины. Чикаго. Архив К. Забарко-Рудминской.

13. *Балазовский А.* Размышления о цветовом звучании. Незавершённая черновая рукопись. Объём 1,5 С., без даты. Чикаго. Архив К. Забарко-Рудминской.

14. *Розенталь В., Портной Л.* О нашем учителе.

15. *Марголина Р.* Воспоминания об Абраме Семёновиче Балазовском. Рукопись. Чикаго. Архив К. Забарко-Рудминской.

16. *Юнг К. Г., фон Франц, М.-Л., Хендерсон Дж. Л., Якоби И., Яффе А.* Человек и его символы. М.: Серебряные нити, 1997. С. 245.

17. *Батракова С.* Художник играющий. Западное искусство. XX век: Мастера и проблемы. М.: Наука, 2000. С. 25, 30.

18. *Журавская И.* Информация из Киева о выставке произведений живописи и аппликации А. С. Балазовского в Библиотеке искусств Шевченковского района столицы (на укр. яз.). Образотворче мистецтво. 1989. № 5. С. 31–32.

19. *Марголина Р.* Воспоминания об Абраме Семёновиче Балазовском.

20. *Neret Gilles.* Henri Matisse. Taschen. 1996. С. 211.

21. Текст выступления Е. Рудминского на посмертной выставке живописи А. Балазовского в Республиканском Доме актёра в Киеве в 1985 г. Авторская рукопись. Чикаго. Архив К. Забарко-Рудминской.

22. *Балазовский А.* Размышления о цветовом звучании.

23. Книга отзывов на персональную выставку А. Балазовского на Киевской студии телевидения в 1968 г. Рукопись. Чикаго. Архив К. Забарко-Рудминской.

24. Там же.

25. *Владич Л.* Романтика цвета (на укр. яз.). Культура і життя. 1968. 3 ноября.

26. Книга отзывов на персональную выставку А. Балазовского в Доме художника в 1978 г. Рукопись. Чикаго. Архив К. Забарко-Рудминской.

27. Там же.

Спектакли, оформленные А.С. Балазовским, и его профессиональная деятельность

1945-1947
«Девять невест и ни одного жениха» Франца фон Зуппе.
«Дон Хиль – зелёные штаны» Тирсо де Молины.
«Женитьба Фигаро» В. А. Моцарта.
Театр Киевской музыкальной комедии.

1947
«Двенадцать месяцев» С. Маршака.
«Снежная королева» Е. Шварца по мотивам произведения Г. Х. Андерсена.
Эстрадный театр Киевского Дворца пионеров.

Балет-сказка «Блискавичка» («Молния»).
Киевская хореографическая школа.

«Памятные встречи» А. Утевского.
Киевский областной музыкально-драматический театр им. П. Саксаганского, г. Белая Церковь.

1946
Институт монументальной живописи и скульптуры Академии Архитектуры УССР.
Исполняющий обязанности старшего научного сотрудника.

1948-1958
Преподаватель рисования в изостудиях Дворца культуры пищевиков и Дворца пионеров Подольского района; в Киевском танко-техническом училище им. С. Тимошенко. Руководил изготовлением кустарных изделий на промышленном комбинате «Укоопспілка».

1958-1968
Художник-постановщик Киевской студии телевидения.
Оформление многочисленных телепередач.
Оформление многочисленных телеспектаклей. Самые значимые среди них: «Сашка выбирает дорогу», «Радуга состоялась», «Факелы», «Доктор Айболит», «Романаида» (Эпос о воине Романаиде), «Кровью сердца», «Беда от нежного сердца», «Поэтом можешь ты не быть...», «Сказка о принцессе Солиманской».
Оформление многочисленных телефильмов. Самые значимые среди них: «Корабль влюблённых», «Северная роза», «Экзамены Арлекина» Родари и Сарданелли, «Умные вещи» С. Маршака.

1960
«Барабанщица» А. Салынского.
Драматический театр им. Ивана Франко.

1963-1964
Эскизы декораций к опере «Садко» Н. Римского-Корсакова по заказу Министерства культуры УССР. Неосуществлённая постановка.

1964
Участие в конкурсе на оформление «Женитьбы Фигаро» П. Бомарше для Киевского театра русской драмы им. Леси Украинки. Неосуществлённая постановка.

1967
«Великий волшебник».
Киевский театр оперетты.

Ксения ГАМАРНИК

ВЛАДИСЛАВ КЛЕХ. ЖИЗНЬ, ОТДАННАЯ ТЕАТРУ.

Из истории культурных ценностей эмиграции

Владислав Станиславович Клех (1922-2001) появился на свет в Киеве. Его профессиональное становление как сценографа пришлось на эпоху второй мировой войны. Необычайно насыщенным этапом творческой биографии творца стали послевоенные годы, проведенные в Германии в лагерях для «перемещённых лиц», когда художник, отойдя от ученичества, смело экспериментировал с театральными формами. Если сделать попытку обозначить художественный метод, который Владислав Клех начал использовать в своей работе в то время, то его можно условно охарактеризовать, как конструктивно-экспрессионистический.

Творчество Владислава Клеха можно разделить на два периода. Период поисков и дерзких экспериментов пришёлся на время его работы в украинских театрах – в театре «Розвага» и в Ансамбле Украинских Актёров в Германии под руководством выдающегося украинского режиссёра Владимира Блавацкого. Именно там В. Клех ощутил полёт вдохновения, познал радость творческих открытий. Переехав в 1950 году в США и связав свою судьбу с американским театральным процессом, художник начал тяготеть к более традиционным, живописным декорациям.

В 1961 году Клех стал членом американского профсоюза United Scenic Artists – Объединение художников сцены, что дало ему возможность работать в театре, в кино и на телевидении США. Тридцать лет отдал Клех труду в легендарном театре Метрополитен-Опера, где он со временем возглавил бригаду художников-исполнителей, создававших декорации по эскизам прославленных сценографов. И после выхода на пенсию Клех продолжал оформлять спектакли в украинских и американских театрах.

Принимая непосредственное участие в культурной жизни Германии, а затем США, В. Клех вносил вклад в искусство тех стран, которые дали ему прибежище. Но где бы ему ни довелось жить, он никогда не порывал духовной связи с родиной, с её культурой. Его всегда волновала судьба Украины. Он мечтал про возрождение украинского театрального искусства, про то, чтобы не было забыто наследие украинских творцов-реформаторов 1920-1930-х годов. Когда Украина обрела независимость, Клех впервые за много лет получил возможность посетить родину вместе с украинским театральным коллективом. В 1993 году он стал членом Союза театральных деятелей Украины. Начиная с 1998 года художник перечислял средства, на которые СТД Украины учредил премию его имени за лучшую сценографическую работу года.

Несмотря на трудные условия эмигрантского существования, В. Клех сумел состояться как сценограф. Ярким свидетельством тому стали многочисленные спектакли театров украинской диаспоры в его оформлении и его работа на ниве американского театра.

Талантливый сценограф, обладавший огромной работоспособностью, Владислав Клех был бесконечно предан музе Театра. Его имя вошло в историю театрального искусства украинской диаспоры.

НАЧАЛО ПУТИ

Отец художника Станислав Иванович Непомук-Клехньовський (в некоторых источниках фамилия пишется как Клехнивський) происходил из польской шляхты. Он родился в украинском городе Чигирин. Позднее семья переехала в Варшаву. В 1920 году Станислав Иванович в качестве инженера (он был специалистом по высоковольтным изоляторам) приехал работать на советскую Украину. Там он познакомился с киевлянкой Марией Степановной Шкабарой, экономистом по профессии. Станислав и Мария поженились. 4 июля 1922 года у них родился сын Владислав.

Владек был совсем маленьким, когда Станиславу Ивановичу, польскому подданному, как и многим другим иностранным специалистам, было приказано в течение 48 часов покинуть Украину. Отец увёз жену и сына в Варшаву.

Года три спустя Мария Степановна вместе с сыном отправилась в Киев проведать своих родных. Обратно к мужу в Варшаву её, советскую гражданку, уже не отпустили. Вместо этого в 1932 году арестовали как «польскую шпионку». Правда, страшный 1937-й год был ещё впереди, продержав Марию Степановну три месяца в тюрьме, её отпустили, но с запретом жить в украинской столице. Вместе с Владеком она переехала в город Константиновку на Донбассе, где устроилась работать экономистом на завод стекла.

В Константиновке Владек, кроме обычной школы, посещал художественную – ИЗО (изобразительных искусств), где учился под руководством внимательного художника-педагога М. Николаева, чьё имя с благодарностью вспоминал всю жизнь. Прежде всего, Николаев старался преподать студийцам основы академического рисунка. Ученики должны были сначала овладеть карандашом, углём, сангиной, и лишь затем учиться писать красками.

Именно в годы учёбы в художественной школе состоялось первое знакомство Владислава с «театральной кухней», так как театры давали спектакли в том же Дворце культуры, где помещалась школа ИЗО. Студийцы обновляли декорации театров, приезжавших на Донбасс на гастроли, и за это получали контрамарки на спектакли.

В августе 1937 года в Киеве арестовали Петра Степановича Шкабару, дядю Владислава. Имя Петра Степановича упоминается в изданной в 1925 году «Адресной книжке коллекционеров денежных знаков и бон, выпущенных на территории бывшей Российской империи». В неё вошёл список свыше четырёхсот коллекционеров. Некоторые из них дали в книжке отдельные объявления, в частности: «Шкабара, Пётр Степанович. 32 г. Киев, Львовская, 50., кв. 24. 2300 зн. Покупаю и обмениваюсь только редкими бонами) (1).

Месяц спустя в Константиновке глубокой ночью, дома, на глазах у сына, арестовали Марию Степановну. Больше Владек мать никогда не видел. В городе Артёмовске, куда в большую тюрьму перевели Марию, подростку пришлось простоять несколько дней в огромной очереди таких же, как он, родственников заключённых, чтобы передать матери узел с одеждой и получить в ответ коротенькую записку. Это было первое и последнее письмо от матери. Со временем Владислав узнал, что мать сослали в лагерь в Казахстане, где её следы окончательно затерялись. Эти события навсегда оставили в душе будущего художника глубокий след.

Когда осенью 1938 года был объявлен дополнительный набор в Киевское училище связи при центральной телефонной станции, Владиславу удалось поступить туда. Успешно окончив училище, Владислав начал работать мастером по починке телефонов-автоматов, одновременно оформляя стенгазету на АТС (автоматической телефонной станции). Незадолго до начала войны он был зачислен на только что организованный при газете «Сталинское племя»* курс журналистики, который вёл известный журналист и театровед В. Чаговец.

В Киеве Владислав стал завзятым театралом, не пропускал ни одной премьеры, часто бывал за кулисами Киевского театра оперы и балета, где с восторгом наблюдал за работой выдающихся украинских сценографов А. Петрицкого, И. Курочки-Армашевского. После опыта реставрации декораций в Константиновке юношу интересовала закулисная сторона театрального дела.

Интересный эпизод запомнился Владиславу: «Я даже не припоминаю, над чем работали, помню только огромный задник, растянутый на полу мастерской, на котором писали какой-то пейзаж с вербами (ивами – *К.Г.*). Художник что-то очень «цацкался» с ветками вербы, что не нравилось Петрицкому. Он (Петрицкий – *К.Г.*) попросил какое-то тряпьё для мытья полов, намочил его в ведре с краской и швырнул в вербу. Вышла огромная клякса с разбегающимися ручейками краски в разные стороны, как ветки вербы. Было очень эффектно не только как художественный приём, но сразу дало правильный подход к его стилю» (2). Это был короткий, но блестящий урок театрального мастерства.

Летом 1941 года Владислава мобилизовали в роту связи, но воевать ему пришлось недолго. В неразберихе беспорядочного отступления вместе с тысячами других красноармейцев Клех попал в окружение под Пирятиным, затем – в плен.

---

* Газета «Сталинское племя» выходила в Киеве с 1 апреля 1938 г. В 1941-1943 гг. газета не издавалась. Возобновила выход с 1 января 1944 г. Начиная с 1961 г., газета называется «Комсомольское знамя».

Совершив побег из немецкого лагеря для военнопленных, Владислав с трудом добрался до Киева. О своём бегстве, о том, как он скрывался, как помогали ему, рискуя собой, незнакомые простые люди, Клех рассказал в своих воспоминаниях (См. приложение).

В Киеве Владислав был вынужден посещать организованную немцами биржу труда. Вскоре он перебрался в город Белая Церковь*, расположенный в Киевской области.

ВОЙНА И ТЕАТР

В Белой Церкви жил второй брат матери Владислава, Осип Степанович Шкабара, работавший в архиве местного краеведческого музея. Одним из отделений музея была картинная галерея, в залах которой экспонировались старинные полотна и скульптура из собрания графского рода Браницких. Благодаря дяде, Владислав получил должность помощника реставратора и начал овладевать секретами реставрации картин. Ему запомнилась работа над старинными полотнами фламандских мастеров; из художников более позднего времени – над картинами популярного в начале столетия, неглубокого, но эффектного живописца Генриха Семирадского, который создавал большие многофигурные композиции на библейские темы. Знакомство с классическими произведениями искусства на практике стало для Владислава прекрасной школой.

Именно там, в Белой Церкви, в здании, где раньше действовала одна из мастерских театра «Березоль» выдающегося украинского режиссера-новатора Леся Курбаса**, сделал Владислав свои первые шаги как художник театра.

Произошло это случайно, но за подобной случайностью можно увидеть определённую закономерность. Судьба будто призывала влюблённого в театр юношу на этот путь.

История образования театра, действовавшего в Белой Церкви в годы оккупации, такова. Как рассказал в своей книге историк украинского театра Ростислав Коломиец, в июне 1941 года труппа киевского Театра им. Франко выступала с гастрольными спектаклями в Москве. 15 июня на спектакле «В степях Украины» побывал сам Сталин.

---

* *Гитлеровцы оккупировали Белую Церковь 16 июля 1941 г. За время оккупации, продолжавшейся 950 дней, население сократилось до 40 000 человек. Было уничтожено более 10 000 жителей города. Красная Армия освободила Белую Церковь 4 января 1944 г.*

«22 июня днём снова должен был идти спектакль «В степях Украины», - пишет Р. Коломиец, - Театр был переполнен. Уже раздвинулся занавес, когда по радио услышали правительственное сообщение про нападение фашистской Германии на СССР. Первое действие кое-как отыграли, и на этом гастроли в столице закончились. Не заезжая в Киев, театр отправился в Тамбов» (3). После этого актёров-франковцев эвакуировали в Семипалатинск, а в июле 1943 года – в Ташкент.

Однако в Москву выехали не все артисты театра, а только те, которые были заняты в гастрольных спектаклях. Некоторые актёры встретили известие о начале войны в украинской столице. Таким образом, после начала оккупации из голодного Киева приехала в Белую Церковь группа артистов, основу которой составили несколько франков-

---

** *В апреле 1920 года режиссёр Лесь Курбас организовал в Киеве «Кийдрамте» (Киевский драматический театр). В июне того же года «Кийдрамте» выехал в турне по городам Киевщины. Обосновались сначала в Белой Церкви. 20 августа состоялась премьера «Макбета» В. Шекспира в режиссуре Л. Курбаса. Не считая любительского спектакля «Гамлет» (перевод М. Старицкого, музыка М. Лысенко), поставленного в Киеве в 1880 году, это была первая встреча украинского театра с драматургией Шекспира. Роль Макбета исполнил сам Лесь Курбас. Осенью 1921 года «Кийдрамте» прекращает свою работу. Курбас с группой актёров снова репетирует в Белой Церкви, в конце года возвращается в Киев. В марте 1922 года Курбас основывает в Киеве Первую театральную мастерскую творческого объединения «Березоль». Летом актёры живут коммуной и репетируют четыре новые постановки в Белой Церкви.*

В январе 1923 года белоцерковская студия «Березоля» реорганизована в Третью мастерскую, в которой по режиссёрскому плану Курбаса был поставлен «Царь Эдип» Софокла. Позднее Третья мастерская была переименована в РСТ (Рабсельтеатр) им. Леся Курбаса. РСТ действовал в Белой Церкви до осени 1933 года. 5 октября 1933 года Лесь Курбас был отстранён от должности художественного руководителя и директора театра «Березоль».

30 декабря 1933 года по приказу Наркомпроса УССР вместо РСТ в Белой Церкви начал работу новый театральный коллектив: 4-й Киевский передвижной рабоче-крестьянский театр. С 1937 года театр носит имя выдающегося украинского артиста П. Саксаганского.

Летом 1941 г. театр им. П. Саксаганского прекратил свою работу, и возобновил её в начале 1946 года.

В настоящее время театр называется Киевский академический областной музыкально-драматический театр им. П. Саксаганского.

цев. Среди них оказались Н. Кандыба, П. Белоконь, М. Каплунова, Шевченко, а также актриса ленинградской эстрады Л. Королёва и несколько артистов украинских провинциальных театров. С разрешения новой оккупационной немецкой власти актёры начали давать спектакли для жителей Белой Церкви. Новосозданный театр стал называться Украинский драматический театр им. Тараса Шевченко. Коллектив приступил к постановке классических пьес украинских драматургов XIX века. Деятельность этого театра, так же, как и других театров, созданных на оккупированной Украине в эти годы, стала примером верности актёров традициям национальной сцены в период немецко-фашистской оккупации.

«Во время оккупации Украины, на фоне уничтожения фашистами культурных ценностей, национальных институтов, корыстное разрешение врагов на функционирование сценического искусства приводит к пантеатральному взрыву. Исполняя, как оккупационную повинность, обслуживание немецкой армии, национальная сцена одновременно направляет сконцентрированную духовную энергию на контакты со своим народом. Избегая угрозы коллаборационизма, театр становится творческим механизмом самосохранения нации», - пишет исследователь истории украинского театра Валерий Гайдабура, – ТОУ (театр оккупированной Украины – *К.Г.*) основное внимание сосредотачивает на общении с соотечественниками. Национальную суть этого альтернативного процесса подчёркивают названия театральных коллективов. Большинство из них носит имя Тараса Шевченко (Киев, Харьков, Одесса, Херсон, Черкассы, Ворошиловград, Белая Церковь, Каменск, Мариуполь, Каменец-Подольский)» (4).

Случилось так, что во время репетиции от пламени печи загорелась одна из половин темно-зелёного бархатного занавеса. В военное время найти несколько метров бархата, да ещё нужного цвета, было совершенно невозможно. Это грозило срывом спектаклей. Администратор театра был в отчаянии. За помощью он обратился в краеведческий музей. В ответ на его просьбу в театр отправился начинающий реставратор Владислав Клех. Он расстелил на сцене мешковину из распоротых мешков, которой подшили обгоревший занавес, покрасил её в зелёный цвет нужного оттенка и расписал густым золотым барочным орнаментом. Таким же орнаментом Клех украсил и вторую, целую половину занавеса.

С истории спасения занавеса началось содружество коллектива Театра им. Т. Шевченко и молодого художника. Через некоторое время его пригласили оформить комедию «За двумя зайцами» М. Старицкого. Владислав, за плечами которого была только учёба в художественной школе провинциального города и помощь реставратору в музее, решился принять приглашение. Его дебют, конечно, не мог стать сенсацией, но удовлетворил скромные требования маленького театра.

К сожалению, архив того времени – эскизы и фотографии, афиши и программы театра им. Т. Шевченко, которые собирал Владислав, – сгорели во время Варшавского восстания. Чудом уцелела только одна небольшая газетная рецензия на спектакль «За двумя зайцами». К работе сценографа рецензент отнёсся сдержанно: «Лучшего стоит пожелать художнику-декоратору. Больше творческого воображения ... Не дублируйте прошлого, бойтесь шаржа» (5).

Этот прохладный отклик не остудил желания юноши работать в театре. Людей было немного, поэтому Владиславу приходилось работать не только художником, но и осветителем, и рабочим сцены. Ему поручили оформление новых спектаклей: комедии «Пошились в дурни» М. Кропивницкого, драмы «Ой, не ходи, Грицю…» М. Старицкого. Владислав самостоятельно, без чьей либо подсказки, приходил к пониманию законов сцены, учился владеть широкой малярной кистью и молотком, осваивал осветительную аппаратуру. Это был период накопления практических знаний. Вероятно, первые шаги Владислава в карьере художника театра были ученическими и вторичными, но они заложили основы будущего профессионализма. Изготавливая декорации к классическим произведениям украинских драматургов, он овладевал традиционными реалистическими принципами сценического оформления, что стало хорошей школой для художника, который только осваивал азы мастерства.

Со временем труппа Театра им. Т. Шевченко переехала, по приглашению местных властей, в город Казатин, расположенный в Винницкой области, где незадолго до войны был построен театр. Вместе с театром переехал и В. Клех, который к тому времени уже стал незаменимым членом коллектива. К концу 1943 года, с приближением фронта, труппа развалилась, актёры начали разъезжаться.

Дальнейшие пути привели Владислава в Варшаву, где он надеялся разыскать отца. Им действительно удалось повидаться, но за долгие годы разлуки отец и сын стали чужими друг другу. У отца уже давно была другая семья. Владислава приютила тётя Анна, сестра отца.

В Варшаве Владислав познакомился с подполковником Михаилом Поготовко, с 1940 года возглавлявшим варшавское отделение Украинского комитета вспомоществования (укр. Українського допомогового комітету). Комитет оказывал благотворительную помощь украинцам, проживавшим в Варшаве. В том числе, усилиями комитета были открыты начальная и торговая школы, где обучение осуществлялось на украинском языке, действовали интернат и столовая.

Как вспоминал Владислав, подполковник М. Поготовко обсуждал с ним планы открытия в Варшаве постоянно действующего украинского театра, так как в украинской общине города время от времени устраивались лишь концерты. Однако этим замыслам не дано было осуществиться. 31 марта 1944 г. М. Поготовко был расстрелян в своём кабинете, предположительно, боевиками АК (польской подпольной Армии Крайовой), подозревавшими его в сотрудничестве с гестапо. Вместе с ним были также расстреляны и ранены несколько сотрудников комитета и посетителей.

Примечательно, что в своём мемуарном очерке В. Клех упоминает о том, что он побывал в здании комитета в день нападения на М. Поготовко (6).

НА НЕМЕЦКОЙ ЗЕМЛЕ

Неоконченная рукопись воспоминаний Владислава Клеха «За кулисами жизни и театра» (не путать с одноимённым коротким мемуарным очерком, опубликованном в книге «Наш театр» (7)) составляет всего несколько глав и обрывается на описании приезда автора в Варшаву, поэтому неизвестно, каким образом он оказался в Германии, но окончание Второй мировой войны он встретил именно там.

Вторая мировая война вынудила покинуть родные места огромные массы людей. После войны, по разным оценкам, в Европе таких людей насчитывалось от 11 до 20 миллионов. В их число входили освобождённые силами союзников узники концлагерей, трудовых лагерей и лагерей для военнопленных; рабочая сила OST (так называемые «остарбайтеры», от нем. Ostarbeiter) – работники, насильно угнанные в Германию из стран Восточной Европы); а также люди, боявшиеся репрессий коммунистического строя, которые ушли на запад перед отступлением немецких войск с оккупированной территории. Таких наводнивших Европу беженцев стали сокращённо называть «Ди-Пи» (от англ. аббр. DP – Displaced Persons – буквально, перемещённые лица).

Союзники (США, Великобритании, Франция и СССР) разделили побеждённую Германию и Австрию на четыре оккупационные зоны. На территории оккупационных зон спешно создавались лагеря для беженцев. Для устройства лагерей использовались любые подходящие помещения – казармы, лагеря для детского летнего отдыха, гостиницы, замки, больницы, частные дома, включая частично разбомбленные здания. С помощью войск союзников беженцы были собраны в лагеря, основанные, главным образом, по принципу их государственной, национальной или религиозной принадлежности. Когда сейчас в контексте русской и украинской истории упоминаются так называемые «дипийцы», то речь идёт не вообще о беженцах послевоенной поры, а именно о людях, которым довелось жить в лагерях Ди-Пи.

Проживающие в лагерях «дипийцы» обеспечивались скудным пайком. К концу 1945 года в Германии, Австрии и других странах Европы насчитывались сотни лагерей для перемещённых лиц.

Летом 1945 года началась репатриация беженцев, и уже на исходе года было отправлено домой свыше 6 миллионов человек. Репатриация продолжалась более года, и к концу 1946 года, в основном, была завершена. Однако на территории трех западных оккупационных зон ещё оставалось около двух миллионов выходцев из СССР и других стран Восточной Европы, которые категорически отказывались возвращаться на родину, опасаясь репрессий со стороны советских властей. Тогда 20 апреля 1946 года при ООН была создана Международная организация по делам беженцев (англ. IRO - International Refugee Organization). IRO стала преемницей ранее существовавшей Администрации помощи и восстановления Объединенных Наций (англ. United Nations Relief and Rehabilitation Administration - UNRRA).

Советский Союз принимал жесткие меры по отправке своих граждан домой. Опираясь на соглашение, достигнутое в феврале 1945 года во время Ялтинской конференции, он настаивал на том, чтобы союзники также немедленно отправляли советских граждан на родину, даже если это означало отправку в принудительном порядке. Из-за разногласий союзников по вопросу беженцев Международная организация по делам беженцев действовала только на территории трёх западных оккупационных зон.

IRO вела постоянную работу по реорганизации и сокращению числа лагерей. Обитатели лагерей часто кочевали из одного лагеря в другой в поисках родных, соотечественников или более комфортных условий. По мере того, как люди находили новые места для проживания или отправлялись на родину, оставшихся обитателей расселяли в другие лагеря. К 1952 году, за единственным исключением, все лагеря DP были закрыты. Продолжал действовать лишь один из самых крупных, лагерь Форенвальд в Баварии. Он закрылся только в 1957 году.

Согласно данным интернет-энциклопедии, в 1947 году начался массовый исход беженцев из оккупационных зон. В 1947-1953 годах перемещённых лиц принимали различные страны: первой для работы в шахтах приняла 22 000 человек Бельгия; Франция приняла 38 000 человек; Великобритания 86 000 работоспособных человек (а также 115 000 польских военнослужащих и 12 000 членов украинской дивизии «Галичина»); Канада приняла 157 000 человек – сперва только неженатых молодых людей и незамужних девушек, а позднее и семьи; Австралия 182 000 человек; Израиль 650 000 человек, независимо от их возраста, семейного положения, трудовых навыков и состояния здоровья. Принимали беженцев и страны Латинской Америки: Венесуэла приняла 17 000 человек; Бразилия 29 000 человек и Аргентина 33 000 человек. Последней страной, распахнувшей свои двери для европейских беженцев, стали США. Президент Гари Трумэн подписал первый указ о разрешении на въезд 200 000 беженцев 25 июня 1948 года. В целом, включая дополнительные указы 1950 и 1953 годов, США приняли около 600 000 человек (8).

Владислав Клех (кстати, именно в Германии он решил сократить свою фамилию Клехньовський) оказался в украинском лагере Ди-Пи, расположенном в казармах в окрестностях города Ной-Ульм (Бавария).

В лагере Владислав не оставлял занятий живописью. Раздобывая, где только можно, краски и картон от посылок, он писал городские пейзажи и окрестности. «Его серая лагерная комнатка усеяна этюдами и полотнами ульмовских пейзажей ... Подавляющее большинство его произведений выполнены в мягких импрессионистических тонах»(9). Иногда талант художника мог сослужить ему службу – за пачку сигарет Владислав рисовал карандашом, по фотографиям, портреты жен и любимых девушек американских солдат.

Одно время он даже начал обучение в Мюнхенской Академии художеств (немецкие вузы были обязаны принимать определённое число студентов из перемещённых лиц), но вскоре оставил учёбу.

После работы в Театре им. Т. Шевченко мечты о театре уже не оставляли молодого художника. По инициативе Владислава, объединившего свои усилия с актёром и режиссёром Теодором Верещинским и актёром Николаем Герусом, осенью 1945 года в лагере Ной-Ульма начал работу театр «Розвага» (укр. - развлечение). Клех, Герус и Верещинский стали ядром нового театра.

Позднее Т. Верещинский переехал в другой лагерь, где основал кукольный театр «Лелека» (укр. - аист). Для «Лелеки» Клех выполнил декоративный портал и расписал занавес, изобразив на нём эмблему театра.

В совет театра «Розвага» также вошёл полковник Иосиф Мандзенко (Лит. псевдоним – Иосиф Серый – *К.Г.*). Впрочем, он тоже через некоторое время переехал в другой лагерь, где проживали его брат Константин с женой, и организовал там свой коллектив. Пост главы художественного совета и музыкального руководителя театра «Розвага» занял дирижёр лагерного хора Мирослав Антонович*.

---

* *Антонович Мирослав Иванович (1917-2006) – украинский певец, дирижёр, композитор, музыковед. Изучал искусство оперного пения и выступал в оперных постановках во Львове и Вене. После войны жил в лагерях Ди-Пи. В 1948 году с Украинской духовной семинарией переехал в Голландию. В 1951-1982 профессор Утрехтского университета; основатель и руководитель Византийского хора (1951-1991).*

Следует отметить, что театр «Розвага» стал одним из первых, но отнюдь не единственным украинским театром, созданным в лагерях Ди-Пи, где проживали выходцы с Украины. Необходимо назвать такие коллективы как АУА («Ансамбль Украинских Актёров» под руководством Владимира Блавацкого); Театр-студию Иосифа Гирняка и Олимпии Добровольской; театр «Украинская камерная сценка» под руководством Владимира Шашаровского...

Кроме «Розваги», еще несколько украинских театров начали свою деятельность в лагерях, расположенных в Баварии. Это были театральный ансамбль под руководством Ярослава Рудакевича в Ашаффенбурге; музыкально-драматический театр в Берхтесгадене; театральный ансамбль под руководством Бориса Гринвальта в Ландсхуте; театральный ансамбль под руководством Иосифа Полякова в Миттенвальде.

В лагере, расположенном в мюнхенском предместье Фрейманн (лагерь открылся в июле 1946 года), проживало свыше 4 000 украинцев. В этом лагере работал драматический театр под руководством Омельяна Урбанского. В лагере Шляйсгайм, расположенном в другом мюнхенском предместье, действовал театральный ансамбль под руководством Иосифа Мандзенко.

Украинское население лагеря Ди-Пи, расположенного в небольшом городе Эльвангене (земля Баден-Вюртемберг), составляло 3 000 человек. В этом лагере открылись украинское театральное товарищество «Богема» под руководством Ярослава Масляка. Там же действовал кукольный театр «Лелека» Теодора Верещинского. Подробно о театрах в украинских лагерях Ди-Пи написал администратор украинских театров Ярослав Климовский (10).

Новосозданные театры не только играли спектакли для обитателей «своего» лагеря, но и объезжали с гастролями другие лагеря Ди-Пи, где жили украинцы. Так, например, Театр-студия Иосифа Гирняка и Олимпии Добровольской дважды побывал на гастролях в Регенсбурге и Ноймаркте, а также объехал с гастролями лагеря в городах Цуффенхауз, Пфорцгейм, Этлинген, Ашаффенсбург, Майнц-Кастель, Корбах и Байрот.

«Театральный ренессанс» переживали не только лагеря украинских беженцев. Оторванные от родины, сумевшие выжить в мясорубке войны люди жадно тянулись к зрелищам, искали развлечений, пищи для души и возможности отвлечься от тягостного лагерного существования. Театральные труппы организовывались в лагерях Ди-Пи, где проживали люди самых разных национальностей.

Русские театры действовали в лагерях, расположенных в немецких городах Мемминген (труппа Бастунова) и Шляйсгайм, а также в австрийском городе Келлерберг.

Как пишет Софи Феттхауер, уже в сентябре 1945 года показал первую постановку в лагере еврейских беженцев Берген-Бельсен (расположенном в казармах неподалеку от одноимённого концлагеря) еврейский Казет-театр («Концлагерный театр») под управлением Сэмми Федера. Всего в коллективе Федера было около пятидесяти артистов, некоторые из них имели опыт выступлений в еврейских гетто и нацистских концлагерях. За два года существования Казет-театр подготовил несколько музыкальных ревю и два спектакля по пьесам Шолома-Алейхема. В 1946 году в Берген-Бельсене начал работу театр Идиш Арбетер-Байн («Еврейская рабочая сцена»). Этот театр, осуществивший пять постановок на темы рабочего движения в Восточной Европе, выступал в Берген-Бельсене, а также, совместно с оркестром в составе шести музыкантов, объезжал с гастролями другие лагеря (11).

Хорватские беженцы в 1945-1948 гг. нашли убежище в лагере, расположенном в итальянском городе Фермо. Они организовали театр, в котором ставили хорватскую классику (12).

Профессор Иллинойского университета Марк Уайман в своей книге, посвященной обитателям лагерей Ди-Пи, приводит данные о театрах, организованных представителями разных национальностей. Эстонский театральный коллектив выступал в лагере Гейслинген. Литовские актёры готовили постановки на основе литовского народного фольклора. Уцелевшие актёры Латвийского Национального театра начали выступления в лагере в Мербеке, а артисты Латвийского балета – в лагере в Любеке, в то время как певцы Латвийской Оперы давали выступления в лагере в Олденберге. Польские передвижные театральные коллективы (по оценке главы Польской драматической труппы Марека Гордена, их было 10-12) выступали, в основном, с музыкальными ревю. Единственным польским лагерным театром, где шли драматические постановки, сделанные на профессиональном уровне, стал Польский театр под управлением варшавского профессора Леона Шиллера, организованный при Польской второй панцирной дивизии в лагере Масково в британской оккупационной зоне.

Однако феномен украинского лагерного театра, по сравнению с другими национальными лагерными театрами, заключается в его массовости. «Один из ключевых примеров культурного ренессанса Ди-Пи явила группа, которая познала несколько периодов независимости, прерываемой долгими годами иностранного владычества, – украинцы. Феномен жизни под иностранным контролем испытали все группы Ди-Пи, но ситуация украинцев включала три существенных фактора: их существование под иностранным контролем было недавним и продолжительным; украинцев в западных зонах было много; многие из их культурной элиты бежали во время отступления нацистов из СССР и Польши в 1944-45 гг.», - пишет М. Уайман (13).

Таким образом, театр «Розвага» был одним из многочисленных лагерных театров послевоенной Европы. В то же время, он являл собой яркий пример украинского театрального ренессанса эпохи существования лагерей Ди-Пи. Следует отметить, что коллектив театра «Розвага» не только готовил спектакли. Театр также выступал как центр просвещения: при нём действовали курсы, на которых преподавались история театра, музыка, пение, искусство танца, дикции и грима. Историю украинского классического театра читал известный украинский литературовед, профессор Леонид Билецкий. Коллектив театра насчитывал около 45 человек.

Первоначально лагерный театр, согласно своему несколько легкомысленному названию «Розвага», планировал постановки водевилей и комедий, но вскоре организаторы театра ощутили, что зрители ждут более серьёзного репертуара. Тогда в афише театра появились пьесы классиков украинской драматургии («Назар Стодоля» Т. Шевченко, «Бесталанная» И. Карпенко-Карого, «Лесная песня» и «Боярыня» Леси Украинки и др.).

В 1945-1947 годах Владислав Клех оформлял все без исключения спектакли театра «Розвага». А начинать ему пришлось с восстановления наполовину разбомбленного спортзала, который приспособили под театр. Аппаратуру для освещения сцены Клех изобретательно соорудил из солдатских термосов. С каждого термоса снимал «кожух», в середину монтировал электрическую лампочку. С помощью разноцветных фильтров такие самодельные осветительные приборы даже давали возможность менять освещение сцены.

Для лучшего понимания масштабов деятельности лагерного театра «Розвага» необходимо назвать факты и цифры, которые приводил в своей статье администратор театра В. Запаранюк: «Ансамбль театра «Розвага» … выступал и в других лагерях, таких, как Аугсбург, Мюнхен, Регенсбург (далее перечисляется ещё десять географических названий – *К.Г.*) и, кроме того, поставил ряд спектаклей для американских оккупационных войск. На основании хроники театр «Розвага» сыграл более 200 спектаклей для приблизительно 100 000 зрителей» (14).

При такой нагрузке, при потребности театра выпускать всё новые спектакли, чтобы заинтересовать зрителя, далеко не все сценографические решения становились значительными событиями в творческой биографии Клеха.

Так, декорации к музыкальной комедии «Стрелецкая любовь» (1946), которую сочинил и поставил И. Мандзенко, были вполне традиционными, однако это уже была уверенная работа не беспомощного новичка, а профессионала, знакомого со сценой. Действие комедии разворачивалось во дворе помещичьего дома. Вход в дом представлял собой портик с двумя колоннами, поддерживающими треугольный «козырек». Во дворе, окружённом невысокой оградой, были расставлены стол, скамья и стулья. Двор окружал сад. Это были незатейливые реалистические декорации с натуралистически выполненными листьями на деревьях. И только небольшая статуя Амура с луком и стрелами, решённая не серьёзно, в духе классических античных скульптур, а иронично окарикатуренная, подчёркивала игровую природу комедийного действа, выдавала лукавую улыбку художника.

Довелось В. Клеху работать над сценографией для спектакля «Река» (1946) в постановке И. Мандзенко по пьесе немецкого драматурга Макса Хальбе (название драмы Der Strom также переводится как «Поток»). В пьесе повествуется про любовь трёх братьев Дорн к одной женщине. Драматизм ситуации усиливается угрозой того, что каждый год в половодье река может прорвать плотину, затопить всё вокруг и погубить обитателей дома.

Примечательно, что эта драма, написанная в 1904 году, в которой переплетены символизм и натурализм, заинтересовала в 1940-е годы не одного режиссёра. Пьеса «Река» М. Хальбе в постановке И. Иваницкого и оформлении М. Радыша шла в драматическом отделении ЛОТ (Львовского оперного театра, действовавшего в оккупированном немцами Львове в 1941-1944 гг.) и в Тернопольском театре имени И. Франко. В еженедельной газете «Украинская трибуна» (издавалась в Мюнхене в 1946-1949 гг.) автор, подписавшийся инициалами О.Л., опубликовал в 1947 году рецензию на спектакль «Река» М. Хальбе, постановку которого осуществил Ярослав Рудакевич в лагерном театре Ашаффенбурга. О. Л. упоминает в своей рецензии о том, что спектакль посетили немецкие актёры ашаффенбургского театра, где в то время тоже готовилась постановка этой драмы (15).

Павильонные декорации Клеха к пьесе «Река» представляют собой комнату с дверями справа и слева, окном, камином, лестницей на второй этаж. Элементы оформления объединяет орнамент, украшающий оконные и дверные рамы, мебель, перила и балки, поддерживающие потолок. В этой работе художник не ставил перед собой задачи с помощью декораций добиться ощущения мрачной гнетущей атмосферы дома, он ограничился тем, что умело воспроизвёл традиционную обстановку немецкого дома.

Так молодой сценограф овладевал искусством оформления сцены, в первую очередь, реалистической сценографией. Подобный принцип «жизнеподобного» оформления, вытеснив дерзкие театральные эксперименты, которыми были отмечены в Советском Союзе 1920-е и начало 1930-х годов, к тому времени безраздельно завладел советскими сценами, началась повальная «мхатизация» театров.

Сцена из спектакля «Река» М. Гальбе. Театр «Розвага». 1946 год.

Однако очень скоро Клеху, не скованному жёсткими требованиями советской «мхатизации», стало тесно в рамках имитации окружающего, и он начал поиски новых выразительных средств. Художник интуитивно ощутил, что статичные формы реалистических интерьеров и ландшафтов не соответствуют духу эпохи, наступившей после Второй мировой войны. Сценограф смело отходит от реалистической сценографии, опираясь на театральный опыт недавних лет. Наклонные поверхности в декорациях Клеха временами напоминают оформление спектаклей в театре немецких экспрессионистов, а чёткие геометрические ритмы приводят на память построения советских конструктивистов. Особенно широко в это время он использует приём накренившихся архитектурных элементов. Его привлекает динамика диагоналей, энергично пересекающих сцену в разных направлениях. При этом художник не повторяется, каждый раз используя свой излюбленный приём по-новому.

Хочется остановиться подробнее на декорационных решениях к четырём спектаклям. Два из них – «Кукушкина Дача» (другое название – «Смотрим смерти в глаза») Ю. Косача (1947) и «Моритуры» И. Багряного (1948) – поднимали проблемы современности. Пьеса «Действо про Юрия-победителя» Ю. Косача (1947) создана на историческом материале. Неоромантическая «Сказка старой мельницы» С. Черкасенко (1946) посвящена конфликту зачарованного мира донецкой степи и неумолимо надвигающегося на него мира машин. В этих работах Клех стремился к образно-символическому звучанию сценографии.

«Кукушкина Дача» Ю. Косача. Эскиз декораций к сцене на вокзале.

Тема «Сказки старой мельницы», написанной в 1913 году, – наступление человека на природу – отчасти перекликается с мотивами «Лесной песни» Леси Украинки. Главный герой пьесы Густав Вагнер стремится к тому, чтобы степь приносила людям пользу – отдавала им свои богатства, свои полезные ископаемые. Противостояние природы и цивилизации драматург воплотил в образах «ненужной» мельницы, ставшей как бы органической частью степи, и нового завода.

Драма Черкасенко, постановку которой осуществил И. Мандзенко-Серый, начинается поэтичным описанием ночной степи. Однако Клех избежал соблазна сделать пейзажную декорацию. Здесь художник впервые смело отходит от реалистического воссоздания действительности. Дерево из «Сказки старой мельницы» ничем не напоминает фруктовые деревья из «Стрелецкой любви» с их бутафорскими листьями. Это только условный знак дерева, его оголённый скелет. Деревянные планки создают ломаные линии, напоминающие вспышку молнии. Уравновешивает композицию мельница на противоположной стороне сцены. Дерево и мельница словно застыли в энергичном движении навстречу друг другу. После пожара на мельнице, по замыслу сценографа, задник становится прозрачным и за ним вырисовывается силуэт завода. Завод был изображён с конструктивистским лаконизНеразборчив мом, в виде прямоугольника, а прямоугольники поменьше обозначали двери, окна и трубы. В декорациях не было округлых плавных форм, только прямые или ломаные линии. Художник привнёс в сценографию ощущение жёсткого ритма современности.

В начале 1946 года организованное в Германии украинское издательство «Час» объявило литературный конкурс на лучшее произведение, посвященное сопротивлению украинского народа немецким захватчикам. Самую высокую оценку жюри конкурса получили два произведения Ю. Косача*. Это были пьеса «Враг» и драматическая хроника «Кукушкина Дача» (укр. «Зозулина дача») (другое название пьесы «Смотрим смерти в глаза» - укр. «Дивимось смерти в очі»). Обе пьесы драматурга были немедленно поставлены лагерными театрами. Пьеса «Враг» вошла в репертуар театра АУА, а хронику «Кукушкина Дача» поставил в театре «Розвага» режиссёр П. Божко.

Хроника Косача увековечила старинное название местности Кукушкина Дача, расположенной в Киеве у подножия Царского и Мариинского парков. «Там располагается центр подпольной организации ... Чтобы «ликвидировать» это «опасное» гнездо, отряжают самого шефа гестапо – майора Штундта. В маске связного Зорича он завоёвывает доверие подпольщиков ... Оксана Верес уничтожает предателя и смело принимает пытки и смерть», - писал рецензент (16).

Действие хроники разворачивается в четырёх местах – в квартире подпольщиков, на вокзале, в кабинете гестапо и в тюремной камере.

Интересно, что по воспоминаниям Клеха, кленовые листья, нарисованные им на обоях в квартире подпольщиков, напомнили драматургу Косачу пятна крови.

Вспоминая постановку, художник рассказывал: «Частью общего оформления спектакля был специально изготовленный декоративный портал, состоявший из нескольких частей и изменявший свою конфигурацию. Неизменными оставались лишь части, за которыми были

---

* *Косач Юрий Николаевич (1908-1990) - украинский писатель, племянник Леси Украинки. Учился в львовской гимназии и на юридическом факультете Варшавского университета. Публиковался с 1927 года. В 1931 году был арестован за националистическую деятельность. Полтора года просидел в тюрьме Луцка. В 1933 году бежал в Чехословакию, затем переехал во Францию. В 1943 году, в период оккупации Украины немецкими войсками, возвратился во Львов. В 1944 году был арестован и отправлен в немецкий концентрационный лагерь. После войны жил в Германии лагере Ди-Пи. В 1949 году переехал в США. Начиная с 1964 года, неоднократно приезжал с визитами на Украину. Похоронен в городе Пассаик, штат Нью-Джерси, США.*

расположены радиостанции, которых зритель не видел, когда они не работали. С одной стороны сцены был радиостанция подпольщиков «Чёрная балка», с другой стороны – немецкая. Мигание молний радиоволн подчёркивало тексты переданных сообщений. Это происходило в форме интермедий между действиями» (17).

Очень удачно решена сцена на вокзале. Типичные приметы оккупационного быта – немецкий транспарант с призывом сделать всё для победы, расписание поездов в двух направлениях: «Richtung Front» (направление на фронт) и «Richtung Heimat» (направление домой). Интересно, что форма табло с расписанием не прямоугольная, а нарочито скошенная. А над головами пассажиров, ожидающих поезд, зловеще склонился гиперболизированный силуэт человека в шляпе и плаще. В силуэт вписана надпись: «PST!» («Тихо!»). Он словно сошёл с плаката «PST! Feind hort mit» («Тихо! Враг всё слышит»), предостерегающего от шпионов, и увеличился в размерах. В те годы истерия шпиономании находила отражение как в западных плакатах, так и в советских.

Выразительное решение нашёл сценограф для сцены в тюрьме. Ничего нет в камере, кроме двери и окна. Однако эти архитектурные элементы находятся не в выверенной геометрической гармонии, наоборот, они наклонены под разными углами динамичных диагоналей. Усиливают эффект тюремные стены, не выкрашенные монотонно одним цветом. Эти мрачные стены решены нервными ударами кисти, приводящими на память полотна художников-экспрессионистов. Обстановка камеры создаёт атмосферу величайшего напряжения, отражая трагическое душевное состояние героини, которая любит предателя.
Высокой оценки удостоил работу художника в 1947 году Борис Ковалив[*], точно оценив стремление Клеха находить новаторские сценографические решения: «За успешное использование световых и звуковых средств выразительности следует поблагодарить в первую очередь исключительно талантливого декоратора и осветителя В. Клехнивського. С тонким пониманием законов декоративной живописи и сложной техники сценического освещения ему удалось наипростейшими средствами раскрыть технически очень сложное художественное оформление «Кукушкиной дачи» ... В. Клехнивський решительно отходит от закостенелых элементов натурализма в направлении к выразительным формам сюрреализма ... Сумма этих важных достижений

---

[*] *Ковалив Борис (1924-2001) – украинский киновед. Писал под псевдонимом Борис Берест. Окончил высшую театр. школу во Львове и театр. школу в Праге. Автор киноповести «Оксана», а также исследования, посвящённого кинофильмам А. Довженко (1961), книги «История украинского кино» (1962) и многочисленных рецензий.*

свидетельствует про несомненное дарование и широту творческого диапазона творца» (18).

Хочется обратить внимание на то, что в 1946 году Клех сделал для театра «Розвага» традиционные павильонные декорации к пьесе Ю. Косача «Осада» (эту пьесу в 1943 году ставил И. Гирняк в театре ЛОТ). Главным героем романтической драмы Косача стал сын Богдана Хмельницкого Тимош (Тимофей). В пьесе Тимош ухаживает за замужней красавицей, которая начинает тайно помогать казакам. Всего один год, а, возможно, лишь несколько месяцев отделяют работу Клеха над «Осадой» и «Кукушкиной Дачей». Столь короткий промежуток времени отмечает огромный сдвиг, который произошёл в творческом развитии сценографа – от реализма к образности, к стремлению воплотить в декорациях атмосферу драматургического произведения.

Впрочем, о декорациях к «Осаде» с одобрением отозвался именитый украинский архитектор Олекса Повстенко*. Вот что писал об этом Клех: «Как-то на спектакле в Аугсбурге в антракте «Осады» в закулисной кутерьме разыскал меня архитектор Повстенко. Здороваясь и пожимая мою руку, поблагодарил меня за старания воссоздать и сохранить подлинные архитектурные формы в сценической постановке в пьесе Ю. Косача «Осада». Очень радовался, что украинская сцена

---

* *Повстенко Олекса Иванович (1902-1973) - выдающийся украинский архитектор и искусствовед. В годы гражданской войны сражался в рядах УНР. Закончил Волынский индустриальный политехникум и аспирантуру харьковского НИИ промышленного строительства. В 1929-1934 гг. преподавал в харьковских строительных вузах. В 1935 г. переехал в Киев, в 1937 г. стал руководителем отдела республиканского правления Союза архитекторов Украины. По его проектам возведены здания в разных городах Украины. Одновременно публикует научные труды по архитектуре. В 1941 г. назначен директором Софийского архитектурно-исторического музея. Его называют «спасителем святой Софии». Когда перед вступлением немецких войск в Киев минировались и взрывались самые ценные здания в украинской столице, грузовик с взрывчаткой прибыл и к Софийскому собору, но Повстенко удалось убедить минёров не взрывать жемчужину древнерусского зодчества. После войны жил в лагере Ди-Пи в Германии. В 1949 г. переехал в США. Работал над оформлением фасада Смитсоновского института. Приглашён на должность проектировщика в канцелярию Капитолия США. Работал над строительством, оформлением и обновлением ряда залов и помещений, включая залы Библиотеки Конгресса. В 1954 г. опубликовал фундаментальное иллюстрированное исследование «Собор Св. Софии» на укр. и англ. яз.*

избавляется от извращения стилей-форм, что было почти нормальным явлением. Никто не заботился и не трудился, чтобы найти правильный фон в стиле и форме. Для меня, молодого, с небольшим опытом, это было наивысшей наградой услышать от славного мастера-архитектора такую похвалу» (19).

Проект оформления «Действа о Юрии-победителе», ещё одной драмы Ю. Косача, посвящённой судьбе Юрия, второго сына Богдана Хмельницкого, остался неосуществлённым. Здесь Клех предложил ритмическую организацию пространства. Художник использует выразительный приём – декоративный портал сцены в форме несимметричной трапеции. Резко наклонились вправо колонна, к которой примыкает полукруглая арка, и башня на втором плане. А навстречу накренившейся башне, уже совсем вдалеке, клонится силуэт ещё одной башни. Энергичные диагонали портала, архитектурных сооружений и разнонаправленных ступеней создают целую партитуру ритмов. С помощью такого впечатляющего решения, исполненного внутренней экспрессии, сценограф передаёт состояние дисбаланса, непокоя, воплощает нервный лихорадочный ритм смены исторических событий, изображённых в драме.

И, наконец, эволюция творческого метода художника нашла яркое отражение в работе над пьесой известного украинского писателя Ивана Багряного «Моритуры» (morituri (лат.) – обречённые на смерть), написанной в 1947 году. Эскизы к этой пьесе стали, пожалуй, самым весомым достижением Владислава Клеха в период его работы в театре «Розвага».

Драма «Моритуры» была посвящена трагедии сталинских репрессий, которую автор пережил на собственном опыте. К сожалению, как и «Действо о Юрии-победителе», постановка пьесы не была осуществлена. В эскизах Клеха доминировали приметы сталинской эпохи, которая была свежа в памяти населения украинских лагерей Ди-Пи, по большей части выходцев из Западной Украины, насильно присоединённой в ноябре 1939 года к Украине советской: тюремные решётки, колючая проволока, кремлёвская башня с красной пятиконечной звездой… Из таких говорящих и, вместе с тем, символических примет эпохи Владислав Клех воссоздавал своё видение сюжета.

В одном из эскизов сценограф вновь применил броский приём, уже задействованный им в «Действе о Юрии-победителе», а именно, декоративный портал в форме несимметричной трапеции. Таким образом, уже одной сложной формой портала создавалось поле высокого напряжения. Сценическое пространство было перечёркнуто тюремными решётками, сквозь которые зрители должны были наблюдать за действием. С помощью такого необычайно выразительного приёма зеркало сцены превращалось в огромное окно тюрьмы, через которое можно было заглянуть в кровавое зазеркалье НКВД.

За решётками вырисовывалось ещё одно обрамление сцены, тоже сложной ломаной формы, подчёркивающее страшную тяжесть тюремных стен. За ним открывалось несколько ступенек, которые в разных направлениях вели к станку сложной формы, а также ступени, которые символически упирались в стену, то есть, вели в никуда. За стеной, энергично срезанной по диагонали с верхнего правого угла в нижний левый, в которой были расположены двери камеры с крошечным оконцем, открывался небольшой треугольный клочок синего неба, которое прокалывала заострённая, будто шпиль готического собора, кремлёвская башня с красной звездой. Так силуэт исторической Спасской башни, которая прятала в своих недрах «Отца народов», превращался в символ неволи. В этом мире даже небо несвободно, оно будто штыком проколото острым шпилем, а за каждым человеком следит воспаленным кровавым оком главная звезда страны. Нервный ритм больших и малых диагоналей, ломаных линий, острых углов воссоздавал атмосферу, которая убивает человека. Таким образом, в этом эскизе, который, без преувеличения, явился доказательством профессиональной зрелости сценографа, и который можно смело причислить к его лучшим достижениям, В. Клеху с помощью мастерского конструктивного решения удалось создать зрительный образ огромного эмоционального напряжения.

В других эскизах к пьесе художник варьировал уже найденные мотивы, стараясь найти наиболее выразительное решение. В одном из эскизов интерьер тюрьмы оказывается затянут колючей проволокой.

Ещё на одном эскизе (к первому действию) показана наружная стена тюрьмы. С верхнего левого угла эскиза в правый нижний стремительно скатывается диагональ, отмечающая крышу тюрьмы. Так обозначается треугольник тюремной стены с двумя рядами наглухо замурованных окон, выкрашенной в цвет безнадёжности – жёлтый. Навстречу диагонали крыши из противоположного угла резко спускается другая диагональ, прочерченная несколькими рядами колючей проволоки. На пересечении этих диагоналей высится силуэт кремлёвской башни, а справа, на фоне колючей проволоки, расположилась вышка, на которой в луче прожектора угрожающе застыл рядом с пулеметом охранник-красноармеец.

В эскизах к драме «Моритуры» Клех осуществил на Западе то, что в те годы было абсолютно невозможно в советском театре. Вместе с драматургом Иваном Багряным он выступил как яростный критик сталинского режима.

На примере декорационных решений пьес «Моритуры» и «Кукушкина Дача», «Сказка старой мельницы» и «Действо о Юрии-

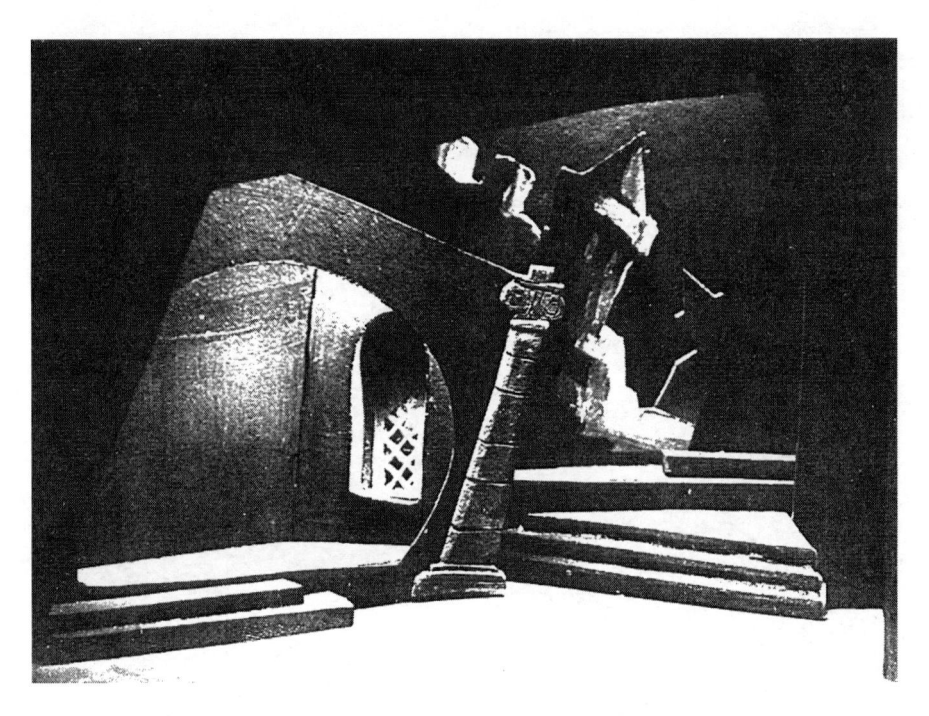

*Макет декораций к спектаклю «Действо о Юрии-победителе»
Ю. Косача. Неосуществлённый проект для театра «Розвага».*

*Сцена из спектакля «Сказка старой мельницы» С. Черкасенко.
Театр «Розвага».*

*Эскиз декорацій к спектаклю «Моритуры» И. Багряного.
Неосуществлённый проект для театра «Розвага».*

*Эскиз декорацій к спектаклю «Моритуры» И. Багряного.
Неосуществлённый проект для театра «Розвага».*

победителе» можно проследить, как уверенно развивалась творческая манера Владислава Клеха, какими семимильными шагами за несколько месяцев проходил художник в тяжёлых послевоенных условиях путь профессионального становления, для которого другому могли бы понадобиться если не десятилетия, то годы.

В условиях эстетической свободы сценограф сделал значительный вклад в развитие антитоталитарной украинской культуры. Находясь в эмиграции, Владислав Клех продолжал авангардные тенденции украинской сценографии эпохи героического порыва 1920-х годов, а также развивал определённые направления западной поэтики. Поэтому закономерным был приход Клеха в театр Владимира Блавацкого*, где названные тенденции проявили себя с особенной силой.

---

* *Блавацкий Владимир Иванович (настоящая фамилия Трач) (1900-1953) – выдающийся украинский актёр и режиссёр. Диапазон его артистического дарования необычайно широк. Поставил более 120 спектаклей, сыграл более 100 ролей. Дебютировал на сцене в 1919 г. Выступал в театрах Галичины: в труппах В. Коссака, П. Сороки, И. Стадника, В. Демчишина, в коллективах «Української бесіди» и «Людового театру». В 1926-1927 гг. ставил спектакли в «Людовом театре». В сезоне 1927-28 гг. Блавацкий репетировал роли в Харькове в театре «Березоль» по приглашению режиссёра Леся Курбаса. В 1928-1933 гг. выступал и ставил спектакли в театре им. И. Тобилевича. В 1933 г. возглавил театр «Заграва». В 1938 г. возглавил театр им. И. Котляревского, объединившийся с труппой «Заграва». После присоединения Западной Украины к УССР в 1939 г. режиссёр и актёр новосозданного театра им. Л. Украинки, где ставил пьесы советской драматургии. В 1941-1944 гг. основал и возглавил Львовский оперный театр, где поставил 19 оперных и драматических произведений украинской и западной драматургии, сыграл множество ролей, в том числе, впервые на украинской сцене исполнил роль Гамлета в постановке И. Гирняка. После войны в лагере Ди-Пи основал коллектив АУА («Ансамбль украинских актёров»), где работал в качестве режиссёра и актёра. Театр Блавацкого выступал в Германии, а затем в США.*

В ТЕАТРЕ БЛАВАЦКОГО

Имя талантливого украинского актёра и режиссёра-новатора Владимира Блаваикого долгое время было опальным на родине. Лишь после обретения Украиной независимости историки театра начали воздавать ему должное. Теперь имя Блаваикого по праву вписано в театральные летописи страны.

Репетиции ролей в спектаклях харьковского театра «Березоль» в 1927-1928 гг. дали Блавацкому возможность изнутри познакомиться с творческой лабораторией Леся Курбаса, вдохновили его на собственные режиссёрские поиски, которые он осуществлял в 1930-е гг. в театре «Заграва», где он возглавил коллектив молодых энтузиастов, увлечённых его поисками. Когда Львов оккупировали немецко-фашистские захватчики, Блавацкий основал и возглавил Львовский оперный театр (ЛОТ), действовавший с июля 1941 по июнь 1944 года. В состав ЛОТ входила драматическая секция, куда влились артисты «Загравы», такие как Богдан Паздрий, Вера Левицкая, Евгений Курило. Эти артисты остались преданными Блавацкому до самой его смерти, позднее последовав за ним в Европу и США. Главным сценографом ЛОТ был Мирослав Радыш*.

Незадолго до отступления немцев из Львова Блавацкий вместе с группой актёров покинул Украину. Их долгий и трудный путь лежал через Чехословакию в Австрию. Летом 1945 года члены труппы Блавацкого перешли границу между французской и американской оккупационными зонами и нашли пристанище в лагере Ди-Пи в баварском городе Аугсбурге. Не откладывая, приступили к репетициям, к восстановлению спектаклей из репертуара ЛОТ и подготовке новых постано-

---

* *Радыш Мирослав Дмитриевич (1910-1956) — украинский театральный художник и живописец. В 1935-1939 гг. учился живописи и театральному искусству в художественных академиях Познани и Вильно. С 1939 г. ассистент главного художника Львовского театра оперы и балета. С 1940 г. главный художник Львовского театра оперы и балета. В 1941-1944 гг. главный художник ЛОТ, оформил 11 опер, 5 оперетт и 4 балета, из них 13 опер и спектаклей в постановке В. Блаваикого. В 1944 г. оформлял декорации в театре Братиславы. В 1945-1947 гг. главный сценограф АУА. В 1950 г. эмигрировал в США. В Нью-Йорке оформлял спектакли для Украинского театра под руководством И. Гирняка и О. Добровольской. В США занимался преподавательской деятельностью, открыл свою студию в 1952 г. Принимал участие в 17 коллективных выставках, а также экспонировал свои работы на шести персональных выставках.*

вок. Коллектив получил название «Ансамбль украинских актёров» (АУА). Узнав, что в Германии также оказался Мирослав Радыш, Блавацкий написал ему письмо и пригласил к сотрудничеству. В театре АУА Радыш оформил десять спектаклей Блавацкого, а также драмы «Одержимая» Л. Украинки в постановке В. Шашаровского и «Украденное счастье» И. Франко в постановке Б. Паздрия.

Деятельность АУА была необычайно интенсивной. Согласно данным, приведенным О. Лысяком[*], с сентября 1945 до сентября 1947 года АУА сыграл 309 спектаклей, который посетили 173 630 зрителей (20).

Блавацкий ставил перед своей труппой высокие художественные задачи и самоотверженно боролся за их осуществление. Уникальность этого явления сегодня отмечена и оценена по достоинству украинской культурологией: «…Речь идёт о наиталантливейшей группе актёров во главе с В. Блавацким среди сотен других мастеров сцены, украинских эмигрантов, которые работали после войны на разных континентах света»; «…впервые в истории украинский профессиональный коллектив как политический изгнанник оказывается за пределами Родины». При этом он «сохраняет свою работоспособность», «реализует себя в глубокой творческой программе» (21), - пишет В. Гайдабура.

Владимир Блавацкий был истинным фанатиком Театра. Во все времена, под властью польской или советской, под властью немцев или союзников он хотел только, чтобы ему дали возможность ставить спектакли и играть. И всю жизнь судьба словно проверяла его на прочность. Снова и снова приходилось начинать почти с нуля. Так случилось и в Аугсбурге.

«Казалось бы, работа АУА под руководством Блавацкого в лагере Аугсбурга завоевала себе право и место для будущей деятельности, - писал театровед В. Ревуцкий, - Однако весной 1947 года американские чиновники приказали всем лицам, прошедшим проверку своего гражданства, немедленно покинуть лагерь. Под эту категорию попадал и весь ансамбль Блавацкого. В комиссии по проверке принимали участие и советские официальные представители, которые, без сомнения,

---

[*] *Лысяк Олег Александрович (1912–1998) – украинский писатель, журналист. После второй мировой войны жил в Германии в лагерях Ди-Пи. Работал в газетах «Українська трибуна» (1946-1948), «Український самостійник» (1950-1952). В 1953 году эмигрировал в США, поселился в Филадельфии. Работал в американских изданиях «Свобода», «Америка» и канадском «Гомін України». Автор четырёх книг, в которые вошли его прозаические произведения и статьи. В 1993 году стал членом Союза театральных деятелей Украины.*

повлияли на это несправедливое решение ... АУА покинул лагерь в Аугсбурге и поселился в палатках в открытом поле» (22).

Через некоторое время, благодаря помощи украинской общины, АУА удалось получить железнодорожный вагон, в котором актёры путешествовали по лагерям Баварии, пока не нашли пристанище в лагере Ди-Пи в Регенсбурге.

Завершение почти двухлетнего «аугсбургского периода» АУА совпало с прекращением сотрудничества Блавацкого и Радыша. Вот как сдержанно написала об этом вдова сценографа Оксана Радыш: «1946 год. Аугсбург. Лагерь Сомме-Казерне – один из центров культурной жизни эмиграции. В сложных условиях послевоенной Германии, без материалов и средств, комбинируя и упрощая, (Мирослав Радыш – К.Г.) с успехом оформлял пьесы, которые ставил режиссёр Владимир Блавацкий в лагерном театре. После двух лет сотрудничества дороги разошлись. Театр выехал в Регенсбург, а Радыш остался в Аугсбурге» (23).

Очевидно, за этими скупыми строками стоял какой-то конфликт между двумя мастерами. На это указывают горькие слова писателя Игоря Костецкого*, написанные в 1950 году: «Когда Блавацкий, в силу обстоятельств, ловким своим ходом перебрался в Регенсбург, и его придворным оформителем сцены стал талантливый В. Клех, тогда Радыш окончательно замкнулся в нише отчуждения. Комната, увешанная картинами – следствие двухлетнего уединения» (24).

Благодаря рекомендации актёра АУА В. Шашаровского, Владислав Клех получил письмо от В. Варварова, администратора театра Блавацкого, с предложением работать в АУА. «Одно за другим – Повстенко (имеется в виду похвала архитектора Повстенко декораций Клеха – К. Г.) – Блавацкий – счастье просто гналось за мной, - писал Клех, которому не довелось лично познакомиться с Радышем, - Таким образом, осенью 1947 года я начал работать в театре Вл. Блавацкого ... Для меня

Костецкий Игорь Богданович (1913-1983) – украинский писатель, переводчик, критик, драматург, режисер, издатель. Родился в Киеве. Там же окончил школу и техникум. В 1933-1935 гг. посещал студию при Театре им. М. Горького в Ленинграде. В 1935-1937 г г. учился в Москве в ГИТИСе на отделении театральной режиссуры. В 1937-1940 гг. работал в Перми инспектором отдела культуры и руководил театральным кружком. Вернулся на Украину. В 1942 г. был вывезен на принудительные работы в Германию. После войны проживал в лагерях Ди-Пи. Стал одним из основателей и членов Мистецького Українського Руху (МУР). Навсегда поселился в Германии. В 1950-е гг. основал издательство «На горі», где публиковались произведения на украинском языке. Редактировал альманах «Україна і Світ».

открывались новые горизонты – возможность творить с лучшим режиссёром, в группе лучших актёров, в самом популярном театре эмиграции. Эти несколько лет в творческом искании новых форм в сценическом оформлении были одними из лучших годов моей жизни в театре» (25).

Так начался этап плодотворного сотрудничества зрелого мастера и молодого сценографа. Блавацкий и Клех стали соратниками и вместе создали спектакли, которые заняли почётное место в истории театра украинской диаспоры. Встречу этих двух талантливых личностей вряд ли можно считать случайностью, ведь немалый украинский мир «перемещённых лиц» сосредотачивал значительные интеллектуальные и художественные силы, которые, прежде всего, стремились к профессиональной самореализации, к использованию исторической ситуации для создания нетоталитарных моделей украинской культуры. Доверившись Клеху, Блавацкий не ошибся – «третий сезон деятельности АУА (1947-1948) был его зенитом», - отмечал В. Ревуцкий* (26).

М. Радыш, талантливый художник и сценограф, отдавал предпочтение традиционным живописным декорациям. Вероятно, Блавацкому, получившему вкус к экспериментаторству в театре Курбаса, импонировало сотрудничество с молодым Клехом, открытым для поисков и экспериментов. «Ну что, уже оплодотворились?, - шутливо спрашивал Блавацкий художника по поводу идей оформления какой-нибудь новой пьесы, - Еще нет? Ну, тогда оплодотворяйтесь», - вспоминал Клех (27).

Работа Владислава Клеха в АУА началась с пьесы современного итальянского драматурга Д. Форцано «Порыв ветра». Пьеса посвящена истории мизантропа Эмануэля Риготтьери (эту роль исполнял В. Бла-

---

* *Ревуцкий Валериан Дмитриевич (1910-2010) – украинский театровед и театральный критик. В 1941 г. окончил Московский театральный институт. В 1942-1943 гг. худ. руководитель театра-студии «Гроно» в Киеве. В 1943-1944 гг. работал в театре во Львове. Начиная с 1944 г. проживал в Италии, затем в Англии. В 1950 г. эмигрировал в Канаду, окончил магистратуру университета Торонто. В 1960-1979 гг. профессор славистики в университетах Канады. Автор многочисленных статей по истории украинского театра, а также нескольких монографий, посвященных деятелям украинского театра, в том числе, книги о творчестве режиссёра Владимира Блавацкого. Иностранный действительный член Национальной академии искусств Украины (2001). Заслуженный деятель искусств Украины (2002). Действительный член научного товарищества им. Т. Шевченко в США, Украинской вольной академии наук в США и Канаде. Член объединения украинских писателей «Слово».*

вацкий), характер которого чудесным образом меняется под влиянием любви. Первая премьера АУА в Регенсбурге, состоявшаяся 5 декабря 1947 года, получила похвальные отклики в прессе. Похвалы удостоилась и работа сценографа: «Полному успеху способствовало также сценическое оформление в исполнении художника Клехнивського» (28). Были и критические замечания: «Линия, которой он (Клех – *К.Г.*) пошёл, затмила его склонность к экспериментированию, не раз успешно продемонстрированную в его оформлениях к спектаклям новоульмовского театра «Розвага», - написал драматург Ю. Косач (29).

Начиная с пьесы «Порыв ветра», Владислав Клех на протяжении 1947-1949 годов создавал сценографию ко всем без исключения драматическим и музыкальным постановкам Владимира Блавацкого. Кроме того, он делал декорации для спектаклей «Украинской камерной сценки». Спектакли этого небольшого коллектива шли в постановке В. Шашаровского, который продолжал работать в АУА в качестве актёра и режиссёра.

По воспоминаниям В. Клеха, он также внёс некоторые коррективы в декорации М. Радыша, созданные к предыдущим спектаклям. Так, например, Клех отказался от бутафорских голов коней, которые были частью оформления Радыша к спектаклю «Земля» В. Стефаника. Традиционные приметы крестьянского быта Клех заменил простым задником серого цвета, который был собран складками, тянувшимися по диагонали. Такое лаконичное решение вызывало ассоциации со вспаханной землёй, подчёркивало притчевый характер событий.

Некоторые новые элементы привнёс сценограф в спектакль «Мина Мазайло» Н. Кулиша, который также оформлял Радыш. В доме Мазайло появилось огромное окно сложной ломаной формы, а на заднем плане – транспаранты с революционными лозунгами. Эти детали помогали воссоздать на сцене гротескно-трагедийную поэтику драматургии Кулиша.

Разумеется, отдельные дополнения к декорациям своего предшественника не были основной работой Клеха в АУА. Ему снова, как и в театре «Розвага», пришлось работать над разнообразным репертуаром, от серьёзной драматургии до легкомысленных комедий. Так, в Регенсбурге Клех создал новое оформление комедии «Моя сестра и я» (годом раньше Блавацкий поставил её в Аугсбурге).

Среди декораций В. Клеха к комедиям его сценографическое решение к этой пьесе заслуживает особого внимания. Музыкальная комедия «Моя сестра и я» австрийского композитора Р. Бенацкого была создана по мотивам пьесы французских драматургов Ж. Берра и Л. Вернейля. Постановку комедии осуществил В. Блавацкий, ассистентом режиссёра выступил Б. Паздрий. На украинский язык перевод пьесы, написанной в 1929 году, сделал драматург Илларион Чолган*, писавший под псевдонимом И. Алексевич.

Следует отметить, что оперетта Бенацкого пользовалась большой популярностью. Её премьера состоялась в марте 1930 года в берлинском театре «Комодиенхаус» и в декабре того же года в нью-йоркском Шуберт-театре (всего в Нью-Йорке оперетта прошла 167 раз), и в следующем году была показана в Лондоне. В 1933 году в Германии на основе пьесы был снят фильм, а в августе 1934 года премьера комедии прошла в венском театре «Йозефштадттеатр» в постановке прославленного Макса Рейнхардта. Шла пьеса и в других европейских театрах.

«Музыкальная комедия «Моя сестра и я» Берра и Вернейля – не новая на европейской сцене, писал рецензент, подписавшийся инициалами О.Л. (вероятно, Олег Лысяк – *К.Г.*), - Её ставили до войны западноевропейские театры, однако до сих пор украинского перевода не было. Хорошо сделал … г-н Алексевич, что перевёл эту пьесу для нужд ансамбля. Спектакль идёт в интересном оформлении В. Клеха. Молодой художник, который в условиях Ансамбля Украинских Актёров получил возможность интенсивно работать, предложил ряд интересных решений проблемы сценического оформления. В. Блавацкий и Б. Паздрий не пошли за традиционной линией постановки этой музыкальной комедии. Она не напоминала нам ни прошлых спектаклей в польском театре, ни спектакля в Вене, ни, наконец, последних постановок её в Мюнхене» (30).

В комедии «Моя сестра и я» принцесса Сен-Лабиш, влюбившись в молодого библиотекаря Флерио, делает вид, что она – обычная девушка. Для этого она, переодевшись, устраивается работать в обувной магазин, выдавая себя за свою сестру. В пьесе, не считая пролога и эпилога, всего два места действия – библиотека и обувной магазин.

В первом действии события разворачиваются в библиотеке. Художник отказался от традиционных тяжеловесных стеллажей с бесконечными рядами книг. О том, что это библиотека, напоминает лишь единственная лёгкая этажерка с книгами. В центре комнаты – пианино.

---

* *Чолган Илларион Иванович (1918-2009) – украинский драматург, врач. Изучал медицину в Познани, Львове и Вене. Публиковался с семнадцати лет. В Вене писал для журнала «Назустріч» про культурную жизнь Австрии. В 1945-1949 гг. жил в Германии в лагерях Ди-Пи, писал пьесы для Театра-студии Иосифа Гирняка. После переезда в США работал врачом, одновременно продолжал писать пьесы. Драматические произведения увидели свет в 1990 году в Нью-Йорке в сборнике «Двенадцать пьес без одной».*

Второе действие спектакля «Моя сестра и я» Ж. Берра и Л. Вернейля.

Фоном стала ограда, составленная из круглых и полукруглых завитков разного размера, напоминающих раскрытые звенья цепи. В эти же завитки вписан светильник. А в небе лукаво усмехается полная луна. Художнику удалось создать ощущение изящества и элегантности.

Графически интересно было оформлено второе действие. Конструктивистское решение выросло из ритмично закомпонованных квадратов, треугольников и разноцветных букв разного размера. Треугольники создают расставленная раскладная лестница и угол полосатого тента. Квадраты – шкафы и коробки с обувью. Вверху справа – остроумная деталь, на которые Клех – мастер (достаточно вспомнить пародийного Амура из «Стрелецкой любви» или шутливую усмешку луны из первого действия). Это изображение женской туфельки, наподобие тех символов ремесла, которые украшали вход в различные лавки и мастерские средневековых городов. А в туфельке поместилась игривая женская фигурка, которая сверху наблюдает за событиями.

Эти декорации примечательны стройностью геометрического построения, а также соответствием природе комедийного жанра. Одной из главных граней таланта Владислава Клеха было умение безошибочно ощущать характер драматического произведения.

Удачным стало оформление к детективной драме «Парковая улица, ч. 13» Акселя Иверса (в переводе О. Лысяка). В центре пьесы – женщина, рядом с которой при загадочных обстоятельствах гибнут мужчины. Сюжет этот был известен обитателям лагерей Ди-Пи, ведь в

1939 году на экраны Германии вышел фильм «Паркштрассе 13», созданный по мотивам пьесы Иверса. Главную роль в нём сыграла звезда немецкого кино русская актриса Ольга Чехова. Декорации Клеха представляли собой элегантную гостиную, оформленную в стиле арт-деко. «Появление новой постановки этого сезона «Парковая улица, ч.13», на первый взгляд, стало для многих зрителей неожиданностью. Однако её присутствие в репертуаре АУА свидетельствует о прозорливости Блавацкого как художественного руководителя. Оригинальных криминальных пьес в украинской драматургии не было, и Блавацкий решил доказать, что АУА ничем не уступает известным немецким театрам», - отмечал В. Ревуцкий (31).

Хочется обратить особое внимание на работу сценографа над сложной, наполненной трагическими философскими размышлениями драматургией Леси Украинки. Ещё в 1938 году в театре «Заграва» Блавацкий впервые осуществил постановки двух драматических этюдов «Иоанна, жена Хусы» и «На поле крови». Оба этюда режиссёр снова поставил в 1943 году в ЛОТ в декорациях М. Радыша, затем сделал новую редакцию в Германии, и, наконец, в 1951 году в США в сценографии Клеха. В Аугсбурге драматические этюды шли в оформлении М. Радыша, в Регенсбурге – в декорациях В. Клеха. Статья Б. Береста (псевдоним киноведа Б. Ковалива – *К.Г.*) даёт представление о сценографии Клеха. Правда, статья эта была написана уже в США, но там Блавацкий почти полностью возобновил регенсбургский вариант постановки, поэтому можно смело воспользоваться этим свидетельством в разделе, который повествует про регенсбургский период творческой биографии художника. Статья интересна ещё и тем, что Б. Берест присутствовал на спектакле ЛОТ и имел возможность сравнить сценографические решения двух художников: «Невольно встают в воображении премьера и первые спектакли в Львовском Оперном театре, ... с живописными и изысканными декорациями ... но странно, что ни изысканный павильон с чудесным античным пейзажем, живыми водопадами ... в «Иоанне, жене Хусы», ни живописная «пустыня» с бесконечными «бережками», станками и фактурными деталями в «На поле крови», ничто не могло оставить такого глубокого впечатления, которое получил зритель после спектаклей Украинского Театра под рук. В. Блавацкого в Нью-Йорке ... Небольшая сцена, устаревшая система освещения ... Но В. Клех не впервые встречается с подобными трудностями. Его декоративное оформление максимально выразительное и впечатляющее, и, одновременно, скромное и простое. Отдалённым намёком на античную колоннаду были жёлто-оранжевые сукна на синем фоне в «Иоганне» и несколько бережков и искривлённое почерневшее дерево в «На поле крови» … на примере творческого труда

Эскиз декораций к драме «На поле крови» Л. Украинки. 1948 г.

Эскиз декораций к драме «Иоганна, жена Хусы» Л. Украинки. 1948 г.

Клеха зритель ... увидел, что поэтическое слово Л. Украинки может достичь полноценного звучания только в ... упрощённом и условно стилизованном сценическом оформлении» (32).

Решение «Иоанны, жены Хусы» Клеха по своему лаконизму можно сравнить со сценографическим оформлением А. Петрицкого, созданным в 1918 году в «Молодом театре» для постановки Л. Курбаса «Эдип-царь». У Петрицкого «Сценическая композиция разворачивалась фронтально и расширялась по горизонтали. Глубину создавали шесть тонких ионических колонн на трёхступенчатом постаменте – широком цоколе. С двух сторон было еще по одной колонне» (33).

Клех также использовал мотив античного портика и также выстроил композицию симметрично. Но его декорации казались воздушными и невесомыми. Всего три ионических колонны, созданные из лёгкой ткани, собранной складками, напоминающими канелюры, соединялись фризом. Колонны были установлены на двухступенчатом станке-лестнице, а справа и слева на нижней ступени лестницы располагались два куба – то ли жертвенники, то ли уцелевшие обломки разрушенных колонн. Сценограф заведомо не ставил перед собой задачи воссоздать архитектуру Древнего Рима. Это был лишь намёк на реалии притчи, дававший пищу зрительскому воображению.

К стилизации прибег художник и в постановке этюда «На поле крови»: несколько кулис и скрюченное, почерневшее дерево. Это условно обозначенное дерево-символ как будто согнуто непомерной тяжестью. Оно вызывает множество ассоциаций: и с мученически сжатой рукой, и с фигурой, что склонилась под страшным грузом вины. Дерево словно становился трагическим воплощением души Иуды, метафорой самосознания, которое казнит человека горше, чем палач.

Декорации В. Клеха к «Иоанне, жене Хусы» и «На поле крови» практически универсальны – в них можно было бы сыграть трагедии Шекспира или пьесы Беккета. Особенно ценными они кажутся, если вспомнить, что в 1940-е годы условно-метафорическая сценография еще не получила своего развития. Молодому художнику, безусловно, удалось найти свой собственный ключ к притчевой драматургии великой поэтессы.

Как и в театре «Розвага», Клеху довелось трудиться в АУА над современной украинской драматургией. Интересным примером такой работы может послужить его оформление к пьесе «Домаха» Л. Коваленко, премьера которой состоялась 7 марта 1948 года. Как это неоднократно происходило, пьесы, написанные авторами, оказавшимися в лагерях Ди-Пи, немедленно ставились в лагерных театрах. Так случилось и с произведением писательницы и общественного деятеля Людмилы Коваленко.

Действие пьесы разворачивается в 1924-1930-х годах. Рассказ о судьбе украинской крестьянки перерастает бытовые рамки. Участь Домахи становится символом трагической судьбы украинского народа. Однако пьеса не была совершенной. Критик Г. Шевчук писал, что пьеса: «не вышла за рамки пропагандистской схемы, не обросла живым мясом характеров ... Поэтому Блавацкий как режиссёр пытался ... усилить линию трагедии» (34).

Другой критик, З. Тарнавский, отмечал, что «Блавацкий сосредоточил своё внимание ... на том, чтобы «Домаха» не вышла условно-бытовой пьесой, к какой она имеет природную склонность» (35).

Работа над переосмыслением драматургического материала стала ярким примером сотворчества режиссёра и сценографа. Чтобы подчеркнуть символический характер событий, режиссёр «вместо фотографического оформления использовал условное (в сценографии В. Клеха были разрезаны две стены хаты, соединенной с подворьем, где были очерчены условные детали – кроваво-чёрные подсолнухи, одинокие хатки на холмах» (36).

В оформлении первого действия художник задействовал свой излюбленный приём – левая половина хаты срезана по диагонали, а навстречу ей вдалеке тоже кренятся хаты. Центром композиции становятся иконы, украшенные вышитыми рушниками. На первом плане справа – тын с подсолнухами. Таким образом, действие разворачивается одновременно внутри и снаружи хаты.

Сохранился эскиз третьего действия, на котором вышки линий высоковольтных передач, этой официальной приметы расцвета жизни при советской власти, сценограф несколько прямолинейно, но в полном соответствии с содержанием пьесы, изобразил как огромные пятиугольные звёзды, которые, соединённые проводами, исчезают вдали. В подобном решении, безусловно, сказалась тяга В. Клеха к обобщениям, к стремлению воплотить в зрительном образе идею пьесы.

ГОЛОС ВЕЧНОЙ ТРАГЕДИИ

Одними из режиссёрских вершин в творческой биографии Владимира Блавацкого признаны постановки «Антигона» Ж. Ануя и «Лукреция» А. Обэ, сценографию к которым создал Владислав Клех. Перечитывая сегодня рецензии на спектакли, складывается впечатление, что режиссёр, сценограф и актёры – все творцы легендарных спектаклей – действовали в едином порыве, с максимальной отдачей, и им удалось создать гармоничные, художественно целостные постановки.

Трагедия «Антигона» древнегреческого драматурга Софокла, жившего в V веке до н.э., была написана на мифологический сюжет фиванского цикла. Антигона скорбит о гибели своих братьев Этеокла и Полиника, сошедшихся в поединке за фиванский трон. Новый царь Фив Креонт, дядя Антигоны, велел похоронить Этеокла как героя, а тело предателя Фив Полиника бросить на растерзание птицам и псам. Верная долгу родового закона, Антигона выполнила обряд погребения Полиника, за что поплатилась своей жизнью. Креонт приказал замуровать Антигону живой в пещере, но она сама наложила на себя руки. Оплакивая Антигону, совершил самоубийство её жених Гемон, сын Креонта. Не вынеся утраты сына, свела счёты с жизнью и жена Креонта Эвридика. Креонт сохранил за собой трон, но лишился сына и жены – таково наказание богов за нарушение родовых законов.

Жан Ануй работал над своей версией трагедии Софокла в 1941-1942 годах, во время гитлеровской оккупации Франции. Принимая во внимание немецкую цензуру, Ануй сделал пьесу нарочито амбивалентной: Антигона восстаёт против авторитета власти, но ничто не может поколебать уверенность правителя Креона (*у Ануя царя зовут Креон, а не Креонт – К.Г.*) в необходимости принимать жёсткие меры.

Пьеса была разрешена немецкими властями к постановке и поставлена режиссёром Андре Барсаком в парижском театре Ателье. Как указывает исследователь Эдвард Бутройд: «Премьера «Антигоны» Жана Ануя состоялась 15 февраля 1944 года. До осени 1947 года прошло 475 показов «Антигоны». Осенью 1950 года спектакль был поставлен повторно и до 1954 года был сыгран 645 раз» (37).

Легендарный британский актёр и режиссёр Лоуренс Оливье тоже заинтересовался пьесой. Он выступил продюсером «Антигоны» и сам исполнил в ней роль Хора (*в пьесе Ануя роль античного Хора исполняет один актёр, комментирующий происходящее – К.Г.*). Премьера спектакля состоялась в лондонском Новом театре 10 февраля 1949 г.

«Антигона» Барсака вызвала яростную полемику в парижской прессе. Только за первые два месяца со времени премьеры появилось около тридцати рецензий, причём некоторые авторы написали не один отклик. Коллаборационистская печать отзывалась о пьесе с похвалой, видя в Креоне воплощение волевого фашистского лидера. Другие, наоборот, видели в Ануе коллаборациониста. Несмотря на противоречивые оценки, спектакль пользовался огромной популярностью у французских зрителей. Трагический образ Антигоны воплощал для них пленённую, но непобеждённую Францию и движение Сопротивления, а в образе Креона и его стражников они видели ненавистных немецких оккупантов.

Разумеется, глубокие философские смыслы, заложенные в пьесе Ануя, намного шире простых исторических аналогий, они перерастают конкретные хронологические рамки. Человечество извечно волновали и будут волновать борьба личности за право на свободу выбора, противостояние одиночки и государственной машины, поединок долга совести и бремени необходимости, вызов смерти и неотвратимость жертвоприношения. Однако в бурные 1940-е годы, когда миллионам людей приходилось делать выбор, чью сторону принять, только что написанная пьеса Ануя звучала особенно остро и актуально.

Любопытна история того, как пьеса Ануя попала к Блавацкому. Её перевод сделал Николай Понедилок*, который в то время выступал в качестве актёра на сцене театра в лагере Ди-Пи в Шляйсгайме.

Вот как написал об этом Я. Климовский: «Понедилок любил посещать немецкие театры. Однажды он попал на «Антигону» Ануя. Пьеса понравилась ему до такой степени, что он решил перевести её на украинский язык. Немецкий он знал очень слабо, поэтому решил до тех пор ходить на «Антигону», пока не поймёт её и не прочувствует, а тогда сделает вольный перевод. Ходил на спектакль каждый день, покупая билет каждый раз на одно и то же место ... И когда однажды такое постоянное посещение «Антигоны» уже показалось администрации подозрительным, тем более, что Понедилок пристально всматривался не только в действие, а и в каждого персонажа, как гипнотизёр, что, само собой, разумеется, начало раздражать отдельных актёров, – его вежливо пригласили в канцелярию театра. Там администрация в присутствии тайного полицейского функционера спросила его про мотивы столь частого посещения «Антигоны». Итогом «допроса» стало то, что дирекция театра с удовольствием подарила Понедилку экземпляр «Антигоны» ... Имея в руках бесценный для него экземпляр, обложившись

---

* *Понедилок Николай (1922-1976) – украинский писатель. После второй мировой войны сотрудничал с украинскими лагерными театрами в Германии как актёр, драматург и переводчик. Автор сборников юмористических рассказов. Член ОУП (Объединения украинских писателей в эмиграции). Похоронен в штате Нью-Джерси на православном укр.кладбище св. Андрея в городе Саут-Баунд-Брук (англ. South Bound Brook), которое называют украинским пантеоном.*

Сцена из спектакля «Антигона» и программа спектакля.
Вера Левицкая – Исмена, Елизавета Шашаровская – Антигона.

словарями, взялся за перевод. Справившись с ним, предложил его Блавацкому» (38).

Климовский в своих воспоминаниях не указывает, спектакли какого именно театра посещал Н. Понедилок, но можно с уверенностью сказать, что это был Bayerisches Staatsschauspiel – Баварский государственный театр в Мюнхене. Ведь именно в этом театре 25 июня 1946 года состоялась премьера «Антигоны» Ж. Ануя в Западной Германии. Кроме того, это был единственный театр, который работал в Мюнхене в первые годы после окончания второй мировой войны. В пользу того, что Понедилок посещал именно Bayerisches Staatsschauspiel, говорит и тот факт, что украинский рецензент И.К.Е. позже сравнил «Антигону» в исполнении актёров АУА и актёров Баварского государственного театра, о чём речь впереди.

Согласно данным из архива Deutsches Theatermuseum – Театрального музея Германии, поставил «Антигону» Арнульф Шредер (Arnulf Schröder), сценограф Уолтер Дорфлер (Walter Dörfler). Спектакли давались на сцене Theater im Brunnenhof, поскольку здание Баварского государственного театра пострадало в результате бомбёжек союзников и еще не было восстановлено. Всего «Антигона» была сыграна актёрами Баварского государственного театра 48 раз (39).

Премьера «Антигоны» в постановке Блавацкого состоялась 3 мая 1948 года (почти на год опередив лондонскую премьеру постановки Лоуренса Оливье), и была финальной премьерой сезона 1947-1948 гг. Очень важно подчеркнуть, что «Антигона» явилась подлинным событием в истории украинского театра – она стала первой встречей этого театра с западно-европейским экзистенциализмом.

Украинские зрители ощутили, что у них на глазах рождается легендарный спектакль: «Сцена, когда правитель узнаёт про смерть сына и жены и... идёт на заседание министерского совета, или диалог Креона с Антигоной – являются, наверное, лучшими из всех сцен, сыгранных этим талантливым артистом» (40).

Игорь Костецкий, подписавший упомянутую выше рецензию инициалами И.К.Е., анализируя судьбоносный диалог Антигоны и Креона, сравнивал украинских и немецких актёров:

«В то время как Вернике (*немецкий актёр театра и кино Отто Вернике – К.Г.*) на протяжении всего диалога с Антигоной величественен и внешне, и своего рода внутренним величием сознания собственной правоты, а к катастрофе приходит с чисто немецкой последовательной слепотой по поводу того, что творится за сферой его понимания, – украинский актёр ... проявляет тенденцию к внутреннему сомнению, к раздвоению ... К диалогу с Антигоной Креон В. Блавацкого приходит не с готовыми доводами, нет, он искренне стремится понять её ... он то вдохновляется в словесном поединке с ней, то падает духом, и когда он бросается к ней и сжимает ей руки, то это меньше всего жест тирана – это жест отчаяния человека, который мучительно ищет подтверждения правоты ... Эта суть трагедийного в понимании Ануя прочувствована Елизаветой Шашаровской, прекрасной исполнительницей главной роли, тем сильнее, что она с начала до конца трактует свою Антигону, как существо слабое, бесконечно нежное и женственное ... Если снова сравнивать, то эта Антигона диаметрально противоположна Инге (*немецкая актриса театра и кино Инге Ланген – К.Г.*), резкой, прямолинейной, по своему прекрасной Антигоне мюнхенской сцены. Шашаровская играет почти ребенка. Эта некрасивая в классическом понимании, но бесконечно очаровательная девушка, безбожно растрёпанная, какая-то нескладная, с босыми детскими ногами, в коротенькой юбочке, с неуклюжими жестами ... она панически боится смерти ... Слово «должна» звучит болезненно, почти как вскрик чёрного отчаяния» (41).

В сценическую версию Блавацкого органично вошли Хор (Комментатор) в кожаном плаще, берете и очках в роговой оправе, и трое стражников с пистолетами, в военных формах, касках и сапогах. «Пьеса построена так, что зритель воспринимают её, как современную ... его не поражает, что артисты современно одеты, пьют кофе» (42).

Для того, чтобы по достоинству оценить сценографическую концепцию «Антигоны» Владислава Клеха, хотелось бы подробнее остановиться на сценографии постановок Андре Барсака и Лоуренса Оливье.

В спектакле Барсака сцена представляла собой нейтральное вневременное пространство, в котором намёки на античную архитектуру читались очень отдалённо. Задник из серой ткани в трёх местах был собран четырьмя вертикальными складками. Эти вертикальные складки напоминали каннелюры трёх колонн, поддерживающих невидимый фриз. (Напомним, что В. Клех также использовал ткань, собранную складками-каннелюрами, при оформлении спектакля «Иоанна, жена Хусы» Л. Украинки). Кулисы и задник были расписаны мазками, придававшими им фактуру старых стен. На сцене был установлен полукруглый четырёхступенчатый станок, представлявший в плане подкову. Он вызывал ассоциации с античным амфитеатром.

Персонажи пьесы были наряжены в вечерние костюмы – дамы в длинных платьях, мужчины – в белых жилетах, чёрных фраках или смокингах. Стражники – в шляпах, белых сорочках с галстуками-бабочками и кожаных плащах. Пятнадцать лет спустя после премьеры Барсак пояснил, что он остановил свой выбор на нейтральных костюмах, чтобы избежать ссылки на конкретный исторический период (43).

Сценография в спектакле Оливье подавляла своей зловещей величественностью. Пространство сцены замыкали две полукруглые ступени, как и в постановке Барсака, отсылавшие зрителей к античному амфитеатру. За ступенями возвышалась полукруглая ограда, сложенная из огромных каменных блоков. Ступени и ограда отмечали границы круга, из которого не могут вырваться герои трагедии. Ограда примыкала к мрачному строению, сложенному из таких же каменных блоков – это мог быть царский дворец, храм или мавзолей. Внутрь строения без окон вели огромные, высотой в два человеческих роста, двери, проём которых по бокам украшали барельефы в виде двойных колонн. В этом оформлении не было ничего от изящества и простоты древнегреческой архитектуры. Скорее создавалось впечатление жёстких линий архитектуры Третьего Рейха.

Как и в тексте Ануя, в костюмах некоторых героев прочитывались анахронизмы. Актёры были одеты в современные наряды – Хор был в смокинге, стражники – в военных мундирах с погонами и высоких солдатских ботинках, но в античных шлемах. А вот тёмно-зелёное платье Антигоны (её роль исполнила Вивьен Ли) было сшито по древнегреческой моде, но актриса была с короткой стрижкой.

Сценографическое решение В. Клеха к «Антигоне» представляло собой два простых станка белого цвета, напоминавших части античного амфитеатра. Станок слева состоял из четырёх ступеней. Станок

Сцена из спектакля «Антигона» Ж. Ануя с пометками В. Клеха

*Эскиз декораций к пьесе «Антигона» Ж. Ануя для большой сцены АУА.
Неосуществленный вариант.*

справа изображал ступени, наполовину скрытые полукруглой стеной. На заднем плане был изображён накренившийся «белый фрагмент античного фронтона, расколотого – как символ конфликта современности между законами личности и законами общества», - написал исследователь В. Ревуцкий (44).

Автор блестящей рецензии, подписанной инициалами Е.М. (*очевидно, Евгений Маланюк* – К.Г.*) с уверенностью утверждает, что «Антигона» «… Блавацкого действительно принадлежит к лучшим творениям этого театра. И на этом спектакле осознаёшь то гигантское расстояние форсированного марша, который прошёл наш театр за последние 30 лет. Осознаёшь два знаменательных этапа этого марша – киевский «Молодой театр» и харьковский «Березоль», которые знаменуют одну из величайших революций в истории не только нашего театра … Ведь ещё недавно чем был наш театр?.. Да ведь это был этнографический музей … мелодраматический коктейль из плача и смеха, а если и храм, то давно мумифицированных богов и богинь … пусть до боли родной …, но анахронизм… И вот открывается занавес, такой бедный, такой жалкий … и даже страшно становится: а вдруг вместо «Антигоны» увижу «Сватанье на Гончаровке»? И – пожалуйста: какая аскетичная безошибочность декораций … какое выразительное дыхание дисциплинирующе-централизованной воли режиссёра … Да, со всем этим можно не только «показаться» иностранцам, а может быть, кое-что и им «показать», например, как это можно делать. И в каких же (лагерных, в изгнании, пайковых, дипишных) условиях!» (45).

В той же рецензии критик ещё раз с восторгом описывает декорации Клеха: «эти архитектурные намёки, эти обломки, эти фрагменты руин – как же это всё современно и символично!». Внутренние конфликты героев, их конфликты с окружением, а также конфликт между давностью событий и их сегодняшней интерпретацией, продиктовали В. Клеху убедительное сценографическое решение.

Таким образом, украинский сценограф в условиях жизни лагеря Ди-Пи создал оформление, не уступавшее по силе эмоционального воз-

---

* *Евгений Маланюк (1897-1968) - украинский поэт, культуролог, литературный критик. В годы Первой мировой войны служил в царской армии. В период УНР (1917-1921) - старшина петлюровской армии. В 1922-1923 гг. издавал в Польше журнал «Весёлка». Окончил в Чехословакии Украинскую хозяйственную академию. Работал инженером в Праге и Варшаве, печатался в украинской эмигрантской прессе. После второй мировой войны жил в Германии в лагерях Ди-Пи, преподавал математику в украинской гимназии в Регенсбурге. В 1949 году переехал в США, работал инженером. Похоронен на украинском кладбище в городе Саут-Баунд-Брук, штат Нью-Джерси.*

действия сценографии лучших театров Парижа и Лондона. В декорациях к каждой из трёх версий «Антигоны» варьировался элемент амфитеатра. Английских художник-декоратор работал над тем, чтобы воссоздать такую сценическую среду, в которой царило мрачное предчувствие неминуемой беды. Французский сценограф предложил в качестве фона трагедии нейтральное пространство. Амфитеатр здесь – лишь намёк на происхождение трагедии. Творческие поиски украинского сценографа также привели его к образу древнегреческого театра, но у В. Клеха он занял на сцене главенствующее положение. На обломках этого амфитеатра снова и снова, из века в век, разыгрывается вечно юная трагедия.

В финале постановки Блавацкого сцена погружалась в темноту и в луче прожектора Антигона поднималась вверх по ступеням, сперва по тем, которые видели зрители, а потом по невидимым ступеням, скрытым стеной, словно бы восходя в вечность... Вырисовывавшийся на фоне задника расколотый фронтон, резко накренившийся – в присущей сценографии Клеха динамичной манере – такой символ рушащегося мира предложил художник.

В спектакле В. Блавацкого, который остро ощущал свою связь с европейским театральным процессом, нашли отражение новейшие экзистенциальные идеи того времени.

Примечательно, что Я. Климовский вспоминал: «Когда театр *(АУА – К.Г.)* приехал с «Антигоной» в Мюнхен, на спектакль пришли актёры местного немецкого театра (*очевидно, упоминавшегося выше Баварского государственного театра – К.Г.*), в котором как раз шла эта пьеса. Их директор, местный руководитель, режиссёр и сценограф, не говоря уже про самих актёров и актрис, хотя и не знали украинского языка, не могли найти слов, чтобы выразить восторг «Антигоне» в исполнении украинских актёров» (46).

Стоит упомянуть и о том, что, согласно воспоминаниям Клеха (47), Блавацкий приглашал его посетить «Антигону» мюнхенского театра, но художник отказался, чтобы не использовать в своей работе впечатления от чужого спектакля. Только после премьеры в АУА Клех и Блавацкий вместе с актёрами АУА посмотрели немецкую версию «Антигоны». В. Клех вспоминал, что испытал разочарование. По его словам, декорации мюнхенской «Антигоны» представляли собой невыразительный павильон – реалистическую комнату с обычными окнами и дверями, без какого-либо намёка на символизм.

Невозможно переоценить важность эпизодов посещения немецкими актёрами украинского театра и украинскими актёрами театра немецкого, так как они являются конкретным примером взаимообогащения театров разных стран в послевоенной Европе.

...Необходимо упомянуть эскиз к «Антигоне», который Клех подготовил к постановке на большой сцене. Этот эскиз, безусловно, – одна из лучших работ сценографа. К сожалению, постановка «Антигоны» на большой сцене не была осуществлена.

Зеркало сцены, с которым столь смело экспериментировал в те годы сценограф, изображает трапецию неправильной формы, которую пересекают две чёрные полосы. Сценическая площадка выложена плитками. Они словно начинаются подниматься, вставать дыбом. Тут же помещён мраморный саркофаг, знак смерти, которая безраздельно господствует в трагедии. С площадки-агоры переброшена легкая лестница, ведущая к расколотому, словно разрушенному молнией, портику, который поддерживают четыре нарочито тонкие колонны. Портик, будто бы подброшенный в воздух волной взрыва, замер в тяжёлом ярко-жёлтом небе. Он такой невесомый и ажурный, что воспринимается не как конкретная архитектурная деталь экстерьера, а как символическое видение. А с лестницы в небо рвётся огромный треугольный багряный парус с изображением белого круга, вероятно, луны. Одна из двух уже упомянутых черных полос зловеще перекрещивает белый круг.

Сценографу удалось создать зрительный образ огромного эмоционального напряжения. Этому помогли как ритмическая организация пространства, так и предельно напряжённые цветовые соотношения: кровавый парус подчеркивает белизну круга, сине-фиолетовый саркофаг и плиты площади контрастируют с жёлто-оранжевым фоном эллинского неба, зыбкие, почти прозрачные, абрисы портика отливают голубизной, а тяжёлые черные линии, будто удары фатума, перечёркивают надежду. Каждый герой трагедии проходит свой путь до конца...

...Четвёртый и последний в Германии, сезон 1948-1949 гг. АУА памятен, в первую очередь, постановкой В. Блавацкого «Лукреция».

Трагическая история добродетельной римлянки Лукреции, жившей в VI веке до н.э., была пересказана в трудах древнеримских историков Тита Ливия и Корнелия Тацита, и поэта Овидия. История эта такова. Прослышав о красоте и целомудрии Лукреции, супруги полководца Коллатина, римский царь Тарквиний Секст воспылал к ней греховной страстью. Ночью он явился к Лукреции с обнаженным мечом и угрозами овладел ею. Обесчещенная женщина призвала к себе отца, мужа и двух его близких друзей, рассказала им о случившемся, потребовала отомстить за нее и, чтобы смыть позор, вонзила нож себе в сердце. Родные и друзья вынесли окровавленное тело Лукреции на площадь и призвали граждан к восстанию против власти этруска Тарквиния. Царь не смог подавить народного возмущения и был вынужден уйти в изгнание в Этрурию. Тогда народ выбрал двух консулов – Коллатина и

Эскиз декораций к пьесе «Лукреция» А. Обэ. 1948 г.

Эскиз костюмов к пьесе «Лукреция» А. Обэ. 1948 г.

Брута и учредил республику. Так поругание Лукреции привело к падению последнего римского царя.

Это предание стало источником поэмы Шекспира «Обесчещенная Лукреция» (1594). Сюжет о Лукреции нашёл воплощение в полотнах многих художников: Боттичелли, Дюрера, Лукаса Кранаха, Веронезе, Рубенса, Рембрандта и других; в музыке оперных композиторов Драги, Кайзера, Маршнера.

В 1931 году французский драматург Андре Обэ написал по мотивам поэмы Шекспира драму «Поругание Лукреции». В том же году пьеса была поставлена в театре дю Во-Коломбьер, а затем показана по время гастролей в Англии. События в драме Обэ комментируют Вестник и Вестница, воплощающие собой два хора древнегреческих трагедий, мужской и женский. Обэ осовременил сюжет, поэтому древнеримские солдаты разговаривают у него на парижском арго, актёры одеты в современные наряды, а комментарии Вестника и Вестницы подчас звучат весьма иронично.

В 1932 году американский драматург Торнтон Уальдер перевёл «Поругание Лукреции» на английский язык. Пьеса немедленно была поставлена в бродвейском театре Беласко режиссёром Гатри Мак-Клинтиком, роль Лукреции сыграла его жена, «первая леди американской сцены» Кэтрин Корнелл. Исполнение роли Лукреции было отмечено тем, что портрет Корнелл был помещён на обложку журнала «Тайм», увидевшего свет 26 декабря 1932 года.

В 1946 году английский композитор Бенджамин Бриттен, взяв за основу драму Обэ, написал камерную оперу с одноимённым названием. Премьера оперы «Поругание Лукреции» была дана 12 июля 1946 года на английском оперном фестивале Глайндборн. Американская премьера оперы прошла 29 декабря 1948 года в бродвейском театре Зигфельд. Опера была показана там 23 раза, последний показ состоялся 15 января 1949 года. Постановку оперы на Бродвее осуществила известная американская танцовщица Агнес де Милль.

После успеха «Антигоны» Блавацкий вновь взялся за современный вариант античной трагедии. Перевод пьесы снова выполнил Николай Понедилок. Премьеру «Лукреции» сыграли 5 декабря 1948 года. Проживая в лагере Ди-Пи в Германии, Блавацкий не имел возможности узнать, что его премьера на три недели опередила премьеру оперы Бриттена на Бродвее. Однако артисты и режиссёр АУА знали, что опередили с премьерой своих немецких коллег. Критик Г. Шевчук с гордостью писал: «...раньше немцев; например, в Мюнхене эта пьеса ещё только в апреле должна идти» (48).

Как и в случае с «Антигоной», Блавацкий, поразительно остро ощущая потребность украинского театра идти в ногу со временем, отражать тенденции мирового театрального процесса, взялся за пьесу, шедшую во Франции, Англии, США, готовящуюся к постановке в Германии. Однако украинский режиссёр интерпретировал «Лукрецию» по-своему.

По свидетельству Шевчука, в пьесе Обэ «сосуществуют анекдот и миф... Автора пленяет величие Рима... Но не может он и отречься от наслаждения бросить на них иронический взгляд прищуренного глаза через монокль современного снобизма. Театр вынужден был выбирать, что он покажет: величие Рима – или скепсис Парижа... Режиссёр Блавацкий выбрал маршрут героической трагедии..., поэтому герои действуют не в современных, а в древнеримских нарядах» (49).

Владислав Клех в «Лукреции» не повторял своих находок из «Антигоны». Он разработал удачное функциональное оформление с колоннами, которые рабочие сцены в современных костюмах меняли на глазах у зрителей. Занавеса не было. Художник создал симметричную композицию. Центральная колонна делила сцену пополам. От её капители в двух противоположных направлениях спускались полотнища ткани. Справа и слева на небольших платформах располагались две колонны поменьше, одновременно являвшиеся подставками для жертвенников, из-за каждой из них выглядывала маска. Эти маски в рост человека были видны лишь наполовину. Правая маска улыбалась, левая – страдальчески кривила рот. И потому, что видны были только половины масок, возникало необычное впечатление: казалось, что это не две маски, а одно лицо-маску разорвали пополам – и оно мучительно хочет соединить свои половины. У левой колонны располагался Вестник, у правой – Вестница. Благодаря центральной колонне, зрительно делившей пространство сцены надвое, сценограф одновременно создавал два места действия. Так, например, пока Коллатин беседовал в шатре с Тарквинием, Лукреция в своём доме мирно занималась домашним хозяйством.

«Прекрасно отвечает классицизму пьесы и спектакля оформление В. Клеха, - отмечал Шевчук, - с его уравновешенной симметричностью условных колонн и реквизита, с его до крайности доведенной и тем самым еще более выразительной экономностью» (50).

Кроме эскизов декораций, в архиве сценографа сохранились эскизы костюмов, стилизованных в древнеримском духе. Клех не стал реконструировать исторический костюм, он лишь вольно варьировал элементы нарядов и мотивы орнаментов того периода.

Сам В. Клех так написал про свои впечатления о начале спектакля «Лукреция»: «Сцена была открыта, отсутствие занавеса ... вызывало какие-то чувства, как будто вы заглянули туда, куда вам нельзя ... Свет постепенно гас, а с ним и шум в зале ... на сцене высвечивались отдельные детали оформления в общем рассвете спектакля, бесшумно появлялись фигуры актёров ... Вспыхивает пламя светильников с легкой дымкой, которая медленно распространяется в воздухе … Внезапно острый луч прожектора прорезал темноту сцены, осветив фигуру работника с цены с большим гонгом … Луч света исчез вместе с дрожащим звуком гонга … Зал замирал в ожидании чего-то необыкновенного … Был рассвет не только визуальный, это был рассвет новой эпохи, нового режиссёрского успеха» (51).

***

8 января 1949 года в АУА состоялась премьера спектакля «Переулок св. Духа» по пьесе И. Алексевича (*псевдоним И. Чолгана – К. Г.*). Действие пьесы разворачивается в период с 1918-го по 1944-й годы во Львове, в корчме пана Семёна, которая становится символом города и мужества его жителей. В оформлении спектакля Клех вновь экспериментировал с диагоналями, которые очерчивали контур корчмы.

Ранее в своей театральной практике В. Блавацкий осуществил постановки «Народного Малахия» и «Мины Мазайло» Н. Кулиша. Он мечтал также поставить в АУА «Патетическую сонату» этого выдающегося украинского драматурга. Клех подготовил эскизы оформления спектакля, но режиссёр не успел воплотить свой замысел, поскольку вместе со своим коллективом начал подготовку к отъезду в США.

…В театре АУА в период его деятельности в Регенсбурге В. Клех стремился осуществить весь семантический диапазон драматургического и режиссёрского замыслов. В созвучии с устремлениями режиссёра, художник в своём творчестве, с одной стороны, продолжал традиции украинского театрального авангарда 1920-х годов, с другой стороны – воплощал новейшие европейские театральные идеи. В лучших спектаклях Блавацкого талант Клеха мужает, выявляет универсальность форм и образов.

БИТЬ ТВЕРДУЮ СКАЛУ...

На первой странице газеты «Свобода» в июньском номере от 1949 года была опубликована краткая заметка «Театр Блавацкого уже в Филадельфии», в которой говорилось: «Последним транспортом новых эмигрантов, который причалил на прошлой неделе в порту Нью-Йорка, среди других украинцев, приехал также известный организатор и руководитель театра, сам знаменитый актёр, В. Блавацкий. Вместе с ним приехали 12 артистов его театра в эмиграции в Германии ... В. Блавацкий и другие артисты переехали на постоянное проживание в Филадельфию ... Приезд В. Блавацкого и других артистов его театра в эту страну – это очередное крупное достижение нашей общины» (52).

В Филадельфии труппа начала выступать под новым названием «Украинский Театр под руководством Владимира Блавацкого».

Американские украинцы, наслышанные о славе Блавацкого, связывали с его приездом большие надежды. Театр открыл свой сезон 1949-1950 гг. премьерой драмы «Батурин» Л. Лысевича в пяти действиях, созданной на основе повести Богдана Лепкого. Повесть посвящена трагическим страницам украинской истории – решению гетмана Ивана Мазепы принять сторону шведов в борьбе против Петра I и захвату царскими войсками гетманской столицы Батурина. Драма «Батурин» была дорога сердцу режиссёра ещё со времён работы над ней в 1933 году в театре молодых энтузиастов «Заграва». В 1941 году Блавацкий снова поставил этот спектакль, отметив этим начало деятельности драматического сектора Львовского Оперного театра.

30 сентября 1949 года большой зал филадельфийского Таун-Холла был переполнен. В газете «Свобода» сообщалось, что на первый в США спектакль Блавацкого собралось около тысячи зрителей. Автор небольшой статьи с энтузиазмом писал: «Спектакль «Батурин» открывает, без сомнения, новую страницу в истории украинского театрального искусства на этой земле» (53).

Несмотря на столь положительный отклик, театральные рецензенты единогласно признали, что решение поставить «Батурин» было не просто ошибочным. Оно оказалось роковым для коллектива Блавацкого: «Спектакль был хороший и заранее разрекламированный... - писал автор под псевдонимом Гец, - Часть людей, бывших скитальцев, уже давно знала, на что идёт... А другая часть, старых, тут осевших эмигрантов, возможно, в большой степени была разочарована... Почему реж. Блавацкий поставил как раз «Батурин», а не что-нибудь другое с песнями и танцами, а может быть, ещё и колбасой и чаркой?.. Такая вещь, как «Батурин», публику не забавляет, и не над чем посмеяться!» (54).

В следующей рецензии тот же критик развивал свои мысли: «После спектакля «Батурин» у значительной части здешн. граждан сложилось ничем не обоснованное впечатление, что этот театр будет «тяжёлым», то есть, будет ставить драмы» (55).

Анонимный рецензент, в свою очередь, и вовсе отметил, что «спектакль «Батурин» угнетал нашу публику» (56).

Впрочем, дело было не только и не столько в выборе пьесы. Причин последовавшего заката театра Блавацкого в США немало. Позади осталась Германия с её культурным ренессансом в лагерях Ди-Пи, где жили тысячи украинцев, с удовольствием посещавших спектакли, как украинских театров, так и европейских. Кроме того, многие выходцы с Западной Украины знали немецкий язык, им не нужно было тратить усилия на его освоение. И вот – переезд за океан, незнакомый язык, многочасовый изнурительный труд.

После зрительского признания на Украине и в Германии Блавацкому, режиссёру с утончённым европейским вкусом, довелось встретиться с новым типом зрителей – земляками, переехавшими в Америку много лет назад, воспитанными на бытовых пьесах украинских драматургов прошлого и совершенно неподготовленными к театральным новациям. Рецензент, выступавший под псевдонимом Ярс (очевидно, проживавший в то время в Филадельфии украинский поэт Яр Славутич*), писал: «Неприученный местный американо-украинский зритель не может воспринять ни «Гамлета», ни «Народного Малахия», ни «Антигоны» … Этого зрителя нужно готовить» (57).

«Очевидно, что удовлетворить репертуаром и воспитанную на европейских театрах элиту новой эмиграции, и массу старой эмиграции, воспитанной на бытовых пьесах, и родившуюся здесь американо-украинскую молодёжь – такой трюк не удастся даже наигениальнейшему директору театра», - комментировал выступления театра И. Кедрин (58).

Однако Блавацкий не пал духом: «Вы знаете, что мы уже не раз били твёрдую скалу, будем делать это и теперь. Хотя такой твёрдой ещё, возможно, не было никогда», - писал Блавацкий 15 октября 1949 года в письме к О. Лысяку (59).

---

* *Славутич Яр (настоящее имя Жученко Григорий Михайлович) (1918-2011) – украинский поэт, литературовед. После войны жил в лагерях Ди-Пи в Германии. Эмигрировал в США. В 1960 году переехал в Канаду. Был профессором университета Альберты. Автор учебников украинского языка для англоязычных студентов, а также более десяти книг поэзии. Редактор и издатель литературного альманаха «Північне Сяйво». Член Объединения украинских писателей «Слово».*

Блавацкому вторила одна из ведущих актрис его театра Вера Левицкая: «Пришлось скрести холодный камень, засевать зерном, которое не всходило» (60).

Режиссёр был вынужден идти на компромиссы. Чтобы привлечь зрителей, театр ставит комедию «Двенадцать дочек на выданье» («Пошились в дурни») М. Кропивницкого, а также восстанавливает спектакли легкого жанра – фарсы Ф. Арнольда и Е. Баха «Мужчина с прошлым» и «Испанская муха».

По личным обстоятельствам В. Клех не смог приехать в США вместе с коллективом Блавацкого. Его эмиграция состоялась на полтора года позже. Любопытно, что когда Владислав оформлял документы для выезда из Германии в Филадельфию, американский чиновник, узнав, что художник родился 4 июля, когда отмечается День независимости США, спросил его, знает ли он, что означает этот день? Услышав отрицательный ответ, чиновник пошутил: «Вот увидите, вся Америка салютами будет праздновать день вашего рождения».

В газете «Свобода» от 12 декабря 1950 года в постоянной рубрике «Новые эмигранты» перечислены имена 57 человек – «украинцев, которые прибывают в Нью-Йорк 13 декабря на судне «Генерал Мьюр» (61). Среди них упоминаются: «Клехньовский Владислав, Мария, Юрий». В одном из интервью В. Клех лишь раз коснулся больной для него темы – его сын Юра умер от менингита в возрасте примерно двух лет. Все, что осталось у него на память о ребенке – крошечная пожелтевшая фотография, сделанная при оформлении документов для отъезда в США. Имя жены Владислава Марии встречается в списках актёров театра Блавацкого, как исполнительницы небольших ролей. В Филадельфии у супругов родилась дочь Наталья. В 1981 году Владислав женился повторно и двадцать лет Клех прожил в браке вместе с женой-американкой Элеонорой.

Приехав в Филадельфию, Владислав Клех продолжил работать в тандеме с Блавацким. Энтузиазм художественного руководителя вдохновлял его коллег на творчество. Могучие творческие импульсы, которые исходили от режиссёра, побуждали Владислава Клеха и других членов коллектива интенсивно работать, несмотря ни на какие трудности.

Однако, несмотря на одержимость Блавацкого, организовать в Филадельфии самоокупаемый украинский театр оказалось делом невозможным. Целыми днями (а некоторые и в ночную смену) актёры-эмигранты тяжело работали, чтобы прокормить себя и свои семьи, и лишь в выходные дни могли выйти на сцену или проехать много миль на автомобиле (это было дешевле, чем на поезде), чтобы сыграть спектакль в соседнем городе.

«Спектакли шли с большим или меньшим кассовым успехом, иногда даже при переполненном зале, однако при повторении в таком случае пьесы зал всегда зиял пустотой. А один спектакль в месяц, который нужно было потратить на подготовку новой пьесы, не мог поддержать жизнь театра. В борьбе за своё существование театр делал выезды в Нью-Йорк, Ньюарк, Честер, Трентон, но, принимая во внимание, что никогда на этих спектаклях не бывало полного зала, и никогда в одном месте нельзя было спектакль повторить из-за отсутствия на втором спектакле зрителей, театр начал отступление. После ряда попыток театр отказался от амбиций быть профессиональным театром и постепенно стал переходить на позиции театра полупрофессионального... Внешне мы ещё были театром, а в действительности уже им не были ... Театр не только не завоевал тут старых зрителей, но должен был отвоёвывать зрителя из Европы, потерянного из-за снижения уровня спектаклей театра», - с горечью вспоминал актёр и режиссёр В. Шашаровский (61).

Для театра Блавацкого Клех оформил в Филадельфии пять постановок, три из которых (вечер Леси Украинки (включающий драматические поэмы «На поле крови» и «Иоганна, жена Хусы»); комедия «Я и моя сестра»; драма «Земля») были повторением спектаклей, шедших в исполнении АУА в Германии. Художник подготовил новое сценографическое решение комедии «Я и моя сестра». Ушла в прошлое игра с диагоналями, с геометрическими формами в духе конструктивизма. Декорации – стеллаж с хаотично расставленными книгами и рояль (его силуэт был вырезан из фанеры) в первом действии, неустойчивые пирамиды из коробок с обувью во втором действии (выполненные в виде коллажа на ширме) – напоминали зарисовку, сделанную рукой художника легко и с юмором.

Владиславу Клеху довелось оформить всего две новых постановки Блавацкого: драму «Пришёл инспектор» английского драматурга Д. Пристли, премьера которой состоялась в апреле 1951 года, и трагедию «Неизвестный воин» французского драматурга П. Рейналя, премьера которой прошла в октябре 1952 года, когда режиссёр Блавацкий уже был неизлечимо болен. Эскизы декораций к этим спектаклям в архиве Клеха не сохранились.

Примечательно, что в обоих случаях Блавацкий снова обратился к дорогой его сердцу европейской драматургии, затрагивающей острые темы современности. Драма «Пришёл инспектор» считается одной из лучших в творчестве Пристли. Действие разворачивается в 1912 году, в доме богатого промышленника Берлинга (в другом варианте перевода Бирлинга). В узком семейном кругу промышленник празднует помолвку дочери. Веселье прерывает инспектор Гулль (Гуль). Он начинает допрос членов семьи по поводу самоубийства девушкиработницы. Постепенно выясняется, что все члены семьи и жених дочери знали покойную. Оказывается, равнодушие и жестокость каждого из них так или иначе подтолкнули её к смерти. Но вот неожиданность – Берлинги узнают, что в полиции нет инспектора по имени Гулль, нет и сведений о девушке-самоубийце. Но не успевают они перевести дыхание после исчезновения таинственного самозванца, как слышат, что к ним едет полицейский инспектор вести расследование о самоубийстве девушки.

Западные критики прочитывают в пьесе Пристли острую критику капитализма в духе социальной сатиры Б. Шоу и Г. Ибсена. Российские театроведы проводят параллель между финалом пьесы Пристли и финалом гоголевского «Ревизора».

Интересно, что впервые пьеса Пристли была поставлена в 1945 году в СССР. На волне дружбы с союзниками премьера «Инспектора» состоялась сразу в двух театрах почти одновременно: в июле в московском Камерном театра в постановке А. Таирова (причём Пристли лично побывал на репетициях во время визита в Москву), и в сентябре в Ленинградском театре комедии в постановке С. Юткевича.

В октябре 1946 года премьера «Инспектора» прошла в лондонском Новом театре в постановке Базиля Дина, а в октябре 1947 г. – в Нью-Йорке, в бродвейском театре Бута в постановке Седрика Хардвика.

О том, насколько пристально украинская элита следила за европейским театральным процессом, частью которого, несомненно, являлся на протяжении многих лет коллектив Блавацкого, свидетельствует рецензия, подписанная инициалами ОТ: «В интерпретации режиссёра В. Блавацкого спектакль имел вид не экспериментальный, а реалистический. Замечания, которые английская критика делала после реалистических спектаклей «Инспектора» в Англии, можно сделать и постановке Блавацкого … Режиссёр подчеркнул все драматические моменты, что и держит зрителя в напряжении … Спектакль вызвал большой интерес и широкую дискуссию – подобно тому, как и в других странах» (63).

Если Пристли резко критиковал богачей, то ещё более острые проблемы затронуты в «Неизвестном воине». В 1921 году под Триумфальной аркой в Париже были захоронены останки неизвестного французского солдата. Вскоре зародилась традиция ежегодно зажигать на могиле Неизвестного Солдата Мемориальный огонь, отдавая дань памяти погибшим в первую мировую войну. Позднее Мемориальный огонь стали возжигать в память о погибших в двух мировых войнах.

В 1924 году французский драматург Поль Рейналь, вдохновлённый этими событиями, написал антивоенную пьесу «Триумфальная арка», обозначив её жанр как трагедию. В том же году пьеса была поставлена

НЕВІДОМИЙ ВОЇН

Трагедія на 3 дії П. Рейналя, в перекл. Г. Зайкан

ДІЄВІ ОСОБИ:

Вояк .... Мирон Чолган

Од, його наречена .... Евдокія Дичківна

Батько Вояка .... Володимир Блавацький

Постава: В. Блавацький

Сценічне оформлення: В. Клех

Программа спектакля «Неизвестный воин» П. Рейналя

в Парижском Национальном театре Комеди Франсез. Драматургическому произведению Рейналя довелось стать самой популярной драмой Европы в период между двумя мировыми войнами. В 1926 году пьеса была поставлена в Берлине под названием «Могила Неизвестного солдата», после чего она ставилась в десятках немецких театров. В 1928 году премьера трагедии Рейналя, в этот раз под названием «Неизвестный воин», состоялась в Нью-Йорке, в бродвейском театре Чарльза Хопкинса.

В пьесе, действие которой разворачивается в эпоху первой мировой войны, всего три персонажа: воин, его отец и возлюбленная воина. Воин приехал с фронта в короткий отпуск, чтобы сыграть свадьбу с любимой, а она его уже не любит. Пережив крушение надежд, воину предстоит вернуться на поле военных действий, чтобы пойти в разведку, из которой никто не возвращается живым. Ведь ему разрешили отправиться в отпуск только благодаря тому, что он согласился пойти потом в разведку. Из частной семейной драмы пьеса поднимается до высот трагедии. От имени воина драматург обвиняет старшее поколение в лице отца в том, что оно посылает юношей на смерть.

Блавацкий, сам недавно переживший тяготы второй мировой войны, в полной мере ощущал актуальность трагедии. Ему были близки размышления драматурга о бессмысленности кровавой бойни.

Много лет спустя Владислав Клех воспроизвёл эскиз интермедийного занавеса к спектаклю «Неизвестный воин». Занавес был расписан в виде полуразрушенной стены, на которой кто-то будто пальцем, обмакнутым в кровь, неуверенной рукой вывел знак вопроса. Такой визуальный пролог задавал тон последнему спектаклю Блавацкого, в котором он сыграл роль отца воина.

Владимир Блавацкий умер от рака желудка 8 января 1953 года в возрасте пятидесяти трёх лет. Он похоронен на филадельфийском украинском кладбище Фокс Чейз. Горе труппы и преданность своему художественному руководителю были безмерны. Осиротевшие актёры безвозмездно играли в спектаклях, чтобы собрать средства на надгробие. На могиле Блавацкого установлен памятник из чёрного мрамора работы украинского скульптора Сергея Литвиненко.

Искусство невозможно измерить цифрами, но всё же данные говорят сами за себя. С 1949 по 1952 год театр Блавацкого в Филадельфии поставил одиннадцать пьес, шесть из которых были повторением спектаклей, которые Блавацкий ставил раньше. Большинство пьес было сыграно один-три раза, а лучшая в кассовом отношении постановка «Пришёл инспектор» была сыграна семнадцать раз. В общей сложности за эти годы было дано 52 спектакля, включая и те, которые игрались в Филадельфии, и гастрольные. Достаточно только сравнить эти скромные цифры с данными 1945-1947 гг., когда АУА в разных лагерях Ди-Пи сыграл 309 спектаклей, чтобы осознать трагедию театра Блавацкого в Америке.

После смерти режиссёра Владислав Клех ещё несколько лет оставался художником-декоратором коллектива, который стал называться «Украинский Театр в Филадельфии». На протяжении 1953-1957 годов Клех оформил спектакли «Бесталанная» И. Карпенко-Карого, «Инвалиды» и «Сестра-привратница» Г. Лужницкого, «Чай у господина премьера» З. Тарнавского и Б. Нижанкивского, «А мы ту красную калину…» Н. Понеділка, «Вифлеемская ночь» И. Луцика и вечер водевилей «Над чем смеялись наши отцы». Эскизы декораций к этим спектаклям не сохранились, о них можно судить лишь по фотографиям.

Эти спектакли художник оформлял в так называемой эстетике «бедного театра». Разумеется, принцип «бедного» оформления диктовался не столько художественной волей Клеха, сколько сложными финансовыми обстоятельствами, в которых постоянно пребывал коллектив Блавацкого и при его жизни, и после его смерти. Вместе с тем, несмотря на финансовые трудности, сценографу удавалась порой создавать декорации, которые отвечали духу времени.

Например, в 1955 году Клех оформил драму «А мы ту красную калину...» из жизни советских людей при сталинском режиме. На сцене – передняя стена хаты, на её бревенчатой поверхности размещены большие белые квадраты, в каждом из которых – изображение буквы. Интересно, что подобные скупые условные художественные решения в 1960-е годы стали широко распространёнными и даже модными в театрах Советского Союза, которые после двадцатого съезда КПСС начали уходить от тяжеловесных стереотипов жизнеподобных декораций и возвращаться к творческому наследию В. Мейерхольда, А. Таирова, Л. Курбаса.

Со смертью Блавацкого «Украинский Театр» будто утратил частичку души, не раз повторял Владислав Клех, который лишился талантливого единомышленника. Сценограф подчёркивал, что никогда не покинул бы театр при жизни Блавацкого, но теперь он не видел больше для себя перспектив в Филадельфии. Его труд не приносил такого удовлетворения, как прежде. Клех расстался с труппой. А в ноябре 1957 года состоялась последняя премьера бывшего театра Блавацкого. «Украинский Театр в Филадельфии» прекратил своё существование.

НОВЫЕ ПУТИ

Ещё живя в Филадельфии, Владислав Клех, который всегда ощущал голод по профессиональному образованию, поступил в заочную художественную школу «Феймос артистс скул» (Famous Artists School – «Школа знаменитых художников»). Школа эта была основана в 1948 году в штате Коннектикут группой видных американских художников, из которых самым известным был Норман Роквелл. Обучение в школе стоило 300 долларов, было рассчитано на два года и состояло из 24 уроков. Ученики могли вносить оплату помесячно. Получив очередной урок по почте, учащиеся выполняли задание и отправляли его в школу, а взамен получали письмо с советами и замечаниями от одного из художников-основателей школы. Однако, прозанимавшись около года в этой школе, Владислав в ней разочаровался. Он учился на отделении иллюстрации и дизайна, на котором готовили так называемых commercial artists (коммерческих художников), то есть людей, которые собирались зарабатывать на жизнь журнальными и газетными иллюстрациями. Поэтому основное внимание уделялось рисунку простым карандашом. На первых порах студенты не могли использовать не только краски, но даже уголь, сангину или тушь и перо. Клеха, который привык к широкой кисти театрального художника, угнетали тесные рамки, в которых он очутился, и он оставил учёбу.

Из Филадельфии Владислав Клех переехал в Нью-Йорк, где в 1958-1962 гг. работал художником-исполнителем в крупной театральной мастерской Евгения Дункеля* (1890-1972), в которой изготавливались декорации по заказам нью-йоркских театров, включая Метрополитен-оперу, а также декорации для театров других городов страны. Годы работы у Е. Дункеля, русского эмигранта первой волны, Клех всегда вспоминал с благодарностью (см. воспоминания Клеха о Дункеле в приложении).

РАБОТА В НОВОМ РУССКОМ ТЕАТРЕ

В Нью-Йорке Клех, по рекомендации Дункеля, начал творческое содружество с театром, созданным в 1958 году представителями первой и второй волн русской эмиграции. Новый русский театр дебютировал спектаклем «Без вины виноватые» А. Островского, который игрался без декораций. Сезон 1959-1960 гг. был означен постановкой

---

* *Дункель Евгений Борисович (1890-1972) – русский театральный художник. Окончил Виленскую художественную школу и Павловское военное училище. Получил звание поручика. Учился в Московском училище живописи, ваяния и зодчества. В 1915 г. занимался в Париже в академии Р. Жюльена, выставился в салоне Независимых. В 1919 г. эмигрировал из Крыма в Болгарию. Работал декоратором в Болгарской опере в Софии. В 1923 г. переехал в США. Работал театральным художником. Расписывал русские рестораны («Литтл Раша» и «Россияна», оба в 1929 г.). В середине 1920-х гг. открыл в Нью-Йорке мастерскую «Юджин Би Дункел Студиос» (Eugene B. Dunkel Studios) по изготовлению театральных декораций, действовавшую на протяжении почти сорока лет, до 1973 г. В 1920-1930 гг. принимал участие в деятельности Американо-Русского Института культурного обмена с Советским Союзом (American Russian Institute for Cultural Relations with the Soviet Union), отделения которого действовали в Нью-Йорке и Филадельфии. В том числе, экспонировался и входил в организационный комитет выставки «Современные русские художники», организованной в апреле-мае 1933 г. в Филадельфии. В 1940-е гг. оформлял американские постановки Русского балета Монте-Карло.*

пьесы А. Чехова «Дядя Ваня» в режиссуре В. Булгаковой*, бывшей актрисы МХАТа, ученицы К. Станиславского. Небольшая рецензия на этот спектакль появилась в газете «Нью-Йорк Таймс» от 14 февраля 1960 года.

По словам художника, хотя в афише значилось имя Е. Дункеля, автором сценографии, фактически, был Клех. В дальнейшем имя сценографа Владислава Клеха не раз стояло в афишах этого театра. Он оформил спектакли: «Касатка» А. Толстого, «Человек и оружие» Б. Шоу, «Девушка-гусар» Ф. Кони, «Гроза» А. Островского. Лучшими работами Клеха в Новом русском театре стала сценография к двум последним из названных спектаклей, оба в режиссуре В. Стороженко.

Декорационное решение водевиля «Девушка-гусар» (1962) отличалось необыкновенным изяществом. На сцене симметрично располагались две затянутых прозрачной сеткой изогнутые ширмы, каждую из которых украшал портрет – силуэты мужской и женской голов в овальных рамах, но без фона, т.е. портреты были сквозными. Справа было установлено круглое зеркало. Иллюзию зеркала создавала пустая резная рама на подставке. Все элементы оформления были выполнены в нежной кремово-розовой гамме.

Подобная ажурность, лёгкость пластического образа спектакля отвечала жанровой поэтике водевиля, и вместе с тем, воплощала дух и стиль эпохи. Авторитетный критик русскоязычной прессы Нью-Йорка В. Завалишин** сравнил декорации Клеха к водевилю «Девушка-гусар» с ожившим рисунком на крышке старинной табакерки (64).

В 1963 году Клех работал над декорациями к «Грозе». Конечно, скромный эмигрантский театр не имел таких средств, как, например, Александринский театр в Санкт-Петербурге с его грандиозной мейерхольдовской постановкой «Грозы» в 1916 году в изумительном оформ-

---

* *Булгакова Варвара Петровна (1899-1977) – русская актриса, режиссёр, педагог. С 1916 г. актриса театра МХТ. В 1919 г. снялась в немом фильме «Поликушка». В 1922 г. выехала с театром МХАТ на гастроли в Европу и США. В 1924 г. осталась в США. Играла в бродвейских театрах. Преподавала актёрское мастерство по системе Станиславского в нью-йоркской театральной школе.*

** *Завалишин Вячеслав Клавдиевич (1915-1995) – русский поэт, журналист, литературный и художественный критик. Окончил историко-филологический факультет Ленинградского университета. Во время Второй мировой войны попал в плен. После войны жил в лагерях Ди-Пи, где издавал сборники русской поэзии. В 1951 г. эмигрировал в США. Жил в Нью-Йорке. На протяжении сорока лет был постоянным автором старейшей русской нью-йоркской газеты «Новое русское слово», сотрудничал с радио «Свобода». Принимал участие в программе изучения истории и культуры СССР при Колумбийском университете; написал книгу «Ранние советские писатели», изданную на англ. яз. (1958; 1970). Автор поэтического сб-ка «Плеск волны» (1980); стихотворного перевода на рус. яз. «Центурий» Нострадамуса (1974).*

Эскиз декораций к водевилю «Девушка-гусар» Ф. Кони. 1962 г.

Сцена из спектакля «Гроза» А. Островского. 1963 г.

лении А. Головина, но сценографическое решение В. Клеха, несомненно, является серьёзной и убедительной интерпретацией драмы из репертуара классической русской драматургии. По мнению того же критика В. Завалишина, успеху спектакля способствовало то, что «замысел режиссёра нашёл романтическое воплощение в прекрасных декорациях Владислава Клеха» (65).

Художник избрал традиционный поактовый принцип оформления. Первое и последнее, пятое, действие «Грозы» разворачиваются на берегу Волги. Клех изобразил на заднике волжский пейзаж, тревожно пламенеющее небо. Слева и справа виднелись пышные деревья, что разрослись над каменными лавками, а в центре накренился так называемый «голубец» – маленькая икона на столбе под небольшой двухскатной крышей, увенчанной православным крестом. Такие знаки ставили около дороги, отмечая могилы неизвестных странников. Силуэт покосившегося «голубца» на фоне багряно-золотого неба словно становился символом поколебавшейся веры, помогал создать атмосферу тревожной тоски и обречённости.

Во втором действии сценограф тщательно воспроизвел интерьер жилища семьи Кабановых со всеми бытовыми подробностями. С помощью точно заданных пропорций деталей интерьера – маленького, низко расположенного окна, большой кафельной печи, тяжёлой приземистой мебели Клех умело воссоздал душную, тягостную атмосферу дома.

Романтическим оказалось оформление третьего действия, в котором разворачивались лирические сцены между героиней и её возлюбленным. Следуя ремаркам драматурга, художник изобразил заднюю калитку в дощатом заборе, который тянулся высоко на холме. От калитки сбегали вниз крутые ступени, тут же тонкое молодое деревце будто трепетало листвой. В глубине сцены исчезала дорожка, над которой склонялись пышные деревья и травы. На сине-фиолетовом небе плыла полная луна. Во всей атмосфере тёплой летней ночи ощущалось радостное ожидание, мечты о счастливой любви.

Совсем другое настроение рождали декорации четвёртого действия. Сценограф разворачивал монументальный интерьер полуразрушенной, но когда-то поражающей пышностью церкви. Стены строения и колонны потрескались от старости, а изображения сцен Страшного Суда почти стёрты временем, но всё ещё производят сильное впечатление. Старые деревья будто тянут свои крючковатые ветви вслед за Катериной. Ирреальный свет молний, мистические развалины церкви создавали эмоционально-напряжённый фон трагических переживаний героини.

Период сотрудничества В. Клеха с «Новым русским театром» оказался насыщенным и плодотворным. На примере сценографии к постановкам этого театра видно, как видоизменялся с течением времени творческий метод художника: от жёсткого конструктивизма ломаных форм и диагональных плоскостей эпохи театров «Розвага» и АУА – к более мягкой импрессионистической живописной манере.

В АМЕРИКАНСКОМ ТЕАТРЕ

Опыт работы в мастерской Дункеля и «Новом русском театре» дал Владиславу Клеху возможность в 1961 году блестяще сдать профессиональный экзамен. На протяжении почти целой недели кандидаты экзаменовались во всех областях театра и кино – им необходимо было выполнить эскизы костюмов и декораций, подготовить планы освещения театральной сцены и кинопавильона, продемонстрировать знание истории искусства разных стран и эпох. Сохранились эскизы костюмов к пьесе «Андрокл и лев» Б. Шоу, сделанные во время экзамена, выполненные в лёгкой гротескной манере. Владислав получил звание художника-сценографа высшей категории и стал членом американского профсоюза United Scenic Artists - «Объединение театральных художников». Так перед ним открылась дорога в американские театры, в кино и на телевидение.

Летом 1961 года Клех выехал в город Санта-Фе, расположенный в штате Нью-Мексико, поскольку там срочно понадобился художник-исполнитель, который должен был сделать декорации по эскизам известных американских сценографов Э. Элдера и Г. Хейманна. В 1957 году в этом городе открылась Санта-Фе Опера – летний оперный театр на свежем воздухе на 500 мест. Владислав должен был оформить два спектакля, но его попросили остаться на все лето. В итоге он работал над декорациями ко всем постановкам летнего сезона 1961 года: классике оперного жанра «Кавалер роз» Р. Штрауса, «Богема» Дж. Пуччини и «Кармен» Ж. Бизе; современным операм «Новости дня» П. Хиндемита и «Баллада о Бэби До» Д. Мура; а также к опере-оратории «Царь Эдип» и драматической оратории «Персефона» И. Стравинского. Тогда же художнику довелось познакомиться и с самим Стравинским, который дирижировал своими произведениями. Владислав, которого в США стали называть Уолтер, сохранил фотографию из газеты «Нью Мексикан» от 25 июня 1961 года, на которой он запечатлён за росписью декораций.

Следующее лето Клех встретил в городе Платсбург, штат Нью-Йорк, расположенном неподалёку от канадской границы. Там под его техническим руководством была осуществлена перестройка сцены Шаплейн-театра, возведённого в 1936 году. Летом 1962 года театр арендовала нью-йоркская труппа молодых энтузиастов музыкального

Press-Republican Monday, July 2, 1962

HARD AT WORK—Walter Klech, (left), technical designer for Finnan's Musical Comedy theatre, and Peter Warner put some muscle into the construction of a new stage in the Champlain Theatre in downtown Plattsburgh.

театра под руководством Томаса Финнана. Коллектив выступал под названием «Финнанс Платсбург ориджинал мьюзикал сомеди театр». Под присмотром Клеха была расширена (выдвинута в зрительный зал) основная сцена театра, а по сторонам, над двумя выходами, оборудованы две небольшие дополнительные сцены-балконы. Клех также позаботился о том, чтобы во время одного из спектаклей основная сцена открывалась, являя глазам зрителей бассейн и действующие фонтаны.

В летнем сезоне театра было четыре постановки, три из них из недавнего бродвейского репертуара: «Звонят колокола» Ж. Стайна (премьера на Бродвее состоялась в 1956 г.); «Цыганка» Ж. Стайна (премьера на Бродвее в 1959 г.); «Пока, пташка» Ч. Струза (бродвейский дебют 1960 г.); а также «Радуга Финиана» Б. Лейна. В программах всех спектаклей стояло: «Сценография задумана и выполнена Владиславом Клехом». К сожалению, эскизы декораций к постановкам этого коллектива в архиве художника не сохранились. Он оставил на память лишь программки и вырезки из местной газеты «Платсбург Пресс Репабликан», подробно освещавшей процесс подготовки к летнему сезону и премьеры театра.

В номере газеты от 2 июля была помещена фотография Клеха за работой. А вот что написал критик Д. Мартин про оформление спектакля «Цыганка»: «Плоскостность, двухмерность декораций подчёркнута фонами в мультипликационном стиле, картонными автомобилями и поездами и танцующей фигурой тряпичной коровы. Одеяла превращаются в пальто; настоящие телефоны звонят на ненастоящих столах; авансцена становится арьерсценой и наоборот... Эти нереалистические приёмы тесно связаны с сюжетом и стилем постановки. Подчёркнута игровая природа пьесы. Перемены мест действия отмечаются с помощью табличек на подставках-треногах, а декорации, в основном, размещены на подмостках с занавесом, сооружённых на сцене». Мартин назвал «Цыганку» лучшим спектаклем сезона (66).

В том же 1962 году Клеху посчастливилось устроиться в Метрополитен-оперу, но трудиться довелось недолго, поскольку коллектив театра начал долгосрочную забастовку и театр был вынужден временно прекратить работу.

В 1962-1966-м гг. Клех работал на телестудиях Эн-Би-Си (NBC) и Пи-Би-Эс (PBS), оформлял рождественские представления и детские передачи, в том числе, популярную детскую передачу «Улица Сезам». Так же делал оформление к постановкам театра Джонс-бич и Нью-йоркского балета, для последнего создал сценографию к балету «Петрушка» по эскизам Александра Бенуа.

С апреля по октябрь 1964 года и затем с апреля по октябрь 1965 года в Нью-Йорке под девизом «Мир через понимание» проходила Всемирная выставка, которую посетило огромное число посетителей – свыше 50 миллионов человек (!). Клех принимал участие в оформлении павильона «Голливуд, США», представлявшего американскую киноиндустрию. Посетители павильона знакомились с воспроизведением декораций к фильмам «Клеопатра», «Южный тихий», «Вестсайдская история» и другим.

В 1966 году открылся Линкольн-Центр, в который переехала Метрополитен-опера. Владислава Клеха снова пригласили на работу в этот театр, в этот раз – надолго. Он проработал там почти три десятилетия. Поначалу Клех был художником-исполнителем в театральной мастерской, которой руководил русский художник Владимир Одиноков*

Одиноков дружил с Евгением Дункелем и даже был крестным отцом его внука. С течением времени Клех сменил Одинокова на посту руководителя театральной мастерской и сам возглавил бригаду художников-исполнителей. На протяжении театрального сезона, длившегося с сентября по май, бригада, по эскизам известных сценографов, выполняла декорации для постановок Метрополитен-оперы. В остальное время художники-исполнители трудились над обновлением декораций для известных театров мира, приезжавших в Метрополитен-оперу на летние гастроли. Так Клех сотрудничал с Национальной оперой Финляндии (1983), японским театром «Гранд Кабуки» (1985), Парижской оперой, московским Большим театром и многими другими. Всего Клех принимал участие в оформлении более шестидесяти спектаклей Метрополитен-оперы.

Сценографу довелось работать со многими выдающимися творцами XX столетия. Так, например, в 1967 году Клех был одним из художников мастерской Одинокова, оформлявших оперу Моцарта «Волшебная флейта» по эскизам Марка Шагала, и даже пообщался с самим Шагалом. Клех сотрудничал с такими режиссёрами и дирижёрами, как Ф. Дзефирелли и Г. фон Караян; встречался с такими певцами, как М. Каллас, Р. Тибальди, М. Дель Монако, Л. Прайс, П. Доминго, Л. Паваротти и многими другими.

Выйдя на пенсию, в 1990-е годы Клех создал сценографию для нескольких опер: «Паяцы» Р. Леонковалло (1991), «Кармен» (1992), «Сельская честь» П. Масканьи (1993) и других. Эти постановки шли в открывшемся в 1985 году Оперном театре города Нью-Рошелл. Имен-

---

* *Одиноков Владимир (1908-1997) – русский театральный художник, живописец. Был учеником, а затем ассистентом художника Е. Лансере. В 1937 году помогал Лансере в оформлении интерьера Советского павильона на Международной выставке в Париже. В 1938 году Одиноков оформил вестибюль павильона Смоленской области на Всесоюзной сельскохозяйственной выставке. Воевал на фронтах Второй мировой войны, попал в плен, после окончания войны стал невозвращенцем. С 1949 года жил в США. Работал в театральной мастерской Е. Дункеля. В 1950-е годы получил место заведующего театральной мастерской Метрополитен-оперы, где и проработал до пенсии. Принимал участие в художественных выставках. Умер в г. Стивенсон, штат Коннектикут.*

Эскиз декораций к опере «Кармен» Ж. Бизе. 1992 г.

но в этом городе, расположенном неподалёку от Нью-Йорка, художник прожил остаток своей жизни.

Действие оперы «Паяцы» разворачивалось на подмостках «театра в театре». Эффект достигался благодаря сооружённому на сцене фургону-балагану. Над балаганом сценограф поместил панно, на котором было изображено лицо клоуна с грустной улыбкой. Когда открывался занавес балагана, зрители видели комнату с нарисованным окном, за которым на фоне вечернего неба светились звёзды и месяц. Золотые звёзды сияли также на синем занавесе маленького театрика, и образ занавеса-космоса словно придавал драме космическое звучание.

Декорации к опере «Сельская честь» представляют собой площадь сицилийского селения с фасадом церкви слева и входом в жилище Лючии и Туриду справа. На заднике изображена низкая кирпичная ограда с фонтаном-медальоном в виде лица. За оградой виднеются белые стены и черепичные крыши селения под небом с энергично прочерченными облаками. Сценограф точно следовал указаниям, данным в либретто оперы. В тоже время, ему удалось вдохнуть в традиционное оформление собственное видение. Объемные и плоские части декораций расписаны мягкими мазками, благодаря чему сглаживается жёсткость деревянных элементов и на сцене как будто оживает импрессионистический пейзаж.

Критика с большой похвалой отзывалась о работах художника для Нью-рошелльской оперы. В частности, профессор музыки Фрэнсис

Бранкалеоне писал, что декорации Владислава Клеха к опере «Риголетто» были «в их свежих красках визуальным дивом, и вызвали восторг тем, как они возбуждали фантазию» (67).

ВОЗВРАЩЕНИЕ В УКРАИНСКИЙ ТЕАТР

Каждая постановка Метрополитен-оперы приносила Владиславу Клеху встречу с новым видным сценографом, новым сценографическим решением, новыми средствами выразительности. Однако выполнение декораций по чужим эскизам не задействовало до конца творческий потенциал мастера, за плечами которого был блестящий опыт работы в украинском театре. Талант и опыт художника-постановщика требовали реализации.

Миновали годы, и театр украинской диаспоры вновь властно позвал В. Клеха. Он снова пришёл в украинский театр, на этот раз уже не новичком, а признанным маэстро, вооружённым опытом работы в американском театре.

Возвращение Клеха в украинский театр стало настоящим событием для поклонников национального театрального искусства. Это произошло ещё и потому, что В. Клеха пригласили для работы над декорациями к пьесе «Ярослав Мудрый» И. Кочерги, постановка которой была приурочена к празднованию знаменательной даты – тысячелетия принятия христианства на Руси, широко отмечавшегося в 1988 году.

Первая редакция драматической поэмы «Ярослав Мудрый» была опубликована в 1944 году. Вторая и окончательная редакция появилась два года спустя и была награждена Сталинской премией. Пронизанная духом патриотизма и любви к родине поэма, действие которой разворачивается в XI веке, посвящена борьбе князя Ярослава за объединение земель молодого государства. Впервые пьеса, темы которой были созвучны военной и послевоенной эпохе, была поставлена в 1946 году на сцене Харьковского украинского драматического театра им. Т. Шевченко.

В 1970 году постановку «Ярослава Мудрого» в Киевском театре им. И. Франко осуществил Б. Мешкис. Декорации легендарного украинского театрального художника Даниила Лидера к этому спектаклю вошли в учебники по сценографии. Мир Ярослава в интерпретации Лидера – это суровый мир фресок Софийского собора и строительных лесов. «В сценографии «Ярослава Мудрого» Лидер стремился раскрыть тему рождения в огне и крови Киевской Руси, национальной культуры, великой духовности народа и в итоге выразить идею вечности и неистребимости этой культуры и этой духовности, воплощённой художником в образе фресковой живописи ... её вечность и неистре-

Эскиз декораций к спектаклю «Ярослав Мудрый» И. Кочерги. 1987 г.

*Сцена из спектакля «Ярослав Мудрый» И. Кочерги.
Пятое действие. 1988 г.*

бимость подчёркивалась ... времянками металлических конструкций-лесов, выстроенных для проведения реставрационных работ и фактурно контрастирующих с живописной поверхностью фресок», - писал историк театра Виктор Берёзкин (68).

В 1973 году украинский композитор Г. Майборода, взяв за основу пьесу Кочерги, написал одноимённую оперу. Опера «Ярослав Мудрый» шла в Киевском театре оперы и балета им. Т. Шевченко с 1975 по 1988 год в оформлении Фёдора Нирода. Как и Лидер, он использовал архитектурные мотивы храма, элементы фресок. Однако если сценография Лидера воплотила метафору строящейся и возрождающейся Руси, декорации Нирода впечатляли своим величием и живописностью. Над головами людей, казавшихся миниатюрными, вздымались огромные своды собора, за которыми то виднелись чёрно-алые фрески, то расстилалось небо над киевскими холмами. Интермедийный занавес, созданный на основе иконописи, изображал победу русского войска над врагами.

В свою очередь, Владислав Клех создал сценографию к спектаклю «Ярослав Мудрый» в 1988 году в Нью-Йорке. Постановку осуществила Лидия Крушельницкая* в молодёжной Студии творческого слова

---

* *Лидия Крушельницкая (1915-2009) – украинская певица, актриса, педагог и режиссёр. Обучалась искусству пения в консерваториях Станиславова (Ивано-Франковска) и Львова, в Вене и Зальцбурге. В 1938 году дебютировала на сцене Львовского оперного театра. В 1941 г. переехала в Вену. После войны выступала в лагерном театре Ди-Пи в Австрии. В 1949 г. эмигрировала в США. В 1950-60-х гг. выступала в спектаклях Театра-студии под руководством выдающихся мастеров украинского театра Иосифа Гирняка и Олимпии Добровольской и в Театральной Группе под руководством Владимира Лысняка. В 1965 г. приняла от Олимпии Добровольской руководство детской театральной студией, которая переросла в молодёжную Студию творческого слова. Руководила студией с 1965 по 2005 гг., осуществила постановку свыше тридцати спектаклей, дала театральное образование нескольким поколениям украинской молодёжи. В 2002 году Лидии Крушельницкой было присвоено звание «Заслуженный деятель искусств Украины», а её студия приняла участие в международном театральном фестивале, проходившем в Киеве. В 2005 г. по решению Всемирного конгресса украинцев Крушельницкая была награждена Золотой медалью св. Владимира Великого. В том же году удостоилась высшей театральной награды Украины «Киевская пектораль». В 2007 г. указом президента Украины награждена Орденом княгини Ольги III степени. Похоронена на кладбище св. Андрея в г. Саут-Баунд-Брук в штате Нью-Джерси, США.*

(укр. Студія Мистецького Слова). Это был грандиозный спектакль, в котором на сцену выходило свыше ста человек.

Сценограф отнёсся к делу столь ответственно, что взял отпуск в Метрополитен-опере, дабы всецело посвятить себя работе. Пани Лида, как её ласково называли студийцы, вспоминала о сложностях в подготовке спектакля: «С оформлением «Ярослава Мудрого» у нас было много хлопот. Клех привык работать в Метрополитен-опера, где ни величина, ни сложность оформления не имеют значения – он сказал, и всё сделано. А у нас – где рисовать? Нет такого зала. Сперва разрешили работать в Народном доме. Рисует. Вдруг приходят: «Если вы сейчас же отсюда не уйдёте, то мы всё выбросим на улицу». Ходим, бегаем, просим приют в церковных залах. Ну, пустили в зал в церкви святого Юра, но начинается учебный год – нужно оставить этот приют. Бедный Клех ... страдал от всего этого. Даже взял на работе отпуск за свой счёт ... Где он только не начнёт работать, рисунки ещё мокрые, а нужно уже уходить. Это были колоссальные испытания и для него, и для меня» (69).

К счастью, художнику удалось преодолеть все трудности и перед зрителями Нью-Йорка, а затем Филадельфии и Чикаго, предстало величественное зрелище. Как и Нирод, Клех оформил спектакль в традиции монументальных оперных постановок, при этом он предложил решение, ни в чём не повторяющее работу его украинских коллег.

Сценограф стремился воссоздать на сцене Киев таким, каким он мог быть в эпоху князя Ярослава. Он хотел дать зрителям возможность ощутить могущество великого города, который тогда находился в зените славы.

Занавес к интермедии – визуальный пролог к спектаклю – был выполнен на прозрачной сетке и изображал карту старого Киева, оплетённого лентой Днепра. В первом действии широкие киевские просторы будто вливались в полукруглые окна галереи, где работали над летописями монахи. В четвёртом действии расположенный в глубине парка княжеский терем с высокими полукруглыми окнами представал, как волшебное видение.

Самыми удачными стали неменяющиеся декорации ко второму и третьему действиям, а также к пятому, последнему действию спектакля. В первом случае Клех создал декоративный портал в форме увитых зеленью огромных ворот, сквозь которые зрители словно заглядывали в седую старину. Задник представлял собой уходящую по диагонали в глубину каменную оборонную стену, прорезанную высокими узкими окнами-бойницами и полукруглой аркой еще одних ворот, которые служили входом во двор княжеского терема. Вход был укреплен двумя мощными башнями. Из-за стены виднелись золотые купола собора. С помощью средств театральной живописи декоратор тщательно воссоздавал иллюзию глубины и объёма архитектурных сооружений.

В заключительном, пятом действии Клех разворачивал перед глазами зрителей богато убранный парадный зал княжеского терема. Оформление было решено симметрично и строилось на ритме архитектурных элементов полукруглой формы – окон и сводов, лучами расходившихся в стороны от трона князя Ярослава. Объединял композицию декоративный портал, выполненный в виде полукруглой арки, которую украшали позолоченный светильник, ультрамариновые драпировки с золотым шитьём и стилизованный украинский трезубец посредине. Украшенные орнаментом красно-розовые стены зала подчёркивали густую синь драпировок и гармонировали с широкими полосами резных каменных сводов. Декорации финального действия впечатляли зрителя праздничностью цветовой гаммы.

Немало строк своей драматической поэмы посвятил Кочерга красоте Киева. Художник разделял горячую любовь драматурга к древнему городу, в котором он появился на свет. Постановка в целом, и работа сценографа в частности, удостоились горячих похвал в украинской прессе. Лучше всего написала об этом рецензент И. Каминская: «Главный герой не только князь Ярослав, но и тогдашний Киев. От первого действия до последнего панорама величественного, прекрасного, сильного Киева является зрителям, жаждущим подобных картин, и остаётся в их памяти. Этого впечатления нельзя забыть» (70).

Новым обращением к истории Украины стала сценография В. Клеха к пьесе И. Чижа «Княгиня Ольга», постановку которой осуществил в 1990 году в молодёжной студии при филадельфийском «Театре в пятницу» режиссёр В. Шашаровский, бывший актёр театра В. Блавацкого. Спектакль также был тепло встречен украинской диаспорой. Актриса М. Борзакивская отмечала в своей рецензии, что «успеху хорошо сыгранного спектакля способствовали блестящие, интересные и продуманные декорации мастера Владислава Клеха» (71).

Снова эпоха Киевской Руси, расцвета земли киевской. Действие разворачивается в парадном зале княжеского дворца. В центре, на подиуме, расположен княжеский «стол». Вокруг симметрично расставлена мебель, в глубине – два высоких узких «монастырских» окна. Главным украшением помещения, его визуальным центром, представали хоругви изысканных форм с синим фоном и золотыми кистями.

Единая установка «Княгини Ольги» не напоминала блестящий живописный ряд «Ярослава Мудрого». Сценографический образ спектакля этого спектакля был более графическим и сдержанным.

В украинском театре 1980-1990-х годов сценографу довелось создавать декорации не только к пьесам, созданным на материале истории Древней Руси. В 1989 году Клех оформил литературную композицию, в которую вошли инсценировка поэмы «Невольник» и монтаж «Думы мои» по стихотворениям Т. Шевченко, показ которой прошёл в Вашингтоне. Истоки традиции ставить поэтические спектакли в «Студии творческого слова» берут начало не только во вдохновенном и настойчивом труде основательницы студии О. Добровольской над стихотворным словом, а ещё раньше – в знаменитой постановке Л. Курбаса 1920 года «Гайдамаки» по мотивам одноимённой поэмы Т. Шевченко.

Описывая декорации к поэтической композиции по стихам Шевченко, хочется подчеркнуть гибкость художника, его способность чувствовать жанровые признаки спектакля и точно воплощать на сцене поэтику произведения. Зритель увидел не бытовые декорации, которые бы только утяжеляли слово Поэта. Вместо них на сцене словно представала титульная страница книги. С правой стороны помещалась огромная деталь барочного орнамента, будто виньетка, с которой начинается книга. Этот орнаментальный завиток был выполнен в виде аппликации на прозрачной сетке, а потому казался лёгким и невесомым. Внушительные размеры барочного фрагмента сразу же задавали тон спектаклю, его участники воспринимались как ожившие книжные иллюстрации, которые под властью театральной магии задвигались и заговорили. Уравновешивали орнаментальный завиток лестница и занавес, украшенный узорами, которые вызывали в памяти традиционные украинские вышивки. На занавесе помещалась икона Божьей Матери. В таком удачно организованном сценическом пространстве, со скупыми, но точными приметами-символами, характеризующими украинский национальный дух, вольно звучало слово Кобзаря.

В мае-июне 1991 года «Студия творческого слова» под руководством Л. Крушельницкой совершила гастрольное турне по городам Украины, объехав Киев, Львов, Тернополь, Ивано-Франковск, Дрогобыч и Копычинцы. Студийцы представили зрителям два спектакля, одним из которых был поэтический монтаж «Думы мои» в сценографии В. Клеха. Вместе со студией путешествовал и сам сценограф, который впервые побывал на родной земле после нескольких десятилетий жизни на чужбине.

Рассказывая галичанам про мастеров «Студии творческого слова», дрогобычский журналист З. Гузар в своей статье задался вопросом: «Кто дал им силы на чужбине жить со священным прометеевым огнём?» (72).

В 1992 году Лидия Крушельницкая поставила драму «Патетическая соната» Николая Кулиша, приуроченную к 100-летию со дня рождения великого украинского драматурга. Жизнь Кулиша оборвалась трагически: в 1935 году он был приговорён к десяти годам лагерей. Два года спустя, по распоряжению особой тройки НКВД, драматург был расстрелян в составе большой группы украинской интеллигенции.

«Патетическая соната» (1929) посвящена борьбе трёх сил – украинской национальной, белогвардейской и большевицкой. Непрост был путь драмы к украинской сцене. Лесь Курбас включил пьесу в репертуар «Березоля», но не сумел получить разрешения на её постановку, несмотря на то, что она шла на сценах советских театров в Ленинграде, Иркутске, Омске и других городах.

Таиров поставил «Патетическую сонату» в московском Камерном театре. Оформил спектакль В. Рындин. «На сцене был водружен почти в натуральную величину трехэтажный дом в разрезе, символически представляя все общество», - вспоминал режиссёр Б. Голубовский (73).

Премьера «Патетической сонаты» в Камерном театре состоялась 19 декабря 1931 года. Исследователь украинского «расстрелянного возрождения» Юрий Лавриненко* написал: «4 марта 1932 года, в газете «Правда» появилась разгромная статья «О ПАТЕТИЧЕСКОЙ СОНАТЕ Кулиша», подписанная «Украинцем», но написанная, как тогда говорили в Москве, Лазарем Кагановичем. Вследствие этой статьи, которая окрестила пьесу Кулиша «фашистской», а доброжелательным к ней театральным критикам погрозила за потерю «большевистской бдительности», ПАТЕТИЧЕСКАЯ СОНАТА была снята из репертуара театра Таирова (*последний раз пьесу сыграли 24 марта 1932 г. – К.Г.*), а также театров в Ленинграде, Иркутске, Баку, где она тоже шла. Это уже был 1932 год – начало организованного Москвой массового голода на Украине» (74).

Впервые «Патетическую сонату» на Украине поставил Наум Орлов в 1957 году в Одесском театре им. Октябрьской революции, а в Киеве её постановку осуществил Дмитрий Алексидзе в театре им. И. Франко в 1966 году. Лидия Крушельницкая впервые поставила драму Кулиша в театре украинской диаспоры.

---

* *Лавриненко Юрий Андриянович (1905-1987) – украинский литературовед, критик, редактор. В 1920-е гг. был членом укр. лит. объединения «Плуг». В 1930 г. окончил литфак Харьковского университета, стал аспирантом Харьковского НИИ им. Т. Шевченко. Критиковал монополию соцреализма в литературе. В 1933-1935 гг. несколько раз подвергался арестам. В 1935-1939 гг. отбывал срок в Норильском лагере. В годы войны перебрался в Киев, затем во Львов. После войны жил в лагерях Ди-Пи в Австрии. В 1950 г. эмигрировал в США, жил в Нью-Йорке. Один из организаторов Объединения украинских писателей (ОУП) «Слово» (действовало в 1954-1997 гг.). Автор десятков исследований, посвящённых творчеству украинских писателей. В 1959 г. опубликовал свой главный труд «Расстрелянное возрождение. Антология 1917-1933». Похоронен на украинском православном кладбище св. Андрея в г. Саут-Баунд-Брук, штат Нью-Джерси.*

Эскиз декораций к пьесе «Патетическая соната» Н. Кулиша. 1992 г.

Декорации к спектаклю «Патетическая соната» Н. Кулиша. 1992 г.

*Эскиз декораций к пьесе «Патетическая соната» М. Кулиша. 1948 г.
Неосуществлённая постановка.*

Из беседы театроведа В. Гайдабуры с Л. Крушельницкой:

«- Когда выбирали «Патетическую», наверное, знали, что В. Блавацкий начинал, но так и не успел поставить эту вещь, а до того – и Лесь Курбас, который, будучи в восторге от пьесы, не мог во времена большевицкого режима реализовать спектакль?

- Безусловно, всё это знала. Как и то, что «Патетической» «мучились» Иосиф Гирняк и Олимпия Добровольская. Им тоже не судилось...

- Я видел два эскиза – сначала художник нарисовал пять этажей дома в разрезе как будто фотографически, детально, а позднее сценография приобрела условный и обобщённый стиль.

- Эти эскизы отразили наш с Клехом путь к конечной цели – работать в условном плане» (75).

Действительно, Владислав Клех прошёл путь от реалистической декорации к оформлению, освобождённому от лишних деталей. В архиве художника сохранился эскиз 1949 года к постановке, которую задумывал В. Блавацкий, но его планам помешал отъезд труппы АУА из Регенсбурга за океан. В то время сценограф начал работу над оформлением с тщательного воссоздания интерьеров дома, расположенного, по ремарке драматурга, на улице «старого губернского города». Дом под двухскатной крышей изображался в разрезе, и зрители могли видеть обстановку комнат каждого обителя дома – молодого поэта, семьи Ступай-Ступаненко, генерал-майора Пероцкого, модистки Зинки и бедняков, ютящихся в подвале. Справа от дома вверх круто уходила мощеная улица, вдалеке виднелись колокольни собора. В целом, это было достаточно реалистическое решение. Тем не менее, художник стремился воплотить символическую природу драмы, поэтому в эскизе появились двуглавый орёл, как большой чёрный паук, вплетённый в паутину под скатом крыши, и тревожное небо, которое, по замыслу художника (о чём рассказывают пометки на эскизе, сделанные его рукой), должно было напоминать триколор российской империи.

Более сорока лет спустя Клех начал работу над сценографией «Патетической сонаты» для Студии творческого слова, отталкиваясь от своего давнего замысла. О его размышлениях над драматургией Кулиша рассказывает множество эскизов. В некоторых их них вновь присутствует мотив двуглавого орла-паука в паутине. Решение выкристаллизовывалось постепенно. Сначала исчез пейзаж возле дома. Затем вместо выстроенного на сцене реалистического здания появилась деревянная рама-абрис дома, где этажи были едва намечены прозрачными стенами-сетками с наклеенными на них аппликациями предметов обстановки. Окончательным решением стала строгая единая установка – обнажённый каркас дома, этажи которого представлены разновысокими, выкрашенными в серый цвет платформами и рамой-контуром, обозначившим накренившиеся стены и крышу. Образы корабля-мечты Арго, трёхцветного российского и красного большевицкого знамен создавались с помощью слайдов и диапроектора. Динамизм зрительному образу спектакля придавало пылающее зловещими отблесками пожаров небо с несущимися по нему тучами, которые словно подгонял вихрь «Патетической сонаты» Бетховена. Казалось, дом-ковчег безнадёжно плыл в ночи без руля и ветрил.

Здесь уместно процитировать ещё один фрагмент беседы В. Гайдабуры и Л. Крушельницкой:

« - Деревянные стропила в химерной конфигурации – сквозной образ спектакля, предложенный В. Клехом, на мой взгляд, вызывают ассоциации с нагромождением виселиц.

- Что же, это близко к тому, про что рассказал своим произведением Николай Кулиш и что имел в виду наш спектакль» (76).

Полуразрушенный корабль, гибнущий ковчег, стропила-паутина, силуэты виселиц – эти и другие подобные зловещие ассоциации рождала сценография В. Клеха. Его работа художника стала достойным воплощением глубокой философской драмы Кулиша.

Творчество Владислава Клеха можно условно разделить на два периода. Период поисков и смелых экспериментов с оформлением в духе конструктивизма пришёлся на время его работы в Германии в театре «Розвага» и Ансамбле Украинских Актёров. Расставшись с АУА, Клех начал тяготеть к более традиционным, живописным декорациям. В сценографии к «Патетической сонате» художник словно вернулся в свою молодость, предложив лаконичное графическое решение. Можно предположить, что именно в таком ключе мог бы поставить этот спектакль В. Блавацкий.

Следующей после «Патетической сонаты» постановкой Л. Крушельницкой стала «Лесная песня» Леси Украинки. Впервые пани Лида прикоснулась к драме-феерии в 1950 году, когда сыграла роль Русалки в постановке О. Добровольской. В 1970 году Крушельницкая выступила уже как режиссёр, поставив драму Леси Украинки в «Студии творческого слова». Не все зрители оценили оформление В. Касьяна, некоторым оно показалось слишком минималистичным.

В 1996 году Крушельницкая вновь поставила «Лесную песню» в своей студии, на этот раз в сценографии Клеха. Проникновенная философская драма-феерия Леси Украинки, написанная в 1911 году и посвящённая трагическому конфликту человека и природных сил, воплощённых в образах сказочных персонажей народного фольклора, необычайно сложна для постановки. Мифопоэтическая природа феерии, скорее, подвластна воссозданию средствами музыки и танца. Неслучайно по мотивам «Лесной песни» украинский композитор М. Скорульский создал балет (1936), впервые поставленный в Киевском театре оперы и балета им. Т. Шевченко в 1946 году, а украинский композитор В. Кирейко – оперу (1958), премьера которой состоялась в 1958 году в Львовском театре оперы и балета.

Владислав Клех посвятил свою энергию и творческую фантазию воплощению Лесиного слова. Снова поиски, десятки эскизов костюмов и декораций. После сухой и чёткой строгости «Патетической сонаты» у художника стало вырисовываться импрессионистическое решение феерии. В эскизах к «Лесной песне» Клех предстал как тонкий живописец-колорист. В каждом листе – новое колористическое решение. Это буйное цветение ярких весенних красок, или сдержанная монохромная гамма цветов осени, или снежно-голубая зимняя метель. И в каждом эскизе – абрис тонкого девичьего силуэта, застывшего в стремительном движении. Таким образом художник изобразил берёзу, которая, согласно ремарке драматурга, растёт в зачарованном лесу. Контур фигуры был изготовлен из тонкой проволоки. Вознесённые вверх руки превращались в ветви, косы становились листвой. Этот призрачный силуэт словно становился воплощением самой души Мав-

Эскиз декораций к пьесе «Лесная песня» Л. Украинки. 1996 г.

Эскизы костюмов Мавки и Русалки Полевой
к пьесе «Лесная песня» Л. Украинки. 1996 г.

ки, главной героини пьесы, – таинственного мифологического существа, сродни русалкам, которое вышло из природного лона и снова туда возвратилось.

При подготовке спектакля не обошлось без сложностей. Обратимся вновь к книге В. Гайдабуры, в которую вошли записи его бесед с Л. Крушельницкой:

«Если первая постановка «Лесной песни» рекордно прошла 12 раз, то последняя – всего два. Пани Лидия считает, что тут плохую услугу сыграла сложная сценическая техника, которую запрограммировал В. Клех, как будто забывший, что в данном случае творит не для Метрополитен-оперы.

- Я думала, что сойду с ума! Случилась колоссальная проблема с электрикой. Нужен был специалист по закулисному многоцветному освещению, которое пускалось бы на чёрную сетку, которая висела над сценой, и превращало бы белые мазки на ней в бесконечность разноцветных оттенков – среди них был и золотой... В условиях нашего помещения никто этого сделать не мог. Настроение паническое!.. И тут неожиданно появился Юра Гречило – приехал в Нью-Йорк на похороны отца. Он один в то время изучал «закулисное освещение». Сердцем откликнулся на нашу просьбу – научил орудовать своего американского коллегу-осветителя. Благодаря этому «Лесная песня» была поставлена! Но думать про какие-то выезды в другие помещения мы не могли. Поэтому и жизнь спектакля была такой короткой.

- Вы считаете, что постановка в оформлении В. Клеха была более совершенной, чем первая версия спектакля в 1970 году?

- Совсем наоборот! Первая «Лесная песня» – минималистическая и тем мне дорога. Вторая – по «высшему классу». Клех базировался на опыте оперных постановок» (77).

Можно понять переживания Л. Крушельницкой, посвятившей много месяцев подготовке спектакля, который потом прошёл всего два раза. Но можно также понять и В. Клеха, который не хотел идти на компромиссы, упрощать задуманное, жертвовать художественным замыслом, упорно добиваясь воплощения своего видения. И его усилия оправдались. Зрители и критики откликнулись на его работу всей душой. «Истинно пленяющими оказались декорации ... В. Клеха. Публика приветствовала их появление аплодисментами уже при поднятии занавеса. Тут всевластно буйствовала пышность ярких переливов весенней красоты», - написал певец и музыкальный критик Теодор Терен-Юськив (78).

Ему вторила критик Ольга Кузьмович: «Оба спектакля публика наградила щедрыми аплодисментами, а особенно, овацией в момент открытия занавеса, когда зрители с восторгом восприняли мастерские профессиональные декорации и очень убедительные световые эффекты, созданные выдающимся мастером сценографии, которым, безусловно, является Владислав Клех» (79).

Наиболее подробно написал про декорации к спектаклю писатель Богдан Бойчук: «Главным героем спектакля был Владислав Клех, творец декораций, костюмов и световых эффектов. Его также в большой степени нужно поблагодарить за цельность спектакля. Клех, профессиональный дизайнер Метрополитен-оперы, чудесно ощутил требования и проблемы «Лесной песни» и спроектировал сценографию так, чтобы она зрительно объединяла все действия. Он создал полуабстрактные декорации, в которых фигуры людей внизу переходили в кроны деревьев, а лесные существа вливались в формы природы. Используя прозрачные сетки, Клех соответствующими аппаратами направлял на них образы и световые эффекты, меняя таким образом времена года и элементы пейзажа. Но главным было то, что Клех не изменил условности декораций в третьем действии, не поставил традиционной хаты под соломой. Хата была спрятана за кулисами и там, невидимая зрителям, в финале сгорела. Такая развязка не дала разъединить стиль спектакля» (80).

Таким образом, зрители с благодарностью приняли художественные идеи сценографа.

Обретя независимость, Украина начала заново открывать для себя мастеров культуры украинской диаспоры. В 1996 году в Харьковском национальном академическом театре оперы и балета им. Н. Лысенко планировалась постановка двух опер: «Ариадна на Наксосе» Р. Штрауса и «Богема» Д. Пуччини. Для оформления опер было решено пригласить В. Клеха. Особенно интересны эскизы художника к первой из опер. Симметрично была решена композиция дома венского буржуа XVIII столетия. Две лестницы справа и слева мягко изогнуты и украшены статуями. Скульптурные фигуры держали в руках светильники. В глубине почти всё пространство занимала овальная рама, задрапированная занавесом и украшенная тремя люстрами. Занавес этой «сцены на сцене» открывался, являя зрителям грот, в котором тосковала героиня греческой мифологии Ариадна. Клех предложил необычное решение – зрители видели грот в просвете скал словно со дня моря, из сказочного подводного царства, о чём напоминала фигура морского конька в завитках волн. Тёплые яркие краски дворца – оранжевые, жёлтые, красно-золотые – контрастировали с холодной гаммой синих тонов подводного царства.

К сожалению, постановка опер «Ариадна на Наксосе» и «Богема» в сценографии Клеха не была осуществлена – сотрудничество художника и Харьковского Оперного театра прервалось на стадии разработки эскизов декораций.

«Ариадна на Наксосе» Р. Штрауса. 1996 г.

«Ревизор» Н. Гоголя. 1998 г.

Также, увы, не был поставлен спектакль «Ревизор», который в 1998 году собиралась подготовить Л. Крушельницкая в «Студии художественного слова». Остались лишь эскизы декораций.

Как уже не раз подчёркивалось, В. Клех тонко ощущал природу драматургии. Об этом свидетельствуют предельно обобщённая сценография «Антигоны» и пышные монументальные декорации «Ярослава Мудрого»; лёгкое изящное оформление водевиля «Девушка-гусар» и волшебная стихия «Лесной песни»; исполненный экспрессионизма замысел постановки «Моритуры» и игровая природа оформления комедии «Моя сестра и я»; реализм «Грозы» и сухая графическая чёткость «Патетической сонаты»... Оформление «Ревизора» Клех решил в условно-метафорическом ключе. Зрительным центром становилась конструкция из балок и тележного колеса. Колесо по традиции воспринимается как символ пути, блужданий. Особым смыслом этот символ, вероятно, был наполнен для художника, которого судьба забросила от родного порога за океан. Приводил этот замысел на память и то самое пресловутое колесо, с разговора о котором начинаются гоголевские «Мёртвые души». Художник решительно отошёл от традиционных сценографических приёмов, которыми он пользовался, в частности, для оформления постановок Оперного театра Нью-Рошелла, и, вместо реалистических декораций, предложил условные формы.

«Ревизор» стал лебединой песней художника. Владислав Станиславович Клех ушёл из жизни 22 июля 2001 года.

ПОСЛЕСЛОВИЕ

...Пан Владислав Клех встречал меня на станции электрички в Нью-Рошелле, городе неподалёку от Нью-Йорка. Он приехал на своём тёмно-синем внедорожнике – ему нравилось водить большую машину. Нашей встрече предшествовали долгие телефонные беседы. Мы и познакомились по телефону. Он мгновенно и с удовольствием откликнулся на мою просьбу, тогда студентки факультета театроведения Национального университета театра, кино и телевидения им. И. Карпенко-Карого, рассказать про свою работу в украинском театре. Он любил поговорить. Мог рассказывать часами. Правда, легко перепрыгивал с темы на тему, уходил в сторону. Приходилось задавать вопросы, возвращать его в нужное русло. Перечитывая свои тогдашние записи, я с огорчением понимаю, что нужно было расспрашивать больше, подробно останавливаясь на каждой вехе его жизни. Но я сама тогда ещё только начинала своё знакомство с историей театра украинской диаспоры.

Владислав Клех. 1996 г.

Ксения Гамарник в гостях у Владислава Клеха. 1996 г.

Клех собирался писать воспоминания о режиссёре Владимире Блавацком, к которому относился с бесконечной теплотой и уважением. Ведь молодому тогда Владиславу довелось творить под крылом Блавацкого в Германии, в одном из лагерей для перемещённых лиц (так называемом лагере Ди-Пи), где нашли пристанище десятки тысячи украинцев. Недолгие годы жизни в лагерях Ди-Пи были временем краткого культурного взрыва. Украинские интеллигенты, сумевшие пережить репрессии и военное лихолетье, с энтузиазмом окунулись в творчество – организовывались школы, курсы, выставки, издавались газеты и журналы, писались пьесы, которые тут же, с пылу, с жару, ставились на сценах бедных лагерных театров.

К сожалению, ничего, кроме небольшого текста о работе над декорациями к первому спектаклю Блавацкого, пан Владислав так и не написал, не собрался. Как не успел издать книгу своих работ в украинском диаспорном издательстве, хоть и вёл с переговоры, планировал издать монографию с цветными репродукциями. И написание его мемуаров так и не продвинулось дальше нескольких глав о детстве и юности. Вообще он не слишком осознавал ценность архивов и документов. Когда я приехала в его скромную, давно не ремонтировавшуюся нью-рошелльскую квартиру настоящего художника – повсюду картины, макеты декораций, книги по искусству и театру, керамические вазы с сухими цветами, – мне пришлось делать раскопки в двух-трёх больших коробках, в которых были хаотично перемешаны фотографии, программки спектаклей и вырезанные из газет рецензии. При этом хорошо ещё, если на полях газет сохранились название и дата. Увы, большинство рецензий было вырезано из газет, и на них не были помечены выходные данные. Некоторые данные мне так и не удалось восстановить.

Словом, пан Владислав не был увлечён задачей бережного хранения свидетельств времени. Зато обладал чувством юмора, был доброжелателен и щедр – подарил мне несколько книг по истории театра и свою графическую работу, оформленную в раму под стеклом. Раздобыл для меня в дар один из двух огромных томов «Наш театр», посвящённый театру украинской диаспоры. И даже придумал-нарисовал для меня замечательный экслибрис.

Ко всему, что касалось моей дипломной работы, ему посвящённой, он относился очень внимательно (ведь он планировал сопроводить альбом своих репродукций моим текстом). То и дело перечитывал мои записи, делал заметки на полях и пространные вставки, поясняющие, как выглядели те или иные декорации. Почта без конца доставляла мне пухлые конверты, в которых он без устали слал мне ксерокопии своих эскизов декораций с пометками, рецензии на спектакли, фотографии – всё то, что могло мне понадобиться, или о чём я спрашивала.

Писал пан Владислав не только мне. Вёл обширную переписку с друзьями, обменивался с ними книгами, статьями. На досуге сочинял стихи. Ухаживал за коллекцией кактусов. Работал над новыми эскизами, жил планами новых постановок. Хотя на склоне лет, страдая от бронхиальной астмы, становился более капризным, обидчивым.

Был он несколько наивен. Когда один американский украинский профессор, нимало не сумяшась, опубликовал под своей фамилий статью, воспользовавшись моей дипломной работой о Клехе, пан Владислав прислал мне ксерокопию статьи, искренне радуясь новой публикации о нём, не соединив концы с концами и не заметив плагиата.

В 1998 году пан Владислав, по примеру других театральных деятелей украинской диаспоры, учредил небольшую премию своего имени, которой награждали на Украине художников за лучшую сценографию года. Её успели получить несколько художников. С уходом Клеха премия, увы, прекратила своё существование.

Мужества ему было не занимать. До самого конца он ничего не говорил жене Элеоноре о своём безнадёжном диагнозе, лишь отшучивался, замечая, что врачи ничего не понимают.

Могилы Клеха не найти в так называемом украинском пантеоне на кладбище св. Андрея в нью-джерсийском городке Саут-Баунд-Брук, и ни на каком другом кладбище. Много раз говорил он мне о том, как любит воду. Да и по знаку Зодиака он был Рак. В юности, до поступления в училище связи, даже безуспешно пытался поступить в мореходное училище. Будучи пенсионером, он приобрёл моторную лодку, на которой, пока были силы, отправлялся на рыбалку. Наверное, именно поэтому пан Владислав завещал развеять его прах над океаном, чтобы навсегда слиться с водной стихией. Элеонора выполнила его наказ.

Свозь биографию театрального художника Владислава Клеха, появившегося на свет на Украине и закончившего свой путь в США, как сквозь призму, отразилась драматическая судьба театра украинской диаспоры. Скромный труженик, фанатически преданный служению сцене, Владислав Клех посвятил работе в театре более полстолетия.

ПРИМЕЧАНИЯ

1. Адресная книжка коллекционеров денежных знаков и бон, выпущенных на территории бывшей Российской империи. Библиотека бониста. Выпуск 1-й. 1925 год.
[online] Дата обращения к документу: 8.11.2012.
URL: <http://www.bonistikaweb.ru/KNIGI/iolson-adres.htm>.

2. *Клех Владислав.* Письмо к К. Гамарник. Архив К. Гамарник. 1997. 18 апреля.

3. *Коломієць Ростислав.* Франківці. Киев, 1995. С. 109.

4. *Гайдабура Валерій.* Сценічне мистецтво в Україні періоду німецько-фашистської окупації (1941-1944 рр.). Автореферат диссертации на соискание звания д-ра искусствознания. Киев, 1999.
[online]. Дата обращения к документу: 15.11.2012.
URL: <http://disser.com.ua/contents/19715.html>.

5. *Борисюк Б.* «За двома зайцями». Премєра в міському драматичному театрі*. Название газеты не сохранилось. Дата написана карандашом. 1943. 30 октября. Архив В. Клеха.
* *Неизвестно, о премьере в каком театре идёт речь – в Белой Церкви или Казатине. Судя по дате, можно предположить, что имеется в виду премьера в Казатине.*

6. *Клех В.* За кулісами життя і театру. Наш театр. Книга діячів українського театрального мистецтва. Т. 2. Нью-Йорк – Париж – Сидней – Торонто, 1992. С. 665.

7. Там же. С. 663–670.

8. Displaced persons camp. Wikipedia [online].
Дата обращения к документу: 16.11.2012.
URL: <http://en.wikipedia.org/wiki/Displaced_Persons_camp>.

9. *Сурмач О.* Перед ним – майбутнє. Название газеты, дата и номер не установлены. (*Предположительно, издание Пугу, 1946*). Архив В. Клеха.

10. *Климовський Ярослав*. Українські театри в Західній Німеччині. Альманах УНС на 1985 рік. Джерси Сити – Нью-Йорк, 1985. С. 52–67. [online]. Дата обращения к документу: 06.12.2013. URL: <http://www.scribd.com/doc/16185660/-1985>.

11. Феттхауер Софи. *Fetthauer Sophie*. Music in Bergen-Belsen DP-Camp [online]. Дата обращения к документу: 18.11.2012. URL: <http://holocaustmusic.ort.org/memory/dp-camps/belsen-dp-camp>.

12. Wikipedia [online]. Дата обращения к документу: 18.11.2012. URL: <http://en.wikipedia.org/wiki/Fermo_displaced_persons_camp>.

13. Уайман Марк. *Wyman Mark*. DPs: Europe's Displaced Persons, 1945-1951. Ithaca, 1998. P. 164.

14. *Запаранюк Володимир*. Забутий театр. Наш театр. Книга діячів українського театрального мистецтва. Т. 1. Нью-Йорк – Париж – Сидней – Торонто, 1975. С. 398–399.

15. *О.Л.* «Ріка» Макса Гальбе в Ашафенбурзі. Наш театр. Т. 2. С. 611–613.

16. *Ковалів Борис*. До нових творчих здобутків. З приводу прем'єри драматичної хроніки Юрія Косача «Зозулина Дача» в театрі «Розвага». Час. 1947. 12 октября.

17. *Клех В*. Интервью К.Г. Архив К. Гамарник.

18. *Ковалів Б.* До нових творчих здобутків.

19. *Клех В.* За кулісами життя і театру. С. 666.

20. *Лисяк Олег*. Ансамбль Українських Акторів 1945-49 у Німеччині. Наш театр. Т. 1. С. 389.

21. *Гайдабура В.* Театр української діаспори і діяльність Ансамблю Українських Акторів в Німеччині (1945-1949). Современное состояние украинского искусствоведения и пути его дальнейшего развития. Материалы научной конференции. Киев, 2000.

22. *Ревуцький Валеріан*. В орбіті світового театру. Киев – Харьков – Нью-Йорк, 1995. С. 59.

23. *Радиш Оксана*. Мирослав Радиш. Нью-Йорк, 1966. С. 27.

24. *Костецький Ігор*. Мирослав Радиш. Нью-Йорк, 1966. С. 45.

25. *Клех В*. За кулісами життя і театру. С. 666.

26. *Ревуцький В*. В орбіті світового театру. С. 59.

27. *Клех В*. Интервью К.Г. Архив К. Гамарник.

28. *Без подписи*. Подув вітру. Час. 1947. 21 декабря.

29. *Косач Юрій*. Дві вистави в театрі В. Блавацького. Арка. 1948. 1 января.

30. *О.Л*. Газетная заметка. Название, номер и дата не установлены. Архив В. Клеха.

31. *Ревуцький В*. В орбіті світового театру. С. 60.

32. *Берест Борис*. Безсмертя у віках. До вистави «Йоганна, жінка Хусова» і «На полі крові» Л. Українки в Ню Йорку. Название, номер и дата не установлены. Архив В. Клеха.

33. *Чечель Наталя*. Українське театральне відродження. Киев, 1993. С. 32.

34. *Шевчук Г*. «Домаха» Л. Коваленко в театрі В. Блавацького. Час. 1948. 21 марта.

35. *Тарнавський Зенон*. «Домаха». Наш театр. Т. 2. С. 467–468.

36. *Ревуцький В*. В орбіті світового театру. С. 61.

37. *Бутройд Эдвард. Boothroyd Edward*. The Parisian Stage During the Occupation, 1940-1944: A Theatre of Resistance? [online] Дата обращения к документу: 20.11.2012. URL: < http://etheses.bham.ac.uk/345/1/boothroyd09PhD.pdf)

38. *Климовский Я*. Українські театри в Західній Німеччині. С. 53.

39. *Андреа Хауер*, сотрудница Deutsches Theatermuseum. Письмо к К. Гамарник от 27 марта 2012 г.

40. *П.К.* Антигона. Трагедія Жана Ануя в театрі В. Блавацького. Час. 1948. 20 июня.

41. *И.К.Е.* «Антігона» Ануї на українській сцені. Українська трибуна. 1948. 23 мая.

42. *П.К.* Антигона. Трагедія Жана Ануя в театрі В. Блавацького. Там же.

43. *Boothroyd E.* The Parisian Stage During the Occupation, 1940-1944. C. 269.

44. *Ревуцкий В.* В орбіті світового театру. С. 64.

45. *Е.М.* Українська трибуна. 1948. 24 мая.

46. *Климовский Я.* Українські театри в Західній Німеччині. С. 53.

47. *Клех В.* Интервью К. Гамарник. Филадельфия. Архив К. Гамарник.

48. *Шевчук Г.* «Париж чи Рим?». Час. 1948. 26 декабря.

49. Там же.

50. Там же.

51. *Клех В.* Нотатки з театрального Регенсбургу в роках 1945-1949. Рукопись. С. 16–17. Архив В. Клеха.

52. *Без подписи.* Театр В. Блавацького вже у Філаделфії. Свобода. 1949. 2 июня.

53. *Без подписи.* Інавгурація українського театру в Америці. Великий успіх «Батурина» в постановці Блавацького у Філаделфії. Свобода. 1949. 4 октября.

54. *Гец.* Америка. 1949. 4 октября. (Цит. по Шашаровський В. Наші дебюти в Америці. Наш театр. Т. 1. С. 420).

55. *Гец.* На відміну: по трагедії… комедія. Америка. 1949. 25 октября. (Цит. по Шашаровський В. Наші дебюти в Америці. Наш театр. Т. 1. С. 423).

56. *Без подписи*. Америка. 1949. 11 октября. (Цит. по Шашаровський В. Наші дебюти в Америці. Наш театр. Т. 1. С. 421).

57. *Ярс*. Свобода. Еспанськька муха 1949. 25 грудня.

58. *Кедрин Іван*. Театр В. Блавацького і його нова прем'єра. Свобода. 1950. 17 июня.

59. *Блавацкий Владимир*. Письмо к Лысяку О. Наш театр. Т. 2. С. 351.

60. *Ревуцький В*. Віра Левицька. Життя і сцена. Торонто – Нью-Йорк, 1998. С. 211.

61. *Без подписи*. Свобода. 1950. 12 декабря.

62. *Шашаровський Володимир*. Наші дебюти в Америці. Наш театр. Т. 1. С. 427.

63. *ОТ*. Київ. 1951. Май-июнь. (Цит. по Шашаровський В. Наші дебюти в Америці. Наш театр. Т. 1. С. 434).

64. *Завалишин Вячеслав*. Программа «Нового Русского театра». Предположительно «Новое русское слово», 1962. Название газеты и дата не сохранились. Архив В. Клеха.

65. *Завалишин В*. «Гроза» в Новом русском театре. Новое русское слово. 1963. 27 марта.

66. Мартин Д. *Martin D*. Musical Comedy Theatre gives strong performance in Gypsy. Plattsburg Press-Republican. 1962. 23 августа.

67. Бранкалеоне Фрэнсис. *Brancaleone Francis*. New Rochelle Opera doesn't do justice to 'Rigoletto'. Gannet Suburban Newspapers. 1994. 22 мая.

68. *Берёзкин Виктор*. Даниил Лидер. Киев, 1988. С. 67.

69. *Гайдабура В*. Летючий Корабель Лідії Крушельницької. Киев, 2006. С. 151.

70. *Камінская Ирина*. Ярослав Мудрий. Свобода. 1989. 19 мая.

71. *Борзаківська Маргарита*. «Княгиня Ольга» у Філадельфії. Свобода. 1990. 7 марта.

72. *Гузар Зенон*. Хто дав їм сили жити на чужині із священним прометеєвським вогнем?.. Галицька зоря. 1991. 13 июня.

73. *Голубовский Борис*. Большие маленькие театры. Москва, 1998.

74. *Лавріненко Юрій*. Розстріляне відродження. Українське слово. Т. 1. Киев, 1994. [online]. Дата обращения к документу: 10.11. 2013. URL: < http://ukrkniga.org.ua/ukrkniga-text/87/36/>.

75. *Гайдабура В*. Летючий Корабель Лідії Крушельницької. С. 175.

76. Там же.

77. Там же. С. 160.

78. *Терен-Юськів Теодор*. «Лісова пісня» на сцені в Нью-Йорку. Свобода. 1996. 17 июля.

79. *Кузьмович Ольга*. Тріумф Л. Крушельницької. Прем'єра «Лісової пісні» Лесі Українки. Свобода. 1996. 11 июня.

80. *Бойчук Богдан*. «Лісова пісня» в Студії Мистецького Слова Лідії Крушельницької. Свобода. 1996. 12 июня.

СПИСОК СПЕКТАКЛЕЙ, ОФОРМЛЕННЫХ ВЛАДИСЛАВОМ КЛЕХОМ

Украинский драматический театр им. Тараса Шевченко
Белая Церковь – Казатин, Украина
1942-1943

«За двумя зайцами» М. Старицкого.
«Ой, не ходы, Грицю» М. Старицкого.
«Пошились в дурни» М. Кропивницкого.
«Душегубы» И. Толобочного.
Вечер украинских водевилей.
«Воскресенье» В. Чубатого (неосуществлённая постановка).

Театр «Розвага»
Ной-Ульм, Германия
1945-1947

«Назар Стодоля» Т. Шевченко.
«Наталка-Полтавка» И. Котляревского.
«Мартин Боруля» И. Карпенко-Карого.
«Боярыня» Л. Украинки.
«Лесная песня» (1 действие) Л. Украинки.
«На первые гули» С. Васильченко.
«Куда ветер веет» С. Васильченко.
«Стрелецкая любовь» И. Мандзенко.
«Подснежники» М. Цукановой.
«Сказка старой мельницы» С. Черкасенко.
«Осада» Ю. Косача.
«Кукушкина Дача» («Смотрим смерти в глаза») Ю. Косача.
«Река» М. Хальбе.
«Тётушка Чарли» Б. Томаса.
«Лесной царь Ох» А. Олеся (для детей).
«Ивасик-Телесик» по мотивам укр. нар. сказки (для детей).
«Действо про Юрия-победителя» Ю. Косача (неосуществлённая постановка).
«Моритуры» И. Багряного (неосуществлённая постановка).

Ансамбль Украинских Актёров
Регенсбург, Германия
1947-1949

Переработка пьес, шедших ранее в сценографии М. Радыша:
Переработка декораций к пьесе «Земля» В. Стефаника.
Новые элементы в оформлении к пьесе «Мина Мазайло» Н. Кулиша.

Новая сценография к спектаклям, оформленным ранее М. Радышом:
«Я и моя сестра» Ж. Берра и Л. Вернейля.
«На поле крови» Л. Украинки.
«Иоанна, жена Хусы» Л. Украинки.

Сезон 1947-1948
«Порыв ветра» Д. Форцано.   Премьера 5 декабря 1947 г.
«Улица Парковая, 13» А. Иверса.   Премьера 12 февраля 1948 г.
«Домаха» Л. Коваленко.   Премьера 7 марта 1948 г.
«Ордер» Ю. Косача.   Премьера 18 апреля 1948 г.
«Антигона» Ж. Ануя.   Премьера 3 мая 1948 г.

Сезон 1948-1949
«Лукреция» А. Обэ.   Премьера 5 декабря 1948 г.
«Переулок св. Духа» И. Чолгана.   Премьера 8 января 1949 г.
«Наталка-Полтавка» И. Котляревского (Юбилей А. Левицкого).
«Новогодний салат» (капустник).
«Спящая красавица» (для детей).

Театр «Украинская камерная сценка»
Регенсбург, Германия
1947-1949
«Потустороннее» (укр. «Потойбіч») Ю. Косача.

АУА под художественным руководством В. Блавацкого
Филадельфия, США
1950-1952
«Пришёл инспектор» Д. Пристли.   Премьера в апреле 1951 г.
Вечер Леси Украинки («На поле крови» реж. В. Блавацкий и «Иоанна, жена Хуса», реж. Б. Паздрий).   Премьера 23 декабря 1951 г.
«Я и моя сестра» Ж. Берра и Л. Вернейля. Премьера 25 января 1952 г.
«Земля» В. Стефаника.   Премьера 27 сентября 1952 г.
«Неизвестный воин» П. Рейналя.   Премьера 25 октября 1952 г.

«Украинский театр в Филадельфии»
(после смерти В. Блавацкого)
Филадельфия, США
1953-1957
«Бесталанная» И. Карпенко-Карого. Премьера в феврале или марте 1953 г.
«Инвалиды» Г. Лужницкого. Премьера в октябре 1953 г.
«Чай у господина премьера» З. Тарнавского и Б. Нижанкивского. Премьера 28 марта 1954 г.
«Сестра-привратница» Г. Лужницкого. Премьера 19 декабря 1954 г.
«Голубой Генрих» О. Шварца и Г. Ленбаха. Премьера 15 мая 1955 г.*
«А мы ту красную калину...» Н. Понедилка. Премьера 13 ноября 1955.
«Вифлеемская ночь» И. Луцика. Премьера 3 февраля 1956 г.
«Над чем смеялись наши отцы» (водевили). Премьера 24 февраля 1957.

Оперный театр г. Санта-Фе
(англ. Santa Fe Opera)
Санта-Фе, США
1961
«Богема» Д. Пуччини.
«Кармен» Ж. Бизе.
«Кавалер розы» Р. Штрауса.
«Царь Эдип» И. Стравинского.
«Персефона» И. Стравинского.
«Новости дня» П. Хиндемита.
«Баллада о Бэби До» Д. Мура.

Новый русский театр
Нью-Йорк, США
1960-1963
«Касатка» А. Толстого (дата не установлена).
«Человек и оружие» Б. Шоу (дата не установлена).
«Дядя Ваня» А. Чехова. Премьера в феврале 1960 г.
«Девушка-гусар» Ф. Кони. Премьера в мае 1962 г.
«Гроза» А. Островского. Премьера в марте 1963 г.

---

* Режиссер В. Шашаровский указывает, что декорации к «Голубому Генриху» создал Р. Василишин, однако сохранился эскиз декораций В. Клеха к этой пьесе, датированный 1956 г., когда театр путешествовал с гастролями по городам США и Канады. Вероятно, В. Клех создал сценографию спектакля для гастрольных выступлений.

Театр музыкальной комедии Финнана в Платтсбурге
(англ. Finnan's Plattsburgh's Original Musical Comedy Theatre)
Платтсбург, США
1962
«Пока, пташка» Ч. Струза.
«Радуга Финиана» Б. Лейна.
«Звонят колококла» Ж. Стайна.
«Цыганка» Ж. Стайна.

Молодёжная студия при театре «В пятницу»
Филадельфия, США
1989
«Княгиня Ольга» И. Чижа.
Торжественный вечер «В поклоне великому Кобзарю» в Вашингтоне в честь 175-летия со дня рождения Т. Шевченко.

Оперный театр г. Нью-Рошелл
(англ. New Rochelle Opera Theatre)
Нью-Рошелл, США
1991-1994
«Весёлая вдова» Ф. Легара (дата не установлена).
«Паяцы» Р. Леонковалло (1991).
«Кармен» Ж. Бизе (1992).
«Сельская честь» П. Масканьи (1993).
«Риголетто» Д. Верди (1994).

Харьковский национальный академический театр оперы и балета им. Н.В. Лысенко
Харьков, Украина
1996
«Ариадна на Наксосе» Р. Штрауса. Неосуществлённая постановка.
«Богема» Д. Пуччини. Неосуществлённая постановка.

Студия творческого слова (укр. Студія мистецького слова)
Нью-Йорк, США
1988-1998
«Ярослав Мудрый» И. Кочерги (1988)
«Думы мои» и «Невольник». Поэтический монтаж по стихам Т. Шевченко (1989).

«Думы мои» Т. Шевченко. Поэтический монтаж по стихам Т. Шевченко для гастролей по городам Украины (Май-июнь 1991).
«Патетическая соната» Н. Кулиша (1992).
«Лесная песня» Л. Украинки (1996).
«Ревизор» Н. Гоголя (1998). Неосуществлённая постановка.

ЛИТЕРАТУРА ПРО ВЛАДИСЛАВА КЛЕХА

1. *Лисяк Олег*. Ансамбль Українських Акторів 1945-49 у Німеччині. Наш театр. Т. 1. Нью-Йорк – Париж – Сідней – Торонто, 1975. С. 381-395.
2. Кузьмович Ольга. «Декорації – це така важлива частина театру, як актори». Перед виставою «Ярослав Мудрий» в Ню Йорку. Свобода. 1988. 5 марта.
3. *Клех Володислав*. За кулісами життя і театру. Наш театр. Т. 2. Нью-Йорк – Париж – Сідней – Торонто, 1992. С. 663-670.
4. *Климовський Ярослав*. 25 літ сценографом у Метрополітальній Опері. Свобода. 1993. 17 августа.
5. *Ревуцький Валеріан*. В орбіті світового театру. Київ – Харьков – Нью-Йорк, 1995.
6. *Гамарник Ксенія*. Сценограф театру В. Блавацького. Український театр. 1997. №2. С. 25–28.
7. *Гамарник К*. Українська драматургія в сценографії Владислава Клеха. Сучасність. 1997. №4. С. 143–149.
8. *Гамарник К*. Семантичний діапазон сценографії Владислава Клеха. Кіно-Театр. 1997. №4. С. 27–29.
9. *Гамарник К*. Щоб слава не пропала. Культура і життя. 1997. №7. 19 февраля.
10. *Гамарник К*. Ювілей майстра. Свобода. 1997. 3 июля.
11. *Гамарник К*. Владислав Клех в Филадельфии. Из истории культурных ценностей эмиграции. Филадельфия. 1998. 6 ноября.
12. *Гайдабура Валерій*. Владислав Клех: «Щастя просто гонило за мною…». Український театр. 2002. №1-2. С. 7–9.
13. *Гамарник К*. Владислав Клех: Жизнь, отданная театру. Из истории культурных ценностей эмиграции. Побережье. 2002. №11. С. 247–256.
14. *Гайдабура В*. Летючий Корабель Лідії Крушельницької. Студія Мистецького Слова в Нью-Йорку. Київ, 2006.

X
ДОПОЛНЕНИЯ. ИЗ АРХИВА В. КЛЕХА

Владислав КЛЕХ

ЗА КУЛИСАМИ ЖИЗНИ И ТЕАТРА

Первые главы неоконченной рукописи

Публикуется впервые с небольшими сокращениями

Мой родовод

Отец мой – Станислав Непомук-Клехньовский, польского происхождения, родился и вырос в Чигирине на Украине, в семье богатых и знатных, с гербами и прочими дворянскими грамотами, всем тем, что теперь не имеет никакой ценности ...

После объявления Польши самостоятельным государством, во главе которого был маршалек Юзеф Пилсудский, семейство отца уехало в Варшаву, да там и поселилось. Семья отца была большой, сам Иван Непомук-Клехньовский (мой дед), бабушка, четверо мальчишек и одна сестра (моя тётка Ганка)... Она получила хорошее образование в области музыки, и, будучи ещё совсем молодой, уже была довольно известной в музыкальном мире Варшавы как талантливый композитор и дирижёр.

А тем временем, после октябрьской революции, власть в Советской России перешла в руки народа, и тут выяснилось, что, разрушив всё, Советы не в силах восстановить индустрию из-за отсутствия инженеров, плановиков, техников ... их уничтожила рабоче-крестьянская власть. В результате, для восстановления фабрик и заводов нужна была помощь из-за границы, помощь иностранцев. Звали из Бельгии, Германии, Польши, особенно много было из Польши ... Отец мой был в числе приглашённых, как один из известных специалистов по производству и установке высоковольтной аппаратуры и изоляторов.

Итак, мой отец очутился в Киеве ... Там он и познакомился с моей мамой, работавшей в экономическом отделе.

Я появился на свет Божий спустя года два, 4-го июля голодного 1922-го года. Запись о моём рождении сохранилась доныне в книгах Варшавского «Костёла Збавицеля». Как я туда попал? Очень просто. В Киеве в то время не могло быть и речи о том, чтобы крестить меня. Уцелевшие церкви были закрыты, заколочены или превращены в склады ... Так что крестили меня только спустя года два-три или четыре после моего рождения, когда мы уже переехали в Польшу. А произошло это без подготовки, неожиданно. В один прекрасный день советское правительство объявило: «Все иностранные подданные должны оставить пределы Советского Союза в течение 48-ми часов» – и баста. Время пролетело быстро в спешке сборов и прощаниях, и мы покинули родной Киев, уехав в Варшаву ... Помню, что по приезде в Варшаву меня крестили в костёле, отдельные отрывки церемонии крещения остались в памяти до сих пор.

Одним из многочисленных кадров этого фильма событий, оставшимся в моей детской памяти, была жизнь на даче под Варшавой, в небольшом домике, окружённом всяческой зеленью ... В будни отец уезжал электричкой в Варшаву, мама с бабушкой (матерью отца) возились по хозяйству, а тётка занималась музыкой, играя и аккомпанируя на пианино. Так в беспечности прошло несколько лет...

Одно из событий, оставшихся в калейдоскопе детства – поездка мамы в горы, в Закопане, в санаторий для лечения лёгких. Подозревали туберкулёз. Вскоре после приезда мамы из Закопаного было решено: мама со мной поедет навестить своих родственников – братьев и сестёр, оставшихся в Киеве ...

Помню курьёз. При переходе границы на станции Здолбуново-Шепетовка я впервые увидел советского солдата в будёновке с красной звездой и заорал на весь вагон: «Мама, пач, большевик», т.е. – «Мама, смотри, большевик», – я тогда говорил только по-польски. На меня зашикали со всех сторон, а мама, приложив палец к губам, прошептала: «Тихо, бондзь». Я, сконфузившись, уже молча наблюдал за процедурой проверки паспортов и виз, и перетряхивания чемоданов и сумок.

Без особых (или, может, забытых) перипетий мы приехали в Киев. От прежней квартиры почти ничего не осталось. «Уплотнение» было в самом разгаре. В квартире из шести комнат, где жили моя бабушка с сёстрами и братом, их всех запихнули в две комнаты, а в остальных четырёх поселились ещё две семьи. Все пользовались одной уборной и ванной, а кухня стала коммунальной: каждый имел свой «примус» или «грец» ...

У одной из сестёр мамы, у которой мы также перебыли несколько дней, квартирное положение было много хуже других: жила она в проходной комнате, через которую время от времени проходила весьма недружелюбно настроенная соседка, направляясь на кухню или в уборную ... Эта соседка у входной парадной двери устроила логово для своей собаки, такой же недружелюбной дворняги, как и её хозяйка, с совершенно несоответствующим именем Дружок. Дружок ... постоянно лаял и бросался на всех, живущих в квартире.

Несколько раз в неделю мы отправлялись с визитом к дяде Пете с тётей Валей. Их дочь, моя кузина Ленка, была на год моложе меня. Их квартира была более обширной и удобной, и мы много времени проводили у них. Дядя Петя был картографом, работал в аэрофотосъёмке, что ставило его на более высокую ступень в советской иерархии. Дядя ... очень хорошо рисовал и был добрейшим человеком ... часто мы рисовали вместе.

...Подходило время готовиться в обратный путь, в Варшаву. Снова начались хлопоты по подготовке к отъезду бумаг-паспортов и визы, хождения из одного управления в другое, в посольство и многочисленные советские учреждения. И вскоре стало ясно, что всё это непросто: Советское правительство заявило, что мама, несмотря на польский паспорт, всё ещё оставалась советской подданной, поэтому в визе на выезд в Польшу ей было отказано. Отправиться к отцу в Польшу разрешали мне одному ... Конечно, всё это – уезжать одному, оставив маму, было не для ума семилетнего мальчишки. Тем более, что мама сама не в силах была решить, что делать, и спрашивала меня, что я хочу: ехать к отцу или оставаться с ней. Она понимала, что жизнь в СССР будет нелёгкой и что мне гораздо лучше было бы в Польше, у отца, и, вместе с тем, знала, что, расставшись, мы вряд ли когда-нибудь встретимся, что это разлука навсегда. В конце концов, семейный совет решил, к моей радости, что мне оставаться с мамой, а там – что Бог даст.

Дело шло к осени и меня определили в школу. Школа была польской и помещалась она в Рыльском переулке, в здании бывшей гимназии Стельмашенко ... Учили нас петь по-польски Интернационал, тогда ещё бывший национальным гимном, помню – ещё какую-то революционную песню, из которой остались в памяти только несколько слов: «На баррикады, на баррикады, червоний прапор до гуры взнесь». Да ещё помнится, что уже в этом возрасте были заложены уже во мне зёрна «контры»: на переменах с одноклассниками ... распевали ту же песню в нашей переделке: «На баррикады биюся дяды...» (дяды – по-польски значит нищие, люмпен-пролетариат) ...

Жить пришлось в очень тяжёлых условиях ... было тесно и неудобно. Спать приходилось на столе, т.к. места для лишней кровати не было.

Так мы промыкались, с квартиры на квартиру, от одной тётки к другой, или у дядюшек, около года. И вдруг случилось несчастье – маму арестовали, обвиняя в шпионаже в пользу Польши ... У советской власти на всё были свои основания: «Почему и зачем мама ходит в польское консульство, вынося оттуда какие-то пакеты?». В действительности, все посещения посольства мамой были результатом желания отца как-то помочь нам материально ... Почтовой связи с Польшей не было, поэтому всё – переписка и пересылка всего, что могло облегчить наше существование, – происходило через дипломатических курьеров ... Вот это хождение в консульство и наделало много беды и горя ...

Через три месяца ... маму выпустили... с условием, что она ни жить, ни работать в столичном городе Киеве не смеет ... маме предложили работу на Донбассе, в небольшом, но очень индустриальном городке Константиновке. Это был сплошной ряд заводов и фабрик, построенных ещё до революции так называемой «бельгийской колонией», с домами-общежитиями для рабочих. Железнодорожные пути разрезали город на две части. По одной было скопище индустрии, с бесконечно бегающими «кукушками», гоняющими с грохотом вагоны – то с углём, то с разнообразными машинами, ящиками, или просто идущие порожняком. Всё это – заводы, «кукушки», домны металлургического завода с целым взводом кауперов, химический завод с высокими трубами ... беспрерывно чадило жёлто-зелеными газами с вонью тухлых яиц и окутывало не только заводскую часть, но и вторую, «жилую» половину города ... Копоть, грязь и выбрасываемая фабриками угольная пыль – всё это оседало жирным чёрным слоем на всём – улицах, деревьях, листьях, которые тоже были чёрного цвета; на домах, на одежде обитателей – и даже проникало в рот, уши и забивало нос и глаза. Зловонные извержения химического завода еще более отравляли и без того загрязнённый воздух. Чтобы дополнить картину, скажу, что за 7-8 лет жизни в Константиновке я не видел белого снега: падая, не успев достигнуть земли, снег уже был буро-жёлтой массой.

Тротуаров почти не было, кроме главной улицы, вдоль которой ходил трамвай по одной линии. В определённых пунктах линия раздваивалась, там поджидал встречный вагон, чтобы разминуться.

В центре были всевозможные клубы, был даже дворец культуры химиков. Это было огромное здание, построенное уже после революции – новая революционная эпоха бесформенных глыб, архитектура нового времени и новых идеалов. В этом дворце был довольно большой театральный зал, с большой и неплохо оборудованной сценой.

Там выступали с гастролями театры из Киева, Харькова или концертные группы.

Были там и библиотека, и множество кружков – хоровых, театральных, и даже была школа «Изо» (изобразительных искусств), которой руководил довольно известный в то время художник Николаев ... Так началось моё знакомство с театральной живописью. Гастролирующие в летнее время театры (напр., театр им. Франко из Киева) привозили с собой декорации ... вот тут нам и позволяли ... помогать ремонтировать и подмазывать испорченные места, за что мы могли бесплатно смотреть спектакли ...

Мама получила работу в плановом отделе – решили использовать её знания экономиста. Начальник Гапанович оказался очень приятным и доброжелательным человеком ... Устроил в квартиру в ИТР-овском доме, что было для нас роскошью по сравнению с киевским жильём. Дом был новостройкой в четыре этажа. Водопровод был, но ни ванной, ни уборной не было ... место для которой было запроектировано, но оборудование отсутствовало, и это помещение служило кладовой. Квартира состояла из двух комнат и маленькой кухни с плитой, которая отапливалась углём ... Мы с мамой жили в одной комнате, а вторую занимала супружеская пара юристов «старого воспитания». Как они уцелели – было загадкой ... Мамин начальник жил в этом же доме этажом ниже. Чем выше было начальство, тем ниже этажом помещалось, очевидно, чтобы было поближе бегать в дворовую уборную ...

Мама была очень добросовестной и работала как вол, в результате чего мы виделись очень мало: по утрам несколько минут, перед её уходом на работу, и поздно вечером, если я ещё не спал. Но последнее бывало очень редко, т.к. мама приходила домой поздно, у неё (как, впрочем, у каждого советского гражданина), кроме оплачиваемой работы, были ещё бесконечные «общественные нагрузки». Она учила безграмотных пожарников, перепечатывала на машинке статьи для заводской стенгазеты ...

Так минуло семь лет. Я перешёл в восьмой класс. Летом поехали в Киев навестить родных – повидаться и хоть на несколько дней уйти от будней Константиновки.

Год был 1937 – год ужасов, трагедий, год массового истребления неповинных людей, расстрелов и высылки на каторжные работы ... Повальные аресты были повседневным, вернее, повсенощным явлением ... с наступлением ночи несчастное обречённое население прислушивалось к шагам на лестнице, в коридоре, к стукам в соседние двери и рычанию-гулу «чёрного ворона» (полуторатонного крытого грузовика, в котором работники НКВД приезжали производить аресты неповинных жертв)...

Итак, мы попали с мамой в Киев, во время её отпуска, в августе 1937 года. Разместились в двух семьях родственников: мама у дяди Пети, а я в семье двоюродного брата Юрки: там было мне веселее, да и легче было расквартироваться, не отягощая одну семью лишним ртом.

Утром, накануне нашего отъезда на Донбасс после проведенного отпуска я пришёл на квартиру дяди Пети и – о ужас! Двери настежь, в квартире всё разворочено и разбросано, мама и жена дяди Пети все в слезах, а маленькая Ленка, забившись в угол, скулит, как избитый щенок. Первое, что пришло мне в голову, это что ночью налетела банда грабителей ... такие случаи были очень частым явлением – криминал процветал махровым цветом. Мама ... шёпотом сказала, что ночью забрали дядю Петю ...

По возвращении нашем в Константиновку я начал восьмой класс. Продолжалось это недолго. В сентябре 1937 года случилось то, чего все боялись, но всё-таки надеялись, что, может, судьба помилует, может, пронесёт... Но «судьба» вломилась и в нашу квартиру, с наганами наготове, в сопровождении «понятого» – нашего дворника, на лице которого, казалось, было написано: «Я здесь ни при чём, они меня заставили». А «они» – это четверо НКВДистов ... На стук наганных ручек (хоть и был электрический звонок) к двери первой подскочила соседка ... И вся власть предстала перед нами, грубо расталкивая собравшихся в коридоре соседей. Ватага представителей закона зашагала в направлении нашей комнаты ... К полуночи в комнате всё было развёрнуто и перетрясено. Не нашли ничего, кроме двух томиков русского поэта Надсона, изъятого из советской литературы за его «декадентское упадничество».

Это была последняя ночь, когда я в последний раз видел маму. Несмотря на ужас происходящего, мама держалась внешне спокойно, даже гордо. Временами поглаживала меня, прижавшегося к ней, по голове ... стараясь облегчить страх, сковавший меня. Когда её уводили, я каким-то звериным чутьём знал, что это уже навсегда, что «оттуда» никто не возвращается ... одинокой женщине слабого здоровья воспитывать, кормить и одевать мальчишку-сына не так легко. Да ещё при каторжной занятости, когда приходилось работать день и ночь – не только ради куска хлеба, но и в стремлении «искупить вину» перед государством, доказать свою невиновность. Но всё было ни к чему, она была давно уже намеченной жертвой «в процессе очистки социалистического общества от врагов народа». Арест мамы был только вопросом времени...

Так, в последний раз прижав меня к себе, ушла от меня навсегда моя дорогая мама Мусенька.

После неоднократных визитов в НКВД мне удалось узнать, где мама и что можно передать ей из необходимых вещей, ведь её забрали только в жакетике, а осень была холодной и ненастной ... Маму перевели в районный город Артёмовск. Там была большая тюрьма, и я туда поехал с узлом вещей, на мой взгляд, крайне необходимых: одеяло и зимняя одежда (пальто, платье, бельё). Всё это образовало довольно большой тюк – матрасный мешок, из которого я высыпал солому. Тюк был велик и тяжёл, но я впихнул в него всё необходимое, вплоть до деревянной ложки.

Не помню уже, как я добрался до Артёмовска, до тюрьмы, из которой отправляли на этап после так называемого предварительного короткого следствия, помню только колоссальную массу людей в очереди. Стояли, сидели или просто лежали (видно, в изнеможении) на улице, ведущей к воротам тюрьмы, тысячи людей, подобных мне – с узлами, котомками, мешками, окружая квартал тюремной площади и ДОПРа.

Вся эта картина была ужасной. Очередь в большинстве состояла из женщин – матерей, жён, сестёр, дочерей арестованных. Многие рыдали, лица всех были искажены безмерным страданьем.

Время от времени брякал засов на тюремных воротах, в них открывалось небольшое отверстие, подобие окна или калитки, через которые передавались пожитки обречённому.

Так я провёл в ожидании своей очереди дня два или три, сидя на тротуаре, вцепившись в мешок с вещами. Очередь продвигалась очень медленно, но в конце концов дошла и до меня. Пробившись к двери, у которой оставляли вещи с короткой запиской (кому и от кого) и сдав вещи, оставалось ждать ответной записки.

Вскоре меня вызвали к окошку, где ткнули мне ответную записку от мамы – всего несколько слов, оставшихся в памяти на всю жизнь: «Вещи получила, спасибо. Муся». И это всё. Это были последние слова на клочке обёрточной бумаги, последнее прости ...

Через несколько дней мне заявили, что в квартире я оставаться не могу, должен освободить её немедленно. Меня временно приютили родители одного из моих школьных друзей ... Собрав свои жалкие пожитки, с тяжёлым сердцем я простился с тем местом, где прошла половина юности и произошла трагическая потеря мамы. Школьные друзья и соседи подбадривали меня ... и проводили на вокзал.

Киев встретил меня холодной осенью. Ветер, дождь, небо, забитое непроглядными тучами – всё это было как бы в унисон с моими чувствами и настроениями.

...Родные, старые друзья и знакомые пришли на помощь кто чем мог... Учебный год уже начался ... я в конце концов был «осчастливлен»: был объявлен дополнительный набор в училище связи при Центральной телефонной станции ... я получал временную прописку как студент.

Меня поместили жить в малюсенькой комнатке под крышей на чердаке, в которой жил ранее мой дядя Серёжа (муж старшей маминой сестры Жени). О дяде моём можно было бы рассказывать бесконечные истории. Он был человек высокого роста, хорошо сложён, с лицом аристократа... Образование его было всесторонним, со специальным военным, в чине полковника, а главное, это был человек необычайной честности... Это был человек прошлого, когда галантность и воспитанность были неотъемлемыми качествами офицера. Он так же был большим знатоком музыки ...

Вот несколько курьёзных случаев из жизни моего дяди... Спустя несколько лет после революции (не знаю, как дядя в революцию уцелел), когда большевики укрепились во власти, сказалась нехватка образованных людей для преподавания в высших военных учебных заведениях... И вот, дяде предложили преподавать в одной из советских военных академий. Предстал перед квалификационной комиссией... дядя попросту заявил: «Я полковник (такой-то), присягал его императорскому величеству, и вам, дуракам, служить не буду». Вот и всё. Повернулся и ушёл. Так, за все годы жизни при советской власти, дядя нигде и не работал, если не считать случайные роли на Киевской кинофабрике или пение в капелле бандуристов, либо в хоре местной оперы.

Не обошлось без иногда смешных, иногда грустных историй... Так, в одном из фильмов дядя играл роль царского полковника ... с гордостью рассказывал: «сегодня я опять был в своей форме полковника». Или же с возмущением рассказывал, что «пришлось играть роль ямщика»... К сожалению, дядя этот, как почти и все из моих родственников и родных, жизнь свою закончил в ссылке, неизвестно где.

Так вот, я получил в наследство дядину комнатёнку, всё ещё набитую массой всевозможных оперных партитур; да оставалась ещё его бандура.

...Окончил школу очень успешно, с хорошими рекомендациями... На станции меня нагрузили общественной работой – сотрудничать в стенгазете, зная мой талант в рисовании... Я не отказался, т.к. вообще старался делать всё возможное, чтобы быть на хорошем счету... боясь, что моё тавро сына репрессированной, рано или поздно, может перевернуть всё вверх тормашками.

И вот... Меня неожиданно вызвали к директору... Обыкновенно, это не обещало ничего хорошего... За все эти годы мне ни разу не приходилось быть в директорском кабинете... За столом в клубах сизого дыма сидел мужчина средних лет, с сухим болезным лицом... Директор сидел несколько в стороне, пыхтя папиросой... Не вставая, директор представил человека, сидящего за столом: «Прошу любить и жаловать, секретарь райпарткома, товарищ З.».

Человек за столом улыбнулся кривой улыбкой... «Я здесь вот по какому делу. На одном из последних заседаний бюро райкома было предложено послать от нас на только что организованный курс журналистики при одной из наших местных газет... во главе с известным нам всем передовым журналистом тов. Чаговцем*, двух членов редколлегии вашей стенгазеты, которая, кстати, получила очень похвальную оценку, как одна из передовых газет в нашем районе. Вот мы и решили предложить послать на этот курс наиболее подходящего активного члена редколлегии, посоветовавшись с вашим местным парторгом товарищем Х., так как это его дело заботиться о политическом лице и качестве газеты. Получив похвальный отзыв о товарище К. (при этом он указал в мою сторону), я тоже присоединяюсь к его мнению... Но, вместе с тем, мы берём на себя колоссальную ответственность. Мы знаем, что мать товарища К. в заключении... Ну, разрешите процитировать слова нашего дорого товарища Сталина: «Дети за действия родителей не отвечают». И в данном случае мы решили провести это в жизнь, как доказательство справедливости советской власти и коммунистической партии»...

Всё это было накануне войны, начало которой решило всё по-своему.

Война

- Война! Война! Отечественная война!

Надрываясь и дрожа от нетерпения, рупоры трансляционной городской сети и Киевские радиостанции – «РВ-9» и «РВ-87» - передавали специальной важности «историческую речь – обращение великого отца народов»... и, вместо традиционного «товарищи», вдруг – «дорогие братья и сёстры... неумолимый враг напал на нашу родину...» и т.д., с бодрой концовкой: «Враг будет разбит и победа будет за нами» **.

---

* *Очевидно, речь шла о Чаговце Всеволоде Андреевиче (1877-1950), известном украинском театроведе и журналисте.*

** *Воспоминания В. Клеха про первые месяцы войны опубликованы в в украинском журнале «Сучасність» (№1, 2000).*

Белоцерковский эпизод

> *Луна спокойно с высоты*
> *Над Белой Церковью сияет*
> *И пышных гетманов сады*
> *И старый замок озаряет.*
>   А.С. Пушкин

Как это живописно и красочно! Не раз в лунную ночь приходили вновь эти гениально простые слова, так безошибочно описывающие место, где я очутился ...

Мой приезд в Белую был случайным событием. После не совсем удачной кампании по защите отечества и немецкого плена, вернувшись в Киев, я пытался кое-как устроить свою «новую жизнь» ...

И вот в эти дни изощрённых поисков источников существования явился мой кузен Юра ... Узнав о моём возращении в Киев, Юра решил подобрать меня в Белую, где было сытнее и теплее ...

Юра жил со своим отцом, братом моей матери, в квартире около местного музея* и галереи, чудом уцелевших от бомбёжек и пожаров. Всё это находилось на Замковой горе, на высоком берегу Роси, неподалёку сохранившегося костёла, вокруг которого немцы устроили военное кладбище. До революции всё это ... принадлежало графу Браницкому ... Браницкий собрал в своём «замке-имении», находившемся в роскошном парке Александрии колоссальное количество картин – старых фламандских мастеров и более новых художников; масса скульптур в бронзе и мраморе украшала замок и аллеи парка. Много из этих сокровищ было уничтожено «пламенем революции». А то, что сохранилось, послужило базой музейных достояний ...

Украшением Белой Церкви была также, к великому сожалению полуразрушенная, очень величественная даже в своём увечье, гордая и красивая православная церковь графини Александры Браницкой ... Все эти богатства в течение многих лет не особенно ценились. Всё сохранившееся и уцелевшее, носившее религиозный характер (церковная утварь, иконы, живопись на религиозные темы и книги) в советские времена были упрятаны в подвалы ... С приходом немцев, по инициативе местного населения, многое было возвращено к жизни, восстановлено, реставрировано – к чему, кстати, приобщился и я, работая над полуистлевшими полотнами.

---

* *В 1924 г. усилиями краеведа С. Дроздова (1867-1933) был создан Белоцерковский окружной музей древностей, который расположился в бывшем доме ксёндза на Замковой горе. Ныне Белоцерковский краеведческий музей. В 1983 г. музей переехал в новое здание.*

Многое из церковной утвари – иконы, подсвечники, Евангелия, паникадила и облачения (ризы) – разбирались местными священниками для ново открывающихся церквей. Оставшееся шло в экспозицию музея и галереи. Музей помещался в доме ксёндза. Это был большой дом с высокими потолками, залами и окнами от потолка до пола ... Бесчисленное количество комнат, теперь наполненных историческими экспонатами ... много витрин и «панорам», напоминающих нам о наших пещерных предках ... Одним из оригинальных экспонатов был «Чумацький віз» – воз, которым чумаки привозили соль из Крыма ...

Множество крупных и мелких предметов обихода, домашней утвари, оружие (бунчуки) и казацкие знамёна и одежда, также – в форме усечённого ромба бруски серебра (довольно увесистые – около 200-300 грамм) – первые «деньги», так называемые гривны. Всё это было хорошо экспонировано, и вообще музей, как видно, был в руках людей, знающих своё дело и любящих его ...

Одна из комнат была отведена под мастерскую, где работали не только реставраторы, но и сам куратор, а также – прочий музейный персонал. Во главе всего этого заведения стоял мой дядюшка, человек образованный в области истории искусств, бывший профессор Киевского университета, и, как все порядочные люди, сделавший свой вклад в постройку Беломорско-Балтийского канала под «чутким» управлением и зорким глазом НКВД. Отбыв свой срок за анекдотики и не получив разрешения на проживание в Киеве, дядюшка отправился в Белую (где было довольно большое собрание подобных ему репрессированных, т.е. бывших заключённых) и получил там работу в архивах музея. Когда же советское руководство рвануло на восток ... дядюшка с несколькими работниками музея остались в Белой, стараясь сохранить по возможности музейное добро от расхищения, и не без успеха. Советы не успели вывезти, а немцы вначале даже не подозревали, что в таком маленьком городке ... помещалось столько сокровищ. Как только первая волна фронта перевалила через Белую ... благодаря дядюшкиным усилиям удалось убедить местные гражданские (немецкие) власти в необходимости сохранения музея ...

Когда я приехал в Белую, музей был уже «на ходу» ... Несколько дней я провёл, знакомясь с музеем, его сотрудниками, работой кураторов и реставратора. Последний оказался приветливым, и вскоре мы подружились: он стал посвящать меня в тайны искусства реставрации ... Конечно, дядя играл колоссальную роль в формировании моего понимания искусства ... Масса книг по искусству и истории и замечательно иллюстрированный журнал «Солнце России» ... Дядя очень осторожно и заботливо открывал мне все эти достояния ...

Кроме занятий в музее, я ходил по окрестностям Белой, вдоль Роси и в парке, делал бесконечное множество этюдов, зарисовок. Для меня это было и школой, и работой, и отдыхов. В первую очередь – школой, потому что каждый этюд, каждый «нашлёпок» подвергался честной и откровенной критике ... Судьями были дядюшка и художники, работающие в музее ...

Время от времени посещали музей и немцы. В большинстве случаев это были офицеры, интересовавшиеся, помимо войны, историей и культурой «унтерменшей» ...

В Белой, кроме музея, был ещё один очаг искусства – местный театр (в нём когда-то работал Лесь Курбас), здание которого было построено ещё до революции. Небольшой зал с балконом и сцена с её техническим оснащением, также и электрооборудование – всё это было примитивным и устарелым ... Единственное, что совершенно необъяснимым образом уцелело – это был занавес тёмно-зелёного бархата. Правда, сам материал был уже довольно ветхим и местами с плешинками, но, в целом, он ещё служил свою службу, пряча свою убогость в богатых складках драпировки.

Всё это было запущено, грязно и неприветливо, и казалось обречённым прийти в полную негодность. С приходом немцев театром никто не занимался. Но, спустя несколько времени, вспомнили и о театре: приставили администратора, появился сторож и несколько уборщиц. Появилось электричество, и началась канитель приведения театра в порядок ... Всё это, конечно, с благословения немецкой «stadtskommandatur» и местных отцов города ... Немцы искали мест развлечений для своих солдат, - видно, так называемый «soldatenheim», помещающийся в большом здании бывшей синагоги, без зала и сцены, не мог их удовлетворить. Это и послужило причиной воскресения старого и небольшого, но всё-таки театра.

В музее было мало работы, особенно зимой, – времени хоть отбавляй. В одно из посещений театра подошёл ко мне Шевченко* с предложением проектировать декорации к нехитрой комедии М. Старицкого «За двумя зайцами». Я охотно согласился. Таким образом, моя жизнь снова связалась с театром, на этот раз (я тогда ещё не знал), на всю жизнь ... Итак, я дебютировал как декоратор, почти без опыта и технических знаний секретов сцены ...

У меня к этому времени закрепился роман с Лидой, которая тоже влилась в труппу. Так как она не знала украинского языка, ей приходилось играть только в массовках без слов, или если устраивались так называемые «бунтер абенд» («пёстрые» вечера) для немцев ... Так мы, я и Лида*, стали уже неотъемлемой частью театра.

---

* *В. Клех указывает в воспоминаниях, что до войны Шевченко работал в Театре им. Франко, закончил режиссёрский курс при театре.*

Вскоре театр получил приглашение в Казатин «на постоянно». Там построили новый театр, а играть было некому. И вот, отцы города Казатина предложили театру из Белой Церкви переехать к ним, обещая «золотые горы». «Золотых гор» не оказалось, но всё-таки условия были лучше, чем в Белой ... Лида была почти не занята в репертуаре, а мне приходилось работать за троих: художник, осветитель-электротехник и рабочий сцены ... Театру полагалась небольшая поддержка от местных властей в виде продуктов и некоторых льгот на приобретение материалов для оформления спектаклей. Декорации же, из экономии, в большинстве случаев переписывались и перестраивались бесконечное количество раз.

Репертуар был небольшой и нехитрый. Несколько комедий, две-три драмы и множество всяческих водевилей. Всё это выглядело крайне жалко, о каких-то творческих исканиях или артистических достижениях не могло быть и речи. И продолжалось всё не слишком долго. Атмосфера накалялась, бесконечные бомбёжки не вдохновляли ни публику, ни нас. Вскоре труппа начал распадаться. Кто куда, где лучше и сытнее. Фронт приближался. Было не до театра. Мы, я и Лида, решили двигаться на Запад, в надежде добраться до Варшавы, где, возможно, был мой отец и его родственники ... подальше от фронта, буквально следовавшего по пятам.

День за днём, километр за километром, с поезда на грузовик. Да и шлёпать пешком приходилось немало ...

С большими трудностями мы добрались до Варшавы. Найти отца было нетрудно: телефонная книга была лучшим путеводителем, с указанием телефона и адреса ... Встреча наша была довольно холодной: мы были чужими людьми. В последний раз отец видел меня перед моим и маминым отъездом из Варшавы в Киев. Было это в начале тридцатых годов, и мне было тогда около 7-8 лет. Прошли годы, угасли чувства, у отца была новая семья...

На этом рукопись Владислава Клеха обрывается.

---

* *Согласно воспоминаниям В. Клеха, Лидия Королёва – молодая актриса Ленинградской эстрады в жанре имитации детской речи, сумевшая вырваться из блокадного города. Пути Владислава и Лидии разошлись в Варшаве, откуда она отправилась в Вену. Её дальнейшая судьба неизвестна.*

Владислав КЛЕХ

МОЙ ПЕРВЫЙ СПЕКТАКЛЬ В ТЕАТРЕ БЛАВАЦКОГО

В 1947 году я получил официальное приглашение от Владимира Блавацкого сотрудничать с его театром в Регенсбурге. В то время я работал в театре «Розвага» в Новом Ульме, который возглавляли Антонович, музыкальный руководитель и дирижёр, и режиссёр Мандзенко-Серый. С тяжёлым сердцем я расстался с друзьями из ульмовского театра, ведь я был одним из его основателей.

Нечего и говорить, что подобное случается только раз в жизни, когда фортуна улыбается тебе: несмотря на то, что я уже успел насобирать немалую стопку положительных рецензий на мои оформления спектаклей в ульмовском театре, получить приглашение от В. Блавацкого, именно тогда, когда его театр был, бесспорно, одним из лучших ансамблей в Германии!

Мой приезд пришёлся как раз на самый разгар работы над пьесой Д. Форцано «Порыв ветра» перед открытием сезона 1947-48 гг. В то время, когда я приехал в театр, все мизансцены уже были «разведены», костюмы шились, реквизит был подобран – спектакль почти был готов – всё, кроме декораций.

После короткого совещания с Блавацким я, дословно, на колене делал эскизы и чертил планы будущего оформления «Порыва ветра». Еще до моего приезда было сделано кое-что из декораций, но то, что было сделано, не отвечало замыслу и требованиям Блавацкого. И не удивительно, то, что я увидел, было очень примитивно и старомодно, более с живописным подходом к раскрытию сценического оформления. В. Блавацкий, со своим утончённым вкусом полностью отказался от этого сугубо реалистического подхода, этой банально наивной трактовки спектакля.

Так я оказался среди совершенно новых людей, славных актёров, перед гениальным режиссёром, с которым мне посчастливилось разделить не один год сотрудничества, не одну премьеру с большим успехом (что не раз подчёркивала критика).

Мы очень легко нашли общую линию-направление, понимали друг друга почти без слов. Это напомнило мне очень удачное выражение Е. Дычкивны-Блавацкой (*жены режиссёра – К.Г.*): «что мы нашли друг друга, как два зёрнышка мака в большой макитре» (*укр. – миска, К.Г.*).

Я приехал в театр с Варваровым, главным администратором театра. Меня приветствовал Блавацкий с группой актёров, которые недоверчиво присматривались ко мне. Только Блавацкий очень дружелюбно поздоровался со мной, представил меня остальному ансамблю. Актёры, музыканты, технический персонал, который состоял из двух работников сцены – словом, все собрались посмотреть, что это за «чудо» будет «спасать» спектакль. Блавацкий коротко рассказал про ситуацию, в которой оказался театр. Нужно было найти выход из положения и через две недели открыть новый сезон премьерой.

По инициативе Блавацкого все без исключения должны были помогать в создании новых декораций, уже по моим эскизам и рисункам. Действительно, все делали, кто что мог – сбивали рамы, натягивали холсты, грунтовали и даже рисовали заранее смешанными красками. Даже сам Блавацкий, несмотря на его не очень крепкое здоровье, брался за работу, что придавало энтузиазма всем остальным.

Всё, что было «подгрунтовано», проходило через мои руки. Я оттачивал детали и вообще дописывал под свой стиль. Собственно, особо расписываться было негде, весь спектакль состоял из отдельных, небольших деталей, отдельных фрагментов с дверями, окнами, небольшими лестницами на «второй этаж», парапета набережной Понте Веккио с бюстом Бенвенуто Челлини и фонаря. Пьеса написана в форме киносценария и только на хорошо оборудованной сцене можно обеспечить непрерывность действия. Словом, всё оформление было в отдельных деталях, намёках, недосказанности. Меня лично некоторые детали не очень удовлетворяли, можно было бы ещё немного дописать, усилить, закончить. Однако, возможно, именно эта недосказанность, незавершённость и нравилась Блавацкому. Он очень хвалил и радовался, что мы успели сделать оформление. Для меня это была высшая награда. Ведь я работал для него, а он был – Театр. Я радовался тому, что был маленьким колёсиком в этой сложной машине сценического действия, а он был главным машинистом, тем, кто руководил творческой силой – воплощением мечты в сценическую реальность.

В почти пустом зале, в проходах между креслами, со сложенными на груди руками, как бы обнимая самого себя, ходил Блавацкий, время от времени посматривая на сцену, на то, что я «натворил», и снова возвращаясь к своим мыслям. И так общими усилиями, а скорее, невидимыми напряжением таланта этого необыкновенного человека, было создано оформление спектакля. От этой худощавой, высокой фигуры, немного наклонившейся вперёд, словно готовой сорваться в поисках нового, готовой к ударам протестов прошлого, веял запал, творческая энергия, которая передавалась без слов всем окружающим.

Всё горело в спешке создания спектакля, вернее, его оформления. С первого акта и до конца пьесы всё было одобрено Блавацким. Всё без переделок шло на сцену, собиралось в акты. Подвешивались падуги, кулисы, прикручивались «шпрайсы». Генка Левицкий носился с лестницей, развешивая лампы, направляя рефлекторы. Все двигались, что-то делали… Так вместе мои новые друзья помогли мне сделать моё первое сценическое оформление в ансамбле Украинских Актёров (АУА).

В один, очень важный для нас день, всё было готово к генеральной репетиции. Актёры в костюмах, свет проверен, декорации готовы. Лёгкое напряжение повисло в воздухе.

Блавацкий в зале в первом ряду, немного откинувшись в кресле, заложил ногу за ногу и произнёс волшебное слово: «Гора!» - это означало, что занавес пошёл вверх и действие началось.

В постановке Блавацкого всё должно было играть, не было ничего лишнего, всё имело своё предназначение. Эта скупость, и, вместе с тем, выразительность, была связана со всем спектаклем. Я был поражён таким совпадением наших взглядов. Наверное, это и было ключом к нашему ещё большему сближению в будущем, потому что я тоже стремился к максимальной выразительности-связи со спектаклем, минимуму сценических атрибутов, не перегружающих сцену элементами приукрашивания.

Почти не делая замечаний, Блавацкий следил за развитием действия, правильностью мизансцен, видом костюмов, освещением, хотя это было нелегко, ведь он сам исполнял главную роль. Это ещё больше усиливало напряжение режиссёра-актёра.

Премьера прошла с большим успехом, пресса и общественность ощутили порыв нового свежего ветра. Некоторые жаловались, что пьеса не украинская, театр растрачивает народные традиции, и т.п. Так говорили люди, которые не понимали, что не только познакомились с произведением этого великого Таланта, но и с драматургией других народов. Но эта «ложка дёгтя» не могла испортить «бочку мёда» – спектакль Блавацкого. Для меня это был вход в храм, где служил этот великий Гений, незабываемый Творец великого украинского театрального искусства.

Так состоялась наша первая творческая встреча, началась новая эпоха в моих театральных поисках, почву для которых создал великий талант украинского театра светлой памяти Владимир Блавацкий.

Январь 1993

Владислав КЛЕХ

ЕВГЕНИЙ БОРИСОВИЧ ДУНКЕЛЬ, ЕГО СТУДИЯ И Я

Публикуется впервые

Евгений Борисович был владельцем декорационной мастерской в Нью-Йорке, работая в основном со своим сыном Жоржем (1), как его называли на американский манер. Когда же работы прибавлялось, добирали ещё художников со стороны. Очень многие художники, приехавшие из Германии, Австрии и других стран, по которым были разбросаны лагеря «Ди-Пи», были приголублены Евгением Борисовичем, давшим им возможность подковаться на американский лад: помогал сдать экзамены в Юнион (2), без чего было совершенно невозможно работу художника-декоратора ни в какой отрасли, связанной с театром, кино или телевидением. «Юнионный» билет открывал двери в заветное, дотоле недосягаемое положение, со всеми привилегиями, хорошим заработком, медицинскими страховками и пенсиями в будущем. Словом, Евгений Борисович был одним из тех, очень редко встречающихся в жизни, людей, кто «восстанавливал» многих в новой чужой стране.

Е.Б. был родом из России, иммигрировал после революции и прошёл через все мытарства и скитания по чужим землям. Но его огромный талант художника, с хорошей школой и опытом, быстро поставили его на ноги. Вначале пришлось переменить несколько студий, где приходилось много и тяжело работать. Со временем он обзавёлся собственной студией и уже был сам себе хозяин.

В конце 1958-го я и определился под его крыло. Работать у него было приятно, несмотря на то, что иногда была спешка с окончанием к сроку заказа – декораций.

Студия почти всегда была занята разнообразными заказами – писали для бродвейских театров и для АБТ (Американский балет театр), тогда ещё бывшего в руках Оливера Смита (3), проектировавшего почти все балеты. Львиная доля заказов Смита шла в студию к Е.Б.. Оливер Смит любил Е.Б. и ценил его как художника, зная, что он и его художники были хорошими мастерами своего дела.

Элдон Элдер (4) проектировал для Шекспировского фестиваля в Центральном парке.

В студию приходили с самыми разнообразными заказами: мы писали фрески для отеля «Карлайль», расписывали павильоны «Стерлинг форест». Писали и для Метрополитен-оперы по эскизам Евгения Бермана (5) для чикагской Лирик-оперы по эскизам Оливера Смита, и для множества бродвейских и «офф-бродвейских» театров.

Человек Е.Б. был очень общительный. Масса друзей, знакомых. И неудивительно. С таким человеком раз познакомившись, каждый оставался приятелем навсегда. Работать рядом с ним было и радостно, и приятно, а главное, поучительно. Это была «Академия» в одной особе, это было колоссальным вкладом в мой опыт и знания, шлифовкой моего дарования как театрального художника.

В общем, работа в студии была очень наэлектризованной и интересной. Иногда бывали периоды перенапряжённости – работать приходилось долгие часы, когда времени меньше, чем работы. Очень часто приходилось грузить незаконченные декорации, отправляемые в так называемый «трай аут» (испробование на стороне) с труппой куда-нибудь не периферию, то есть, в маленькие городишки для «шлифовки» постановки, различных переделок-поправок, как с режиссёрско-актёрской, так и с декорационной стороны. Что-то дописывалось, переделывалось, менялось или и вовсе выбрасывалось. Обычно Е.Б. посылал меня. Грузился ящик с красками, кистями и прочими атрибутами декорационного ремесла. Вот тут и приходилось работать «на колене»: работать нужно было быстро и без промаха. А для меня это было приобретением ещё одного опыта: подобные вещи присущи только американскому театру. Всё это мне очень пригодилось позднее, когда я стал работать в Метрополитен-опере.

В случаях, когда поправок было много, кроме меня посылали ещё кого-нибудь из художников, работавших в студии. В очень серьёзных случаях отправлялись Жорж и сам Евгений Борисович. С ними было веселее. Жорж всегда приглашал в хороший ресторан с обильным ужином. А Е.Б. всегда был полон всяческих историй, комических и забавных, из собственной жизни, богатой красочными и пикантными эпизодами. И, несмотря на тяжёлую, напряжённую работу, становилось легче и веселее.

Бывали в студии и «постные» времена. Заказов не было, и работа сводилась к чистке студии, к мелким поправкам, к подготовке анилиновых красок и починке кистей. Даже в это «безработное время» я находил выходы, как подсобить.

Годы работы в студии у Е.Б. остались в памяти, как один из самых интересных и продуктивных периодов моей жизни. С каждой новой работой – новые задачи, новые способы решений и разнообразие стилей и форм. Но всё дело было в том, что в студии задавал тон Евгений Борисович Дункель – замечательный добрейший человек с огромным талантом театрального художника. А самое драгоценное было в нём то, что это был Человек. Человек с большой буквы. Необыкновенной доброты и великодушия, помогающий всем, что было в его силах и возможностях.

Спустя годы мне пришлось встретиться в Евгением Борисовичем в иных, к величайшему сожалению, трагических обстоятельствах (6).

ПРИМЕЧАНИЯ (подготовлены К.Г.):

1. Джордж Дункель (1918-2005) – театральный художник, совместно со своим отцом владел студией E.B. Dunkel Studios.

2. Юнион (Union - англ.) профсоюз.

3. Оливер Смит (1918-1994) выдающийся американский художник театра и кино. Оформил более сорока мюзиклов, опер и балетов, а также несколько фильмов. Номинировался на 25 театральных премий Тони, из которых был удостоен десяти премий. Вёл мастер-классы по сценографии в Нью-Йоркском университете.

4. Элдон Элдер (1921-2000) известный американский сценограф. На протяжении своей карьеры оформил сотни спектаклей в бродвейских театрах и в театрах других городов США. Много лет преподавал сценографию в Бруклин-колледже.

5. Евгений Берман (1899-1972) – живописец и художник театра. Родился в Москве. Эмигрировал во Францию в 1918 году. Учился в парижской академии Рансона. Представитель художественного направления неогуманистов, испытавших влияние сюрреализма. Переехал в США в 1935 году. Получил известность как сценограф балетных и оперных постановок. Начиная с 1955 г., жил в Италии.

6. В одной из частных бесед (*с К.Г.*) Владислав Клех лишь однажды коснулся этой больной для него темы – он рассказал, что на склоне жизни Е. Дункель попросил у него приюта. Клех поселил его у себя. Когда он отлучился по делам, Дункель покончил жизнь самоубийством – повесился в квартире Клеха. Вот как написал об этом (в письме к К.Г. от 26 августа 2011 г.) внук Евгения Джордж Дункель: «Женя был прекрасным человеком, но, в то же время, трудным, невыносимым для совместной жизни, поэтому никто в семье не захотел принять его, когда он стал старше. Он жил в русской семье в городе, чувствовал себя никому не нужным, к тому же, у него развились катаракты на обоих глазах, что сделало невозможным для него писать и рисовать. Поэтому он убил себя. Это необходимо было скрывать, чтобы его могли похоронить по канонам православия, что и было сделано».

Владислав КЛЕХ

ТЕАТР «КАБУКИ» В НЬЮ-ЙОРКЕ*

Целый день переписывал и поправлял декорации для только что приехавшего на гастроли в Метрополитен-опера японского театра «Гранд Кабуки». Очень тонкая, с большим вкусом, своеобразная живопись, красивые и изящные по расцветке и рисунку ткани костюмов, грим, маски – очень выразительны и характерны, но самое удивительное, что сохранены традиционность представлений, взаимоотношения между актёрами. Внешне это сплошная вежливость, уважение, особенно к старшим и заслуженным.

Центром всего были подмостки из толстого отполированного и вычищенного до болезненной бледности кедра. Это и была платформа для величественных церемоний.

Все без исключения перед тем, как ступить на сцену, снимают свои шлёпанцы-«тонги». Это говорит о почёте и уважении, с каким японцы относятся к театру, традициям, искусству.

До репетиции ещё оставалось много времени, никто бы из наших актёров и не подумал торчать на сцене, но вот я увидел приближающуюся фигуру одного из старших актёров – премьера. Это был глубокий старик, еле передвигающий свои ноги. За ним, на почтительном расстоянии, следовали два молодых человека, изредка поглядывая вперёд, не поднимая головы.

Минутой позже один из актёров, выйдя на подмостки и сделав несколько шагов в сторону премьера, но оставаясь на довольно почтительном расстоянии, остановился, опустившись на колени, почти касаясь головой пола, как бы застыл в ожидании разрешения приблизиться к сидящему старцу. Премьер кивком головы подтвердил разрешение. Наблюдая эту сцену, трудно было поверить, что это действительно происходит сегодня, в конце XX столетия, на сцене одного из самых модерных театров мира. Видимо, столетние традиции японского театра остались совершенно нетронутыми влиянием современности.

Занавес тут отсутствует, декорации стилизованы – это та же японская живопись, на лёгких конструкциях из палочек, верёвочек, тонкого батиста и шёлка на тоненьких рамках. Несмотря на довольно большие размеры и ветхость самой конструкции, всё это как-то держалось вместе и работало без «накладок».

---

* *Статья В. Клеха «Театр «Кабуки» в Нью-Йорке» была опубликована в киевской газете «Независимость» 19 августа 1997 г.*

Почти все спектакли сопровождались музыкально-вокальным оформлением. На авансцене сидела группа музыкантов-певцов, издающих гортанные отрывистые звуки. Звучало всё это без определённой мелодии, но безусловно было связано с действием, как бы подчёркивая звуком напряжённость ситуации. Это было что-то среднее между балетом-пантомимой и акробатическими танцами.

Театральная бутафория полностью отсутствовала, всё было настоящее, иногда по-детски наивное. Типичные японские пейзажи с ручейками, мостиками, кипарисами и ажурными постройками, тонущими в цветущих садах. Художник, приехавший с театром, был несколько сконфужен, он не привык работать в условиях гонки, среди толкотни.

Очень важным, неотъемлемым элементом спектакля была церемония перемены, перевоплощения костюмов из одной формы в другую. Переодевались актёры на глазах у публики. За спиной каждого из актёров ходили тенью гардеробщики в чёрных балахонах, делающих их незаметными на чёрном фоне.

Действие было построено на пантомиме с очень простыми, наивно-откровенными способа проявлений собственных переживаний и напоминало кукольный театр, только с живыми актёрами.

Мой опыт работы с «Гранд Кабуки» был очень приятным. Я научился видеть то, что незамечаемо для неопытного глаза, и почувствовал особенности стиля, столь непохожего на западную живопись. Мы расстались в очень дружеских отношениях, и, как бы в подтверждение, я был награждён типично японской кистью, разменной монетой «ширт» с эмблемой театра, платком с посвящениями и множеством добрых пожеланий, сопровождаемых бесконечными поклонами и рукопожатиями.

ПУБЛИКАЦИИ

ПОРТРЕТ РЕЖИССЁРА

1. *Гамарник Ксения*. Мир меня ловил...
Мир меня ловил… (на укр. яз.). Український театр (Киев). 1992. №4. С. 12–14.

2. *Панченко Ирина*. «Меня до боли мучает...».
«Меня до боли мучает...». Портрет режиссёра. Пензенская правда (Пенза). 1989. 2 июня.

3. *Гамарник К.* «Я люблю незаигранные пьесы».
«Я люблю незаигранные пьесы». Либеральная газета (Киев). 1994. 21–27 июля.

4. *Гамарник К.* Тот, кто слушает время.
Размышления одинокого наблюдателя (на укр. яз.). На екранах України (Киев). 1993. № 48. 27 ноября.

СУДЬБЫ АРТИСТИЧЕСКИЕ

1. *Гамарник К.* Квартира-музей Амвросия Бучмы.
Не немые... (на рус. и укр. яз). «Кур'ер муз» (Киев). 1992. № 1 (14).

2. *Панченко И.* Обнажённость исповедальности.
Обнажённость исповедальности. The New Review/Новый журнал (Нью-Йорк). 1998. Кн. 212. С. 317–321.

3. *Панченко И.* Учитель музыки.
Учитель музыки. Панорама (Лос-Анджелес). 2003. 12–18 ноября.
Дар педагогики. Еврейская жизнь (Филадельфия). 2008. 8 октября.

4. *Панченко И.* Спеть то, что недопето.
Артистка и время. Реклама и жизнь (Филадельфия»). 1999. 20 января.
Спеть то, что недопето. Панорама (Лос-Анджелес). 2001. 28 марта–3 апреля.

5. *Гамарник К.* Неподражаемая дива.
Неподражаемая дива // Побережье (Филадельфия). 2008. №17. С. 225–226.

АКТЁРЫ И РОЛИ

1. *Панченко И.* Тайна присутствует в моих спектаклях. Притчевый театр Славы Полунина.
«Тайна присутствует в моих спектаклях». Притчевый театр Славы Полунина. Слово/Word (Нью-Йорк). 2009. № 67. С. 40–42. [online]. Дата обращения к документу: 12.05.2013.
URL: <http://magazines.russ.ru/slovo/2010/67/pa12.html>.

2. *Гамарник К.* Четыре роли Бориса Романова.
Четыре роли Бориса Романова. Рукопись. 1993. Публикуется впервые. В работе использованы фрагменты интервью К. Гамарник с Борисом Романовым. Український театр (Київ). 1993. № 6. С. 17–18.

3. *Гамарник К.* Театр одного Вольтера. Портрет актёра в одной роли.
Театр одного Вольтера. Рукопись. 1992. Публикуется впервые.

КЛАССИКА НА СЦЕНЕ

1. *Гамарник К.* Личность и власть.
Личность и власть. Грузинский театр на киевской сцене. Независимость (Киев). 1995. 15 декабря.

2. *Гамарник К.* Игра про бедного скупого.
Игра про бедного скупого (на укр. яз.). Український театр (Київ). 1996. №2. С. 7.

3. *Панченко И., Гамарник К.* «Вишнёвый сад» на осеннем Бродвее.
«Вишнёвый сад» на осеннем Бродвее» // Берег (Филадельфия). 1998. 29 января–4 февраля.

4. *Гамарник К., Панченко И.* Сценические метаморфозы притчи грузинского поэта Важи Пшавелы.
Сценические метаморфозы притчи грузинского поэта Важи Пшавелы. Побережье (Филадельфия). 2003. № 12. С. 258–260.
[online]. http://www.coastmagazine.org

5. *Гамарник К.* Смерть, где твоё жало?
Смерть, где твоё жало? Рукопись. 1994. Публикуется впервые.

6. *Панченко И.* Спектакль об актёрах, актёрстве и любви.

Спектакль об актёрах, актёрстве и любви. Новое русское слово (Нью-Йорк). 1998. 6 ноября.

7. *Гамарник К.* К нам приехал Козаков!
К нам приехал Козаков! Филадельфия (Филадельфия). 1998. 24 июля.

СОХРАНЁННАЯ ПАМЯТЬ

1. *Гамарник К.* Слово Шолом-Алейхема.
Театр – о вечных ценностях. Филадельфия (Филадельфия). 1998. 30 октября.

2. *Гамарник К.* Одесса зажигает огоньки...
Одесса зажигает огоньки... Мир (Филадельфия). 1995. 17–23 февраля.
Одесса зажигает огоньки... Мабат аноар (Киев). 1995. Июнь–июль.

3. *Гамарник К.* Мелодия зелёной скрипки.
Мелодия зелёной скрипки. Еврейская жизнь (Филадельфия). 2003. 7 мая.

4. *Гамарник К.* Возвращение Шарлотты.
Возвращение Шарлотты. Еврейская жизнь (Филадельфия). 2001. 7 марта.

5. *Панченко И.* «Когда я выхожу на сцену, у меня сердце разрывается...».
Вечер, который соединяет сердца (на укр. яз.) Культура і життя (Киев). 2002. 16 июня.
«Когда я выхожу на сцену, у меня сердце разрывается...». Моноспектакль о Януше Корчаке. Еврейская жизнь (Филадельфия). 2002. 20 ноября.

В КОНТЕКСТЕ СОВРЕМЕННОСТИ

1. *Панченко И.* О любви.
О любви. Пензенская правда (Пенза). 1988. 29 июня.

2. *Панченко И.* Драмы в пустом доме.
Драмы в пустом доме. Пензенская правда (Пенза). 1988. 7 октября.

3. *Панченко И.* Притча о человеке.

Притча о человеке. Спектакль, о котором спорят. Пензенская правда (Пенза). 1988. 9 апреля.

4. *Гамарник К.* Шесть театральных вечеров.
Пять театральных вечеров (в сокр.). Ренессанс (Киев). 2010. №2. С. 130–135.

5. *Панченко И., Гамарник К.* Контексты современного театра.
Контексты современного американского театра. Побережье (Филадельфия). 1999. № 8. С. 281–293.
[online]. http://www.coastmagazine.org

6. *Гамарник К.* Любимые игры Америки.
Любимые игры Америки. Часть 1. Побережье (Филадельфия). 2010. №19. С. 152–160.
Американские игры. Часть 2. Побережье (Филадельфия). 2011. №20. С. 132–140.
[online]. http://www.coastmagazine.org

ФИЛАДЕЛЬФИЙСКИЙ ФЕСТИВАЛЬ «ФРИНДЖ»

1. *Гамарник К.* Фестивальная бахрома «Фринджа».
Фестивальная бахрома «Фринджа». Филадельфия (Филадельфия). 1998. 4 декабря.

2. *Гамарник К.* Праздник театральных экспериментов.
Праздник театральных экспериментов. Посредник (Филадельфия). 1999. 3–16 ноября.
Праздник театральных экспериментов. Панорама (Лос-Анджелес). 2000. 2–8 февраля.

3. *Гамарник К.* Вишнёвый зад.
Вишнёвый зад. Рукопись. 2008. Публикуется впервые.

ТАКИЕ РАЗНЫЕ СКАЗКИ

1. *Панченко И.* Убить Дракона.
Убить Дракона. Пензенская правда (Пенза). 1989. 27 марта.

2. *Гамарник К.* Сказка с секретом.

Сказка с секретом (на укр. яз.). Культура і життя (Киев). 1996. 31 января.

3. *Гамарник К.* Не до тонкостей.
Не до тонкостей (на укр. яз.). Культура і життя (Киев). 1992. 4 июля.

4. *Панченко И.* Зорко одно лишь сердце.
Браво «Маленькому принцу»! Филадельфия (Филадельфия). 2000. 10 ноября.

5. *Гамарник К.* Талантливый «Экспромт».
Талантливый «Экспромт». Филадельфия (Филадельфия). 1998. 24 апреля.

ХУДОЖНИКИ ТЕАТРА

1. *Гамарник К.* Театральные работы Шагала в США.
Театральные работы Шагала в США. Русские евреи в Америке (Торонто - Санкт-Петербург). Под редакцией Э. Зальцберга. 2013. Книга 7. С. 197–224.

2. *Панченко И.* «Только художник во всём чует прекрасного след...».
Театральный художник А. С. Балазовский. Побережье (Филадельфия). 2009. №18. С. 204–213.
[online]. http://www.coastmagazine.org

3. *Гамарник К.* Владислав Клех. Жизнь, отданная театру. Из истории культурных ценностей эмиграции.
Владислав Клех: Жизнь, отданная театру. Из истории культурных ценностей эмиграции. Побережье (Филадельфия). 2002. №11. С. 247–256.
[online]. http://www.coastmagazine.org

ОБ АВТОРАХ

Вадим СКУРАТОВСКИЙ
доктор искусствоведения

ТРИАДА И ТАНДЕМ

Триада – истина, добро, красота – ось, вокруг которой вращается удел человеческий. Но, увы, не всегда удачно. Подчас совсем неудачно. Теперь уже прошлый век, наобещав в изобилии этому уделу всего самого истинного и самого доброго, затем, без всякого стеснения, вместо того изобилия, как бы конфисковал у человеческих масс и истину, и добро. Беспощадно... Значительно уменьшив при этом сам человеческий состав этих масс. Страшная демографическо-статистическая изнанка тех обещаний.

О красоте же «позаботились» сами массы. Оставив для своего «эстетического» употребления лишь то, что запуганному-застращенному массовому зрачку показалось «красотой». То есть то, что другому зрачку, хотя бы отчасти незамутнённому повсеместно восторжествовавшим китчем, представляется всего лишь подделкой под красоту.

Но в том-то и парадокс возникшего в прошлом веке массового мира, что в нём, столь обездоленном и истиной, и добром, – в этом мире, казалось бы, беспросветно погружённом в антиэстетику всех её чудовищных цветов и расцветок, нечасто, но непременно находились люди как бы насмерть раненные – желанием красоты. Желанием увидеть её. Либо «прочесть» или услышать. Словом, так или иначе прикоснуться к ней, к её подлинности.

Вот такими людьми мне представляются авторы этой книги. Мать и дочь. Составившие некогда крошечный, но самоотверженный семейный орден, «тандем», пустившийся в отважный поиск того, что по людскому неразумию исчезает, испаряется из мира сего – последней составной упомянутой триады, и быть может, последней нашей надежды – красоты.

Ирина Григорьевна Панченко с дочерью Ксенией. Ленинград, 1979 г.

Меня всегда поражала удивительная последовательность тех поисков, сама их биографическая фабула.

...Киевская девочка послевоенного советского времени, художественно уже совершенно опустошённого, случайно натолкнулась на волшебную прозу некоего загадочного автора (у книги той не было обложки, и до поры она не знала ни названия, ни имени писателя). Прозу, переполненную волшебными по своей точности образами мира, изумительными его метафорами, которые резвятся в этой прозе, словно очаровательные зверики. «Вы прошелестели мимо меня, словно ветвь, полная цветов и листьев» («Зависть»).

Вот так Юрий Олеша навсегда остался в поле внимания Ирины Григорьевны Панченко – сперва читателя, а затем профессионального литературоведа. Десятки её работ ему посвящены.

Но ведь уже само присутствие Юрия Олеши в трудах киевской и затем филадельфийской его исследовательницы – наиточнейшая метафора её биографии. Главный её пароль. И дело не только в гроссмейстере самых ослепительных метафорических фейерверков в русской прозе. Дело в том, что Юрий Олеша стал для Ирины Григорьевны главным эстетическим средством в её поисках того, что, казалось, уже навсегда исчезает из нашего беспросветно тяжкого мира.

Юрий Олеша как своего рода литературный ткач драгоценной ариадниной нити в угрюмых лабиринтах нашего мира. Нити, которая вопреки всему, вопреки непрестанным крушениям всех истин, нескончаемым катастрофам всех попыток к добру, ведёт-приглашает нас в иные, цветущие бытием миры.

Поразительна последовательность этой судьбы с её устремлённостью к тому цветущему берегу. Устремлённость вовсе не теоретическая, не «академическая». Совсем не из тех, которые обрядово оканчиваются диссертацией на соответствующую тему.

Диссертацию об Олеше двадцативосьмилетняя Ирина Григорьевна, окончив Киевский университет им. Т.Г. Шевченко, конечно, написала. Да ещё под гневным оком Аркадия Викторовича Белинкова, замечательнейшего литературоведа, впоследствии автора книги-парадокса о писателе, сотрясаемой и любовью к нему, и ненавистью ко всему и в самом писателе, и вокруг него – всему тому, что сгубило редчайший в мировом литературном времени дар.

Ирина Григорьевна написала ту диссертацию и «защитила» в ней поразительное художественное мастерство, увидев там притчу об умирании красоты или, скорее, о дискриминации её взбесившейся «советской» историей.

Затем событие важнее диссертации. Ирина Григорьевна стала матерью поразительной девочки, ставшей преданнейшей соратницей матери, ищущей красоту. Так начались их поиски красоты вдвоём.

Ксения Леонидовна Гамарник (в девичестве Рыбакина), – тогда просто Ксюша – еще ребёнком приступила к осуществлению, скажем так, эстетического проекта мамы.

Даю читателям честное слово: работы киевской девочки-вундеркинда и сегодня представляются мне одним из самых интересных явлений художественной жизни последних десятилетий прошлого века. Условно говоря, в мастерской маленькой художницы (а ведь собственно мастерской-то и не было, таковой была скромная киевская квартира) въяве предстала драма нарождения исключительного таланта, всецело сосредоточенного в своих красках и линиях на красоте мира. Красоте человека ли, пейзажа, или тех немногих делянок цивилизации, где искусству хотя и труднее всего, но где всё же остаётся ему возможность – развернуться в полную бытийственную ширь.

Творчество маленькой дебютантки в ту пору – наипрозрачнейшее, ещё совершенно незамутнённое зеркало ли, увеличительное ли стекло красоты мира. Гонимой, но вовсе не желающей покидать нас.

Вспоминается старинный спор о человеческой талантливости – она от усердного созерцания других талантов или от родителей? А если и от того, и от других?

Автор этих строк как-то показал композиции Ксюши авторитетнейшему патриарху-академику, суровому реалисту, каковой сказал: «У этой десятилетней девочки обобщение на уровне тридцатилетнего художника».

...Вместо упомянутого спора лучше вспомнить о том, как и мать, и дочь, в своём паломничестве за красотой, создали в ту пору что-то вроде их домашней, постоянно действующей академии. Мать неутомимо знакомила дочь со всеми доступными ей художественными стилями и манерами, со всеми выдающимися и просто заметными персонами живописной и графической вселенной.

Не могу удержаться от воспоминаний о первом своём знакомстве с работой шестилетней дебютантки: некие человеческие фигуры, с поразительной убедительностью в своих очертаниях воспроизводящие стремительные зарисовки Эйзенштейна, только что тогда наконец распубликованного.

Но маленькая художница вовсе не была «стилизатором». Она – училась. С помощью матери, своей зрительницы, своего критика-советчика. А также «хрониста». А затем уже и «галерейщика». Вернисажи Ксюши собирали и удивляли множество людей.

Вот тогда-то, в той трогательной «малой академии», и начались нескончаемые диалоги матери и дочери, поглощённых своим эстетическим пилигримством. Их нескончаемые разговоры о том, что есть искусство. И, среди прочего, какова его нынешняя судьба.

Где-то в девятнадцатом веке возникли понятие «эстетство» и сопутствующая ему метафора – «искусство для искусства». Явственно звучащие в некой неодобрительной тональности.

А в следующем веке и вовсе худо – очень худо – пришлось и «эстетству», и «искусству для искусства».

Сама вакансия художника, если вспомнить известный пастернаковский образ, стала «опасной».

Своеобразие и литературоведения, и самой «эстетики» Ирины Григорьевны заключалось в том, что она, на красоте сосредоточенная, вместе с тем вполне владела и всей суммой, скажем так, «социологии» о тогдашней беспощадной блокаде искусства. Сказалась ученица упомянутого Аркадия Белинкова.

...Из разговора матери и дочери с одним весьма официальным-лояльным «застойным» художником: «Ваше отношение к Браку?». «К браку? У нас брака не бывает». Браковдел от художества непроизвольно процитировал солженицинского энкаведиста, разъясняющего своё страшное ремесло... Более чем полувековое ремесло полицейского сдерживания всех живых сил человека. И среди них сил художественных.

Упомянутая семейная ли «студия» или вот «академия» матери и дочери вполне понимала жуткую «социологию», тяжкую жизнь искусства, оскоплённого и оскорблённого тогдашним «системным» безумием. Тем внимательнее они всматривались в красоту, постоянно тем безумием теснимую.

Замечательно многоцветие клоунов и арлекинов Ксении (весь её тогдашний огромный театрально-цирковой цикл вместе с тем «записывает» в красках драматизм мира). А «завлитчастью» того удивительного театра, конечно, была мама. Очень своевременно и едва ли не исчерпывающе объяснившая дочери чудовищный брак обращённого в рабство искусства – и самую кричащую необходимость для художника отложиться от той беспросветной участи.

...Есть такой старинный, ныне едва ли не забытый метод искусствопознания: подчёркнуто личностное переживание картины ли, рисунка, статуи тем, кто их созерцает. «Ты должен переменить свою жизнь, - обращается к самому себе герой стихотворения Рильке у знаменитого торса Геркулеса Микеланджело. Знаменитый французский романист, замечательный искусствовед Андре Мальро в полную силу освоил-применил этот метод в послевоенных своих трудах, посвящённых, в его терминах, «воображаемому музею» мировых шедевров.

Мать и дочь, ученица киевской Республиканской художественной школы им. Т.Г. Шевченко, и без методологической подсказки французского автора создали свой «воображаемый музей», объездив к середине 1980-х многие известные советские музеи. В той или иной степени отложившись от официального псевдоискусства. Можно только догадываться, чего это им житейски стоило. В виду тогдашнего, всё более усиливающегося нашего бытового хаоса. В виду их, если вспомнить словечко одного нашего бытового поэта, «безбытицы».

По известному выражению, красота спасёт мир. А вот Ирина Григорьевна и Ксения той красотой спасались. Но пришло время, и нужно уже было спасать самое красоту.

Ирина Григорьевна, преподаватель совсем «обезизвествлённых» тогда киевских вузов, сперва Киевского пединститута им. Горького (ныне Национальный педагогический университет им. М.П. Драгоманова), затем Киевского университета им. Т. Г. Шевченко, вопреки «застою», всё же писала и публиковалась. О том же Олеше; и также о том, как у лучших современных писателей с «некоторого» (т.е. «оттепельного») времени резонируют в их творчестве разнообразные мифы. От древнейших до позднефольклорных. И, кроме того, она помогала дебютным усилиям самых интеллектуальных своих студентов. И всё это время зрачок советско-полицейского василиска неотступно следил за доцентом Панченко И.Г.

После Чернобыльской катастрофы мать и дочь четыре года прожили в Пензе. Ирина Григорьевна преподавала в Пензенском пединституте (ныне Пензенский государственный педагогический университет имени В.Г. Белинского), пока Ксения училась на театрально-деко-

Ксения Гамарник и Ирина Григорьевна Панченко. 2008 год.

рационном отделении пензенского художественного училища им. К.А. Савицкого.

Что-то уже сдвигалось во времени тогда, что-то смещалось-останавливалось в его, казалось, уже навечных механизмах. Явление, очень условно и очень неуклюже названное «перестройкой».

Вот тогда-то внезапно и началась «Гутенбергова эпоха» в биографии наших авторов.

«Любите ли вы театр?» (Белинский). Да как же его не любить, если именно он, театр, и является пусть даже условным, но очевидным «сколком» с упомянутой триады нашего существования? Именно истина, добро и красота – суть главные «драматурги», «сценаристы», «либреттисты» театра.

Так что, наверное, неслучайно, прочитав Юрия Олешу, Ирина Панченко – ещё будучи подростком – сразу же отправилась, в поисках чудес, о которых повествовала та волшебная проза, в киевский Театр юного зрителя, где вскоре и возглавила его зрительский актив.

Впрочем, с чудесами тогдашний театральный процесс, конечно же, не торопился. Как и всё в этой стране, он был скован догмой, а то и вовсе был переподчинён агитпропу.

Но когда-нибудь историки театра непременно да напишут о том, как в самые беспросветные, самые «застойные» времена едва полуживая Мельпомена Восточной Европы начинает всё же оживать. Первые вспышки органической театральной жизни – в области репертуара ли, актёрской игры, сценографии, драматургического письма. И так далее, по всему театральному полю.

То есть когда Ирина Григорьевна и её дочь оказались в Пензе, загораются первые огни позднесоветского театрального праздника. Праздник освобождающегося театра... Освобождающегося от административной и другой диктатуры, от подлой конъюнктурной псевдодраматургии. Вообще от всего, что мешает собственно театру.

И, среди прочего, от театральной псевдокритики, от её невыносимой лжи, от того, что один автор назвал «волшебной необременённости совестью» театральных «рецензентов» «застоя».

Вот так литературовед Ирина Панченко, в атмосфере невесть откуда хлынувшего театрального кислорода, вдруг предстала в роли театрального рецензента, оппонента недавней околотеатральной лжи.

Мир, – по крайней мере, мир и сцены, и кулис, и зрительного зала – вдруг начал стремительно смещаться. Вспоминаю энтузиазм Ирины Григорьевны, наконец увидевшей Мельпомену уже не в идеологических лохмотьях, а в ярком театральном костюме. Это и не совсем метафора: тогдашняя сценография переживала своего рода эстетическую эмансипацию, подчиняясь отныне замыслу художника, а не чиновника.

Да что там: Пенза вдруг вспомнила, что она-то и есть родина великого театрального реформатора! Там прошла первая международная конференция, посвящённая юбилею Всеволода Мейерхольда. И – новый репертуар, новая режиссура, новая сценография. Актёры превращаются в напряжённо мыслящих и чувствующих носителей обновлённой режиссёрской стратегии.

...Впоследствии, когда на Востоке Европы (да и посредине её) отбушевали тамошние «революции», «бархатные» и не-бархатные, «оранжевые» и другие, - Ирина Григорьевна как-то сказала: «Хорошо, что мы увидели этот мировой спектакль...». Замечательно, что для сейсмографическо-тектонических смещений последних десятилетий теперь уже ушедшего века она нашла именно театральный образ...

Театроведческие работы Ирины Григорьевны пензенской поры, и все последующие, написанные в Киеве и в Филадельфии, куда мать и дочь переехали в 1990-е годы, отмечают прежде всего чувство радикально сместившегося театрального процесса, ушедшего, наконец, от догмы, от недрёманого, хотя уже полуслепого ока тоталитарного Полифема.

Ирина Григорьевна-искусствовед понимала, что красота в мире, лишённом институализированной, т.е. всеприсутствующей цивилизованной, «нормальной» истины (а именно таковым был театральный мир), непременно уйдёт в самое глубокое подполье. Чтобы уцелеть, но чтобы и далее продолжить своё существование. Свою независимость.

Отсюда глубокий интерес Ирины Григорьевны и к судьбе, и к искусству замечательного киевского художника А. С. Балазовского, автора «Театральных фантазий», которого на десятилетия вынудили отложиться от «текущей действительности». Текущей преимущественно в сторону конъюнктуры, соцреалистического кича и другого «брака» того времени. Художника, отложившегося от тоталитарной ярмарки для того, чтобы продолжить поиски в направлении, начавшемся некогда в героическую эпоху первых импрессионистов.

Ирину Григорьевну заинтересовала не только уникальность той судьбы, но именно притчевая в ней наглядность искусства, которое не желает подчиняться не-искусству.

В работе исследовательницы про А. С. Балазовского, как в оптически-исчерпывающем фокусе, предстал её главный метод. Да и вообще сама её жизненная позиция.

Три года посвятила Ирина Григорьевна огромному кропотливому труду – сбору материалов о жизни и творчестве художника, поиску его работ, интервьюированию его коллег, учеников и друзей, работе в архивах и написанию книги.

Театроведение Ирины Григорьевны – это именно глоток свободы, а затем уже и стремление увидеть эту свободу в качестве константы, постоянной театральной системы. Нет, не той, конечно, которая прикрывалась славным именем Станиславского, а свободы как метода театра.

И свобода – как главный метод самого театроведения Ирины Григорьевны. Она ведь помнит всю чудовищную меру не-свободы. И театральной, и всей другой...

Вообще театральное чувство и Ирины Григорьевны, и наследующей ей Ксении, художника и критика, с удивительной последовательностью вращается вокруг, - говоря специальным структуралистским языком, - оппозиции «свобода-несвобода». Глубокое и точное понимание, что искомая авторами красота в наше время рождается в самоотверженной борьбе с несвободой. Пусть даже и тогда, когда эта борьба заканчивается вовсе не победой, или, по крайней мере, пирровой победой.

Кстати, об этой борьбе. В новых исторических условиях Ксения Леонидовна Гамарник начала своё театроведческое поприще в диалогах с матерью. Но затем продолжила его уже вполне профессионально. После возвращения матери и дочери в Киев Ксения окончила театроведческий факультет Киевского национального университета театра, кино и телевидения им. И.К. Карпенко-Карого. Да ещё как раз в те годы, когда украинская, а особенно киевская театральная жизнь героически обновлялась. Большинство театральных работ Ксении той поры – как бы репортаж с того поля (точнее, сцены) обновления.

Но далее молодая исследовательница – крайне последовательно – остановилась на драматической фигуре украинского сценографа В. С. Клеха, биография которого представляется своего рода эталоном художественной судьбы, постоянно сопротивлявшейся не просто высокохудожественным, а – страшным стихиям двадцатого века.

Достаточно сказать, что юноша Владислав Клехньовский, понукаемый своим призванием, начинал свои сценографические усилия тогда, когда «на сцене» обезумевшей истории должно было уцелеть хотя бы физически (1942-43 годы).

В монографии Ксении Гамарник о Клехе-сценографе и предстаёт эта драма художника, создающего по обстоятельствам на необходимо малой театральной сцене то, что должно быть отмечено отголоском красоты вообще, великой красоты, как таковой. А вокруг, у подножия той сцены, холодное, злобное кипение не-красоты всех её разновидностей.

Перед нами книга подлинной любви. Взаимной любви матери и дочери. Но так же и их любви к тому, что всегда было и будет самым несомненным продолжением любви.

Любовь к красоте. Среди прочего, воплощающейся в волшебных стихиях театра.

...Когда мать и дочь готовили материалы для этой книги, Ирина Григорьевна, в самом разгаре своих авторских усилий, 11 июня 2009 года, оставила всех нас.

Но остаётся эта книга. Остаётся её, по-старинному говоря, лёгкое дыхание – дыхание жизни, вопреки всем трудностям нашего существования, ищущей и находящей её красоту.

Остаётся и дочь-соавтор.

И вообще все те и всё то, ради чего существует, ради чего длится наш трагический и вместе с тем прекрасный мир.

СОДЕРЖАНИЕ

ПОРТРЕТ РЕЖИССЁРА

Гамарник Ксения. Мир меня ловил...	1
Панченко Ирина. «Меня до боли мучает...».	7
Гамарник К. «Я люблю незаигранные пьесы».	10
Гамарник К. Тот, кто слушает время.	15

СУДЬБЫ АРТИСТИЧЕСКИЕ

Гамарник К. Квартира-музей Амвросия Бучмы.	20
Панченко И. Обнажённость исповедальности.	22
Панченко И. Учитель музыки.	27
Панченко И. Спеть то, что недопето.	31
Гамарник К. Неподражаемая дива.	35

АКТЁРЫ И РОЛИ

Панченко И. «Тайна присутствует в моих спектаклях». Притчевый театр Славы Полунина.	40
Гамарник К. Четыре роли Бориса Романова.	46
Гамарник К. Театр одного Вольтера. Портрет актёра в одной роли.	57

КЛАССИКА НА СЦЕНЕ

Гамарник К. Личность и власть.	63
Гамарник К. Игра про бедного скупого.	66
Панченко И., Гамарник К. «Вишнёвый сад» на осеннем Бродвее.	70
Гамарник К., Панченко И. Сценические метаморфозы притчи грузинского поэта Важи Пшавелы.	76
Гамарник К. Смерть, где твоё жало?	81
Панченко И. Спектакль об актёрах, актёрстве и любви.	89
Гамарник К. К нам приехал Козаков!	91

СОХРАНЁННАЯ ПАМЯТЬ

Гамарник К. Слово Шолом-Алейхема.	94
Гамарник К. Одесса зажигает огоньки...	96
Гамарник К. Мелодия зелёной скрипки.	99
Гамарник К. Возвращение Шарлотты.	103
Панченко И. «Когда я выхожу на сцену, у меня сердце разрывается...».	106

В КОНТЕКСТЕ СОВРЕМЕННОСТИ

Панченко И. О любви. 112
Панченко И. Драмы в пустом доме. 115
Панченко И. Притча о человеке. 118
Гамарник К. Шесть театральных вечеров. 123
Панченко И., Гамарник К. Контексты современного театра. 132
Гамарник К. Любимые игры Америки. 150

ФИЛАДЕЛЬФИЙСКИЙ ФЕСТИВАЛЬ «ФРИНДЖ»

Гамарник К. Фестивальная бахрома «Фринджа». 178
Гамарник К. Праздник театральных экспериментов. 182
Гамарник К. Вишнёвый зад. 187

ТАКИЕ РАЗНЫЕ СКАЗКИ

Панченко И. Убить Дракона. 191
Гамарник К. Сказка с секретом. 194
Гамарник К. Не до тонкостей. 197
Панченко И. Зорко одно лишь сердце. 198
Гамарник К. Талантливый «Экспромт». 202

ХУДОЖНИКИ ТЕАТРА

Гамарник К. Театральные работы Шагала в США. 206
Панченко И. «Только художник во всём чует прекрасного след...».
Театральный художник А. С. Балазовский. 235
Спектакли, оформленные А.С. Балазовским. 301
Гамарник К. Владислав Клех. Жизнь, отданная театру. 303
Список спектаклей, оформленных Владиславом Клехом 394
Литература про Владислава Клеха. 398

ДОПОЛНЕНИЯ. ИЗ АРХИВА В. КЛЕХА.

За кулисами жизни и театра. 399
Мой первый спектакль в театре Блавацкого. 412
Евгений Борисович Дункель, его студия и я. 415
Театр «Кабуки» в Нью-Йорке. 418

Публикации 420
Скуратовский В. Об авторах. Триада и тандем. 425
Содержание 434
Summary 436

SUMMARY

The book "In Love with Theater" is dedicated to the embracers of creativity – to the actors, theater directors and set designers, puppeteers and clowns, opera singers and ballet dancers. The book focuses on Ukrainian theater artists Abram Balazovsky and Vladislav Klech; it also includes reviews of productions staged in Russia, Ukraine, and the United States. Vibrantly written by literary critic and professor of Russian Literature Irina Panchenko and by theater critic and set designer Ksenia Gamarnik, the authors are a mother and daughter team who themselves fell in love with the magic of theater.

Abram Balazovsky and Vladislav Klech were both born in Kiev in the first quarter of the twentieth century. Their fates will take different roads. One artist has lived all his life in his homeland, the other moved abroad. However, both artists were equally devoted to theater.

The monograph, written by Irina Panchenko, is dedicated to Abram Balazovsky (1908-1979), an artist and scenographer who worked in Ukrainian theater and on Kiev television during the 1940s-1960s.

Balazovsky started studying art at the age of ten. In 1926-1928, he attended courses for self-taught artists at the Kiev Art Institute. Among his teachers was the avant-garde artist of Futurist and Neo-primitivist orientation Victor Palmov. In 1928-1931, Balazovsky studied at the Rab-Fac of Art in Moscow. In 1935, Balazovsky resumed his studies of painting and drawing at the Kiev Art Institute. In 1938, he once again studied in Moscow, this time for stage design, at the Vkhutemas (Higher Art and Technical Studios). There, he was taught painting by a major Russian avant-garde artist of Cubist orientation Aristarkh Lentulov. World War II put an end to his education; in 1941, he was drafted into the Red army.

At the outset of his studies, the artist was able to witness a time when, in the developing Soviet State, there still existed a multitude of artistic trends and styles, stimulated by the intense search for avant-garde ways of expression – a brief period of artistic freedom soon to be suppressed. Balazovsky's teachers, artists of the avant-garde, instilled in him the will to independent self-expression, expression of his individual world-view.

After World War II (during which he was wounded and underwent medical treatment) in the years 1945-1947, Balazovsky was fortunate to start working in the theater, where he proved to be a talented scenographer in several productions. Notably, in 1946, some of these works, presented at the VIII Art Exhibition of the Ukrainian Republic, were selected for the Ukrainian State Museum of Theater, Music, and Cinema.

Apart from studying in Moscow and participating in the war, Abram Balazovsky lived all his life in native Kiev, but it proved difficult to fulfill his talent in the theater. At the pinnacle of Balazovsky's creativity, the newly formed anti-cosmopolitan campaign brought his career to an abrupt halt. As a result, in 1948-1958, Balazovsky held different jobs, mainly devoting his time to teaching, which became a significant component of his life. His students recalled that Balazovsky instilled in them a deep love and understanding of Art.

In 1958, Balazovsky started working on television – then, still black-and-white – as a scenographer, at the Kiev Television Studio, where he had to master a new media of expression. Used to thinking in color, Balazovsky had to quickly adapt and create the illusion of it by means of shadows, silhouettes, and contre-jours: lighting solutions in place of color. Creating sets for plays and films made for television, Balazovsky especially loved projects inspired by fairy-tale and idyllic themes, avoiding political subjects.

In contrast to Balazovsky's professional functions that, although engaging, were always supervised from above, private easel painting provided a spiritual outlet for the artist, permitting him the freedom of self-expression. Balazovsky wrote, "Here lies my heart, anxiety, thought, nerves, my confession, my mood." Artist created in his paintings the unique world of "theatrical fantasy".

One of the favorite themes of modernism – art about art – was often adopted by Balazovsky, specifically in choosing such subject matters as the image of the artist, creator, master, musician, and circus actor. Theater occupied an important place in Balazovsky's painting. He created works depicting such tangible aspects of theater as the audience ("The Audience at the Play by Mikhoels") and set design ("Scenography," "A Theater Fantasy," "Flying Angel," "A Theater Town").

One of the motifs of Balazovsky's later work is solitude, specifically that of the painter, the sadness of the lonely contemplator. In a series of his works from the 1970s he depicts a thoughtful figure in the midst of carnival festivities and ecstatic crowds with scenographic constructions in the background ("Inga at the Carnival," "Commedia dell'arte," "Thinking," "Masquerade Ball,").

Balazovsky's constant interest in new media, in which he saw fresh means of expression, inspired him to create paper collages and thus continue the Cubist tradition of the beginning of the 20th century. "Mime" – perhaps derived from "pantomime" – was the word Balazovsky used for his collages, which were usually the size of a postcard. Composed of skillfully connected pieces of varying textures, they generated highly plastic and theatrical images. Their subject matter was derived from culturally well-known themes: "Elektra," "Medea," "Brecht. Character," "Chagall".

A limited number of exhibitions presented Balazovsky's varied output to the public: sketches of set and costume designs, drawings, graphics, ceramic panels, collages, and easel painting – portraits, still life, and compositions depicting theatrical fantasies. Balazovsky's bold artistic language astonished the public: a seemingly mild person, he demonstrated an independent and individual artistic manner, based on theatrically conditional stylization and rich nuanced coloring.

The monograph written by Ksenia Gamarnik is dedicated to Vladislav Klech (1922-2001). In the post-war years he was a set designer with Vladimir Blavatsky's Ukrainian Actors' Ensemble and later a scenic artist with the Metropolitan Opera of New York.

Klech's interest in theater goes back to his days as a schoolboy in the provincial town in the Donbas region of Ukraine, where he also attended art classes at the local Palace of Culture and had the opportunity to see plays performed by traveling theater groups.

With the arrest of his mother in 1937 and her disappearance in Stalin's gulag, his family life was shattered. Eventually, Klech managed to get into a trade school in Kiev where he became an avid theatergoer.

With the outbreak of World War II, Klech was immediately drafted into the Red Army. However his service was cut short. In the chaos of the army retreating from Ukraine, he and thousands of other soldiers were taken prisoner by the Germans. Klech was luckily able to escape from a POW camp and reached Kiev by foot.

His first opportunity to do scenery for a play came during war, when he was in Bila Tserkva, a Kiev region, for the newly formed Taras Shevchenko Theater, where he gained hands-on experience working on the staging of the established Ukrainian classic ethnographic repertoire of the time.

The end of the war found Klech in a displaced persons' camp (DP camp) in Neu Ulm, Germany.

In Neu Ulm, Klech, together with fellow artists founded the Rozvaha theater, which was active in 1945-1947. This period marked an important stage in Klech's creative work, signaling a departure from a naturalistic to a constructivist-expressionist mode, as first evidenced in the sets designed for three works: "Kazka Staroho Mlyna" by Stepan Cherkasenko, "Zozulena Dacha" by Yuriy Kosach, and, most notably, in the conceptual sketches for "Morituri" by Ivan Bahrianyi.

Some of the artist's best work, within the most productive period in his career, was fulfilled in the years 1947-1949, with the renowned Ukrainian actor and director Vladimir Blavatsky of the Lvov Opera Theater, who invited Klech to join his newly formed company - the Ukrainian Actors' Ensemble – in Regensburg, Germany.

This marked the beginning of a most fruitful collaboration, forged in the difficult and trying post-war years. The productions of this period, featuring both modernist Ukrainian and foreign repertoire, have become an integral part of the history of Ukrainian theater.

Among the outstanding productions during Klech's tenure, considered to be among the highest achievements in Blavatsky's career as director, were the performances of Jean Anouilh's "Antigone" and André Aubey's "Lucrèce." A major influence on Klech's work was the Ukrainian avant-garde of the 1920s, with figures such as Anatol Petritsky and Vadim Meller, as well as radical new developments in post-war European theater.

Vladimir Blavatsky and his company emigrated to the United States in 1949, settling in Philadelphia. Klech joined the company a year later and continued to work with the theater until 1957, when the theater ceased to exist four years after Blavatsky's death.

Klech moved to New York, where he joined the studio of the Russian émigré Eugene Dunkel. 'Eugene Dunkel Studio' created sets for the Met and leading theaters in New York.

Concurrently in 1960-1963, Klech, introduced by Dunkel, collaborated with the New Russian Theater for which he created the set design for works of Russian classic repertoire. The New Russian Theatre was a professional ensemble founded by Russian émigrés of the post-revolutionary period.

As a master scenographer and the union member of the United Scenic Artists of America since 1961, Klech worked in all fields of scenic design in theater, film and television.

Starting in 1966, Klech worked with the Metropolitan Opera of New York for more than 25 years, during which, as a member and then as a team leader of a group of scenic artists, he labored on the sets of over 60 opera projects. These sets were based on sketches by world famous set designers.

While working at the Met, Klech never broke his ties with theater ensembles of Ukrainian diaspora. He had a special relationship with New York "Studiya Mystetskogo Slova" ("Studio of the Creative Word"), a theater group under the direction of Lidia Krushelnitskaya, for which Klech did stage design for the following productions: starting in 1988 with Ivan Kocherga's "Yaroslav Mudryi," which was staged in celebration of the millennium of Christianity of Rus, followed by a stage adaptation of Shevchenko's poems "Nevilnyk" and "Dumy," Lesia Ukrainka's "Lisova Pisnya" and Nikolai Kulish's "Patetychna Sonata."

Following Ukraine's independence in 1991, Klech toured Ukraine with "Studiya Mystetskogo Slova", in what was his first and only trip to his homeland. The tour, which took him to Lvov, Drogobych and Kiev, was followed by a renewal of professional contacts. In 1993 Klech was inducted as a member of the Ukrainian Theater Professionals' Union.

Klech's lifelong passion for the theater was characterized by a striving for a fresh vision and renewal, inspired by the spirit of his era. Modest and dedicated, Vladislav Klech has worked in theater for more than half a century.

The life stories of Abram Balazovsky and Vladislav Klech tell us about the hardships of the artist and the power of the spirit of the two masters, who, despite the ups and downs of life, devoted their lives to the Theatre.